愛と英知の道

——すべての人のための霊性神学——

ウィリアム・ジョンストン 著

九里　　彰　監訳
岡島　禮子
三好　洋子　共訳
渡辺　愛子

神秘神学

「神が霊魂に教えられた、甘美な生きた知識が神秘神学である。つまり霊的な人たちが観想と呼ぶ、神の秘められた知識である。この知識は愛を通して与えられるため、愉悦にあふれている。愛がこの知識の師であるから、これを余す所なく快いものにしてくれる」。

「観想が『梯子《はしご》』と呼ばれる理由は、観想が愛の学問、すなわち神から注ぎ込まれる愛に満ちた知識であって、観想は、霊魂を照らし、また愛に燃え立たせ、一段また一段と、創造主である神のみもとまで登らせるからである」。（十字架の聖ヨハネ）

本書をハインリッヒ・デュモリン師にささげる

はじめに

九里《くのり》　彰

このたび、二〇一〇年に帰天された、世界的に著名なウィリアム・ジョンストン神父の『愛と英知の道――すべての人のための霊性神学――』（原題は『神秘神学』）が上梓された。巻頭言に当たるものは、本来、ジョンストン神父を生前からよく知っており、その著作に精通している者が書くべきであろうが、あいにく、どちらの点でも私は不合格である。

亡くなる二、三年前、私が所属している跣足カルメル修道会の「年の黙想」指導を、ジョンストン師にお願いしたことがある。Ｓ・Ｊハウスまでお迎えに行き、私が師のキャリーバッグを引き、ゆっくりと歩きながら、ようやく四ツ谷駅にたどり着いたところで、忘れ物を思い出され、再び、Ｓ・Ｊハウスへと戻った。その後、新幹線に乗り、京都・宇治の黙想の家までご案内したのだが、途中のことは、もう何も覚えていない。ただ、その穏やかな謙遜な人柄が印象に残っている。

師の名前を知ったのは、学生時代、中世イギリスの匿名の神秘家の著作『不可知の雲』を、「読書会」で皆と一緒に読んだ時であろう。邦訳だけでなく、師による現代英語訳版を手にし、分からないながらも、熱心に読み通した。それから、師の英語の著作を二、三冊購入し、師がスペインのカルメル会士、十字架の聖ヨハネ（一五四二―九一）に特別な関心を持たれていることも知った。だが、カルメル会入会後も、しっかり読み返すこともなく、いたずらに時が過ぎてしまった。

このような私に、本書の巻頭言を訳者たちが依頼してきたのは、ひとえに私がカルメル会に所属し、十字架の聖ヨハネの思想に通暁していると思われたからと考えられる。この点においても私は適任とは言えないが、聖人を曲がりなりにも霊的父と仰いでいるカルメル会士としての立場から、お引き受けすることにした。いずれにせよ、「二十一世紀の人たちのために神秘神学を書き直す」必要を感じた師が、その骨子に据えているのは、十六世紀のスペインのカルメル会士であり神秘家である十字架の聖ヨハネの思想にほかならない。それは、本書の冒頭に、ヨハネの言葉が二箇所、『霊の賛歌』と『暗夜』の中から引用されていることからも明らかであろう。

本書は、内容的には二〇〇四年に邦訳出版された『愛する——瞑想への道——』（巽豊彦監訳、南窓社）に類似している。しかし、本書の方が、『神秘神学』という原題が示しているように、神学校の神学課程で教科書としても使用できるような内容となっている。著者自身の長い「序」にあるように、師は、第二バチカン公会議前、神学校で「修徳神秘神学」（ascetical and mystical theology）として教えられていたものを、二十一世紀に向けて、新たに再構築されようと、本書を著された。とはいえ、この「修徳神秘神学」は、現在、神学校や大学の神学部で「霊性神学」という科目で呼ばれ、復活しつつある。その意味では、師の思いは、司祭養成において不可欠なものとして、教会内で受け入れられつつあると言えるのではないだろうか。

しかし、師は、「神秘神学」の単なる復興ではなく、現在、全教会が直面している信仰の危機を救う手立てとして、「神秘神学」を捉えているようにも思われる。すなわち、キリスト教は、ローマ帝国で国教化されて以来、二千年間、たえず西洋の文化や社会を根底から支えてきたが、今や公生活、私生活においてキリスト教の影響力が急激に弱まりつつあり、人々の教会離れが進んでいる。過去においては、国家制度や慣習の中に信仰生活が組み込まれ、教会に行かなければ、町や村で生きてゆくことはできなかったことであろう。つまり、政治や社会が人々に信仰者として生きることを、外側から強制していたとも言える。

ところが、現在は、グローバリゼーションの波により、良くも悪くも、あらゆる宗教や文化が相対化されつつある。その結果、信仰も個人の自由となり、タガが外れたように、教会に来る者は激減し、老人ばかりとなった。だが、一見、否定的なこの現象は、政治社会的な次元での表面的信仰生活から、まことの信仰を生きる本物のキリスト者、本物の教会共同体となるように、二十一世紀の教会が神から促されているとも言える。そして各信徒が、また各共同体が、自らを省み、真のキリスト者、真の教会共同体として生きようとする時、必要とされてくるのは、まさにこの「神秘神学」ではないであろうか。

いずれにせよ、本書は、ジョンストン師の他の著作をよく知らないので断言することはできないが、師のこの分野での長年にわたる研究の集大成、代表作とも言うべき作品ではないかと思われる。とはいえ、叙述は極めて簡明で理路整然としており、難解な文章ではまったくない。また翻訳も原文に忠実でありながら、こなれた日本語となっており、読みやすい。翻訳者たちの努力のおかげで、著者の言わんとすることを、読者はさほど苦労せずに理解することができるのではないだろうか。

今年は、奇しくも、「いつくしみの特別聖年」に当たっている。いつくしみ（misericoridia）とは、神の憐れみと同義であり、神の愛にほかならない。多くの人が神の愛との一致と変容について取り扱った本書を読み、自らの信仰生活を深め、「御父のように、いつくしみ深い者」（ルカ6・36）となっていくことができるよう、願ってやまない。

凡例

一　聖書の引用は新共同訳に従いましたが、十字架の聖ヨハネの旧約聖書の引用は、ヴルガタ版によるため、本書著者の原文に従って訳出しました。

二　カトリックの人名・地名の表記は、日本カトリック司教協議会で通常使われている表記としました。

三　文中の（　）の中の＊印は、訳者注です。

四　脚注の［　］は、邦訳文献です。

五　参考文献

①　十字架の聖ヨハネの著作：『暗夜』山口・女子カルメル会訳　二〇〇二年／『カルメル山登攀』奥村一郎訳　一九九八年／『霊の賛歌』東京女子カルメル会訳　二〇〇八年／『愛の生ける炎』ペトロ・アルペ、井上郁二共訳、山口・女子カルメル会改訳　一九九二年（以上、ドン・ボスコ社）。

②　イエスの聖テレジアの著作：『自叙伝』東京女子カルメル会訳　一九六〇年／『霊魂の城』同会訳、二〇〇七年／『小品集』東京女子カルメル会・福岡女子カルメル会訳　一九七一年（以上、ドン・ボスコ社）。

③　『不可知の雲』――キリスト教神秘体験の不朽の古典――ジョンストン校訂、（エンデルレ書店、二〇一一年）、『不可知の雲』奥田平八郎訳（現代思潮社、一九六九年）。

④『ある巡礼者の物語』——イグナチオ・デ・ロヨラ自叙伝——門脇佳吉訳・注解（岩波文庫二〇〇〇年）。
⑤『ロヨラのイグナチオ——その自伝と日記』エバンヘリスタ・佐々木孝訳（桂書房、一九六六年）。
⑥『霊操』イグナチオ著　ホセ・ミゲル・バラ訳（新世社、二〇〇三年）。
⑦『イエズス会会憲』。
⑧『第二バチカン公会議公文書　改訂公式訳』（カトリック中央協議会、二〇一三年）。
⑨『告白録』アウグスチヌス著　宮谷宣史訳（教文館、一九七六年）。
⑩『神秘神学』ディオニュシオス著「神秘神学」今義博訳『中世思想原典集成３』（平凡社、一九九四年）。
⑪「神名論」熊田陽一郎訳『キリスト教神秘主義著作集Ⅰ』（教文館、一九九二年）。
⑫『神学大全』トマス・アクィナス著　高田三郎・山田晶・稲垣良典他訳（創文社、一九六〇-二〇一二年）。
⑬『無名の巡礼者』A・ローテル訳（エンデルレ書店、一九九五年）。
⑭『スキヴィアス（道を知れ）』佐藤直子訳『女性の神秘家』『中世思想原典集成15　上智大学中世思想研究所編』（平凡社、二〇〇二年）。
⑮テイヤール・ド・シャルダンの著作：『宇宙讃歌』山崎庸一郎訳　一九八四年、『現象としての人間』美田稔訳　一九六九年（以上、みすず書房）。
⑯「ロナガンの『神学の方法』を巡って」今井佐和子（『カトリック研究』上智大学神学会編

一九七三年六月)。
⑰『神のもとの科学』柳瀬睦男著　ウィリアム・ジョンストン英訳(上智大学、一九九一年)。
⑱『永井隆の生涯』片岡弥吉著(中央出版社=現サンパウロ、一九六一年)。
⑲『長崎の鐘』永井隆著(サンパウロ・アルバ文庫、一九九五年)。
⑳『歎異抄』唯円著。
㉑『般若心経・金剛般若経』中村元、紀野一義訳注(岩波文庫、一九六〇年)。
㉒『夜船閑話』白隠禅師著(現代語訳)VIVID 静寂庵(初心者のための仏教学びのサイト)。
㉓『愛する』ウィリアム・ジョンストン著　巽豊彦監訳、岡島禮子・柿崎瑛子・三好洋子共訳(南窓社、二〇〇四年)。
㉔『ジョンストン神父在日五十年記念誌』二〇〇一年。

序

二十世紀になり、神秘神学への関心が急速に高まってきました。洋の東西を問わず、神秘家を対象としたアカデミックな研究が膨大な数にのぼってきています。それは、洞察力のすぐれた学者たちが、神秘主義は人間生活で最も大切な宗教体験の一つであると気づいてきたからです。しかし、そうした研究よりも、瞑想を実践し、通常、神秘的と呼ばれる深層意識へ引き込まれていく現代人が数多くいることの方がはるかに重要です。彼らはまず真言〈マントラ〉を繰り返し唱え、あるいは呼吸に意識を向け、あるいは聖典から引いた聖句を味わうことから始めます。やがて論理的考察を超え、意識の一体感を覚えると、全宇宙を包み込む偉大な神秘の前で沈黙のうちに安らぎを得ます。

意識の奥深い領域に足を踏み入れる時、私たちには道案内と手助けが必要です。どの偉大な神秘主義の伝統も口をそろえてそう教えています。というのは、事物の核心に横たわる神秘へと向かう旅は危険をはらんでいるからです。安心して任せられるガイドがいなければ、幻影の中をさまよったり、嵐に巻き込まれたり、ただ立ち往生するばかりで、先へは進めません。

幸い、キリスト教には古くから神秘神学という学問があります。それは、人々に祈りを教え、暗夜を抜けて山の頂へ導くことを目指しています。最初に世に出た神秘神学論は、五世紀末か六世紀初めの頃、新プラトン主義の影響を強く受けたシリアの修道士によって書かれました。著者の実名は伏せられていますが、名前は、アレオパギテスのディオニュシオスとなっています。その『神秘神学』は、一人の弟子に宛てた手紙の形式で、祈りの山の登り方について実践的な指示を与えています。弟子はその指示に従いながら想像や推論や思考を超えて、モーセのように漆黒《しっこく》の闇の中で神に出会う不可知の雲の中へと導かれていきます。

同じ頃、エジプトの荒れ野では師父たちが、弟子たちに観想的な祈りを教え、神に出会うために沈黙へと導いていました。その教えは、東方のキリスト教に深い影響を与えました。ヘシュカスト（＊東方正教会の独住生活者）たちが、弟子たちに〈イエスの祈り〉（＊「主イエス・キリスト、神の御子《みこ》よ、罪びとの私を憐れんでください」。）を伝授して観想の高みへと導くことになると、神秘神学は開花期を迎えました。(1) また荒れ野の師父たちは、西洋の修道生活にも影響を及ぼしました。観想が根を下ろし、今日に至るまで存続しています。

十四世紀には、ラインラント、フランドル、イングランドの各地方に、きら星のごとく神秘家たちが現れました。彼らは教師であり、霊的指導者でもありました。『不可知の雲』を著した英国人は、ディオニュシオスの『神秘神学』の翻訳者でもありますが、一人の弟子に宛てた手紙という形で、いかに「雲」の中へ入るか、いかに落とし穴を避けるか、いかに嵐を切り抜けるか、について教えています。同じような動きが、十六世紀のスペインにも見られます。カルメル会の修道者たちは、イエスの十字架と愛のためにすべてを放棄することを中心に置く、「忘我の神秘主義」を説いています。彼らは観想者たちを魂の暗夜を通りカルメル山の頂へ、また幾つもの住居《すまい》を通り霊魂の城の中心へと導いていきます。

二十世紀前半になると、神秘神学――時には修徳神秘神学と呼ばれます――が世界中のカトリックの神学校や神学部で、教科として取り上げられるようになりました。再び神秘神学は、実践的で司牧に役立つ規範となり、神学生は祈り方と、将来聖職に就いた時に出会う観想者を指導する方法を学びました。卓越した神秘神学者たちの手になるテキストは、習得された観想と、神から注がれた注賦的、または神秘的と言われる観想について説明しています。前者は、知るという通常のプロセスを経て習得され、神の恩恵によって授けられる観想のことです。一方、注賦的とか神秘的という観想は、純粋に賜物として、神から注ぎ込まれるものです。つまり、決して何かの褒賞として受け取るものではありません。それは聖テレジアが「静穏の念祷」と呼ぶ祈りから始まります。人は神のみ前で沈黙のうちにじっとしています。あれこれ気が散り落ち着かなくなっても、一切注意を払いません。やがて霊魂の城の中の住居を幾つも通り、ついに霊的な婚姻というゴールに到達します。神秘的な観想の頻度に関しては論争になりました。著述家の中には、神秘主義への招きは普遍的であると考え、注賦的観想とは、キリスト教徒の生活が普通に成長発展したものであり、洗礼の恵みの中にすでに含まれていると主張する人もいました。その一方で、神秘的な観想はごく限られた特別の人々に与えられるカリスマ的な賜物である、と考える人もいました。

第二バチカン公会議の後、神秘神学はカトリックの神学校や神学部で教えられなくなりました。めまぐるしく変化する世界には重要でないと見なされたようです。しかし、将来はどうでしょうか。

二十一世紀の人たちのために神秘神学を書き直す時が来ている、と筆者は思います。神学のカリキュラムでの名誉ある地位を挽回すべき時が来ています。ですが、二十一世紀の人たちに、四世紀や十六世紀と同じような教え方はできません。最新のものに書き換えなければなりません。つまり、現代が抱えている問題と関連づけなければならないということです。私たちが直面している挑戦は、福音書と伝統に対して真摯な態度で臨みながら、現代の、他に類を見ない諸問題に対処するという挑戦です。

神秘神学を正確に理解するために、本書は十字架の聖ヨハネの教えに従いますが、現代に必要と思われますので、いくらか翻案し、変更も試みています。

著作の中の十字架の聖ヨハネは、主として教師でありガイドです。山の頂、もしくは至高の英知が宿る霊魂の中心へと読者を導いてゆきます。『カルメル山登攀』のまえがきで、「高い段階に達する方法を知りたいとも思わず、また、初心者の方法から抜け出るための指導者も見つからないまま、いつまでも稚拙な方法で神と交わっている人々を見るのは悲しいことである」と、多くの善良な人が思うように前進できないことを嘆いています。彼自身の教えが健全であり信頼に足りると自負して、次のように述べています。

そこで、神の助けを借りながら、初心者と熟練者のために、教えと勧めを提示しようと思う。より高い段階に進みたいと思う時、どのようにして神の導きに身を委ねるかを理解できるよう、あるいは少なくとも知っておけるように。(3)

こうして示された第一の教えが、神に身を委ねることです。ところが残念なことに、観想者はまるで幼子のように駄々をこね、母親に抱かれるのを拒みます。そのような時、熟練した霊的指導者である十字架の聖ヨハネは、安心してお母さんに抱かれていなさい、と子どもをなだめます。観想者に、心を開いて神からほとばしる愛を受け入れるように諭《さと》します。彼は、聖書や神秘主義の伝統や、自らの体験や、彼に心を開いてくれた人々の体験談から得られた一連の教えを自在に使いこなします。彼は祈りのしかたや霊的指導に精通する卓越した神秘神学博士です。

とはいえ、神秘神学を定義づけるとなると、「神学とは、知恵のことである」という古くからの伝統に従います。神秘神学と、神秘的英知や神秘的祈りとを区別しません。神秘神学と観想を同一視さえして、「観想とは、神秘神学のことで、神学者たちは神秘神学を秘密の英知と呼び、聖トマスは愛を通して霊魂に伝えられるものと言っている」(4)と述べています。

しかし本書は、〈神学〉という言葉をもっと現代的な意味で捉えます。言いかえると、それは神秘神学をただ単に愛から生まれる秘められた英知としてではなく、〈愛から生まれる秘められた英知について考察し、それを説く学問〉として捉えます。そのような学問を推し進めるためには、この愛から生まれる秘められた英知とは何か、この秘められた愛にあふれた知識は何か、ということを考える必要があります。

花嫁と花婿の愛をうたう『霊の賛歌』という偉大な詩の中で、十字架の聖ヨハネは、花婿は花嫁を胸に抱き、甘美な生きた知識を教える、とうたっています。そして、この甘美な生きた知識は、観想、あるいは神秘神学である、と解説しています。

花婿が花嫁に教えた甘美な生きた知識が、神秘神学である。つまり、霊的な人たちが観想と呼ぶ、神の秘められた知識である。この知識は愛を通して与えられるため、愉悦にあふれている。愛が師であるから、これを余す所なく快いものとしてくれる。(5)

この文には説明を要する語句が二つあります。〈愛〉と〈秘められた〉です。

十字架の聖ヨハネが、神秘的な英知は愛を通して届けられると述べる時、その愛とは神への私たちの愛ではなく、私たちへの神の愛を意味します。「神がまずわたしたちを愛してくださったので、わたしたちは愛する」と、聖ヨハネは書いています。また聖パウロは、わたしたちに遣わされた聖霊によって神の愛はわたしたちの心に注がれる、と言っています。神秘生活は、神から愛が注ぎ込まれるのを深く体験することから始まります。

観想生活の初期の段階では、神の気配をおぼろげに感じ取ることができて、安らぐかもしれません。しかし時がたつにつれ（おそらく暗夜の苦しみを経た後で）、神から注がれた愛は、人の存在の深奥部に火をともします。この内的な火というのは、キリスト教の神秘体験の中心となる現象です。『不可知の雲』の著者は、その火を「目が眩《くら》むほどの愛をかき立てる力」と呼んでいますし、ヘシュカストたちは、たえずこの神聖な火について語ります。

最初この火は、火のようには見えないかもしれません。十字架の聖ヨハネの逆説的な言葉を借りれば、暗い火です。浄化作業の真っ最中だからです。

霊的浄化の始めの頃、この神聖な火は、薪《まき》――すなわち、霊魂――を熱するよりも、もっぱら薪を乾かし、燃える準備を整える。しかし時がたち、火が熱し始めると、霊魂はたいてい愛の燃焼を感じるようになる。(6)

くすぶって煙を立てるうちに、ぱっと薪に火が点《つ》き、ついにめらめら炎を上げて、その深奥で霊魂を傷つける愛の生ける炎となります。この愛の生ける炎が聖霊です。

説明を要する第二の語句は〈秘められた〉です。秘められた知識とは神秘的な知識のことで――不可知の雲の中に隠れたぼんやりした暗い形のない知識です。それは〈無〉として、〈空〉として〈虚空〉として体験される知識です。何が起きているのか分からず、哀れな観想者は苦悶のあまり叫びます。十字架の聖ヨハネは、神の伝達が秘められていることを次のように解説しています。

この伝達は、知性やその他の諸能力の働きからは隠され、ひそかに行われる。それゆえ、これらの諸能力ではその英知を獲得できず、聖霊が霊魂の中にこの英知を注ぎ込み、整えるのであって、雅歌の中で花嫁が言っているように（2・4）、花嫁はそのことを知りもせず、どういうことなのか悟ることもないので、「秘められた」というのである。(7)

知識には二種類あるということです。一つは、個々の分野に特有の明確な知識で、知るという普通のプロセスを経て得られるものであり、普通の生活や科学や学問に用いられます。しかしもう一つの知識は、あいまいで、暗く、形がなく、広くて愛に満ちた知識です。これが秘められた神秘的英知です。

ここから先は、逆説になります。この曖昧模糊《あいまいもこ》として秘められた知識こそが、実は光なのです。それは神の光で、あまりの強さに霊魂の目はつぶれ、暗闇の中に投げ込まれるため、大きな苦痛がもたらされます。内的な光は、内的な火と同じく、キリスト教の神秘体験の中核を成しています。火と光は、切っても切り離せません。

そして光は火と同様、賜物です。努力によって光を生じることなど、誰にもできません。神が教え導いてくださいます。十字架の聖ヨハネは、神の教授法を詳しく描写しています。

観想においては、言葉も聞こえず、いかなる肉体的あるいは霊的な感覚の助けもなく、あらゆる感覚的なもの・自然的なものにとっては暗闇の中で、言わば沈黙と静寂のうちに神は霊魂に極めてひそかに静かに教えられるので、霊魂は神がどのように教えられるのかは分からない。霊的な人たちの中には、この観想を、〈不知の知〉（理解しないで理解すること）と呼ぶ者もいる。(8)

〈不知の知〉、この言葉はディオニュシオスの時代からアポファティックな（＊否定神学的な）伝統を通じて繰り返し使われています。神的な英知について知るためには、普通の知識を捨てなければならないという意味です。人は「雲」の中に入らねばなりません。人は知らないままでいなければなりません。

十字架の聖ヨハネが解説する神秘神学とは、そのようなものです。しかし、すでに述べたように、彼の著作は、この秘められた愛に満ちた英知の神学について余す所なく述べています。これについて考察し、人々に教えています。その際に、聖書やスコラ神学を活用しています。

聖書解釈は、今日の神秘神学の大きな挑戦の一つです。数々の聖書研究が二十世紀を彩ってきました。その財産を無視することはできません。聖書の文学批判、様式批判、編集批判に基づくアプローチはないがしろにできませんし、聖書の史実性、原作者、文学様式についての知識が増加したことも、決して否めません。そして今なお、聖書研究はますます盛んです。学者たちは、聖書には多種多様の解釈があることを知り、一つのアプローチにこだわっていては大きな進歩も成果も望めないと分かっています。では神秘的なアプローチについてはどうでしょうか。

十字架の聖ヨハネは、学問や体験に頼るつもりはなく、頼りにするのは聖書である、と明記しています。

したがって、この暗夜について論じる場合、自分の経験や学問を当てにするつもりはない。そのどちらも間違いで、それらにだまされることもあり得るからである。それらが役立つ限り、ないがしろにするつもりはないが、あくまでも私のよりどころは聖書である。聖書の中で語っておられるのは聖霊なのであるから、聖書に導かれていけば道を誤ることはないからである(9)。

聖霊が聖書を通して語っておられる。このことが、この神秘家の聖書解釈の鍵になっています。著者は神です。第二バチカン公会議はこの伝統的な信念を明確に述べ、ついで、「聖書は神のことばを含んでおり、また霊感を受けたものであるからこそ、真に神のことばなのである。それゆえ、聖書の研究は神学の魂のようなものであるはずである(10)」と言っています。さらに、「われわれは祈るときには神に語りかけ、神のことばを読むときには神に耳を傾ける(11)」という聖アンブロジオの言葉を引用しています。とりわけ大切なのは、聖書にはキリストが現存しておられるという公会議の主張です。二つの基盤、御言《みことば》の食卓と聖体の食卓があり、キリストはこの両方に現存しておられます。

聖なる書物を学ぶには二つの方法があります。まず一つは、学究的で批判的な取り組み方で、原作者や史実、文学様式などについて解明する方法です。これは聖書を正確に理解するには不可欠です。けれど、誰でも、そのような取り組みだけに限って神秘神学を学ぼうとすれば、愛を通して生まれる秘められた英知を見いだせないでしょう。そのような人はキリストの現存を見いださないでしょう。果物の皮だけ食べて、中のおいしい果肉を味わわないことになります。

第二の取り組み方は、観想的な、あるいは神秘的なアプローチです。学識を軽視するわけではありませんが、信仰をもって聖なる書物を味読することに、より重きをおくアプローチです。聖なる書物のどこか一節を選び、繰り返し唱えているうちに、人は心が開かれていき、聖なる書物と人の心に住んでおられる神聖な師である聖霊の導きを受けられるようになります。こうして、人は愛から生じる秘められた英知を快く受け入れます。

十字架の聖ヨハネは、聖書を読む間、聖霊の声にじっと耳を傾けているうちに、ふと、彼と信仰を分かち合わない人々は、彼の解釈をばからしいと思うのではないか、と気づきました。特に思い当たるのが雅歌の読み方でした。

これらの比喩は、ひたすら、そこに含まれている知識と愛の精神にそって読むのでなければ、筋の通った言い分というより、むしろたわ言のように思われるであろう。同じことがソロモンの雅歌や聖書の他の書の比喩的表現でも言えるだろう。聖霊は、普通の言葉では言い尽くせない神秘的な事柄を、不思議な象徴や比喩を借りて、語っておられる。(12)

愛から生じる秘められた英知は、たわ言のように響くかもしれません。

二十世紀になり、セム語族の宗教（＊ユダヤ教・キリスト教・イスラム教）の預言的体験と、アジアの宗教の神秘体験とをはっきり区別する学者が現れました。しかしそのような論調は、キリスト教の神秘主義の伝統のものとは相いれません。十字架の聖ヨハネの著作に登場するイザヤやエレミヤやエゼキエルは、神秘家中の神秘家ですし、エリヤは、神秘文学の中でも別格です。聖書の著者は神であると信じる者にとって、愛から生じる秘められた英知は、聖書の至る箇所で見いだされます。

十四世紀から、ラテン教会（＊ローマ典礼に従っているカトリック教会）における神秘神学は、スコラ学の影響を強く受けました。十字架の聖ヨハネも例外ではありません。『霊の賛歌』のはしがきで、彼は思索的なスコラ神学と、体験的な神秘神学をはっきり区別しています。スコラ神学は、実は、必要ではないと彼が思っているのは明らかです。イエスのアンナ修院長へ、こう書き送っています。


神と霊魂の内的会話について語る際に、スコラ神学を幾分用いることになりますが、霊的に純粋な事柄に関してそのような話し方をしても、無駄にならないことを願っています。院長様には、たとえ神の真理を理解するスコラ神学の修練が欠けておられるとしても、愛を通して教えられる神秘神学の修練は欠けておられませんから。愛によってこそ神の真理を知るばかりか、同時に体験もされるのですから。[13]

頭で理解することと、愛を通して体験することを区別したのは、意義深いことです。

なお、十字架の聖ヨハネの文章には、多くの現代人にとって読みにくいスコラ学が浸透しています。彼は、感覚と精神を区別する際に、感覚の表面的な夜とか、精神の恐ろしい夜という言い方をします。神との一致に関しては、霊魂の三能力を引き合いに出して説明します。知性の力には「信」、記憶の力には「望」、意志の力には「愛」という、対神徳（＊神によって人間の心に注ぎ込まれ、人間を直接に神と関係づける信仰、希望、愛を指すスコラ神学用語）があると述べています。また、知識と光は知性の力に属し、一方、愛と火は意志の力に属すると言っています。知性と意志、この霊魂の二つの能力が相互に作用し合うことが、彼の教えの重要な、しかも明確な特徴です。

本書は、伝統的な神秘神学のスコラ学的な背景を述べます。しかし、神秘神学を現代に向けて提唱するにあたっては、第二バチカン公会議の神学に倣います。さらに霊魂の能力の代わりに意識の層について述べます。この点では、バーナード・ロナガンの方法論がたいへん有用と思えます。

ロナガンは、知識を得る通常のプロセス――体験し、理解し、判断することですが――を述べた後で、神の愛の賜物として与えられる、もう一つ別の知識について語っています。その知識が神秘的な英知のような気がします。また、信仰上の回心を通して〈愛のうちにある〉というロナガンの言い回しは、雅歌や『愛の生ける炎』を彷彿とさせます。彼の著作は、新たな神秘神学の形成に、非常に役立つのではないでしょうか。[14]

真正なキリスト教神秘主義は、意識の深層で主の福音を生きることにほかなりません。偉大な神秘家、聖パウロの燃える言葉に従えば、イエスとともに死に、イエスとともによみがえる、ということです。「もし、わたしたちがキリストと一体になってその死の姿にあやかるならば、その復活の姿にもあやかれるでしょう」（ローマ６・５）。死と復活はイエスご自身の偉大な神秘体験を記念する聖体祭儀の中に、生き続けています。そしてこういう文脈の中でこそ、人は、一途に愛をかき立てる動き、愛の生ける炎、内的な光、不可知の雲、霊魂の暗夜、秘められた愛に満ちた英知である聖霊に対し、心を開きます。

現代神秘神学の課題は、世界に向かい、イエスとともに死んで復活することは無意味どころか、私たちを打ちひしぐ諸問題を根本的に解決することである、と納得させることです。それはなまやさしいメッセージではありません。神秘神学は愛の神学であるだけでなく、ユダヤ人の殉教者、エディット・シュタインの言葉を借りれば、十字架の神学でもありますから。でも、福音書を読むと、十字架は恐ろしいものではないことが分かります。パウロは十字架を誇りとしていますし、〈イエスの祈り〉を唱えたあのロシアの巡礼者は、喜びに満たされました。

神秘神学を新たに書き直そうとして、筆者は次々と難題に直面しました。

第一の課題は、時代に即したものにすることです。伝統的な神秘神学は、そのほとんどが修道士や修道女など、ひたすら宗教に携わる人々のために書かれました。彼らの生活スタイルは、英知の追求と神の探究に向けられています。宗教的な理由で独身を通す人々は、長時間、祈りや典礼や（もし修道生活をしているならば）沈黙のうちに畑仕事に専念することができました。しかし、シナリオは変わり、今は信徒の時代です。工場や教室、オフィスや実験室で多忙な生活を送る人々が、瞑想や神秘生活を求めています。新たな神秘神学は、そのような世俗の人々の活動で、愛の生ける炎がどんな役割を果たすのか、と問わねばなりません。また結婚も軽視できません。神秘生活の中での性の役割についても、問い直さねばなりません。

第二の課題は、アジアの宗教が、世界中の人々の生活でますます重要さを増しているという事実から生じています。仏教、ヒンドゥー教、キリスト教間の対話が盛んになってきて、アジアの宗教が非常に観想的であることは、今では周知の事実となりました。アジアは、秘められた隠れた英知に満たされた神秘家たち、〈空〉や〈無〉、〈暗闇〉や〈虚空〉を体験したことのある神秘家たち、「レマ、サバクタニ」（*「なぜ、わたしをお見捨てになったのですか」）を実際に味わったことのある神秘家たちを輩出してきました。そういう彼らの共感を得る神学と言えば、ただ一つしかありません。それは、極めて体験的な神秘神学、イエスの死と復活にあずかり、聖霊の燃えるような愛を体験する人々によって創られた神秘神学です。

またアジアとの対話を通し、世界は瞑想についてすでに多くのことを学びました。アジアの瞑想は心身一如的です。肉体の役割を強調し、いかに座り、いかに呼吸し、いかに食べ、いかに断食するか、いかに眠り、いかに気を引き締め、いかにゆるめるかを教えます。神秘神学を現代の人々に教える場合、肉体の役割をないがしろにはできません。

次に、現代科学の現象があります。現代人の宇宙観は、ガリレオやニュートンやアインシュタインのような偉大な科学者の発見に左右されてきたのは、紛れもない事実です。二十世紀には相対性理論や量子論が科学者たちに根本的な衝撃を与えました。混沌とした宇宙に存在する一見非論理的な事象に驚き、東洋の神秘主義が示す摩訶《まか》不思議な逆説に関心を持つ科学者たちもいます。そういう彼らの共感を得るキリスト教神学と言えば、逆説を認める神秘神学――寡黙にして豊かな体験を持った神秘神学しかありません。

またもう一つの課題は、現代のキリスト信者が社会的関心を、自分の世界観に不可欠な要素と見なしているという事実から派生しています。彼らは、貧しい人々を虐げ、環境を破壊する悪の構造に立ち向かわなくてはならない、という義務感を抱いています。現代の神秘神学は、現代世界の社会的な苦悩を無視できません。神秘家たちを荒れ野の孤独へと駆り立てる愛の生ける炎は、同じように、彼らを生活のもめ事や社会的な関わりへと駆り立てるということを実際に示さねばなりません。事実、社会は、この愛の生ける炎によって奮起した神秘家たちによって、大きく変貌します。

ですから、本書は、十字架の聖ヨハネが十六世紀に向けてなしたことを、二十一世紀に向けて行おうとする、ささやかな試みです。言いかえると、その目的は、命の水を渇望する人たちへ、観想的な祈りを教えることです。筆者は、主にキリスト信者を念頭に置いて筆を進めますが、真理の探究において私どもと心を一つにしておられる方々にも、本書がいささかなりともお役に立てれば幸いです。研究生活を始めた頃、筆者は『〈不可知の雲〉の神秘主義』というタイトルでやや学術的な本を書きました。それから三十年。今再び、同じ主題に取り組みます。今や、そろそろ夕影が長くなりました。神の神秘を的確に言い表すことの難しさをひしひしと実感しています。そこで、死に赴くハムレットの言葉に心を重ねて言いましょう。「あとは沈黙」。

1 Vladimir Lossky, *The Mystical Theology of the Eastern Church* (St. Vladimir's Seminary Press, New York, 1976). 参照。[『キリスト教東方の神秘思想』宮本久雄訳、(勁草社、一九四四年)]。
2 R・ガリグー・ラグランジュ(一八七七—一九六四)、A・A・タンクレ(一八五四—一九三二)、J・ド・ギベール(一八七七—一九四二)、J・G・アリンテロ(一八六〇—一九二八)他。
3 『カルメル山登攀』まえがき4(以下、『登攀』と略記)。
4 『暗夜』Ⅱ・17・2。十字架の聖ヨハネは神秘神学を「愛の神学」と呼ぶ。『暗夜』Ⅱ・17・6と2・18・5。
5 『霊の賛歌』27・5(以下、『賛歌』と略記)。
6 『暗夜』Ⅱ・12・5。
7 同 Ⅱ・17・2。
8 『賛歌』39・12。
9 『登攀』まえがき2。
10 『第二バチカン公会議公文書 改訂公式訳』「神の啓示に関する教義憲章」24(カトリック中央協議会、二〇一三年)。

11　同　25。

12　『賛歌』はしがき1。

13　同　はしがき3。

14　筆者は、一九八四年ボストンで、亡くなる二、三年前のバーナード・ロナガンに会ったことがある。「神秘体験には、あなたの方法が最高です」と語りかけると、彼はほほ笑んで、「そうですか、そうですか……」とうなずいた。

目次

第二部　対　話

第三部　現代の神秘的な旅

第一部　キリスト教の伝統

第1章　背　景(1)

新約聖書

キリスト教共同体は、誕生当初から、祈りを教えることは必要であると気づいていました。「洗礼者ヨハネが弟子たちに教えたように、わたしたちにも祈りを教えてください」と使徒たちがイエスに願うと、イエスは「わたしたちの父よ……」と唱えるようにお教えになりました。さらにイエスは、手本を示して教えられました。ことにルカは、イエスが山に登り、荒れ野に退き夜通し祈っておられる姿を描いています。イエスはたいへん多忙な時がありました。群衆が引きもきらずつきまとい、病気を癒やしてくださいとイエスに頼んだからです。「だが、イエスは人里離れた所に退いて祈っておられた」（ルカ５・16）のです。

またイエスには数々の神秘体験がありました。ヨルダン川で洗礼を受けられた時、聖霊が鳩《はと》の姿で降ってきて、天の御父の声が聞こえてきました。山上で変容された時――ビザンティン教会が想像力を大いにかきたてられた光景です――イエスの服は真っ白に輝き、エリヤがモーセと共に現れて、エルサレムでの最期、イエスの「エクソドス」（ἔξοδος）について告げました。最後の晩餐《ばんさん》で祈られた時、パンとぶどう酒――御体と御血――を弟子たちにお与えになりました。ゲッセマネでの苦しみの暗夜では、血の汗を流されました。そして十字架上で祈られた時、イエスは敵をお許しになり、詩編作者と同じく、「レマ、サバクタニ」と叫ばれました。

新約聖書は祈りに満ちています。その中でもひときわ重要なのは、鷲《わし》のように翼を張って天まで昇る第四福音書です。どのページをめくっても、復活されたイエス、時空を超えて「わたしはある」と言っておられるイエスに出会います。そして、最後の晩餐におけるイエスの言葉に行きつきます。弟子たちの足を洗われる場面から、イエスが、「父よ、あなたがわたしの内におられ、わたしがあなたの内にいるように、すべての人が一つになりますように」と祈る場面まで――章のすみずみまで響きわたる愛と信頼のメッセージは、今日に至るまで、数え切れないほどの人々の観想生活を培ってきました。なぜならこの福音書を読む人は誰でも、イエスに愛された弟子なのですから。

それから次は異邦人のための使徒、パウロ。彼は、コリントの信徒への手紙の中で、「異言や預言を語る者がいる祈りの集会をどう進めればよいか」（＊一コリント12・28–31参照）についての指示を出しました。「主の晩餐」にあずかることについても語り、愛する人々に向かって、主の御体を認め敬うようにと熱心に勧めました。そして、父よ、彼らの知恵を増し、愛に根ざした者にしてください、と祈っています。キリストによって神の子となった人たちのために、パウロはたえず祈りました。この他に、今ならさしずめ神秘的祈りと呼ぶ祈りもあります。パウロは一人の人を知っていました。「その人は第三の天まで引き上げられたのです。体のままか、体を離れてかは知りません。神がご存じです。その人は、人が口にするのを許されない、言い表しえない言葉を耳にしたのです」（＊二コリント12・2–4参照）。これはパウロの身に起きたことでした。まさに神秘体験と言えます。パウロ自身、戸惑いを覚えたほどです。

またペトロですが、祈ろうと屋上に上がると、天が開け、四隅を吊《つ》るされた大きな布の入れ物が地上に降りてくるのを見て、茫然《ぼうぜん》自失《じしつ》の状態になりました。その中には、ありとあらゆる獣が入っており、主の声も聞こえてきたのです。アナニアは、サウロの目を元どおりにするために遣わされた時、幻の中で天からの声を聞きました。百人隊長のコルネリウスもまた、同じ体験をしました。使徒言行録には神秘的な祈りの精神がみなぎっています。

こうした体験は、新約聖書の最終ページで終わることはありませんでした。神秘的な祈りはますます盛んとなり、続いています。殉教は大きな恵みであり、神との対話（「ディアレクシス」διάαλεξιδ と呼ばれました）と典礼の聖体の祈りは、キリスト教徒の糧となりました。

さて祈りが深まり、（現代的な専門用語で言うところの）新しい意識段階に入ると、人々には手助けと指導が必要になります。なぜなら祈りの道は、険しく石の多い坂道でもあるからです。人は簡単にだまされます。「サタンでさえ光の天使を装う」（二コリント11・14）とパウロは書いていますし、どんな落とし穴があることか。あるいは落胆して、挫折する人も出てきます。となると、神の山を目指す人々を導き、守り、励ます祈りの神学――神秘的な祈りの神学を含めて――に重きを置くことが必要です。

オリゲネスと雅歌

キリスト教がギリシア世界に伝播するにつれ、初期のキリスト教徒たちは他宗教への適応とインカルチュレーション（＊福音の文化内開花）の問題に直面するようになりました。新しい考え方や祈り方が起こりました。また卓越した教師や神学者も登場しました。と言っても、当時は祈りの教師と神学の教師の区別は、判然としていませんでした。

神学者や霊的指導者の中で秀でていたのは、アレクサンドリアのオリゲネスでした（一八五－二五四）。彼は幾世紀にもわたり、すべてのキリスト教世界に計り知れない影響を及ぼした人です。彼にとって、偉大な宗教体験とは、イエスが人類のために命をささげられたように、弟子が信者や敵のために命を捨てるという殉教でした。オリゲネスはまた、祈りについても書いています。「主の祈り」や聖書に関する膨大な注釈書を著しました。それも、大切な宗教体験だったのです。

しかし、神秘神学に最も影響を及ぼしたオリゲネスの論文は、雅歌の注釈でした。「オリゲネスはどんな作家をも凌駕する著作を次々と発表していますが、とりわけ雅歌の注釈は、比類ない出来栄えです」とヒエロニモ（三四七－四二〇）が教皇ダマソ一世に書き送るほどの傑作です。ヒエロニモは、「これは極めて見事で明快な注釈ですから、『王様がわたしをお部屋に伴ってくださった』（＊1・4）というおとめの歌の一節は、実際彼において成就したことではないかと思えます(1)」と述べました。現代の学者がこの注釈を「キリスト教神秘主義の最初の偉大な作品(2)」と見なすのも、何ら不思議ではありません。

雅歌は常に論争を呼ぶ書でした。それは官能的な中東の恋歌にすぎず、どうして聖書の中に入っているのか、といぶかしむ人たちもいました。また、雅歌は意味深い聖なる書で、神なる主とイスラエルの結び付きを物語っていると、考える人たちもいました。二世紀のユダヤ教の律法学者ラビ・アキバには、こんな話が残されています。雅歌が聖書の一部となることに異論を唱えたユダヤ教の指導者に対し、「今まで、雅歌がイスラエルに与えられた日ほど意義深い日はありません。なぜなら、旧約聖書の書はすべて聖なるものですが、雅歌は聖なるうちの聖なるものですから(3)」と、答えたそうです。

議論の余地なく、雅歌は官能的であるとともに聖なるもので、人間に対する神の愛を象徴しています。それで、一般の恋人たちも神秘家たちも原型的なその調べに共鳴するのです。

オリゲネスの偉大な貢献は、この恋歌を、「共同体的次元を保ちながら」、一人ひとりの人間と受肉された御言《みことば》との一致に当てはめたことでした。注釈の初めに、雅歌は「ソロモンがドラマに仕立て、花嫁の姿を借りて、神の御言である花婿と結ばれる神々しく燃えるような愛を歌った婚礼の歌」であると述べています。それからさらに、「花嫁を、神にかたどって造られた霊魂と受け取ろうと教会と受け取ろうと、いずれにしろ花嫁は実に深く花婿を愛しているのは確かである[4]」と述べています。

実際オリゲネスが、このような愛の持つ教会的な次元を保ったことは、この上なく意義深いことです。今日、神秘的な祈りと呼ぶものは、オリゲネスにとっては孤立した小さな自我の活動ではなく、教会全体が深く愛し、また愛されてもいるその花婿、キリストを賛美する壮大な交響曲の一部である、ということを意味しています。

そしてオリゲネスは、後に続く数多くの注釈者もそうでしたが、ひたむきに雅歌の愛と取り組みました。では、その愛とはどんな性質なのでしょう。それをどう説明したらよいのでしょう。

オリゲネスは、雅歌が肉体の愛への賛歌ではないことを告げようと腐心しています。プラトンの『饗宴』シンポジウム（*Symposium*）に言及し、博学なギリシアの賢者でさえ、愛の持つ真の意味を理解しないで肉欲の罪に走った者がいた、と述べています。「それゆえ私たちも……こうした事柄を耳にする人々に肉欲を抑制するようにと強く願います。肉体の機能に関して一般に言われていることを決してうのみにしてはなりません。むしろ内的な人が持つこのような神聖な感覚を把握するためにこそ、肉体は使うべきです[5]」。しかしこのような感覚とは、一体どのようなものでしょうか。

オリゲネスが述べる霊的な感覚に関しては、かなりの研究がなされてきました。カール・ラーナーによれば、今までにない霊的な領域での五感のことです。さらに、オリゲネスは、聖書の中で例えばモーセや預言者たち、ヨハネやパウロの中に、こういう感覚が存在していることを証明した、とラーナーは主張しています。(6) いずれにしても、内的感覚の概念は、他の神秘家たちも取り上げています。中でも、聖テレジアは、肉体の目を使わずに見ること、肉体の耳を使わずに聴くこと、肉体の鼻を使わずに嗅ぐことについて語っています。神秘体験は、然るべき心理学を抜きに説明するのは無理なようです。それで、今なお、この分野の研究が進められているのです。

オリゲネスの雅歌に関する注釈は、中世になると、ルフィヌスのラテン語訳により広く読まれるようになりました。その神秘的な注釈は、キリスト教神秘主義に一つの伝統を築くことになり、以来その伝統が廃れたことは一度もありません。クレルヴォーのベルナルド（ベルナール）は雅歌について法悦に満ちた説教集を書き上げました。ルースブルックは霊的婚姻について神秘主義的著作を残しています。『不可知の雲』の理知的な著者は、神と霊魂の婚姻について書いていますし、英国の作家リチャード・ロールも然りです。そして花嫁・花婿のテーマは、十六世紀のスペインでカルメル修道会の教えの中心となっています。

十字架の聖ヨハネは雅歌を諳《そら》んじていました。それはお気に入りの聖書のテキストでした。死の床についた彼を囲み、修道士たちが痛悔の祈りを唱えていると、彼はそれを丁重に断って、雅歌を読んでほしいと頼んだそうです。十字架の聖ヨハネ的なヴィジョンに照らして考えれば、死は霊的婚姻が完了して霊魂が栄光の内に入ることですから、これは肯《うなず》ける話です。

しかしオリゲネスの偉大な業績は、正確に言うと、雅歌についての解説ではなく、愛こそキリスト教の祈りの核心であり神髄であると見なしたことです。彼があってこそ、神秘神学は（当時、その用語はまだ使われていませんでしたが）愛の神学になりました。その神学は、今後も生き残ることでしょう。

否定神学

四世紀になり、三人の著名なギリシアの神学者が誕生しました――いわゆるカッパドキアの教父と呼ばれる人たちです。その教義は、神は人間の理解を超えた存在であるというもので、その後の神秘神学全般にわたり繰り返し語られることになりました。カイサリアのバジリオとニッサのグレゴリオ兄弟は、共通の友人であるナジアンズのグレゴリオと一緒に、祈りと聖書の観想に専念するうちに、神は近づきがたい光の中か、うかがい知れない闇の中に住んでおられる神秘中の神秘であることを悟りました。誰も神を見たことがありませんし、これからも神を見る者はいません。畏怖の念を起こさせる神のみ前では、ヨブのように「驚き、口に手を当てる」のみです（＊ヨブ記21・5）。

ニッサのグレゴリオは、著書『モーセの生涯』の中で、この偉大なヘブライの立法者がシナイ山に登り、暗い雲の中に入っていく、という読者の心に迫る例を挙げています。モーセは、不可知の雲の中に入って神に出会うために、すべてを――思考することさえも――捨てました。そして人間が神に出会える方法は、他に見当たりません。

カッパドキアの教父たちから否定神学（ギリシア語に由来した「アポファティック神学」として知られています）が生じ、五世紀末にディオニュシオス（偽ディオニュシオスとも呼ばれています）が〈神聖な暗闇〉

を提唱し、頂点に達しました。キリスト教の中に神秘神学という用語を取り入れたのは彼でした。その由来は、『神秘神学について』という彼の有名な論文です。

Περὶ μυστικῆς θεολογίας（『神秘神学について』）

ディオニュシオスにとって、神学という語は英知、それも最高の英知という意味であり、神秘的という語は「謎」に由来しています。彼は、秘密で、隠れていて、形がなく、暗く、表現のしようがない、という意味で、神秘的な道を説いています。それは、はっきりした輪郭を持つ形象や概念では表せません。ちょうど、神の山に立つモーセが授かった英知と同じです。

ディオニュシオス自身は常に議論の対象となる人でした。彼が誰であるかは論議の的であり、その正統性は疑問視されてきました。分かっているのは、古代の誰かが彼の著作に、聖パウロの弟子、アレオパギテスのディオニュシオス[7]という名前で署名したことです。信ぴょう性が問題となりましたが、ディオニュシオスの著作は東方世界に大きな影響を与えました。そして九世紀以後、エリウゲナとして知られるアイルランド人のヨハネス・スコトゥス（*八一〇-八七七）がラテン語に翻訳すると、西洋世界で熱狂的に迎え入れられました。ボナベントゥラはディオニュシオスを神秘家のプリンスと呼んでいます。トマス・アクィナスは千七百回も引用しています。ダンテはアレオパギテスのディオニュシオスに賛歌をささげています。彼の『神秘神学』は、エックハルトやタウラーから十字架の聖ヨハネへ、そしてまさに今日に至るまで、否定神秘神学に強い影響を及ぼしました。『不可知の雲』の著者は彼を重視するあまり、意訳を試みたほどで、改作と呼ばれてもしかたありませんでした。題して、*Deonise Hid Divinite*『ディオニュシオスの隠れた神性』です。

ディオニュシオスの著作の影響力は甚大でしたが、それは単に聖パウロと親しかったと言い伝えられる人の筆になるからだけでなく、本質的に価値のある著作だからでした。神秘家のプリンスとは言えないまでも、神秘主義の世界に屹立《きつりつ》する人物です。

ディオニュシオスについては、十六世紀にエラスムスや改革者たちの間で、幾つかの重大な疑問点が浮上しました。今日も、その著作研究は続いています。これまでの推察によって分かったのは、彼はシリアの修道士で、五世紀末か六世紀初めに隆盛を誇ったプロクロスの影響を受けたキリスト教徒であり、新プラトン主義者であったということです。その作品は、紛れもなく深い宗教的な体験を持つ献身的なキリスト教徒によって書かれたものです。

カッパドキアの教父たちとディオニュシオス以後、否定神学は神学の主流に流れ込みました。一二一五年十一月に開かれた第四ラテラノ公会議は、「創造主と被造物の間で類似点を見つければ必ずこれ以上ない大きな相違点が見つかる」[8]と宣言しています。そして第一バチカン公会議（一八六九–七〇）は、「神の神秘は人間の知性をはるかに超えているので、啓示の中で与えられ、信仰の中に受け入れられる時でさえ、信仰自体のベールで覆われたままである」[9]と付け加えました。さらに、キリスト教が、窓を開けてアジアから吹き寄せる神秘のそよ風を採り込むようになると、それにつれて否定神学はいっそう重要視されるようになりました。というのは本来、否定神学は神秘神学であり、神秘家の生き生きとした体験と相まって、「目が見もせず、耳が聞きもせず、人の心に思い浮かびもしなかった神のことを」（＊一コリント２・９）、つまり神という存在の、畏怖の念を起こさせる神秘を私たちに思い出させるからです。

と同時に、神秘神学には、それ自体ユニークで実践的な否定の方法論があることを忘れてはなりません。ディオニュシオスに端を発する伝統は、神秘家を志す人々に思考を止めるようにと告げます。神とは「こうではない」「ああではない」と力説し、神の沈黙の神秘に入るには、何もかも忘却の雲の下に踏み消していくようにと勧めます。いかにも、こういう方法論には、賢明な神秘神学者が直面しそうな危険が幾つも潜んでいるように思えます。

それからもう一つ大切な点があります。否定神学がキリスト教の伝統の中で貴重で不可欠な部分を占める一方、もし否定に魅了されるあまり何も見えなくなってしまい、そのあげく、肯定神学、すなわちカタファティック神学として知られているものを見過ごすことになると、痛ましい間違いを犯すことになるでしょう。偉大なカッパドキアの教父たちはこの過ちを犯しませんでした。ことに彼らは聖三位一体論者です。その上、ニッサのグレゴリオにとり、暗闇の中へと登って行くモーセは、キリストの神秘に入って行くのであり（なぜならグレゴリオは結局、キリスト中心主義者ですから）、そうした闇の中で、神は友を遇するように差し向かいで語りかけてくださるのです。確かに、神は理解を超えた偉大な方です。しかし、私たちはひるむことなく、「われらの父よ」と呼びかけます。カッパドキアの教父たちと、その流れをくむ神秘的な伝統は、否定的なものと肯定的なものを一つの逆説的な経験の中に融合させています。

すべての神学の、特に神秘神学の大きな逆説は、神を知っているのに神を知らないということです。不知と無知というテーマをたえず探求する一方で、神秘家たちはいつも神を親しい友としても語っています。また、ニッサのグレゴリオから十字架の聖ヨハネに至るまで、神秘神学は暗闇のテーマを何度も繰り返し述べているうちに、突如として闇は光であることに気づきます。そのような逆説をどう説明したらよいのでしょうか。神を知っているのに神を知らないということを。

東方の神学者たち、とりわけグレゴリオ・パラマス（一二九六―一三五九）は、神の〈造られざる愛のエネルゲイア〉に助けられて神を知るが、神の本質は知ることはできない、と説きました。バジリオの言葉を引用し、「なぜなら神のエネルゲイアはわたしたちに注がれるが、わたしたちは依然として神の神髄には近づけない[10]」と述べています。このことは後の章でもっと詳しく触れるつもりです。

アクィナスにより形作られたローマ・カトリック教会の神秘主義の伝統は、理性の力では神が何であるかは分からないが、愛によって神を知ることができる、と主張しています。愛によって、いわば神の本質そのものに触れることができます。そのことを『不可知の雲』の著者は見事に述べています。私たち人間は、知る力と愛する力を兼ね備えている、と言っています。神は、知力にとってはまったく理解を超えた存在ですが、不思議なことに、愛する力にとっては直ちに理解できる存在です。そして著者らしいやさしいもの言いで、実践可能な結論を引き出しています。「ゆえに私は考えられることはすっかり捨てて、私の愛する方のために、考えられないことを選びます。なぜかと言えば、そのお方を愛することはできますが、考えることができないのは当然だからです。愛によってそのお方は手に入れられますが、考えることによっては捉えられません[11]」。十字架の聖ヨハネは同じ伝統に則《のっと》っていますが、より学問的に、知性と意志の見地から語っています。〈不知〉を扱った最も暗いページでさえ、「愛の知識」の話で満たされています（＊『カルメル山登攀』Ⅱ・13・6）。

カッパドキアの教父たちとディオニュシオスに始まる伝統はこれくらいにします。神秘神学は愛の神学といっても、神秘の神学でもあります。ディオニュシオスについては、この後でさらに触れます。ではここで東西の神秘神学の道を形作ることになったもう一つの動きを少し見てみましょう。

荒れ野の隠修士たちと修道生活

神秘神学は、三、四世紀にエジプトの荒れ野に隠棲《いんせい》して祈りの生活を送った聖なる修道士と隠者たちのおかげをどれほど被っているか知れません。なぜなら修道生活の活動は、彼らから始まり、ほぼ二千年にわたり、キリスト教世界全般に祈りを、それも神秘的な祈りを、育むことになったからです。荒れ野の隠修士たちは研究者でも学者でもありませんでした。彼らは神学に関する緻密な論文など残していませんが、深い信仰を持った意志強固な禁欲主義者で、キリスト教徒の祈りの生活を徹底して実践しました。さらに、後世の人々に、ユーモアに富んだ話、逆説的な言葉、賢い助言などを収集して残しており、今日でも精彩を放っています。それどころか彼らの言葉は、二十世紀にこそ当てはまるのではないでしょうか。トマス・マートンは、荒れ野の隠修士と禅の老師の話には共通点があると、すぐに見抜きました。どちらも、疑問を持たない弟子たちに驚天動地の謎を問いかけて衝撃を与え、悟りへの道を開いて、英知の頂へと導いていきます。荒れ野には霊的指導が生きていました。

やがて二人の賢者が荒れ野にやって来ました。神秘神学者という肩書きに永遠に値する二人です。まずポントスのエウァグリオス（三四五–三九九）です。オリゲネス派の影響を強く受けた学識あるギリシア人エウァグリオスは、荒れ野の隠遁《いんとん》生活に入る前は、カッパドキアの教父たちと共に学んでいました。彼の著作は、たゆまない研究からというよりも沈黙の祈りから生まれています。神学者は祈る人、祈る人は神学者、と言ったのはエウァグリオスです。研究ではなく、祈りこそが神学への鍵でした。人は、祈りにおいて神から神についての真の知識を受けるからです。それこそ「神智」(theognosis) です。[12]

エヴァグリオスの純粋な祈りの教えは、神秘神学には特別に意義深いものです。

Προσευχή καθαρά（純粋な祈り）

これは考えない祈りのことです。どんなイメージもアイデアも使わない祈りです。エヴァグリオスの声が聞こえてきます。「祈りとはすべての概念を抑制すること」「天の御父にまみえることを憧れつつも、祈る時には決して御父の姿かたちを思い浮かべないように」。それからこんな声も、「祈りの際に、完全に心が空《から》でいられるのは幸いである」。

これはすべて、否定神学の実践的な応用で、ニッサのグレゴリオが著した『モーセの生涯』を思い出させます。しかし忘れないようにしましょう。カッパドキアの教父たちのように、エヴァグリオスも大いに肯定神学的であり、三位一体論者なのです。彼の教えは深く聖書に基づいています[13]。

次に今度は西洋から二人目の学者が荒れ野にやって来ました。現在のルーマニアに生まれたヨハネス・カッシアヌス（三六五–四三五）です。彼は卓越した祈りの師でした[14]。エヴァグリオスにしっかり従いながらも、独自の用語を編み出しました。エヴァグリオスが不動心（アパテイア）について語るところ、ヨハネス・カッシアヌスは心の清らかさについて語りました。それ以来ずっと、心の清さは聖書の用語となっています。またエヴァグリオスに倣って反復の祈りを教え、それは後世に東方のヘシュカスモスに受け入れられました。また考えることをしない、沈黙の形のない祈りを教えて、神にまみえる時は言葉は何も要らない、と主張しました。

カッシアヌスは荒れ野から西洋に戻ると、マルセイユに修道院を二つ創設しました。その著作は聖ベネディクトに影響を与え、ベネディクト会の戒律には、カッシアヌスの『共住修道院の諸制度と八つの罪源の治療』*Institutiones* と霊的対話録の『諸講義』*Conferences* を定期的に読むこと、と記されています。実際、これらの著作は必読書となりましたから、カッシアヌスは西洋の修道生活全体の動向に消えない足跡を残しました。

そのように、祈りの小さな種がヨーロッパの土壌に蒔《ま》かれたのは、まさに修道院においてでした。やがてたくましい樹木に育ち、神秘体験と神秘神学という実を結びました。修道院の偉大な業績は、次の美しい、修道生活の格言にあるように、典礼と沈黙の祈りを結び付けたことです。

Semper in ore psalmus　唇にいつも賛美の歌を
Semper in corde Christus　心にいつもキリストを

修道院では、神秘的な祈りは典礼と決して切り離せません。たえず聖書によって、また聖体によって育まれています。

さらに修道院では、神秘神学は霊的指導の学問です。神学者の中には、神秘的な祈り――グレゴリオ（＊ニッサの）の暗い雲、エウァグリオスの純粋な祈り、ヨアネス・カッシアヌスの言葉を伴わない祈り、といった――神秘的な祈りは、普通の瞑想と神との普通の対話が正常に発展したものにすぎない、と考えた人がいましたし、今でもそう考えている人がいます。「話された後の言葉は沈黙に移行する」（＊T・S・エリオット『四つの四重奏曲』）とうたった詩人の教えによれば、人は言葉で始め、それから沈黙に入ります。そして神学者の誰もが同意することですが、キリスト教徒の心にそのような祈りを生むのは主に典礼であること、そして言葉を伴わない祈りは、キリストの神秘、すなわち三位一体の神秘の中に沈黙して入っていくことです。

修道生活を含めて、非常に多くの霊的財産が、東方教会から西方教会に伝わったことに気づくと、実に感慨深いものがあります。第二バチカン公会議は、東方教会の大きな貢献に賛辞をささげています。その典礼の美しさを述べた後、次のように続けます。

さらに東方においては、とりわけ修道生活によって表現された霊的伝統の宝が見いだされる。事実、そこでは聖なる教父たちの輝かしい時代から修道的霊性が栄え、その後その霊性が西方にも広がり、その霊性を源泉とするかのように西方教会の人々の修道生活の制度が起こり、それ以来絶え間なくそこから新しい力を得ていた。このために、カトリック信者は、人間全体を神の神秘の観想に引き上げる東方の諸教父のこの霊的富に、もっとしばしば近づくよう切に勧められている。(15)

全人格を神の神秘の観想へと引き上げることは、常に神秘神学の理想でした。しかし西方教会についてはどうでしょうか。神秘神学では、アウグスチヌスは看過できない存在です。

西洋における観想

『西洋の神秘主義』*Western Mysticism* という、今世紀初頭に出版された名著の中で、カスバート・バトラーは、西洋を代表する偉大な神秘家として次の三人の名を挙げています。(16) ヒッポのアウグスチヌス（三五四-四三〇）、グレゴリオ一世（大教皇）（五四〇-六〇四）、そしてクレルヴォーのベルナルド（一〇九〇-一一五三）です。

その序文で、「神秘的」という語の由来はディオニュシオスにあり、西洋で使われるのは中世後期になってからであるが、「神秘主義」という語はまったく現代の言葉である、と指摘しています。続けて、「したがって、観想という語は、聖アウグスチヌスと聖グレゴリオと聖ベルナルドの著作を読めば出会う言葉であり、明らかに現在一般的に『神秘体験』と呼ばれるものを示す言葉である」と述べています。(17)

ラテン語のコンテンプラツィオ（contemplatio）は、ギリシア語の（theoria）の訳語ですが、今日でも西洋の修道院では以前よりも頻繁に使われ、観想的な祈りは一般的な現象となっています。それは不可知の雲に包まれて唱える静かな祈り、または単純な祈り、すなわち、理性を働かせることも思考することもない祈りです。神のみ前に沈黙したままか、〈イエスの祈り〉のようにほんの数語を繰り返し唱えます。大切なことは、アビラの聖テレジアがいみじくも言うとおり、多くを考えることではなく、多くを愛することです。そしてこの基本的な静かな観想から、時がたつにつれ、悟りとか、忘我とか目覚めの瞬間が湧き上がってきます。あるいは単純な現存感覚が愛の炎へと、または暗夜へと変わっていきます。

そのような観想的または神秘的な体験が、バトラーの挙げる三人の神秘家たちに見られます。しかし、ここでは、衰退し崩壊しつつあるローマ帝国を攻略しようと蛮族が狙っている時代に、西洋文明の岐路に立った人物を手短に紹介すれば十分でしょう。そのヒッポのアウグスチヌスは神秘家にして預言者ですが、祈りと学問と生活体験から生まれる深い英知をもって、二千年もの間、キリスト教世界を啓蒙することになりました。

アウグスチヌスの思想面ばかりが繰り返し研究され、彼の神秘神学は幾分ないがしろにされてきました。彼の神秘体験が事実であったかを疑う神学者もいました。しかし偏見を持たずに『告白』を読む人は、その詩的な文章が、完璧な神秘家であると同時に、力みなぎる思想家でもある人の筆から生まれてくることを否定できません。「私の心は一瞬の閃光でその何たるかを捉える[18]」と彼は述べています。なんという悟りでしょうか。あるいはまた、母と息子がともに観想の忘我の極みに達するオスティアでのすばらしいシーン。それから次の叫びに込められた深い哀しみ。「御身をお愛しするのがなんと遅かったことか……ああ、御身は私の内におられたのに、私は外を探していた……御身は私とともにおられたのに、私は御身から離れていた[19]」。

しかし、神秘神学となると、アウグスチヌスの偉大な貢献は、神の恩恵の領域に属します。人間の本性が基本的に不完全であることを確信しているからこそ、「あなたの命令をお下しください。そしてあなたのご意志をお命じください[20]」と祈ることができるのでしょう。

この恩恵の教理は、人間生活全体の中心であり、神秘神学ではことに重要です。すべては恩恵です。本物の神秘家は、人間の努力が無力であると分かっています。それが神のお恵みによって与えられるのは、人間の努力でない限りは。神の愛が先立つことを決して忘れてはいけません。「わたしたちが愛するのは、神がまずわたしたちを愛してくださったからです」（一ヨハネ４・19）。「あなたがたがわたしを選んだのではない。わたしがあなたがたを選んだ」（ヨハネ15・16）。神からの呼びかけはお恵みであり、目標に向かって進むことはお恵みです。人は常に神を待ち望まねばなりません。時が来る前に、愛を呼び覚ましてはいけません。ペラギウス流の方法と技術はたえず危険を伴います。そして、これと対照的に、アウグスチヌスの恩恵の教理は、神秘神学の伝統に流れ込み、永遠に消えることはないでしょう。

結論

神秘神学がキリスト教史の最初の五世紀にわたり、ゆっくりと発展してきた様子を見てきました。オリゲネスの場合、それは愛の神学です。カッパドキアの教父とディオニュシオスの場合、それは神秘の神学です。そして、荒れ野の隠修士たちの場合、それは霊的指導についての司牧神学です。修道生活の場合は、典礼――すなわち御言と聖体――に結び付けられています。アウグスチヌスになると、恩恵の面が強調されます。

さてここで発生源の問題が起きてきます。この神秘神学は何を基盤としているのでしょうか。それはキリスト教の啓示だけの所産でしょうか。あるいはヘレニズム世界が、初期のキリスト教徒の豊かな観想体験に貢献したのでしょうか。

次章では、この問題に向き合わなければなりません。

1　Origen, *Commentary on The Song of Songs*, R. P. Lawson ed. (Westminster, MD 1957)（以下、*Commentary* と略記）, p.265.

2　*Commentary*, p.6.

3　Brian McNeil, *Christ in the Psalms*, (Dublin, Veritas 1988), p.88. 参照。

4　*Commentary*, p.21.

5　*Commentary*, p.79.

6　Karl Rahner, “Experience of the Spirit:Source of Theology” in *Theological Investigations*, trans. David Moreland, (New York, Crossroads 1983).

7　「それで、パウロはその場を立ち去った。しかし、彼について行って信仰に入った者も、何人かいた。その中にはアレオパゴスの議員ディオニシオ、……もいた」（使徒言行録17・34）。

8　*Enchiridion Symbolorum, Definitionum et Declarationum de Rebus Fidei et Morum*, compiled by H. Densinger, 806.

9　同　3016.

10　*Patrologia Graeca*, ed. J. B. Migne, Paris, 32, 869.

11　『不可知の雲』4章。［奥田平八郎訳（現代思潮社、一九六九年）、ウィリアム・ジョンストン（本書著者）校訂・斎田靖子訳（エンデルレ書店、二〇一一年］（以下、『雲』と略記）。

12　*George Maloney, God's Exploding Love*, (Alba House, New York 1987), p. 17. 参照。

13　生前、エウァグリオスは初代教会教父たちに劣らぬ名声を得ていたが、死後、著作に異端の疑いがかかる。祈りの教説に関してではなく、オリゲネス派の教説に基づき哲学的・宇宙論的な思想を展開した著書 *Problemata Gnostica* に関して。この作品は、第二コンスタンチノポリス公会議（五五三）で、彼への異端宣告の根拠となった。

14　*John Cassian:Conferences*, trans. Colm Luibheid, (Paulist Press, New York 1987). 参照。

15　「エキュメニズムに関する教令」Ⅲ 15。

16　Cuthbert Butler, *Western Mysticism*, (Constable, London 1922, Third edition 1967).

17　同　四頁。

18　“(Mens Mea) pervenit ad Id quod est in ictu trepidantis aspectus.”（『告白録』Ⅶ・23）（以下、『告白』と略記）。

19　『告白』X・27・38、宮谷宣史訳（教文館、一九七六年）。

20　"Da quod jubes, et jube quod vis."『告白』X・29・40。

第2章　背　景 (2)

キリスト教共同体が、後に神秘神学と呼ばれるものを丹念に少しずつ組み立てていったとすると、その源を探らなければなりません。教父たちはどこで祈りについて学んだのでしょうか。また今日、私たちが神秘的な祈りと呼んでいるものを、彼らはどこで学んだのでしょう。

源泉としての聖書

今まで述べてきたことから、聖書が主な源であったことは明白です。教父たちの著作にさっと目を通しただけでも分かりますが、彼らは聖書を幾度も読み返し、聖書について黙想し、聖書を生きる糧《かて》としてきました。その著作は、その時代を背景にした聖書の注釈書にほかならないと考えてもよいでしょう。

そして、神秘神学にとって特別な価値をもつ、聖書の一節が、リフレインのようにたえず頭に浮かんできます。その一つが「わたしたちの父よ」で始まる祈りです。「主の祈り」についての注釈は、テルトゥリアヌス、キュプリアヌス、オリゲネス、ニッサのグレゴリオ、ペトロ・クリソロゴが著しており、後に、アビラの聖テレジアが『完徳の道』の中でこの伝統に倣っています。まるで「わたしたちの父よ」という語句には、神秘神学のすべてが――神の限りない愛と、それを信じて疑わない人間の応答が――含まれていて、それを唱える人は、やがて言葉と思いを超えて、不可知の雲である神秘中の神秘の中へ入っていくかのようです。

次に、イエスの足元に座っているマグダラのマリアが頭に浮かんできます。そこには観想の至高の姿があります。愛の恍惚《こうこつ》に深々と浸る彼女は、言葉や概念を超えて、イエスの神性そのものである計り知れない沈黙の中へといざなわれていきます。

また、聖パウロの言葉の中にも重要な一節が幾つかあります。「生きているのは、もはやわたしではありません。キリストがわたしの内に生きておられるのです」（ガラテヤ2・20）という言葉は、小さな自我を捨て去って、あらためて神に向かい、「アッバ、父よ」と叫ぶ者の体験です。コリントの信徒への手紙にも、そうした一節があり、パウロは「主に結び付く者は主と一つの霊となるのです」（一コリント6・17）と述べています。

初期キリスト教会の教父が、主の変容とモーセの登攀に焦点を当てたことはすでに述べました。これらの場面は、キリスト教の神秘主義の伝統の中に融け込み、今日生き続けています。しかし他にも、もっと重要な場面があります。

初期のキリスト教徒たちは「主の食卓」に集まり、主を記念してパンを割って、神秘的な言葉を唱えました。「これはあなたがたのために渡されるわたしの体である」。「これはわたしの血の杯、あなたがたと多くの人のために流されて、罪のゆるしとなる新しい永遠の契約の血である。これをわたしの記念として行いなさい」と。初期のキリスト教徒にとって、典礼で唱えられるこの言葉は、聖書の中で最も意義深いものでした。そこには信仰の神秘が秘められていました。イエスの死と復活という神秘が。そのようにキリスト教徒の中心となる宗教体験とは――神秘神学がこぞって最終的に目指す経験なのですが――亡くなって復活されたイエスとともに、死んでよみがえることです。これが、キリストを知ってキリストの苦しみを分かち合うために祈ったパウロの経験です――「その死の姿にあやかりながら、なんとかして死者の中からの復活に達したいのです」（フィリピ３・10－11）。この死と復活は、聖体の中に生き続けています。

注意しなければなりませんが、初期の教父たちの聖書へのアプローチは、二十世紀に優位を占めた歴史批判に基づくアプローチとはまったく違っていました。教父たちにとって、聖書をひもとくことは宗教体験でした。実際聖書を読むと、アウグスチヌスが magister internus と呼んだ、心を導く内的教師が、つまり、その指導を受けなければ誰も何も理解できないという方が、教え導いてくださる、と彼らは信じていました。聖霊こそ、第四福音書に約束されていたとおり（＊16・13）、共同体をあらゆる真理へと導く、神学全体の最高の教師でした。

しかし、聖霊は聖書の随所で働いていますが、同じ聖霊は聖書以外でも働いているのでしょうか。探ってみなければなりません。神秘神学に見られる、教父たちの聖書とは別の源泉を調べてみることにしましょう。でも、論争の嵐に巻き込まれるのはその時です。

ヘレニズム

十九世紀末から二十世紀初頭にかけて、キリスト教の起源について広範囲な研究が行われました。当時の歴史家の中で最も大きな影響力を及ぼしたのは、自由主義のプロテスタント神学者、アドルフ・フォン・ハルナック（一八五一－一九三〇）で、その批判的で深い学識は何十年にもわたり学界を支配しました。ハルナックはキリスト教の進歩的なヘレニズム化に感銘を受けましたが、当惑してもいました。ヘレニズム文化が、キリスト教以前の思想と非キリスト教の思想と相まって導入されていたため、福音書の澄んだ泉は濁っていました。ヘレニズム文化は教義にまで入り込み、ナザレのイエスの素朴な風貌を損なっていました。そこでキリスト教の仕事は、不純物を取り除いた聖書の神髄を取り戻すために、自らを浄化することでした。そしてこれができるのは歴史批判に基づくアプローチだけでした。ハルナックは、十六世紀の改革者たちの仕事をひたすら続けているにすぎないと主張しました。実際、彼はマルティン・ルターの真の後継者でした。だからこそ、ルターは人生の終わりに、弟子たちにこう言い遺すことができたのです。「あなたがたにキリストを教えるにあたっては、純粋に、飾ることなく、不純物を混ぜずに教えてきました」と。

　そして、こうした考え方は必然的に神秘神学に対する態度に影響を与えました。神秘神学は、キリスト教を汚染している異教徒の疫病の、もう一つの現れであると思い込まれたのです。とりわけ有害と見なされたのは、偽ディオニュシオスの書物でした。結局、こういう書物は、新プラトン主義者の著作であり、キリスト教徒を装い、真の聖書の精神とは相いれないプロティノス流の恍惚感をキリスト教に導入するために、ギリシアの密儀教の言葉を用いたのではないかと。ルター自身も言っていませんでしたか。ディオニュシオスは、キリスト教化というよりプラトン化を図ったという点で有害であると。「あのディオニュシオスの『神秘神学』や、同類のたわ言を載せている本は、はやり病みたいなものだから近づいてはいけない[1]」とルターは警告しました。ヘレニズムはナザレのイエスの真の姿を曇らせるという議論は、非常に説得力がありました。

　そして、カトリシズムは、ヘレニズムに対してずっと肯定的な態度を取ってきましたが、神学者の中には、ニッサのグレゴリオやディオニュシオスに始まる否定神秘神学に強い疑念を抱く者もいました。例えば、著名なプラトン哲学者でフランス人のドミニコ会士がそうです。A・J・フェステュジエールは、教父たちがその神秘神学論においてプラトン化を図っている、と強く主張しました。フェステュジエールにとって、本物のキリスト教の精神は、福音記者たち、イグナチオ、エイレナイオス、殉教者たち、そして修道会の伝統の中に見られます。しかし、彼に言わせれば、他にもさらにずっと非キリスト教的な動きがあるというのです。「それはアレクサンドリア学派のクレメンスとオリゲネスである。そして、彼らとつながっている人たちは容易に識別できる。東方では、エウァグリオス、ニッサのグレゴリオ、フォティケのディアドコス、偽デニス（＊ディオニュシオスの通称）といった観想の師がそうであり、西方では、アウグスチヌスと、（アウグスチヌスの信奉者という範疇《はんちゅう》で）大グレゴリオ（＊聖グレゴリウス一世の通称）がそうである(2)」。

確かに、フェステュジエールはヘレニズムを致命的な癌《がん》とは考えませんでした。（ですから彼は、ギリシア人が大好きでした）が、彼にとってヘレニズムは本物のキリスト教精神から独立したものか、平行するものでした。また彼だけではありません。今日のカトリックの神学者の中には、ラインラント地方の神秘家たち、『不可知の雲』、十字架の聖ヨハネを貫いて流れ、初期のマートン、T・S・エリオット、そして多数のカルメル会の著作家の中に息づく暗いディオニュシオスの伝統について、疑念を抱く人もいます。その主張によると、この伝統には、真正なキリスト教霊性の美しい容貌を醜くする新プラトン主義的な不純物が混じっていて、真正なキリスト教霊性の美しい顔《かんばせ》に汚れがついたままで、まだ清められていない、というのです。

ハルナックやフェステュジエールたちの著作は、激しい論争の導火線となり、さらなる研究意欲を喚起しました。本書の目下の関心は、特に古代における「神秘」（mystery）と「神秘的な」（mystical）という言葉の用法です。

新約聖書における「神秘」

「神秘」（mystery）という言葉は、新約聖書の中で、含蓄に富む意味で用いられています。福音書では、〈神秘〉は喩《たと》え話と関連して使われています。「あなたがたには神の国の秘密が打ち明けられているが、外の人々には、すべてがたとえで示される」（マルコ4・11）。そして「あなたがたには天の国の秘密を悟ることが許されているが、あの人たちには許されていないからである」（マタイ13・11）。こうした秘密とは？　弟子たちだけに分かる秘密とは何でしょうか。

それは、神の王国のことです。

μυστήριον τῆς βασιλείας τοῦ θεοῦ　（神の国の秘密）

そして、ある注釈者は、弟子たちに明かされる秘密とは、「メシアとしてのイエスご自身である」(3)とためらわずに述べています。

しかし秘密という概念がもっとも詳しく説明されているのは、パウロの手紙の中です。コリントの信徒への第一の手紙で、パウロは神の神秘について次のように語ります。

τὸ μυστήριον τοῦ θεοῦ　（神の神秘）

この〈神秘〉を宣べ伝えるのに、パウロは高尚な言葉や知恵を用いませんでした――「なぜなら、わたしはあなたがたの間で、イエス・キリスト、それも十字架に架けられたキリスト以外、何も知るまいと心に決めていたからです」（一コリント２・２）。パウロは敵対するグノーシス派の用語を借りて、真の知恵と真の〈神秘〉は十字架である、と主張しました。これは、ユダヤ人にはつまずかせるもの、異邦人には愚かなものですが、ユダヤ人であろうがギリシア人であろうが、召された者には、神の力、神の知恵であるキリストです。つまり〈神秘〉とは十字架に架けられたイエスのことです。

また捕囚の身となって書いた手紙の中では、神秘の概念はパウロのメッセージの中心になっています[4]。ここでは長い歳月隠されていて、今や聖なる者たちに明らかにされた〈神秘〉（mystery）について語っています。それは、「あなたがたの内におられるキリスト、栄光の希望です」（コロサイ１・27）。また同じ手紙の後半で、神の神秘について語ります。それはキリストご自身のことで、そのキリストの内に知恵と知識の宝が、すべて隠されています、と。また、エフェソの信徒への手紙の中で世の初めから隠されていて、啓示によってパウロにも知らされた、キリストの神秘について話しています。そして人知をはるかに超えるキリストの愛を、エフェソの信徒たちも知るようにと、パウロは祈ります。その神秘は偉大です。圧倒的です。荘厳です。それはキリストと教会の婚姻の神秘です。

τὸ μυστήριον τοῦτο μέγα ἐστίν

「この神秘は偉大です。わたしはキリストと教会について述べているのです」（エフェソ５・32）。「わたしが福音の神秘を大胆に示すことができるように、わたしのためにも祈ってください」（＊同６・19）と、パウロが、愛するエフェソの信徒たちに懇願しているのは、さほど不思議ではありません。

テモテへの第一の手紙は、明らかに初代教会で用いられた賛美歌を引用して、「わたしたちの宗教の神秘は確かに偉大です」と、宣言しています。

μέγα ἐστιν τὸ τῆς εὐσεβείας μυστήριον（わたしたちの宗教の神秘は偉大）

次いで、その神秘を入念に述べています。

キリストは肉において現れ、
霊において義とされ、
天使たちに見られ、
異邦人の間で宣べ伝えられ、
世界中で信じられ、
栄光のうちに上げられた。（一テモテ3・16）

今は、黙示録ばかりでなく、新約聖書の他の箇所でmysterionという語がどう使われているか、これ以上見ていく必要はあまりありません。新約聖書の〈神秘〉は「密儀教の崇拝とは無関係であることは明らかである[5]」と言えば十分でしょう。ブイエはパウロの言う神秘について、「その背景は、ギリシアの密儀教にではなく、ユダヤの知恵文学や黙示文学の中に、すなわち、ギリシアの影響を受けていないものの中に探し求めるべきである[6]」と書いているほどです。

さて、新約聖書から教父たちに伝わった神秘とは、死んで、よみがえり、再臨するキリストの神秘でした。御父を啓示するキリストの神秘、この世界を贖《あがな》うキリストの神秘です。福音の中心的な問いかけに込められた神秘です。

「あなたがたはわたしを何者だと言うのか」。（マルコ８・29）

ペトロは答えることができましたが、人間から教えられたからではなく、御父から啓示を授けられたからでした。

新約聖書のキリストの神秘とは、そのようなものです。

初期キリスト教会の教父たちにおける「神秘」と「神秘的」

初代教会の教父たちは、洗練された高度な文化を持つ古代ギリシア・ローマ世界に生まれたということを忘れてはなりません。その多くは知的な教養人で、このユダヤ人の新しい宗教を進んで取り入れた時、生まれながらにして身に付けている文化を否定できませんでしたし、否定したいとも思いませんでした。呼吸する空気の中に、飲む水の中に、話す言語の中に、ヘレニズムは生きていました。ですから「神秘」とか「神秘的」という言葉を周囲の世界に見つけ出して、新約聖書の教えの表現手段として使いましたが、彼らはこれらの言葉の元の意味を否定しきることはできませんでした。それは不可能でしょう。

「神秘」という語は、おそらく口をつぐむという意味のギリシア語 muein に根ざしていて、密儀教の儀式、つまり秘密にされねばならない儀式、と結び付けて用いられたのは確かです。しかし、ルイ・ブイエは非常に苦労して、教父たちがこの「神秘」という語を彼らなりに用いたことを証明しています。――すなわち典礼や聖書に基づく文脈では、「間違いないことだが、教父たちの用いた神秘という語は、まったくヘレニズム文化に負うことはなく、ユダヤ文化の中にすでに蒔かれていた神聖な種が、キリストや新しく生まれた教会の中で開花したことから生まれた」(7)と述べています。

「神秘的」という形容詞は、教父たちによって三通りに使われている、とブイエは主張しています。第一は聖書について語る場合です。聖書はパウロの言うキリストの神秘の宝庫なので神秘的ですし、神秘的に解釈することは、神秘を識別する一つの方法です。第二は、信仰の神秘である聖体に関わっています。確かに「神秘的」という言葉は、偉大な神秘に関係している典礼の中で用いられ、後には詠唱《えいしょう》にまとめられて、「キリストは死んだ。キリストは復活した。キリストは再び来られる」(＊現在のミサ典礼の中では、記念唱として「主の死を思い、復活をたたえよう、主が来られるまで」)と唱えられるようになりました。第三の用法は、宗教体験に結び付いています。肉体的体験に対するものとして、霊的体験が「神秘的」と呼ばれています。おそらくオリゲネスは、この第三の意味で「神秘的」という言葉を用いた最初の人でしょう。

ブイエは、教父のおびただしいテキストを引用して、あたかもハルナックやフェステュジエールと対決するかのように、こう結んでいます。

これらのテキストをすべて読んだ後では、キリスト教神秘主義を新プラトン主義から取り入れた一要素として描くのは不可能に思われる。(8)

ディオニュシオスに関しては、その新プラトン主義的な背景を否定できませんが、同じ教父の伝統に立っているのは明らかです。彼の『神秘神学』は、『神名論』、『天上位階論』、『教会位階論』、『書簡集』などの他の著作と関連して考えてみなければなりません。そうすれば、ディオニュシオスは必ずしも暗闇一色に染まっていたのではなかったことが分かります。すなわち彼の否定神学は、肯定神学と慎重にバランスが取れていて、全体的なアプローチは聖書や典礼や教会に則っていることが分かります。骨組みは新プラトン主義で、プロクロスの弟子であった可能性は残っていますが、決して異教の資料を引用していないのは明らかです。（行間からはプラトンの『ティマイオス』と『饗宴』、そして新プラトン主義者たちへの暗示がうかがえますが）。それに彼にとって、ギリシア人たちは信頼に足りる師ではありませんでした。ブイエは、結論として、ディオニュシオスと新プラトン主義とのつながりは否定できないとしながらも、「ディオニュシオスの神秘神学は、自認しているとおり、四つの福音書の中の、パンを割《さ》く場面で、救い主キリストだと分かる、という態度である」[9]と述べています。

もしブイエの結論が正しければ、教父たちの神秘伝統を理解するためだけではなく、今日刷新された神秘神学を理解するためにも、この上なく意義深いことです。

このことを心に留め、最初の『神秘神学』にざっと目を通してみましょう。

最初の『神秘神学』

最初の『神秘神学』は霊的な指導書です。師であるディオニュシオスが弟子のテモテに指示を与えながら、どのように沈黙、虚空、無、空へと入っていくかを語っています。きっとモーセに倣っているに違いありません（ここにニッサのグレゴリオの影響が見られます）。モーセは山を登り、雲の中に入りましたが、神は見えず――誰も神を見たことがありませんから――ただ神がお住まいになる場所が見えるだけでした。

ところで、ディオニュシオスの関心は、否定神学を丹念に組み立てるよりは、弟子を指導することにあります。そして、ひとこと言い添えると、これは昔から決して変わらない神秘神学の特徴です。まさに今日に至るまで、神秘神学は司牧的な性格を持ち続けています。案内役として、人々が神への道をたどる手助けをしてきました。

ディオニュシオスは『神秘神学』の巻頭に、三位一体の神にささげる祈りを載せています。

おお　三位一体よ
存在を超え
神性を超え
善を超えた三位一体の神よ
神聖な英知でキリスト教徒を導く方よ
神秘の高みへとわれらを導きたまえ……(10)

この祈りには、否定神学と肯定神学が程よく溶け合っています。片方では、神は神秘中の神秘で、私たちの理解を超えておられると考え、他方では、信仰によって、神は三位一体であり、人生の旅路で私たちに恵みと助力の手を差し伸べてくださることが分かっています。このように〈知〉と〈不知〉とが祈りの中で結ばれています。
祈りの後で、師は弟子に向けて実践的な忠告をします。

愛するテモテよ
神秘的観想を真摯に行うには
すべて捨てなさい
五感による感覚と知的な活動
感じられるものと理解できるもの
存在するものと存在しないもの何もかも(11)

これは完全な放棄を勧めるメッセージです。テモテは、あらゆる思考、あらゆる推論、あらゆる感覚を捨てなければなりません。あらゆる存在を超えて忘我の暗闇の中に入るために、そうします。

わき目もふらず唯ただうっとりと
自分のこともみんなのことも忘れ
あらゆるものから解き放たれて
あらゆるものから離れて
あなたはひたすら上っていくでしょう
あらゆる存在のかなたへ

聖なる闇の輝きの中へと(12)

ここには至高の英知という神の闇に入るための忘我、すべての事物からの離脱、すべての思想の放棄がうたわれています。

この箇所を新プラトン主義の忘我と比較する注釈者は、これまでも大勢いました。例えばウラジミール・ロスキーは、ディオニュシオスの忘我をプロティノスの『エンネアデス』の第六巻と比べるなら、著しい類似点がきっと挙がる、と述べています。しかし、実はその二つのエクスタシーはまったく異なる、と続けています(13)。

さらに興味深く、重要なのは、『不可知の雲』の著者の注釈です。この書を、かなり原文を変えて英訳しています。(十四世紀には、こういうことは別に悪いことではありませんでした)。すなわち、ディオニュシオスに、テモテへ向かって、〈愛〉は知性にまさって高みへ引き上げてくれると語らせ、闇の中に〈愛をもって〉入るようしきりに勧めさせています。また、モーセは〈特別な愛〉に招かれた、と言わせています(14)。こうなると事態がすっかり変わってきます。というのは純粋な精神界に入るためには、自らを物質界から引き離す、冷静で哲学的な、新プラトン的なモーセではなく、神への愛に燃え立ち、山に登り、あらゆるものから離脱し、極限まで心貧しい者となるモーセの姿を、英国人の『雲』の著者は、描き出しているからです。

『雲』の著者は、中世の神秘的な伝統に従ってペンを進めていますが、ほんとうにディオニュシオスの考えに忠実なのでしょうか。

おそらくそうでしょう。というのは他の著作、『神名論』の中でディオニュシオスは、聖パウロの愛のうっとりした忘我につき、力強く語っているからです。

それでまた偉大なパウロは、神の愛に歓喜して、忘我の境地に浸り、「生きているのは、もはやわたしではない。キリストがわたしの内に生きておられる」と、神の霊感を受けた言葉を口にしている。真に神を愛する人が、われを忘れて神に夢中になるように、彼は自分の命を生きるのではなく、憧れ慕う者の命、最愛の者の命を生きるのである。(15)

この生気みなぎる一節から確かに伝わってくるのは、神秘の道を登る際に愛が果たす役割を、ディオニュシオスという人物が敏感に気づいていることです。

ですからディオニュシオス的な忘我も、キリスト教的神秘主義の伝統に入り、その中で中心的な位置を占めたのです。キリスト教の神秘家たちの著作では、その忘我とは、すべてを放棄して自己から離れることで、福音書の文脈では、イエスを愛するためにすべてを捨てよ、との勧めとして理解されている放棄のことです。それは畑に隠された宝を見つけるため、あるいは高価な真珠を買うために喜んですべてを捨てる人の道です。神秘主義の伝統について際立っているのは、物質的な所有物だけではなく、思考、推論、概念化、形式、あらゆる安全も、すべて放棄する点です。そして神秘主義の伝統がとりわけ十字架の聖ヨハネにおいて深化するにつれ、人は感覚的な慰めと霊的な慰め、幻視、幻聴、自然的な執着や超自然的な執着といったすべてを捨て去ります。無、無、無……山頂においても。

人は愛のため、英知のため、すべてを捨てます――というか、愛にあふれる英知のためにすべてを捨てる、と言ったほうが正しいでしょう。十字架の聖ヨハネは、あいまいで超概念的な知識について語る時、ディオニュシオスに触れています。「この知識は理性にとっては漠然として分かりにくい。なぜなら聖ディオニュシオスが言っているように、それは観想からくる知識であり、理性には闇の輝きだからである」(16)。彼は、観想の曖昧模糊とした知識が純粋な信仰である、とも言っています。

そして神秘主義の伝統が発展するにつれ、ディオニュシオス的な忘我は、雅歌の文脈の中で理解されるようになります。花嫁は、受肉した御言である花婿に会いに出かけます。この旅立ちは、霊的な婚姻でクライマックスに達します。それは永遠の命へ通じる戸口であり、そこで永遠の婚姻が行われます。すなわち神と霊魂が栄光のうちに結ばれるのです。

ディオニュシオスのことで、もう一点述べておかねばなりません。最初から、彼はキリスト教の伝統で見逃されることがなかった警告を発しています。「このことは何一つ、機の熟していない人々の耳に入らないように気をつけること」(17)とテモテに書いています。

修道院の賢明な教師や霊的指導者なら十分心得ていますが、すべてを捨てるという厳格な登攀《とうはん》は万人向きではありません。招かれた人たちのためのものです。災いなるかな、時が来る前にすべてを捨てる人は。

愛がそれを望むまでは
愛を呼びさまさないでください。（雅歌３・５）

そして、未熟なケノーシス（＊自己を無にすること）の危険性を敏感に察知して、賢明な神秘主義の伝統は、時が熟したことを知る幾つかのしるしを見つけだしました。モーセや神秘家たちと一緒に完全放棄という山に登って、花婿の声に耳を傾ける時が来たことが分かるしるしを。用意ができるまで、愛を呼び覚ましてはいけません。

神秘神学は、世代が進み新しい文化が生まれるにつれ、何度も書き直されました。ディオニュシオスの教えは洗練され、改訂されて発展していきました。しかし、人間の、神秘体験の基本パターンは、実によく似ています。ディオニュシオスや、『不可知の雲』、マイスター・エックハルト、十字架の聖ヨハネ、リジューの聖テレジア、エディット・シュタインを読むと、いずれも同じ霊が働いているのが分かります。言うまでもなく、個性や文化や教育や聖霊の恵みに応じて違いはあります。しかし愛から生まれる至高の英知を見いだす神秘中の神秘に入るために、誰もがすべてを、推論的知識さえも、捨て去ろうとしています。

最初の偉大な対話

神秘神学は、ヘブライ生まれのキリスト教が地中海世界に流れ込み、ギリシア文化と出会って生まれた、と述べてきました。それは重要な出会いであり、そこから生じたさまざまな結果は今なお評価されています。

しかし現代の私たちは、かつてないほど、過去のできごとを理解できる立場にいます。というのは、二十世紀のキリスト信者である私たちの境遇は、驚くほど過去と似ているからです。未曾有の霊的変貌を引き起こしている文化的な変革に直面し、キリスト教は一つの文化から抜け出して、別の文化に根を下ろす過程にあります。アフリカのキリスト信者は、アフリカ人であることを自覚しています。アジアのキリスト信者はアジア人であることに、ポストモダンの西洋のキリスト信者はポストモダンの人間であることに気づいています。誰もがそれぞれの文化遺産を愛し、大事にしており、否定する気はありませんし、否定できません。誰もがインカルチュレーションの問題——イエス・キリストのメッセージと、イエス・キリストのペルソナを新世界に適応させるという問題に、直面しています。誰もが認めていますが、これには対話が必要です。そして対話が困難な課題であるのは、周知の事実です。

さて初期のキリスト教徒はさまざまな面で私たちに似ていました。主の食卓を囲んで主のパンを割いて食べる時、イエス・キリストの福音を愛し、そのために喜んで命をささげようと決意しました。しかしまた、彼らが生きている世界、その福音を宣べ伝えるべき世界も愛していました。ですから私たちのように、インカルチュレーションと対話の問題にぶつかったのです。使う用語は、違っていたとしても。

インカルチュレーションの大仕事は、タルソスのパウロとともに始まりました。離散のユダヤ人で、ギリシア語を流暢に話し、れっきとした町の市民、ガマリエルの弟子にして、そのうえ神秘家——そんなパウロは、割礼を受けていない異教徒への伝道者であり、異邦人はあくまでも異邦人らしくすべきであることを重々承知している国際人でした。ところが、当時は、異邦人にユダヤ人のような生活をさせることに、何の疑問もありませんでした。アンティオキアでケファと呼ばれたペトロが異邦人と一緒に食事をすることをしり込みした時、良心がとがめたパウロは面と向かって彼を非難しました。自責の念に駆られたからでした。「あなたはユダヤ人でありながら、ユダヤ人らしい生き方をしないで、異邦人のように生活しているのに、どうして異邦人にユダヤ人のように生活することを強要するのですか」（ガラテヤ２・14）。

そしてパウロの考え方が勝利を収めました。聖霊が異邦人の上に豊かに降り注いだのです。ペトロは幻を見て、清くないものは何もないと告げる声を聞きました。そこでエルサレムの使徒会議で、必要な事柄以外、すなわち、偶像にささげられたものと、血と、絞め殺した動物の肉と、みだらな行為とを避ける以外は、一切異邦人に重荷を負わせないことに決めたのです。

パウロは、同胞が耳を傾けようともしないと、「足の埃《ほこり》を払い落として」立ち去り（＊マタイ10・14）、小アジアやローマやおそらくスペインにまでも赴いて、そこに住む異邦人に福音を伝えました。

しかしパウロは、自分の使命が容易でないことを敏感に察していました。イエス・キリストの英知は、ギリシア人にとっては愚かなものでした。それでも宣べ伝えねばなりません——もし教えを宣べ伝えないならば、災いなるかな、です。彼はイエスの十字架に敵対して歩む多くの人々に出会っています。彼らの行き着くところは滅びであり、彼らは腹を神とし、恥ずべきものを誇りとしていました（フィリピ３・19参照）。またパウロは、異端とされたグノーシス的な、折衷主義的な思想が地中海世界に蔓延しているのに気づいていました。イエス・キリストの福音と相いれない状況を数多く目にしました。それでも、異邦人は異邦人らしくすべきなのです。彼らは自分たちが暮らす世界を愛《いと》おしみ、価値を認めるべきなのです。

パウロの方針は、揺籃期の教会を引き裂きそうになりましたが、長い目で見れば、実を結びました。クレメンス（＊アレクサンドリアの）、オリゲネス、エウァグリオス、アウグスチヌスたちがギリシア・ローマ世界に生まれ、そこで培われていきました。たとえその害毒に気づいても、彼らが評価し、愛おしんだ世界でした。彼らに託された仕事は、磔刑《たっけい》に処されたイエスの英知をその文化の中に導入することだったのです。

そこで、彼らは神学を入念に構築しました。それが、イエスがこの世に来られる前にも聖霊が全世界で働いておられたことを理解する助けとなりました。アブラハムが召し出される前に、全人類への啓示がありましたし、今なお続いています。特に重要なのは第四福音書の聖句で、御言《みことば》は「世に来てすべての人を照らす」と告げています。殉教者ユスティノスは、キリスト教でない宗教にあるすべての真理は、この御言に起因するとしています。そのような神学がギリシア世界との対話の道を開きました。

無論、初期のキリスト教徒たちにも間違いはあります。オリゲネス、エウァグリオス、テルトゥリアヌスは、共同体に福音書を受け入れてもらえないのではないか、と考えていました。そしてアウグスチヌスさえ、時には「筆の誤り」を犯すことがあります。しかし福音書の大事な事柄は、すべてそのまま純粋に守られていたことは疑いのないことです。イエスは受肉された御言でした。イエスの母は「神の母」(theotokos)でしたので、イエスは神であり人である、ということは確かに言えます。十字架は物議をかもしませんでした。福音書が伝える愚かさが宣べ伝えられました。

そしてインカルチュレーションの仕事はこの上なく創造的でした。ニカイア(三二五)、エフェソス(四三一)、カルケドン(四五一)の各公会議で、教父たちは、ヘブライ人のキリスト教が問題にしたことがないイエスの容貌を取り上げました。他文化の中から新しい創造性を得て、福音書の、「人々は、わたしのことを何者だと言っているか」(マルコ8・27)という重要な問題に向き合いました。

そしてこれは、歴史的観点から批評するだけだったハルナックとその弟子たちが、気づかなかった重要点でした。「真のイエス」としてのイエスを歴史的に探究する時、彼らは次のことに気づきませんでした。歴史のプロセスとインカルチュレーションの仕事――そこには聖霊が働いています――を通じて、生きた信仰を持った人々は、イエスの外貌を醜くするどころか、ますます深くその本質的な美しさを見る、ということに。

そしてもう一点、神秘神学にとって最も意義深いのは、ギリシア人たちが〈生命〉の偉大な神秘に対して、異なったアプローチを試みたことです。つまり、彼らには異なった宗教体験と異なった祈りの方法がありました。これはプラトンやプロティノス、またはプロクロスを読めば明らかでしょう。それからニッサのグレゴリオやディオニュシオスの描くモーセは、出エジプト記や申命記のモーセとは当然異なっています。異邦人たちはユダヤ人のようにではなく、異邦人らしく祈ったのは言うまでもありません。

ハルナックもブイエも、対話とインカルチュレーションの過程を理解していなかったのではないかと思いたくなります。両者ともギリシアの影響に慎重でした。ハルナックには有害に思われました。ブイエは、末梢的なものであるかのように、過小評価しようとしました。事実は、キリスト教の初期に、ユダヤ人と異邦人の間に、すなわちヘブライとギリシアの間に文化的な結婚が行われたのです。

そして、キリスト教が新しい世界に直面している今日、また別の結婚と、新しい神秘神学という子どもの誕生を期待してもよいのではないでしょうか。

1 Quoted by Karlfried Froelich in "Psuedo-Dionysius and the Reformation of the Sixteenth Century" in *Pseudo-Dionysius: The Complete Works*, trans. Colm Luibheid, (Paulist Press, New York 1987), p.44.

2 A. J. Festugiere, L'Enfant d' Agrigente, (Paris 1950), p.141. この論稿は、Andrew Louth, *The Origins of the Christian Mystical Tradition*, (Oxford 1981) で取り上げられている。

3 G.Bornkamm "Mysterion" in *Theological Dictionary of the New Testament*, ed. Gerhard Kittel, (Eerdmans Publishing Co.,1967), p.819.

4 「エフェソ」と「コロサイ」の信徒への手紙がパウロによって書かれたというのは確かではないが、ここでは著者の特定は重要ではない。

5 G.Bornkamm 前掲書 注(3)、八二四頁。

6 Louis Bouyer, "Mysterion" in *Mystery and Mysticism*, (The Philosofical Library, New York 1956).

7 Louis Bouyer, *A History of Christian Spirituality Vol.1: The Spirituality of the New Testament and the Fathers*, (Burns & Oates 1968), p.525. 他に *Neoplatonism and Christian Thought*, ed. Dominic J. O' Meara, (State University of New York Press, Albany 1982). 参照。

8 "Mysticism: An Essay on the History of a Word" in *Mystery and Mysticism*, (The Philosophical Library, New York 1956), p. 137.

9 同 Andrew Louth, *Denys the Areopagite*, (Morehouse-Barlow CT 1968), p.21. 参照。

10 ディオニュシオス『神秘神学』1章。今　義博訳「神秘神学」中世思想原典集成3（平凡社、一九九四年）参照。

11 同。

12 同。

13 Vladimir Lossky, *The Mystical Theology of the Eastern Church*, (St. Vladimir's Seminary Press, New York 1976), p.29.

14 W・ジョンストン著 *The Mysticism of "The Cloud of Unknowing"* (Source Books, Trabuco Canyon, Calfornia and Anthony Clarke, Wheathamstead, Herts. Reprinted 1992), p.34ff.

15 『神名論』4章 13。〔熊田陽一郎訳「神名論」『キリスト教神秘主義著作集Ⅰ』（教文館、一九九二年）〕。

16 『愛の生ける炎』3・49（以下、『炎』と略記）。

17 『神秘神学』2章 Colum Luibheid 訳 Pseudo-Dionysius : The Complete Works の中の「偽ディオニュシオスと十六世紀の改革」から Karlfried Frolehlich による引用、四四頁。

第３章　理性対神秘主義

体系化へ

キリスト教の教えは、初めの頃は、体系化されたものではありません。福音書は、喩え話と物語とイエスの言葉からできていて、イエスの死と復活という偉大なドラマでクライマックスに達します。すべて、読者や聴衆を、〈メタノイア〉、つまり回心へと導くためです。第四福音書の著者は、読者が信じるために、そして、信じてイエスの名により命を受けるために書いている、と明言しています。

ギリシアの教父たちによって何度か体系化が試みられ、その成果は、ニカイア（三二五）、エフェソス（四三一）、カルケドン（四五一）の各公会議で、教義の中に公式に採り入れられました。しかし組織神学へ向かう大きな動きが中世に起きました。カンタベリのアンセルムス（一〇三三–一一〇九）からトマス・アクィナス（一二二五–七四）が登場するまで、長い年月をかけてこの動きは進められました。この時期、中世の大学の神学者たちは、一心不乱に知的活動に打ち込み、聖書や教父の著作や公会議資料、そして伝統の名に則ったものすべてを、秩序正しく整えようと努めました。彼らは、キリスト教のメッセージを包括する見解を体系的にまとめようとしたのです。

こうした懸命な努力は、やがてスコラ学と呼ばれる記念碑的な業績として実を結ぶことになるのですが、その初めの頃に、才気煥発でありながら悲劇的な生涯を送った哲学者と、熱い信仰心を持ちながら非妥協的な神秘家との間に、歴史に残る大論争が起こりました。ピエール・アベラール（一〇七九―一一四二）とクレルヴォーのベルナルド（一〇九〇―一一五三）が、神秘神学の中心的な問題でぶつかったのです。

ベルナルドとアベラール

ピエール・アベラールは、キリスト教の教義に見られる逆説や明白な矛盾を、敏感に意識していました。彼には常にどこか「異端児」風なところがありました。一五八の命題を集めた『然りと否』（*Sic et Non*）を著し、聖書や教父たちの著作や公会議文書から、そして理性に基づく論拠からも、相互に矛盾して見える論点を引き出して、それぞれの命題がどのように証明されるか、また同時にどのように論駁されるかを示しました。彼は理性の卓越した力を確信して、ギリシア哲学者たちを称賛しました（彼らの、膨大な量の著作を読みこなすのは、とうてい無理だったでしょうが）、聖なる三位一体を論じる神学書を著しました。この著作は一一二一年のソアソン公会議で糾弾され、不名誉な宣告を受けました。それでも彼は辛抱強く知的作業を続けました。

二十世紀の目で見ると、アベラールの意図は称賛に値します。彼はキリスト教のための理性的な基盤を見つけたかったのです。十三世紀には理性と信仰の統合という偉業が成し遂げられ、それが、第二バチカン公会議までカトリック神学における規範となったのですから、現代の学者たちは、アベラールをその重要な先駆者であると考えています。それに彼は、キリストから離反したいなどとは、露ほども思っていませんでした。独特の言い回しで、解決のめどが立たない論争が起きたときには、アリストテレスを退けて、むしろ聖パウロをよりどころにする、と言っています。

　しかし、神学は瞑想であり祈りである、と見なす修道院の伝統の中で教育を受けたベルナルドの目には、アベラールが一貫した合理主義者で、キリスト教から神秘性を剥奪している、と映りました。神は（いみじくもギリシアの教父たちが言ったとおり）神秘であり――あらゆる概念と推論を超えています。神へ赴くためには、人は理詰めで考えることをすべて捨て去り、言葉のない沈黙に入ります。なぜなら神を見た者は誰もいないからです。したがって、神を定義すること、神をカテゴリーや決まった言い方に当てはめること、神を一つの概念の枠内に収めることは、神の品位をおとしめることであり、冒瀆めいた行為です。神秘中の神秘である三位一体について語るときは、ことにそうです。「アベラールは、ガラス越しではぼんやりして何も見えないが、顔と顔を合わせれば何もかもが分かる、と信じている」とベルナルドは書きました(1)。

　そこで二人はぶつかりました。ベルナルドは教皇インノチェンチオ二世や多くの司教たちに手紙を書き、アベラールを弾劾しました。アベラールは聴聞会も開いてもらえず、一一四一年のサンスの公会議で断罪されて、翌年亡くなりました。それにしてもベルナルドが不運な相手を追いつめた激しさには当惑しますし、胸が痛みます。これが、あれほど陶然と神の愛について書き、あれほど雄弁に雅歌を注釈した同じベルナルドなのでしょうか(2)。

　ベルナルドとアベラールの神学論争は――神秘主義と理知主義の論争ですが――中世から、まさに今日に至るまで連綿と続いています。聖なるトマス・ア・ケンピスはため息まじりにこう問いかけています。「良心の呵責《かしゃく》の定義を知るより、むしろ良心の呵責の念にかられたふりをする方がまだましだろう。三位一体の神を悲しませるのなら、三位一体論の議論をしたところで何の益があるだろうか」と。神秘家の苦悩が、中世ならではの悲しげな言いまわしで表現されています。

それでもトマス・ア・ケンピスが『キリストに倣いて』を書く以前に、十三世紀は一人の天才を輩出しました。完璧な神秘家にして聡明な弁証家、トマス・アクィナスです。彼は、ベルナルドの神秘家としての役割と、アベラールの弁証家としての役割を併せもっていました。やがて天使的博士と呼ばれるようになりますが、その天使のような博士の中で、理性と神秘主義は出会い、和解しました。

神秘家アクィナス

トマス・アクィナスは別格の神秘家でした。彼が祈りと研究に明け暮れたことはよく知られています。祈りに専心していたかと思うと、根本を揺るがす悟りを得た人のような、自信にあふれ、深遠な信仰の教義に突然目覚めることがあった、と伝えられています。ドミニコ会修道士としての彼の理想は、観想の実りを人々に伝えることでした。

Comtemplata aliis tradere　（観想したものを他の人々に伝える）

その深遠な教えと著作が、熱心な研究だけから生まれたのではなく、神と、彼が解釈した聖書への燃えるような愛の心から生まれていることは、疑いの余地がありません。その抒情的な詩（＊Adoro Te Devote「隠れた神性よ」）には、その深い献身的な愛がかいま見えます。

Pie pelicane, Jesu Domine,　　慈悲深い＊ペリカンである、　　（＊自己贈与の象徴）
Munda me immundum　　主イエスよ、汚れた私を
Tuo Sanguine.　　あなたの御血で清めてください。

アクィナスの聖体祭儀へ寄せる愛はとりわけ印象的です。それは深い献身的な愛と神学的に正確な筆致で聖なる晩餐を描写するこの詩に表れています。彼は真のドミニコ会士であり、修道会での生活は、教えることに向けられていました。ろうそくはただ燃えるよりも周囲を照らす方が良いように、ただ観想するよりも、観想の実りを人々に伝える方が良い、と述べています。

トマスの形而上学

キリスト教のメッセージのための体系的な土台造りに励むうちに、トマス・アクィナスはギリシア人たち、中でもアリストテレスに傾倒していきました。当時のヨーロッパには、その新たな翻訳書が続々と入ってきていました。

ギリシア哲学の中心問題は――それは「神秘神学」の中心問題なのですが――よく知られた〈一にして多〉という逆説でした。人間は普通、体験から、男と女、植物と動物、石と星といった多くのものに囲まれていると思っていますが、哲学者や詩人たち――そしてまた神秘家たち――は、存在するのはただ一つと知っているのです。というのは、こういう天賦の才を与えられた人たちは、ゼロ点、

もしくは静止点に立って、すべてが一つに見える時があるからです。でも私たちは、どのように単一性と多様性の体験を調和すればよいでしょうか。

ちょうどこれと密接な関連をもつのが、対立しているもの同士の一致の問題です。私たちは相反するものに囲まれています――暑さと寒さ、黒と白、上と下、最初と最後、生と死、天と地、全と無、などなど。しかし、神秘家や悟りに達した人は、こうした多様性を平然と無視し、あたかも対立などないかのように、とっぴな逆説を口にします。

次に、神のことです。大きな問題は、あるとすればですが神と宇宙の区別です。一方で私たちは、天を見上げて「わたしたちの父よ」と言います。ですが、もう一方で、神は偉大な実在であって、私たちは、神の中に生き、動き、存在しています。ですから、私たちは神と一つでありながら、神と一つではありません。この逆説がはっきりと示されているのは、「自分は神である」と言っているかのように受け取られて、トラブルに巻き込まれた神秘家たちの例です。

アリストテレスに従いながら、アクィナスは、本質と存在についての独自の理論を展開し、この矛盾を解いています。万物はその存在ゆえに、「一」である――つまり、「存在するということ」において「一」である。そして、万物はその本質ゆえに異なる――「何であるかということ」において異なる、と。世界を見渡し、存在するということだけに目を向ければ、単一性が見えてきて、自分自身が全体の一部であることが分かります。さまざまな本質に目を向ければ、多様性に気づきます。

しかし、神において、本質と存在は「一」です。「神は何であるか」と「神は存在する」とは同じです。なぜなら、神は、存在という語の十全な意味での「存在」ですから。実に、神は唯一の「存在」と言えます。そして神以外の存在はすべて、神の存在にあずかっているのです。神に最もふさわしい名称を付けることになり、アクィナスは「ある者」（Qui Est）を選びました。彼は出エジプト記に注目して、神がモーセに言った、

「わたしはある」（Ego Sum）

を選んだのでした。出エジプト記のこの解釈は、聖書釈義者たちには歓迎されないかもしれませんが、健全な形而上学です[3]。

また、万物は神の存在にあずかっています。神秘家たちはしばしばペトロの手紙二を引用しています。そこには、私たちは「神の本性にあずからせていただくようになる」（二ペトロ１・４）と書かれています。そしてトマスは類比論を用いてこれを説明しています。

存在の概念は、一義的ではありません――なぜなら、仮にそうなら、すべての存在は同じになり、その結果は汎神論となるでしょうから。存在の概念は、多義的ではありません――仮にそうなら、私たちは完全に神とは異なることになり、その結果、不可知論か二元論になるからです。そうではなく、存在の概念は類比的です。すなわち、ある点では同様ですが、他の点では同様ではありません。宇宙が存在すると言い、神が存在すると言う時、私たちは〈存在〉という語を類比的に使っています。

実際に、神の存在については、肯定的、否定的、超越的なしかたで語ることができます[4]。

肯定の道　via affirmativa　――神は存在する
否定の道　via negativa　――神は（被造物のようには）存在しない
超越の道　via eminentiae　――神は（超越的なしかたで）存在する

このことから、トマスが、神秘的な闇に魅了されて、神を、存在を超えたところに位置づけたディオニュシオスとは、異なっていたことが分かります。トマスは、一方では、逆説を用いています。神は絶対に存在する——これは肯定の道です。しかし（ここに神秘と逆説があるのですが）神の存在は、他のすべての存在とはまったく違うので、神は存在しないと言えるほどです。気の毒に、善意の神秘家たちの中には、神は存在しないと口に出すだけで、深い悲しみを覚える者もいました。そんな彼らも、存在は類比的な概念であって、神は超越的なしかたで存在する、というトマス的な理論を理解していたら、ほっとしたことでしょう。

こういう理論は、まるで机上の空論のように聞こえるかもしれません。しかし、十四世紀の偉大な神秘学者の手にかかると、飛び抜けて実践的で司牧的な洞察になります。『不可知の雲』の著者は、弟子たちに、すべての本質にとらわれず存在に注意を集中するように、と助言しています。「あなたが何であるか」とか、「神は何であるか」を考えないように、と言います。ひたすら、「あなたは存在する」ということと、「神は存在する」ということに集中しなさい、と。そうすれば、あなたは偉大な一致（観想は「一」になる練習ですから）と自己忘却に達します。ここで、彼の言葉を引用しましょう。

それゆえ、あなたが神のことを考えるときは、神のみ業を思いなさい。神はあるがままに存在しておられ、あなたはあるがままに存在している。これが、神のみ業です(5)。

これが、このイギリス人の著者の神秘的な教えを貫いて流れるテーマです。理解を超えるあなたの存在を、理解を超える神の存在と一つにさせること。ここで「理解を超える」と言うのは、あなたが何であるかとか、神が何であるかということを考えることができない、という意味です。さらに彼はこの教えを、綿密に構築されたトマスの形而上学を使って正当化しています。

なぜなら神はあなたの存在であり、神の中にあって、あなたは本来のあなたになります。それは根拠や存在によってだけではなく、あなたの中では神があなたの根拠であり、あなたの存在でもあるからです……神があなたの存在であって、あなたは神の存在ではないという、あなたと神との間の相違は、常に消えません。(6)

この最後の「神があなたの存在であって、あなたは神の存在ではない」という言い方は、トマス学派の類比論を入念かつ的確に表現したものです。

さらにこの同じ著者は、存在は包括的な概念であるとの見解を披露して、純粋な存在についての自分の祈りは正しいと述べています。神についてどのように言い並べても、ただ、「在る」という一語の中に、すべてが含まれます。ですから、必要なことはすべて、存在の中に含まれているので、本質について心を煩わせる必要はない、と言っています。

というのは、もしあなたが、「善」「公正な主」「甘美」「慈悲」「正義」「賢明」「全知」「力」「全能」「知識」「英知」「権力」「能力」「愛」「慈愛」など、神についてどんな本質を並べても、すべては「在る」というひと言に包含されます……そして「善なる」「公正な」というような装飾語を何百とつけ足しても、この短い「在る」という言葉を超えることはないでしょう。そして、たとえ全部それらを使って言い表したところで、その一語「在る」に及ぶものはありません。また、これらの表現をどれ一つ使わなくても「在る」とさえ言えば、列挙した属性のどれ一つとして取り去られることはありません。(7)

他のところで著者は、存在のことだけに注意を注ぐためには、すべての属性を忘却の雲の下に葬るように、と弟子に勧めています。これはすべて、トマス・アクィナスの理論の実践的な応用です。しかし、このイギリス人の著者の神秘的な祈りを理解するためには、愛についての彼の教えも思い起こさなければなりません。心を空にして、本質をあれこれ考えていない時に、意志の〈赤裸な意向〉と彼が呼ぶ愛が湧き出てきます。

あなたの働いている知性の中に、ただ一つ神を慕う包み隠しのない思いだけが残るようにしなさい。神がご自身としてまたそのみ業に照らして、どういうお方であるかなどと、ことさら思いめぐらすことなく、神が、あるがままに存在しておられることだけを心にとめなさい。(8)

この愛こそ一番大切なものです。それを理解するために、トマス・アクィナスの二つの認識方法をじっくり考えてみなければなりません。

親和性（connaturality）による認識

『神学大全』の中で、アクィナスは二種類の認識について述べています。科学的研究や、理性を完全に用いて得られるものと、もう一つは〈親和性〉を通しての認識です。親和性による場合、言うなれば、認識の対象は自分自身の血肉となっていて、「同じ本性をもっている」のです。トマスは習性という言葉を使っています――人は、「習性」（per inclinationem）を通して判断します。これは愛と一致から生まれる認識のことです。

親和性による認識は、特に道徳の分野で価値があります。頭を使い倫理神学を緻密に組み立てる教授が、何の美徳ももち合わせていないことがある一方で、徳のある人が、直感的な、しかも驚くほど正しい知識をもっていることがあります――そのような人は男女を問わず、美徳という習性をもっていて、暮らしの中でそれを実行しているからです。二種類の認識について述べる時、トマスは貞潔を例に挙げて要点を示しています。

さて、正しい判断をするには二通りある。判断しなければならない事柄について、理性を徹底的に使うことと、親和的な習性に沿うことである。例えば、貞潔の問題について言うと、男性でも女性でも倫理学の学識がある人は、理性に糺《ただ》して正しい判断を下すが、これに対して、貞潔を徳として身に付けている人は、ある種の親和性に基づいて正しく判断する。(9)

ここでは、倫理学を修得した人（かなり不道徳な人と仮定してのことですが）と、徳が備わっている人が区別されています。後者は貞潔の美徳を持つ人のことで――美徳を身に付け、それを愛し、それを生きているので、直感的に貞潔が分かります。そのような人は学術書などを著さないかもしれませんが、その〈親和性に基づく〉認識は、論理的にも正しく、信頼に足ります。

トマスは、この貞潔の話が独自の考えであるとは主張していません。この教義は、彼が共感を覚えたアリトステレスの著作の中に見られる、と述べています。「『ニコマコス倫理学』第十巻には、人間的なもろもろの行為の尺度と規範となるのは徳のある人である、と書かれている」[10]と述べています。実際、「もし徳がどのようなものであるか知りたければ、徳のある人を見よ。なぜなら、そのような人はほんとうに徳を知っているからである」というのが、アリストテレスの倫理学の基本概念です。

本題から少しそれますが、〈親和的な〉認識は日本や中国の文化全般に見られ、特に仏教において顕著です。茶道や、華道、書道、武道——すべて〈道〉と呼ばれるもの——では、対象と自己を一体化して、周囲のものに同化します。そうして、〈無心〉または〈無我〉の境地に入ります。これは、ときどき間違って解釈されますが、自己否定ではありません。分離した自己がなくなるほど、周囲のものにぴたりと同化する意識の状態を表現しようとしているにすぎません。そして、すっかり同化すると、極めて全人的で、人間的に深みのある、概念を超えた認識へと導かれます。そのような認識、もしくは英知が、まさしく禅の中核を成しています[11]。

愛を通しての認識

親和的な認識は、神について語る時に特に重要です。なぜなら愛する人は神を知っているからです。愛することのない人は神を知りません。神は愛だからです。

『神学大全』の初めの方に、トマス・アクィナスは、「聖なる教えは英知であるか」という問題を提起し、それに答えて、この教えは人間のすべての知恵のうちで最高の知恵である、と述べています。それから彼は二種類の英知を区別します。第一に、最も大切な英知は、聖霊の賜物である英知であると言い、ついで「天使的博士」は、おもむろに学問について語り始めます。以下はその言葉です。

神的な事柄を判断する第一の方法は、聖霊の賜物とされている英知に属している。そのことについては、「霊の人は一切を判断します」（一コリント2・15）と言われているとおりである。また、ディオニュシオスが『神名論』第十一章で、「ヒエロテオス（＊十三世紀の東方教会の修道者）が神的な事柄の知識を与えられているのは、単に学ぶことによってだけではなく、神的な事柄を体験することにより、教えられている」と述べている。[12]

最高の英知は、ですから、神からの贈り物です。神の愛は、私たちに与えられている聖霊によって、心に注がれます。親和性に基づく教えと、聖霊の賜物としての英知によって、トマスはその後の神秘神学の基礎を固めます。

ですから、聖霊を受けた人は一切を判断します。ヒエロテオスに関して言うと、確かに、研究に励み、学問を修めました。しかしもっと大切なことは、神的な事柄を、体験によって教えられたことです。ラテン語で言うと、patiens divina です。

これは祈り、聖務日課の朗唱、感謝の祭儀にあずかることにおいて、キリストの神秘を体験する（文字どおり「苦しみ味わう」）という意味のようです。こうした一切の patiens divina を体験するうちに、ヒエロテオスは愛の英知の新しい霊に満たされていきます。その英知は、理解、勧告、勇気、信仰心、知識、そして畏敬の念の中に満ちあふれたのです。こういう英知は、研究を通じて習得する単なる学問とはまったく別物です。

そしてこの英知は愛から生まれます。神への私たちの愛ではなく、私たちに注がれる神の愛から生まれます。『神学大全』の他の箇所で、トマスは神的な事柄への親和性について語っています。

さて聖なるものへのこうした共感あるいは親和性は、『コリントの信徒への手紙一』第6章17節に、「主に結び付く者は主と一つの霊となるのです」とあるのによれば、私たちを神に一致させる愛によって生まれる。(13)

すでに述べてきたように、これこそ聖書の教義であることは明白です。というのは、ヨハネの手紙一では、「愛する者は神を知っています。愛することのない者は神を知りません。神は愛だからです」と私たちに告げているからです。聖書は、神学を学ぶ者は神を知っているとは言っていません。愛する者は神を知っている、と言っているのです。

神の愛は私たちの心に注がれ、私たちは神と結ばれて、神と一つになります。そしてこの愛を通して至高の英知が生まれます。

より専門的に述べた箇所で、トマスはアリストテレスの心理学を用いて、愛と英知の——意志と知性の——相互作用について語っています。賜物である英知は、「意志の中に源があり、その意志の源は慈愛である。しかし、英知の本質は知性の中にあり、知性の役割は、正しく判断することである」(14)と。知性と意志の二つの機能は非常に密接に関係しているので、意志の中にある真の愛は必然的に認識へと導きます。

両者はともに魂という一つの実体に根ざしている。そこで、一方が、ある意味で、他方の根源であるから、当然の帰結として、意志の中にあるものは、ある意味で、知性の中にもあることになる(15)。

「意志の中にあるものは、ある意味で知性の中にもある」と述べると、抽象的に聞こえるかもしれません。しかし、それは十字架の聖ヨハネの中では（彼はトマス学の信奉者でした）、重要で実践的な役割を果たしています。意志における神の愛の力強い体験は、知性における深い悟りへ導くと言っていることからも、そのことがうかがえます。知識と愛は密接に関連しているのです。かのスペインの神秘家は、愛の英知のことをたえず語っています。

しかし、愛から生まれるこの親和的な認識とは、どんな性質のものでしょうか。どのようにしてそれを体験するのでしょうか。明らかに、それは概念的なものではありません。そこにはデカルト的な、明晰判明な概念など一切ありません。

そしてここで、アクィナスの否定神学的な思想が、前面に出てきます。神は「知られざるものとして知られ」（quasi ignotus cognoscitur）、神秘として知られます。「この世では、神は何であるかを知ることはできず、そのようにして知られざるものとしての神に結ばれる(16)」、とトマスは書いています。

Et sic ei tamquam ignoto conjungamur

これこそ否定神学的な神秘家の体験です。知らない者を愛し、結ばれること。愛しているものが、誰であるか、何であるか、彼らには分かりません。これはほの暗い夜。これは不可知の雲です。

アクィナスはさらに〈不知〉による〈知〉について語り、「忘我は愛の成果であるか」という問題を提起します。「神の愛は忘我をつくりだす」ことを述べるためにディオニュシオスを引用し、それから解答へと移ります。そして、忘我状態になると、人は自分の外に、また通常の認識の外に置かれる、と述べています。これは〈思考しない〉状態です。人は「感覚も理性も超える事物を把握するために」[17]より高次な知識へと高められていきます。

そしてトマスの中では、親和性に基づく認識と、学問的な探求から得る知識は混ざり合い、驚くほど調和していました。彼は神秘家中の神秘家であり、活力にあふれた思索家でした。しかし最後に勝利を得たのは、神秘家の方でした。崇高な悟りに達した後、彼は筆を折り、寡黙になりました。そして、「私が見、私に啓示された事柄に比べると、私が書いたことはすべて藁《わら》くずのように見える」と言いました。親和性に基づく認識は勝利を得ました。学問的な探求から得る知識は、藁くず同然となりました。

キリストとともにある親和性

愛と親和性を通しての認識こそが、人間の、キリストとの関係において最も重要です。ということは、間違いなく、イメージや概念でイエスを知ることや、『不可知の雲』の著者が、受難についての敬虔なすばらしい黙想と呼ぶものが問題となるのではありません。むしろ、概念を超えた英知に導く、沈黙の愛と一致が問題となります。

トマスはこのことについて語り、「相互内在は愛の成果であるか[18]」という問題を提起しています。そしてヨハネの手紙を引用し、「愛にとどまる人は、神の内にとどまり、神もその人の内にとどまってくださいます」（一ヨハネ４・16）という言葉を取り上げています。トマスは続けて、「さて、愛徳とは神の愛である。同じ理由で、どのような愛も、愛される者を愛する者の内に迎え入れる。また逆も然りで、愛する者を愛される者の内に迎え入れる」と述べています。さらに、「愛される人は、心の中に刻み込まれ、満足感の対象となることによって、愛する人の中に包まれる。逆に、愛する人が、いわば愛される人の中に浸透していけばいくほど、愛する人は愛される人の内に包まれる[19]」と述べています。ここでは、トマスは明らかに雅歌に近づいています。彼の教義は、聖パウロの「生きているのは、もはやわたしではありません。キリストがわたしの内に生きておられるのです」（ガラテヤ２・20）や、第四福音書に何回となく書かれている、「神と人とが互いの内にとどまり合う（相互内在）」という言葉の理解に役立ちます。

愛と親和性を通してイエスについての知識を得ると、いかに多くの神秘家たちが、思考や理性を働かせずに、ひたすら不可知の雲の、形象のない沈黙の中にとどまって、ゲッセマネのイエスとともに長い時間を過ごし、また十字架のもとにひざまずいてきたか、ということがよく分かるようになります。

しかし、トマスが強調するのは、この形象のない愛が、イエスの人格、受肉された御言《みことば》を貫いているということです。彼が読者たちに、聖なる人性にあまり執着しないように、と忠告しているのには、いささか驚きます。――「わたしたちは聖なる人性そのものの内に憩うことを目的とするべきではなく、その人性を通して神に至るべきである」と言っていますから。[20] キリストは弟子たちの心がキリストの純粋な人性の虜《とりこ》にならないように、肉体的な現存を取り去った、とトマスは言います。『神学大全』で次のように書いています。

そのように人間の心は弱いものなので、感覚で把握できるなじみ深い物質的なものによって神のことを知るためだけではなく、愛することのためにも、手引きが必要である。真っ先に手引きとなるのがキリストの人性である。……それゆえ、キリストの人性に結び付くものは、神へ献身するための主な動機となり、手引きとなって私たちを神性に導いていく。神に身をささげること自体、もともと、神性に結ばれることを第一目標としているのであるが。[21]

トマスに倣って、ルースブルックは次のように言っています。「被造物はどんなに聖であっても、もしくは聖になるからといっても、被造物としての存在を失って神になるということは、絶対ないだろう」と。そして、「われらの主イエス・キリストの魂でさえ、神に創られたものであり、依然として神以外のものであろう」[22] とつけ加えています。彼が言っているのは、「われらの主イエス・キリストの魂」のことであって、イエス・キリストのペルソナではないことに注意してください。

そして、『不可知の雲』の著者は弟子に忠告しています。雲に包まれたほの暗い沈黙に入る時が来たら、イエスの生と死についての敬虔な黙想をやめるように、と。長い神秘主義の伝統に従って、彼は、イエスの足元に座り、愛に浸っているマグダラのマリアの姿を描いています。彼女の視線は、イエスの人性を貫き、イエスの神性に注がれています。「彼女は、人間イエスのあいまいな言葉に潜む、神性のもっとも崇高な英知を見つめていた」のです。初めのうちは、『不可知の雲』の著者の言葉は、新プラトン主義的な物質の拒否であるかのように聞こえますが、じっと耳を澄ますと、立派なトマスの学説であることが分かってきます。

この教義は健全な霊的指導にとってたいへん重要ですし、まさに神秘神学の中心です。実際、人々は親和性から生まれる、愛にあふれた知恵の中に入っていくことがあります――そしてやがて、イエスを見失ったのではないかと不安になります。言うまでもなく、イエスを見失ったのではありません。イエスについての異なった認識を得たのです。しかし、そのようなとき、無知な霊的指導者たちは、頭を働かせるよう、福音書のイエスについて考えるようせきたてます。そういう霊的指導者たちに対して、十字架の聖ヨハネは、ハンマーで神の繊細な作品を壊している鍛冶屋のようだ、と痛烈に非難しました[23]。霊的指導者たちには、愛の一致から生じる親和的な認識を理解しない人もいます。

そしてこの教義は、「甘美なるイエスよ」（Jesu Dulcis）という中世の抒情詩に、美しく表現されています。詩人は、イエスについて思いをめぐらすことにより、人間の心に湧いてくる真の喜びをたたえて、こううたい始めます。

Jesu Dulcis Memoria（イエスの甘美なる思い出）

ここではさまざまなイメージを浮かべ、思いをめぐらせて、感無量な面持ちでイエスを思い出しています。やがてさらに、イエスの現存は、蜜よりも、どんなものよりも甘い、とうたわれていきます。

Eius Dulcis Praesentia（彼のその甘美なる現存）

ここには〈記憶〉から〈現存〉へ、〈思考〉から〈観想〉への移行が、詩的に表現されています。人は親和性に基づいたあいまいな知識に入っていきます。そこにはイエスの肖像も明確な概念もなく、ただイエスがそこにおられるという現存の感覚しかありません。エティエンヌ・ジルソン（＊一八八四―一九二七）がいみじくも言い切ったように、この詩は「魂がイエスの受難の記憶から、神秘的な合一へと昇っていく動きを描いている」[24]のです。

しかし、忘れないでください。イエスとの一致、すなわち受肉された御言との一致は、神秘の道程の最終段階ではありません。御言と一致し、聖霊に満たされて、人は「アッバ、父よ」と叫びます。言いかえると、人は三位一体の神髄に入り、三位一体の命そのものを生きるのです。

以上のことはすべて、否定神学的神秘主義に非常に貴重な光を投げかけています。教父時代から今日に至るまで、懐疑的な神学者たちと当惑した霊的指導者たちは、イエス・キリストがディオニュシオス的な闇に、どのように合致するか不思議に思ってきました。神秘家たちが思考を捨てて入って行く不可知の雲のどこに、イエスがおられるのでしょうか。答えは、イエスは親和性を通して知ることができる、ということです。すなわち、イエスは「習性」（per inclinationem）を通して認識されるのです。つまり、愛を通し、一致を通して認識されます。そしてイエスを通し、イエスの愛を通して、御父もまた認識されます。輪郭のはっきりした形象ではなく、神秘として。…et sic ei tamquam ignoto conjungamur. 私たちは知らない方と結ばれるのです。

斜陽の神秘神学

トマス・アクィナスは六百年にもわたり、カトリック神学を支配しました。彼は聖人であり神秘家でした。〈親和性〉、〈愛を通しての認識〉、〈聖霊の賜物としての英知〉という彼の教義は、常に生ける神と一致していた知性と心から生まれました。観想的な祈りと聖体への愛が、生活の中心になっていました。

さて、アクィナスは「時代の人」であり、説教者修道会に属していました。アベラールのように聡明な弁証家であり、キリスト教のメッセージを裏付ける理論的な基盤を見つけて、信仰の敵対者たちに立ち向かうことを願ったのでした。体系的な土台作りのためにアリストテレスを頼みとしましたが、彼の神学の教義は啓示から――聖書や聖伝から――生まれました。彼は理性と信仰についての見事な統合を果たしたのです。すべて彼の神秘体験からあふれ出たものでした。つまり、「観想し、観想の実りを他の人々に伝える」(Contemplata aliis tradere) ことを実施したのです。

トマスの後継者たちは学校で精力的に教えましたが、悲しいことに、〈親和性〉や〈愛を通しての知識〉や〈聖霊の賜物〉という師の教えに、あまり注意を払いませんでした。衰退しつつあったスコラ学は、質問や三段論法や、両刃《もろは》の剣で切り刻むような細かい区別に夢中で、「識別」(distinguo) という言葉が、大講義室に響き渡りました。その体系がいかに理にかなっているかを世に証明することに腐心していたのです。アベラールなら、もろ手を挙げて歓迎したでしょうし、ベルナルドなら嘆き悲しんだかもしれません。スコラ学者たちは曇ったガラス越しには何ものをも見ようとはせず、すべてを顔と顔を合わせて、はっきり見ようとしました。教父たちの著作に充《み》ち満ちていた神秘主義はどこに行ってしまったのでしょう。

西洋の修道院や宗教施設では、神秘的な祈りが静かに育ち、十六世紀のスペインには並外れた神秘的な覚醒が見られましたが、その一方で、カトリックの体制側は神秘主義には慎重でした。アルンブラドス派や静寂主義者は間違いを犯したかどで悪名をはせました[25]。神秘的な祈りを熱望する人たちに、疑惑の目が向けられました。修練者たちは、偽りの神秘主義や汎神論や静寂主義、幻覚や自己催眠術の危険に陥らないようにと警告を受けました。

プロテスタントの伝統では、改革者たちの時代から、神秘神学は、新プラトン主義、グノーシス主義、そしてギリシア・ローマ世界の密儀教と関連づけられました。さらに、著名な著作家の中には、神秘神学が聖書の預言的な側面や、倫理的な側面さえも見落としていると考える人たちがいました[26]。そのようなわけで、神秘神学は、プロテスタントの伝統の中では育ちませんでした。

しかし、今日私たちが向き合っているのは、神秘主義に魅力を感じ、無意味な言葉だけの思索に物足りなさを抱いている新しい世界です。今、私たちはアジアの神秘的な宗教、すなわち親和性を生きている宗教との対話を始めようとしています。こうした状況の中で、キリスト教の神秘主義はきっと再生するでしょう。実際、再生はもう私たちの手中にあります。これほどにも無視されてきた神秘神学が、神学全体の中心になる日が来るでしょうか。間違いなく、それが歩むべき未来の道です。

1　G.R.Evans, *The Mind of St. Bernard of Clairvaux*, (Oxford 1983), 参照。

2 Etienne Gilson, *The Mystical Theology of St.Bernard,* (New York 1955). J. G. Sikes, *Peter Abailard* (New York 1965), 参照。

3 『神学大全』I, q. 13, a.11, c. （以下、『大全』と略記）。［高田三郎・山田晶・稲垣良典・他訳（創文社、全45巻一九六〇–二〇一二年）］。

4 同　I, q.13.

5 『私的勧告の書』1章。W・ジョンストン校訂・斎田靖子訳『不可知の雲』—個人カウンセリングの書付（エンデルレ書店、二〇一一年）。

6 同。

7 同　5章。

8 同　1章。

9 『大全』II, II, q.45, a.2, c. Jacques Maritain, "On knowledge through connaturality" in *The Review of Metaphysics,* (June 1951), p.473. 参照。

10 『大全』I, q.1, a.7, ad 3. "…dictir quod virtuosus est mensura et regula actuum humanorum"

11 門脇佳吉 "Ways of Knowing: a Buddhist-Thomist Dialogue" in *The International Philosophical Quarterly,* (Dec. 1966), 参照。

12 『大全』I, q1, a.6, ad 3.

13 同　II, II, q.45, a.2, c.

14 同。

15 『大全』I, q.87, a.4, ad 1.

16 同　I, q.12, a.13, ad 1.

17 同　II, I, q.28, a.3, c.

18　同　II, I, q.28, a.2.

19　同。

20　In Joann., (『ヨハネ福音について』) 7, 32.

21　『大全』 II, II, q.28, a.3, ad 9.

22　The Book of Supreme Truth, C.II.

23　『炎』３・43。

24　E.Gilson, 前掲書 注(2)、八二頁。

25　十六世紀スペインのアルンブラドス（照明派）と十七世紀西欧の静寂主義者は、双方とも、精神的な祈りにおける受動性に極端に執着した。

26　A. Nygren, *Agape and Eros* (Three volumes) (London 1932-39) および G.Ebeling, *Word and Faith*, (London 1963), 参照。

第４章　神秘主義と愛

愛の優越

第二バチカン公会議以前、「修徳神秘神学」が神学校のカリキュラムの一部であった頃、学生たちはキリスト教徒の完徳は愛徳にあると教えられました。ジョゼフ・ド・ギベール（一八七七－一九四二）は、グレゴリアン大学の有名な教授の一人ですが、彼の命題を次のように簡潔にまとめています。

命題一　愛徳はキリスト教徒の生活の完全さを図る主要な規範である。(1)

この命題は昔の修徳神秘神学の礎石でした。

当時の神学論文の慣例に従い、ド・ギベールは、まず論敵の名を列挙しています。完徳は知識と観想（theoria）にあると考えたグノーシス派の人々。完徳を預言と忘我という賜物の中に求めたモンタノス派の人々。それからメッサリア派（＊四世紀後半に現れた、異端的な禁欲思想を保持する人々）、自由心霊兄弟団、ベガルド派（＊十二世紀末から十三世紀初めに民衆の宗教運動から生まれた男性信徒会）、スペインの照明派（illuminati）の人々と静寂主義者たちです。皆、何らかの形でキリスト信者の生活における祈りや観想の役割を誇張する人たちでした。

こうした論敵たちに対抗するように、ド・ギベールは、心と魂と知性と力の限りを尽くして神を愛し、また隣人を自分のように愛しなさい、という大いなる掟を引き合いに出しています。また、第四福音書や、さらに聖パウロからも広く引用して示しています。ついで、初代教会の教父たちの名を列挙しています。ローマのクレメンス、大グレゴリオ、イグナチオ、エイレナイオス、ニッサのグレゴリオ、アウグスチヌス、カッシアヌス、クレルヴォーのベルナルド。そして、もちろんトマス・アクィナスもいます。ド・ギベールの主張によれば、彼らは異口同音に、「愛こそキリスト教の中心」と宣言している人たちです。

おそらく現代の学者なら、ギベールは論敵の扱いが単純すぎるばかりか、聖書研究や教父研究における彼らへの批判は甘すぎると言うでしょうが、彼の論文の中核を成す命題はあながち否定できません。そしてそこから大切な結論が生じます。すなわち愛に根づいていない神秘主義は、キリスト教とは呼べないということです。「たとえ、人々の異言、天使たちの異言を語ろうとも、愛がなければ、わたしは騒がしいどら、やかましいシンバル」（一コリント13・1）。

クレルヴォーのベルナルド

ド・ギベールは、霊的な教えが愛に根ざしている著名な人として、クレルヴォーのベルナルド（一〇九〇－一一五三）を挙げています。同様にエティエンヌ・ジルソン（一八八四－一九七八）も『聖ベルナルドの神秘神学』の中で、ベルナルドの神秘神学の核心は、ヨハネの手紙一の四章にあると強調しています。そこには「神は愛である。神が最初に私たちを愛してくださった。愛する者は神を知る」

と書かれています。(2)「蜜の流れる博士」（ベルナルドはこう呼ばれていました）の神秘神学は、この聖句で始まり、この聖句で締めくくられています。

ベルナルドが愛の人であったことは、雅歌についての説教や神の愛についての論文、他のすべての著作からも明らかです。「神を愛する理由は、神ご自身である」「神を愛する尺度は、尺度なしに愛することである」と、言っています。彼は愛における成長段階を述べています。まずキリストに対する私たちの愛は、この世に生きておられたイエスの聖なる人間性に向けられるので、感覚的または物質的なものです。そのような愛は神からの賜物です。そしてベルナルドは、福音書のイエスへの優しい愛と、彼の不滅の作品『メモラーレ』に込められたおとめマリアへの深い信仰心で知られています。

しかし、人はそのような感覚的な愛を超えなければなりません。彼が言うには、「感覚的な愛はもう一つの愛に比べると肉体的な愛である。もう一つの愛は、肉体となられた御言《みことば》に関わるというよりは、むしろ英知としての御言、真理としての御言に、聖なるものとしての御言に関わる愛である」。(3)そのような愛は人を「精神の超越」（excessus mentis）へと導きます。御言との霊的婚姻、神との一致へと導きます。「主に結び付く者は主と一つの霊となるのです」（一コリント６・17）。

オリゲネスのように、ベルナルドも雅歌に倣って抱擁、接吻、忘我、結婚について語ります。そしてオリゲネス同様、読者にエロティシズムに陥る危険性について厳しく警告します。

愛についてのこの講話を聞くときは、清らかな心の耳を傾けるように注意しなさい。そしてあなた方がこの二人の恋人のことを思う時には、男と女ではなく、神の御言と魂のことを思い浮かべるべきである、ということをいつも心にとめておきなさい。(4)

ベルナルドの肉体の愛へのアプローチとは、そのようなものです。神秘的であると同時に受肉的でもある恋愛が抱える問題を、彼は一体解決したのでしょうか。ジルソンが言うように、彼はヨハネの手紙一をよりどころとしているのは事実ですが、また初代の教父たちにも精通しています。「愛による法悦と霊魂の神化」の教義のために、スコトゥス・エリウゲナの翻訳による、証聖者マクシモス（五八〇-六六二）を参考にしました。そして、マクシモスはカッパドキアの教父たちやディオニュシオスに傾倒していたと伝えられています。この偉大なシトー会士は、こういう人たちから新プラトン主義の二元論を受け継いだのでしょうか。それとも、彼の著書の記述は、単に彼の性格や教育の所産だったのでしょうか。おそらく肉体的なものと霊的なものを和解させるのは彼の使命ではなかったのでしょう。この挑戦的な問題は、たぶん、すべての神秘主義にとってあまりにも核心に関わることなので、今日でさえ解決されていません。(5)

それはともあれ、ベルナルドは西洋の霊性に途方もなく大きな衝撃を与えました。シトー会を通じて、今でも至る所に影響を及ぼしています。

霊性学派

中世は偉大な修道会に関連した学派が生まれました。そしてこれらの学派には、それぞれ固有の神秘主義がありました。人々に、祈ること――最終的には神秘的に祈ること――を教えたので、学派と呼ぶのにふさわしいものでした。確かに、神秘体験はそれぞれの学派の栄冠でした。

最古の学派は、ある点で最も尊ぶべき学派ですが、聖ベネディクト（四八〇-五五〇）の『戒律』に基づくベネディクト会でした。この学派には、三つの重要な実践事項があり、全ての入会者の精神を養っていました。

第一は畑仕事です。「労働は祈りなり」という古い修道院の格言は、深遠にして神秘的ですらありました。

Laborare est Orare　（労働は祈りなり）

土に触れ、風や雨にあたり、自然の中で神に触れることは、真の宗教体験でした。仏教寺院がこの同じ体験を大事にしているのは興味深いことです。そして仏教とキリスト教の修道生活の対話が今日盛んになり始めています。

第二の重要な実践は聖書を読むことで、

Lectio Divina

というものです。レクティオ・ディヴィナの実践は、聖書をゆっくりと愛情を込めて読むことです。例えば一つの文言を聖書から引いて（後に、他の霊的書物の聖句が使用されましたが）、それを静かに繰り返し、中に込められた意味をゆっくり味わい、その言葉と一体になる、もしくは黙示録の著者が天使から渡された小さな巻物を食べたように、「食べる」ことです。これを実践していくと、言葉をまったく使わなくなり、神の現存の内にじっと沈黙しているという意識状態へたびたび導かれていきました。これを、ベネディクトは荒れ野の師父たちの伝統に倣って、「純粋な祈り」と呼びました。これこそ不可知の雲に包まれた言葉のない神秘的な祈りへの入り口です。

三番目に重要な実践は、典礼――聖務日課を唱え、聖体祭儀にあずかること――です。思い出してください。典礼行為は神秘体験になりえます。それを理解するには、前章の親和性に関する内容を思い出していただくだけでよいでしょう。命から、愛から、一致から生まれる知識があると、述べました。人は、いわば対象と同一のものと「なり」、その結果として、直観的な知識を得ます。この種の知識が、聖体祭儀にあずかるために主の食卓を囲む人々に与えられるのです。彼らはキリストの御体と御血に「なり」ます。「主の死を思い、復活をたたえよう。主が来られるまで」とミサ典礼で記念唱を歌うとき、イエスの死と復活を「生きている」のです。

キリストは亡くなられた
キリストは復活された
キリストは再び来られる

実に、これはキリスト教の基本に関わる神秘体験です――キリストとともに死んでよみがえり、キリストとともに栄光に入るという。

事実、キリスト教の神秘体験は、聖体と切り離すことはできません。ある点で、この神秘体験は聖体祭儀の延長とさえ呼べるでしょう。それは『不可知の雲』を読めば一目瞭然です。その中で、イギリス人の著者は弟子に聖体にかかわる祈りを教えています。

私が存在していること、また天性を授かり、

恩恵を受けて存在していることは、
主よ、すべてあなたからの賜物です。
主よ、あなたは「わたしはある」というお方です。
私はひたすらあなたを賛美し、すべての同胞と
キリスト教徒のため、そして私自身の救いのために、
頂いたすべてをあなたにおささげします。(6)

作者はこの祈りを言葉で詳細に綴っていますが、実存的に実践するなら、この祈りは、世界を贖うために御父に身をささげたイエスとともに、理解を超えた自分の存在を沈黙のうちに神にささげてゆくものとなります。作者が、「まさに御自身こそ、『わたしはある』というお方です」と書いていることに注目してください。すなわち、神は彼のすべてです。神は彼の存在そのものです。そこで、並外れた逆説で、彼は御父に、彼の存在そのものである御父に、彼のすべてをささげます。これは神秘的でもあり、聖体に関わることでもあります。

ベネディクト会学派の偉大な貢献は聖書と典礼の分野にありました。しかし中世に誕生した新しい修道会に関わる他の霊的学派が現れました。

その中に、聖痕を受けた「アシジの貧者」によって現れたフランシスコ会学派がありました。彼は鳥や花を愛し、太陽を兄弟と呼び、月を姉妹と呼んで歌い、無一物であることを愛しました。その魅力ある人柄は、これまでずっと全世界を捉え続けています。フランシスコ会の偉大なスコラ学者は、ボナベントゥラ（一二二一―七四）です。「熾《し》天使的博士」、もしくは「神秘神学のトマス・アクィナス」

と呼ばれてきました。彼の愛してやまないフランシスコのように、彼は受肉を宇宙の中心に置きました。

それからパリのサン・ヴィクトル修道院のヴィクトル学派の人たちがいます。ここには華々しい活躍をしたサン・ヴィクトルのフーゴとその弟子リカルドゥスがいました。彼らの著作は『不可知の雲』の著者によって英訳されました。リカルドゥスは霊的生活を体系化して研究し始め、「忘我」、「内なる炎」、「熱烈な慈愛」の教義で有名です。

このような学派はどれも独自に神秘主義を育みました。そして修道士や修道女が神秘生活を熱望する一方で、世俗の世界もまた愛を追求していました。

聖なる人々と世俗の人々

ベルナルドとサン・ヴィクトルのリカルドゥスとボナベントゥラは、陶然として神の愛について書きましたが、当時はヨーロッパ全体が同様に愛の問題に熱中していました。そして当然のように世俗の人々と聖なる人々は互いに影響し合いました。

十一世紀のフランスに吟遊詩人が突如登場して、男性が女神を崇めるように恋人にささげる愛の歌を吟じました。その頃、オヴィディウスのアルス・アマトリア（『恋の手ほどき』）が大流行していました。C・S・ルイスは、宮廷恋愛（そういう呼ばれ方をしましたが）は恥ずべき不倫を扱っていると言って非難しますが、そこには礼節と献身という麗しい要素もあり、ヨーロッパの生活と文学と宗教に強烈な衝撃を与えました。(7) 実際に、西洋の霊性には、その当時からロマンチックな面があって、アジアに発生したものとも、またギリシア正教やロシア正教の信心とも、明らかに違います。

ですから宮廷恋愛が雅歌の解釈に影響を与えたとしても、さほど驚くことではありません。若きアシジのフランシスコが恋愛詩を書き、後に神の吟遊詩人になったという話も、驚くことではありません。騎士道の愛は、聖イグナチオ・ロヨラの人生の強力な原動力でした。十字架の聖ヨハネは根本的にロマンティストです。

それから（十二世紀にさかのぼれば）エロイーズとアベラールの愛がありました。それは広く知られて議論を呼び、エティエンヌ・ジルソンまでも次のように言っています。「想像以上に着想が豊かで、エロイーズとアベラールの情熱的なドラマは、愛の問題に皆の目を釘付けにした(8)」と。というのも、アベラールがエロイーズへ恋愛詩を書き、その返事にエロイーズが純粋で無我の愛についての思いを綴ったからです。やがてこうしたことは、神の公平無私な愛や、神を愛するがゆえに誹謗《ひぼう》を喜んで受け入れることができるか、といった神学論争へと発展していきました。キケロの『友情について』（*De Amicitia*）は、さらに理性的で良識的と言えます。ここには美しく気高い理想的な友情が描かれており、イギリスのベルナルドとして知られる、シトー会士のリーヴォーのアエルレド（一一〇九–六七）を通して、シトー会全体に影響を及ぼしました。

概して言えば、時代の精神が修道生活に流れ込みました。誰もが愛のほんとうの意味を探し求めていたのです。

十四世紀の神秘家たち

十四世紀はヨーロッパ中に神秘的なエネルギーが著しくみなぎった時代でした。はるか北のスウェーデンでは、幻視体験をもつ女性預言者のビルギッタ（一三〇三―七三）が登場し、ローマを訪れて教皇や司教や王たちと率直な対話を交わしました。南にはドミニコ会第三会員で、やはり女性預言者、今では教会博士と呼ばれているシエナのカタリナが、同様に富豪の権力者たちに、歯に衣《きぬ》着せず語りかけました。英国では神秘主義の著作家のきら星の中に、深い教養のある魅力あふれるノリッジのデイム・ジュリアナと、『不可知の雲』を書いた実践的にして深遠な無名の著者がいます。

しかし有力な神秘作家が活躍したのはラインラントです。最も力強く独創的なのは、偉大なドミニコ会士のマイスター・エックハルト（一二六〇―一三二七）と弟子のヨハネス・タウラー、それとハインリヒ・ゾイゼです。彼らの神秘的でカリスマ的な考えはオランダへ広がっていきました。ヤン・ルースブルック（一二九三―一三八一）は、何十年も隠棲した後に、アウグスチノ修道参事会員となりました。彼は神秘家として、また神学者、著作家としても偉大でした。

それでも十四世紀の神秘主義がすべて啓発的であったわけではありません。すでに見てきたとおり、ヨゼフ・ド・ギベールは、ベガルド派や自由心霊兄弟団を、あっさり退けています。現代スコラ学ならば、こういう運動の取り扱いには、もっと微妙なニュアンスを含ませるでしょう。とは言え、熱狂的な運動家たちがいたことは否めません。彼らは、純粋な精神に名を借りて、性的な放縦へと導く霊的婚姻や天使のような愛について、神秘主義的な論文を書きました。結局、度が過ぎた悲惨な行為につながる、理解しがたい神秘体験が語られたのです。しかし、こうした出来事を通して、聖霊が働いていたのは明らかです。

このようなことは皆、ヨーロッパが一つで、まだキリスト教国と呼べる歴史の一時期に起きたことで、そのことは肝に銘じておくべきです。教養のある人は共通語のラテン語を話しましたし、典礼の儀式は大陸のどこでも同じでした。そのような時期ですから、エックハルトや、『不可知の雲』、ノリッジのジュリアナ、ルースブルックや他の人々の中に著しい類似点があっても不思議ではありません。神秘主義の運動の中心にいたのが、キリスト教の伝統を固持して聖トマス・アクィナスを崇敬するドミニコ会士たちでしたから、なおさらそうです。

しかし、論争の時代でもありました。

神秘家たちの英知は、書物よりは、むしろ生活から生まれることを決して忘れないようにしましょう。それは親和性による認識であり、愛の実りとしての認識です。著作家にして芸術家でもある人々は、神学論文を著すか、説教や勧告を書いて、彼らの体験を表現しようとします。ことに、活動修道会に所属する人たちが、男性も女性もそうでした。言葉は自分たちの体験を言い表すには不十分であることを重々承知していた彼らは、時には過ちを犯したり、悲劇的なことに、誤解されることもありました。

中でも最も悲しいのはエックハルトの逸話です。

最近の研究で明らかですが、マイスター・エックハルトは敬虔なキリスト教徒で、教会への忠誠心が揺らぐことはありませんでした。リチャード・ウッズは、彼自身ドミニコ会士ですが、フーゴ・ラーナーの言葉を引用して、マイスターは忠実なカトリック信者で、全体から見ると彼の教えは完璧な正統思想であったという趣旨のことを述べています。[9] 同様にカール・G・ケルツは、〈魂における神の誕生〉についてのマイスターの思想は「非の打ちどころなく健全なカトリックの思想である」と力説しています。またアメリカの学者バーナード・マッギンは、「エックハルトの言葉は、文脈から抜き出して読むと、伝統的な教義に矛盾しているように思えるが、すべては正統な基本構想に沿った意味合いで解釈できる」と主張しています。[10]

では、なぜエックハルトは非難されたのでしょうか。リチャード・ウッズに言わせれば、正統思想でなかったからではなく、狭量な教会政治の犠牲になったからでもありません。エックハルトは芸術家であり、彼の告発人たちは官僚のようであったからです。「彼らが評価できなかったのはエックハルトの韻文と、大胆過ぎる演説と、想像力の飛翔である。それらを用いて、偉大な学者エックハルトは、学術論文や論争の無味乾燥な限界を超えて、説教という技法によって聴衆の心を揺り動かそうとした[11]」と、ウッズは述べています。

こうしたことは二十世紀には極めて重要ですし、二十一世紀にはさらに重要になるでしょう。事実、エックハルトが仏教徒とキリスト教徒の対話の先駆者でもあるからです。鈴木大拙博士はエックハルトの中に禅仏教と共鳴する点を多く見いだしています。しかし、エックハルトの神はキリスト教徒の神とは全然違う、と信じて疑いませんでした。また、著名な京都学派の上田閑照《しずてる》教授は、エックハルトが正真正銘のキリスト教徒であるとは思っていますが、エックハルトの教えが教会制度と調和しているかどうかには疑問を抱いています。エックハルトは教会当局に非難され、神秘家たちの間のガリレオといった印象を与えますから、彼を現代世界におけるキリスト教の代弁者と見なすのは難しいことです。エックハルトの問題全体を教会で再検討してほしいというドミニコ会の申し出が聞き入れられ、福音書のイエス・キリストを神秘的に理解する正統な代弁者として、彼の名誉が回復されることを、ただ望むばかりです(12)。

なお、以上の論争がきっかけとなり、神学は意義深い発展を遂げました。神秘神学は、一般神学から枝分かれする必要があることがはっきりしました。そのような専門分野としての神秘神学が必要な理由は二つです。

第一に、十四世紀の多くの神秘家は自らが不可知の雲の中にいることに気づき、助けを求める声を上げていました。彼らは堅実な案内を必要としていました。つまり、彼らの神秘体験は、盤石な神学の基盤を求めていたのです。そのような基盤は、学校で教わる普通のスコラ神学からは与えられませんでした。

第二に、すでに述べたように、ありとあらゆる逸脱行為がありました。汎神論に対する「神との一致」とは何なのか、また、静寂主義に対する観想とは何なのかを明白にする必要がありました。神秘の道にはあちらこちらに落とし穴があるからです。また偽預言者がいて、しばしば人々をだますからです。したがって、新しい学問として、神秘神学が登場しなければなりませんでした。

神学の新分野

これまで述べたことからも分かるように、キリスト教共同体には、その初期から、神秘的な祈りが、存在していました。しかし、教父たちには神秘神学――すなわち神秘体験についての神学的な考察――は個別の学問として存在していませんでした。それは一般神学の一部で、いわば総合的な神学から抽出しなければなりませんでした。エティエンヌ・ジルソンは、『聖ベルナルドの神秘神学』を著すにあたり、「ベルナルドの神学の著作の中で、その神秘主義がよりどころとする神学部分に関心を寄せている」と語っています。言いかえると、ベルナルドは正式には神秘神学の本を書かなかった、ということです。そしてアウグスチヌス、ニッサのグレゴリオ、ボナベントゥラ、トマス・アクィナスにも同じことが言えます。

しかし、この点について、一つ注目すべき例外があります。ディオニュシオスは、実際、明快な主題に関する専門論文として『神秘神学』を書きました。神秘的とか秘められた、と呼べる祈りの具体的な方法で弟子を導く霊的指導者として、書いたのです。すなわち、それは推論や思考やイメージを超えて、不可知の雲の沈黙の中に入っていく祈りの書でした。

さて、十四世紀になると、ディオニュシオスの論文は、この種の宗教体験を正確に書きたい人たちの手本となりました。彼らはディオニュシオスをよりどころにしたのですが、彼らが読むディオニュシオスの著作は、エリウゲナの翻訳やアクィナスの注釈によるもので、精練され、再考され、すっかりキリスト教化されたものでした。新プラトン主義のディオニュシオスの原文の味が十四世紀に一体どれほど残されていたかは、ここで取り上げる必要のない問題です。肝心なのは、やっと彼を手本にして、別個の学問、神学の個別の分野として、神秘神学を取り上げる専門の論文が現れたことです。

ことに重要な神秘神学者にヤン・ルースブルックがいます。彼は、ひるむことなく、当時の神秘主義に関わる過ちと闘いました。しかしさらに重要なのは、『不可知の雲』のイギリス人の著者です。というのも、彼は、体系的で教義的な、聖書に基づく神学にはまったく関心を示さないからです。その興味は、神への道——不知によって神を知る人々がたどる道への——神学に寄せられています。行間を読めば、彼が聖なる三位一体、受肉、原罪やその他の教義を深く理解していることは明白です。しかし、彼がもともとこうした教義に関心を抱くのは、神への道をたどる神秘家によって体験される場合に限ります。さらに彼は、この特権的な道の重要部分である落とし穴や嵐、暗夜やありとあらゆる心理的葛藤に気づいている霊的指導者です。要するに、彼は「道」の神学者なのではないでしょうか。そして、この神秘神学という新しい学問は、「道」の神学ではないでしょうか。

さらにもう一人、体系的な神秘神学者にパリ大学のジャン・ジェルソン（一三六三―一四二九）がいます。ジェルソンは思弁的神学と神秘神学の両方について執筆し、後者は愛が成せる業である、と強調しています。神秘神学は、「神と一つになる愛を受け入れ、体験的に神を知ること(13)」と、書いています。「体験的に」という言葉が大切です。決して抽象的でもなければ思弁的でもない神秘神学は、神秘的な一致を求めて愛の道を歩む巡礼者の案内をする、体験的で全人的な知識です。

二種類の認識と二種類の祈り

そしてこの神学の新分野に、神学ならどの分野でもそうですが、絶大な影響を与えたのがトマス・アクィナスでした。トマスは二種類の認識について語っていたことを思い起こしましょう。この二種類の認識に呼応して、祈りには二種類あると神秘神学は見なしました。

第一の認識は学問的探究の過程によって「習得される」ものでした。すなわち、経験や理解や判断によって得られる認識です。アリストテレスに従い、トマスは、知性の中にはあらかじめ感覚の中に存在しなかったものは、何もないと考えました(14)。したがって、認識は外部感覚から内部感覚へと入り、

「刻印された種」（species impressa）、または「習得された種」（species acquisita）と呼ばれるものによって知性へと伝達されます。

二番目の知識は、もっと正確に言えば英知ですが、聖霊からの贈り物でした。それは外部感覚からは生まれず、直接に「注ぎ込まれ」ます。と言うのは、神の愛は与えられた聖霊によって私たちの心に注がれているからです。ですから、「種」は「習得された」のではなく、「注ぎ込まれた」のです。その後の神秘主義の伝統で、神秘主義の祈りが「注賦的観想」と呼ばれるのは、こういうわけです。

神は自らすべてのみ業を行う、と『不可知の雲』の著者は言っています[15]。そしてトマス・アクィナスは、神は、「被造物の媒介なしに」（sine medio）、み業を成す時がある、と言っています[16]。これは神秘生活の不思議なところです――神が直接人間に働きかけ、その心に知識や愛を注ぎ込むのですから。このようにして得た知識は、明快でもなければ概念的でもなく、また姿や形をとって現れるものでもありません。それは不可知の雲に覆われているか、闇夜に包まれているぼんやりした知識です。苦痛に満ちた知識と言えるかもしれません。なぜなら人間は、いつも神性なものに会う準備ができているとは限りませんし、過度な光に目がくらむと闇の中に落ち込むかもしれないからです。しかし、『不可知の雲』の著者は、太陽の光がろうそくの光より明るいように、「霊的に高度な英知」は普通の知識よりも輝いていると言っています。

そしてこの愛の英知が人間の頭と心に注ぎ込まれると、学問的探求から生まれる他の知識を捨てなければなりません。言いかえると、人は考えることをやめなければなりません。これは何よりも大切です。というのは、この注ぎ込まれた観想は初めのうちはとてもひそやかで微妙なものだからです。考えたり理性を働かせたりして学問的探求を続けるならば、生まれかけた愛の小さな炎を吹き消してしまう恐れがあります。こうなったら大きな悲劇です。

そこで最初の忠告は、考えるな、です。内なる炎が燃え上がるままにさせなさい。なすがままに任せるのです！　聖霊に抵抗してはいけません。このようにして人は神秘の道に踏み出します。もっと正確に言えば、人は、神に赴く神秘的な道へ、引き上げられるままに身を委ねます。

愛の神学

それから、神の愛は聖霊によって私たちの心に注がれます。『不可知の雲』の著者は、〈愛のひそかな兆し〉について述べています。それは体験に基づくので、「兆し」であり、思考を伴わない愛なので、「ひそやか」です。また、「意志の赤裸な意向」についても触れています。それは思考という衣をまとっていないので裸です。他に、「内なる炎」とか「内なる光」について語る人々もいます。こうした愛は、すでに述べたように心の中に注ぎ込まれます。そして十字架の聖ヨハネは、「神が霊魂へ流れ込むこと」について語ります。しかし、それを「神が湧き出ること」と言ってもよいでしょう――あたかも神が浮上してくるか、湧き出てくるかのように。そう、何か新しいものが生まれてきます。そして出産は母子双方にとってひどく苦しいものです。

神秘生活はこの愛の誕生とその成長の物語です。小さな火花から、十字架の聖ヨハネが「愛の生ける炎」と呼ぶものまでに育ちます。しかしこの愛とは何でしょうか。

十字架の聖ヨハネは、愛の生ける炎は聖霊であると明言しています。さらに、キリスト教の伝統に従って、聖パウロの次の言葉を尊重しています。「生きているのは、もはやわたしではありません。

キリストがわたしの内に生きておられるのです」（ガラテヤ2・20）。聖霊が内に住んでおられます。御言が内に住んでおられます。神が内に住んでおられます。ですから人間のものであるとともに神のものであるこの愛は、私たちが普通に愛と呼んでいるものとはまったく違います。私たちは類比によってそれを愛と呼んでいるのです。

また、この愛は人間の努力によって得られるものではありませんし、禁欲的な鍛錬や洗練された技法の結果でもありません。功績によるものではないのです。神は、望まれる者に望まれる時に、この愛をお与えになります。これが伝統的な神秘神学の変わらぬ教えです。（『不可知の雲』の著者が言うように）、イエスが「羊の囲い」に招き入れるまで、じっと待っていなければなりません。この時が来るまで、イエスの生と死に、ひたすら敬虔な思いを馳せていなければなりません。人は招きに応えて「羊の囲い」に入るだけです。

結　論

真正なキリスト教の神秘主義は愛に基づいています。これについて、キリスト教の伝統は何の疑問も抱いていません。「わたしたちが愛するのは、神がまずわたしたちを愛してくださったからです」（一ヨハネ4・19）。

しかし、この愛の本質について具体的にまた哲学的に語る段になると、おびただしい問題が生じます。宗教的にも世俗的にも中世は、成功の度合いはさまざまにしても、この愛の問題に取り組んできました。それから、十四世紀には神秘体験が驚異的に開花しましたから、信心深い人々の祈りの生活を導き、誤りから彼らを護り、本物と偽物を見分け、羊と山羊を区別するために、神秘体験を専門的に扱う神学をなんとしてでもつくり上げる必要がありました。この神秘神学は、愛の本質を分析するよりは、愛の体験を研究することが目的ですので、それは「道」の神学と呼んでもよいでしょう。

　この神秘神学は、キリスト教を完全に受容したディオニュシオスに負うところが大ですが、とりわけトマス・アクィナスの教えによって形作られました。さらに、十六世紀のスペインのカルメル会修道者たちによって豊かに発展していきましたが、十四世紀から第二バチカン公会議に至るまで、基本的には変わらないままでした。

　しかし今は、トマスや学者たちから何の影響も受けずに発展してきた別の、豊かなキリスト教の神秘体験を考える必要があります。次章では東方キリスト教の神秘体験を見ていきましょう。

1　Joseph de Guilbert S.J., *Theologia spiritualis ascetica et mystica*, (Rome 1946), II.
2　Etienne Gilson, *The Mystical Theology of St.Bernard* (Reprinted), (London 1955), p.21.
3　*In Cantica*, PL 183.
4　Cuthbert Butler,*Western Mysticism* p.67 より引用。
5　E・ジルソン　前掲書 注⑵、一七二頁。「聖ベルナルドが抱いた神秘的な愛の対象や性質には何のためらいもありえない。それは霊的な愛で、どの点でも肉体の愛とは正反対のものであった。彼の教義はこの点ではまったく妥協を許さなかったので、疑いをさしはさむ隙もない。ある意味でこれは彼の教義そのものであった。肉体の愛は、情欲からわき出る場合はいつでも、根絶されるべきものであり、霊的な秩序の中で起きるときでさえ、乗り越えるべきものである」、とジルソンは書いている。そのようなアプローチでは、現代人の問題はほとんど解決が困難である。

6 筆者著 *The Mysticism of "The Cloud of Unknowing"*, (Source Books, California and Anthony Clarke, Wheathamstead, Herts. Reprinted 1992), p.235.

7 C.S.Lewis, *The Allegory of Love,* (Oxford 1958). Anders Nygen, *Agape and Eros,* 1932 (Reprint), University of Chicago Press 1982. 参照。

8 E.Gilson, 前掲書 注(2)、一二三頁。

9 Richard Woods O.P., *Eckhart's Way,* (Michael Glazier, Delaware 1986), p.212, 213.

10 同　二一五頁。

11 同。

12 ヴァルバーベルクで開催されたドミニコ会総会にて（一九八〇）、エックハルトが断罪された全過程の再検討案が議決された。

13 *"Theologia mystica est experimentalis cognitio habita de Deo per amoris unitivi complexum."*

14 *"Nihil est in intellectu quod non fuit prius in sensu."*

15 Richard Woods O.P., *Eckhart's Way,* (Michael Glazier, Delaware 1986), p.212, 213.

16 トマス・アクィナスは、人類の始祖は堕落する前は「なんらの媒介なしに」神を知っていた、と言っている(II Sent.,d.223,q.2,a.1,ad 1)。トマスにとって、原始義の状態の我々の始祖は、観想的であった。 Joseph de Guilbert S.J. *Theologia spiritualis ascetica et mystica.*

第5章　東方のキリスト教

シスマ（教会大分裂）

キリスト教の誕生から千年間、東方ギリシア教会と西方ローマ教会は、共通の宗教上の遺産と信仰を持っていました。確かに、散発的にローマとコンスタンティノープルの間には緊張が漂うこともありましたが、さして大きな断絶はありませんでした。ウラジミール・ロスキーは、その名著『東方教会の神秘神学』の中で、両教会が共有する「分かちがたい宝」について書き、続いてエキュメニカルな計らいを示して、こう述べています。「東方正教会は、もし聖キュプリアヌスや聖アウグスチヌスや聖グレゴリオ一世がいなければ、今日のような姿ではないであろう。またローマ・カトリック教会も、聖アタナシオスや聖バジリオ（ワシリー）、アレクサンドリアの聖キュリロス抜きでは立ち行かなかったであろう(1)」と。

論戦やもめごとがあったにせよ、二つの教会の伝統は一つのキリストの体を形作っていました(2)。

東西の悲劇的な決裂は、一般的には、一〇五四年に起きたとされています。その年、教皇レオ九世（すでに故人でした）の名代、教皇特使フンベルトゥスが、コンスタンティノープルのハギア・アヤソフィアの祭壇に総主教ミカエル・ケルラリオスの破門状を叩きつけ、返報として総主教は教皇使節を破門しました。ローマもコンスタンティノープルも、随員たちを破門こそしませんでしたが、激しい言葉の応酬となり、もはや後には引けない状態になりました。

それからの歳月、二つの分派は、教義や教会統治の面だけではなく神学面でも別々になっていきました。すでに見てきたように、西方（ローマ）教会の神学では、スコラ学が優位を占めるようになりましたが、神秘的な祈りの道において人々を導くのには不向きでしたから、神学から枝分かれした――神秘神学――が別立てで入念に練られていきました。この新しい神学は、十四世紀の神秘的な思潮の中で生まれ、十六世紀のスペインのカルメル会の修道者たちによって見事に発展していきました。そして第二バチカン公会議に至るまで世界中のカトリック神学校で教えられました。

ところで、東方教会では、スコラ学から受けたインパクトは弱いものでした。確かに、トマス・アクィナスは十四世紀にギリシア語に翻訳されましたから、ビザンティン世界にも称賛者はいました。しかし、東方神学の主流は、初代教会の教父たちから離れることなく、教父の伝統を持ち続けることを誇りにしていました。さらに、東方教会では、神秘神学はずっと神学全体の中心にありましたから、ことさら「神秘神学」と名づけた神学を別個に設ける必要はありませんでした。この点を、ロスキーは強調しています。神秘主義を含まない神学などはありえないと述べてから、こう記しています。「本書では、神秘主義を全神学の完成であり極致として、すなわち卓越した神学として、それに応じた扱いをしている」(3)と。要するに、本物の神学は、すべて祈りから、とりわけ神秘的な祈りから生まれるということです。

正教会の神秘主義がその壮麗な輝きを見せているのは、美しい奉神礼（＊西方教会の典礼）、ことに聖体礼儀（＊西方教会の聖体祭儀）の中であり、そしてイコンの細密画の中です。しかし、現代世界に力強く語りかける神秘主義を深く体験できるのは、なんといってもヘシュカスモスの中です。

ヘシュカスモス

ヘシュカスモスの祈りは、信仰と愛を込めてイエスの名を唱える静かな祈りです。言葉自体は静寂を意味するギリシア語 hesychia に由来します。

ἡσυχία（ヘシュキア）

ヘシュカスモスはギリシア北部の聖なる山アトスで栄え、今なお、盛んです。その聖なる山で世界各地から集まった修道士たちが祈りと断食の生活を送っています。アトス山は、現在も立派な修道生活の中心地ですが、十四世紀には特に活気がありました。神秘神学者にして正教会の聖人であるグレゴリオ・パラマス（一二九六―一三五九）が、この尊い祈りの方法を弁護するため、世界に向けて語りかけた時期でしたから。(4) しかし、ヘシュカスモスのルーツは、はるか昔のキリスト教の伝統にまでさかのぼります。六世紀にはすでに聖ヨアンネス・クリマコス（＊別名、階梯者イオアン）が呼吸法と結び付けて「イエスの追憶」について書いています。

呼吸するたびにイエスを思い起こしなさい。そうすれば、ヘシュキアの真価が分かる。(5)

事実、「心の祈り」と呼ばれた祈りの歴史は、荒れ野の師父たちにまでさかのぼります。グレゴリオはそのルーツをさらに昔までたどります。彼の神秘神学は沈黙のうちに身を委ねることを伴っていましたから、次のように述べることができました。「マリアは完璧なヘシュカストである。三歳の時にユダヤ教の神殿の至聖所に導かれ、ヘシュキアに、つまり沈黙の観想に、より正しく言いかえれば神化させてくださる卓越した力に身を委ねている[6]」と。かくしてヘシュカスモスはマリアまでさかのぼります。

ヘシュカスモスの主な特徴を挙げてみましょう。

（1）読むこと、考えること、推論すること、想像することを一切せず、静寂の状態に入る。

この段階のヘシュカスモスは、聖テレジアの「静穏の念祷」や、多くの神秘家たちによって述べられた初期の観想状態に似ています。

（2）〈イエスの祈り〉を繰り返す。

定型の祈りの文が幾つかありますが、最もよく知られているのは「主イエス・キリスト、神の御子《みこ》よ、罪びとの私を憐《あわ》れんでください」です。大事なのはイエスのみ名で、信仰と愛を込めて唱えれば天地をも動かす力を持ちます。

（3）呼吸を規則正しく整えると同時に、心臓なり胃なり臍《へそ》を凝視する。

知性の働きを心に向け直すことを目的とするこのプロセスは、ギリシア語で臍を意味する語に由来し、omphaloscopia オムファロスコピアと呼ばれます。

ὀμφαλοσκοπία（オムファロスコピア）

（4）体内で火が燃えているような、内なる暖かさを感じる。

時に、「タボル山の光明」と呼ばれる、神々しい光の幻視を受けることもあります。

（５）すべての目的は、「神格化」または「神化」（theosis）である。

θέωσις（テオーシス）

ここで鍵となるテキストは、「神の本性にあずからせていただくこと」（二ペトロ１・４）について語っているペトロの第二の手紙です。

ロシアの巡礼者

こうした祈りの実践について明瞭に描写しようと思えば、十九世紀に、イエスのみ名を唱えながらロシアとシベリアを隈なく歩いた、無名の巡礼者の魅力的な手記を読むのが一番よいでしょう。彼の深い宗教体験は、古典の『無名の巡礼者』（＊原題『巡礼者の道』）という小さな本に書き留められています[7]。

この巡礼者は、「絶えず祈りなさい」（＊一テサロニケ５・17）という新約聖書の教えを知って以来、ずっとその意味を考え、どうしたら実行できるかを問い続けました。その頃、一人の老修道士に出会います。彼から、いつでも、どこでも、眠っている間でも、唇で、心で、イエスの尊いみ名に呼びかけるように、と熱心に勧められました。「主イエス・キリスト、われを憐れみたまえ」と唱えるがよい、と。この祈りを唱えれば、必ず深い慰めを得るようになる――やがては努力をしなくとも絶えず祈りを繰り返すようになる、と老修道士は告げました。実践にあたっての勧めとして、彼は新神学者聖シメオンの言葉（＊九四九―一〇二二）を引用しました。

独り黙って座りなさい。頭を垂れ、目を閉じて、静かに呼吸し、心の中をのぞき込んでいる自分の姿を思いなさい。頭を胸部に引きつけなさい。息を吐き出すとき、「主イエス・キリスト、われを憐れみたまえ」と唱えなさい。静かにつぶやくか、心の中でそう言いなさい。他の雑念はすっかり忘れるように。静かに、辛抱強く、絶え間なくその方法を繰り返しなさい(8)。

その老修道士は、そのままその巡礼者のスターレツ（starets）、つまり霊的指導者となりました。彼にロザリオを与えて、毎日三千回、次には六千回、その次には一万二千回――立っていようと座っていようと横になっていようと、その祈りを唱えなさいと告げました。するとまもなく、そのスターレツの予告どおり、彼の側から何も努力をしないのに、その祈りが口をついて出てきたのです。「それはあたかも私の唇や舌が、促さなくてもまったくひとりでに、祈りの言葉を唱えているかのようでした(9)」。その後、悲しいことに、そのスターレツは亡くなります。彼は、わずかな持ち金で『フィロカリア』（*Philokalia*）のぼろぼろの写本を買うと、聖書と一緒に胸のポケットに入れ、常にイエスのみ名を唱えながら歩き続けました(10)。

やがて新たな発展がありました。その祈りがまさに彼の体にしみとおったのです。「まるで心臓が鼓動とともにその祈りを唱え出したかのようで……私は口で祈りを唱えることをやめました。私は心臓が唱えている祈りにひたすら耳を澄ましました。あたかも私の目は心臓を直視しているかのようでした(11)」。

彼は心臓に痛みを感じるとともに、イエスへの大いなる愛を感じました。すると、心臓に「快い温かさ」が流れ込み、胸全体に広がっていきました。そしてたえず、彼は愛する亡き師を思っていましたから、師は夢にまで現れて彼の光となって導いてくれました。

このようにして、〈イエスの祈り〉は彼の生活のすべてとなり、独りであっても喜びと慰めのもととなりました。また愛と憐れみがあふれるほど生まれ、旅の途上で出会う人たちすべてへ注がれていったのです。

火

ロシアの巡礼者や他の東方の神学者たちの物語を読むと、その受肉的な側面に深い印象を受けます。すべては、肉体の形をとった御言《みことば》でもある福音書のイエスに、焦点がしぼられています。そしてイエスの身体が大切なように、私たちの身体も重要です。シメオンは、すでに見てきたように、私たちの考えや思いを頭から心へ移すようにと言っています。この言葉は、「考えるのをやめて、感じよう」という心理学で使われるフレーズをよく耳にする現代人には、確かにピンときます。さらに、ヘシュカスモスは、姿勢や呼吸や肉体の自覚を強調しています。そのことは、禅やヨガのように、腹部――臍の辺り――がエネルギーの中心であることを思い起こさせます。細部はともかく、結局のところ、まさにキリスト教的であると同時にアジア的です。

それから次は、体内で燃え盛る火です。再びシメオンが登場し、内的な火について、いたって雄弁に語っています。その火は単なる隠喩《いんゆ》ではありません。次のように描かれる苦痛や恍惚は、実に真に迫るものがあります。

体内でこの火が燃えている人たちの間では、火は大きな炎となって天に達し、火に取り巻かれると、息つく暇もなく片ときの眠りも許されません。そして、これは無意識のうちに起こるのではなく、十分知覚し、明白に認識しているので、初めのうちは耐えがたい苦しみを伴います。なぜなら霊魂には感覚と理性が授けられているからです(12)。

この文からも、感覚を無視した抽象的で推論的な神学にとり、いかにシメオンが和解しがたい敵であるかが分かります。彼の主張によれば、真のキリスト教徒は、母親が胎動を感じるように、神の恵みを体験します。恩恵の体験のみが火のように燃えて、イエスのみ言葉を成就させます。「わたしが来たのは、地上に火を投ずるためである。その火がすでに燃えていたらと、どんなに願っていることか」（ルカ12・49）。

イエスがもたらした火とは何でしょう。それは、キリスト信者なら誰でも享受できる深い神秘体験のことではないでしょうか。実際、神について語る人なら、神を体験していて当然です。「自らの内に神の光を見たことがないのに、三位一体の難解な神秘をあえて論じようとする人がいる(13)」、とシメオンは嘆いています。彼の著作を読めば、教義に関わるものはどれも神秘体験に基づいている、とロスキーが主張したのがよく分かります。また東方教会がシメオンを「新神学者」と呼ぶのは、彼が膨大な量の神学書を読んだからではなく、神を体験してその火に焼き尽くされたから、ということも分かります。

そしてこの火は、東方教会の霊的な伝統に満ちています。その伝統の中で特別価値がある著作は、十九世紀のある偉大なロシアの神秘家の手によるものです。隠修士フェオファン（一八一五―九四）は主教職を退いて隠遁生活に入り、祈りと霊的指導の書簡の執筆に身をささげました。〈霊の燃焼〉について著した書物は、十字架の聖ヨハネを思い起こさせます。〈イエスの祈り〉は心の中に愛の火を燃え立たせる、とフェオファンは述べています。そして湿った丸太に点《つ》けられた火が、まず汚い煙を吐き出すように、神の愛は、最初は人格のもつ不純物のために苦しみをもたらします。しかし不純物が燃え尽きると、全人格が愛によって点火されます。丸太の話の後、彼は次のように書いています。

人間に関してもそのようなことが起きる。人は火を点けられると燃え出す――どれほど黒煙が上がり爆《は》ぜる音がするか、それは経験者のみに分かる。火がよく燃えれば、煙も爆ぜる音も止み、光が照り輝くばかりである。(14)

これは浄化のプロセスを示しています。湿った丸太から出てくる汚い煙は、十字架の聖ヨハネの言う暗夜をもたらします。

光

火の体験に密接な関係があるのは光の体験です。ここで再び新神学者シメオンの証言が重要になります。若いとき、彼は光の特異な体験をしました。

ある日の夕方、心の中で「主よ、罪びとなるわれを憐れみたまえ」と祈っていると、突然神々しい光が彼に降り注ぎ、部屋に満ちました。自分が室内にいるのか、軒下にいるのか、もはや分からなくなりました。というのは四方八方を光に囲まれていたからです。足が地に着いているのかも分からないほどでした。彼は神の光と一つになって、自分自身が光になり、あたかも、この世を離れたように思えました。涙があふれ、言うに言われぬ喜びでいっぱいになりました(15)。

この経験は、若いシメオンの生活を変えました。後に、こう打ち明けています。その光は、昼も夜も、飲食の時も、寝ている時も、歩いている時も、決して消えることがなかった、と。いつも彼はその光と一体だったのです。

グレゴリオ・パラマスも同じ伝統の中にいたのです。彼についても少し述べることにしましょう。

論争

アトス山でのヘシュカストの実践は激しい論争を招き、南イタリア出身のギリシア人神学者カラブリアのバルラアム（一二九〇–一三五〇）が抗議の声を上げました。バルラアムはヘシュカストたちの身体を用いる実践法を嘲笑しました。彼からすれば修道士たちは臍の凝視者（オムスファロプシュコイ）で、「臍に魂をもつ輩《やから》」でした。光に関して言えば、それは純粋に自然的な現象にすぎませんでした。それよりも、ヘシュカストは、メッサリアニズム、すなわち、肉眼によって神を見ることができると言ったために四、五世紀にビザンティン教会から容赦なく非難された異端の罠《わな》にはまっていると、バルラアムは告発しました。

前述の、ひときわ有能な神秘神学者を立ち上がらせる誘引となったのは、バルラアムが聖像破壊主義者のような激しさで攻撃したからでした。カトリックを守るトマス・アクィナスのように、東方正教会を守るために立ち上がったのは、グレゴリオ・パラマスです。彼は、仲間の修道士たちと愛する東方教会の神秘主義の伝統を守るために、アトス山の修院から出て来ました。グレゴリオは当世風の深遠な知識を披瀝《ひれき》することはありませんでした。カリストス・ウェアは次のように書いています。「二十年の禁欲的な隠遁生活を送った後、グレゴリオはバルラアムとの論争に巻き込まれた。が、それは仲間の修道士たちの代弁者となるためであった。彼は、プラトンやアリストテレス、あるいはプロクロスの専門家であることを決して誇示せず、過去や当代の聖なるヘシュカストたちの〈生きた体験〉を擁護しようとした」[16]と述べてから、神秘神学にとって最も重要な発言を続けます。

このように生きた体験を強調することが、パラミズムを正しく評価する鍵となる……パラミズムを形而上学理論として扱って、ひたすら哲学的観点からのみアプローチすれば……パラマスが言わんとしている真の意味を、見逃すことになるにちがいない。[17]

言いかえれば、パラマスの著作ジャンルを理解しなければならないということです。ヘシュカストの、身体に関わる側面を揶揄《やゆ》するバルラアムに応えて、グレゴリオは、身体的技法は修練にとって本質的なものではないと前置きをし、ついで、人間の身体の並々ならぬ尊厳を強調しました。霊魂だけでなく肉体も神の姿に象《かたど》って造られ、神の栄光と美を表している、と。さらに、ヘシュカストの修練の頂点である「神格化」もしくは「神化」(theosis)を遂げると、霊魂と肉体はと

もに変容する、と。このことは、新プラトン主義に深く影響された背景をもつ人にとって、画期的な発見でした。(18)

しかし、グレゴリオの偉大な業績は、光の神学を構築したことで、それは今でもすべての正教会の考え方の中核を成しています。

光の神学

聖書の中で、光について語っている箇所は数え切れないほどあります。例えば、使徒聖ヨハネは、まことの光が世に来てすべての人を照らす、と記しています。また、ダマスコへ行く途中でパウロを震撼《しんかん》させた真昼の太陽よりも明るく、目がくらむような光。また、モーセの顔に輝いた、顔を覆うほどのまぶしい光などがあります。しかし、グレゴリオ・パラマスと彼の流れをくむ神学にとって最も重要なのは、なんといっても〈変容〉と呼ばれる偉大な出来事です。

イエスは、ペトロ、ヤコブ、ヨハネと共にタボル山に登りますが、弟子たちの前でその姿が変わります。強烈な光がイエスの体から服を透かして輝き出て、弟子たちを包みました。そのため、彼らも光を浴び、栄光に輝くイエスを見ました。「先生、わたしたちがここにいるのは、すばらしいことです」（ルカ9・33）。これは神の光です。いつもは隠れている神性が、今や驚くほどの輝かしい姿で現れます。そして弟子たちもイエスとともに神秘的な体験にあずかります。

さて、パラマスに由来する正教会の伝統は、多くの聖人がこの神秘的な体験にあずかっていると主張しています。イエスのように、彼らは全人格から輝き出る光に満たされました。あるいは使徒と同じように、内も外も光り輝くイエスを目の当たりにしました。イエスは何も変わらなかった、と正教会の伝統は言っています。イエスは常に光に満たされていて、常に世を照らしていました。変化が起きたのは使徒たちの方です。今や以前には見えなかったものが見えました。そして同じように私たちキリスト信者も、時には、自分が目覚めていること、すなわち、私たちの目が開いて、世の光としてのイエスを見ていることに、気づくことがあるかもしれません。そんなときは、想像もつかないほど明るい、通常とは別の種類の光が目に映るでしょう。

しかし、「この光は何か」という疑問は、当時も今も難問です。ヘシュカストのテキストには、弟子たちが変容されて光り輝くイエスをその目で見たように、聖人たちはその光を肉眼で見る、と述べられています。バルラアムに、ヘシュカストをメッサリアンと同等視する気にさせたのは、その点でした。この光を捉えたときの身体の役割を、どのように説明したらよいでしょうか。

『トムス・ハギオリティクス』（*Tomus Hagioriticus*）は、一三四〇年頃、聖なる山のすべてのヘグメノイ **hegumenoi**（＊西方教会の修道院長に当たる）が署名したパラマスの影響を強く受けた信仰宣言ですが、この問題に直面し、光を三種類に分けています。

感じられる光
知的な光
造られざる光

次いで『トムス・ハギオリティクス』は、重要なことをコメントしています。「にもかかわらず、受けるにふさわしい人たちは、この恵みとこの霊的にして超自然的な力を受けると、五感と知力の両方を用いて、あらゆる感覚とあらゆる知性を超えたものを感知する。……神と、この恵みを体験したことのある人たちだけに分かる方法でもって」[19]。ここで感覚と知性は、感覚と知性を超える何かにあずかります。しかし、すべては神秘で、神のみぞ知る、です。

そしてその後、十六世紀のスペインで、十字架の聖ヨハネがやや似通った説明を試みています。彼はたえず光について――感覚の上に「あふれ」て、時には大きな喜びを、時には大きな苦痛をもたらす霊的な光について語っています。神的なものと人間との霊的一致とはそのようなものですから、霊的体験は身体に必ず影響を及ぼします。実際、十字架の聖ヨハネは、聖痕をそのように説明しています。深い霊的な傷は肉体にも現れて、目に見える傷となります。

なお学者たちを困惑させ、果てしない論争を引き起こすことになったグレゴリオのもう一つの教義は、神の本質と神のエネルゲイア（働き）との区別でした。これは彼の光の神学に密接な関係があります。というのは、〈造られざるエネルゲイア〉は光のエネルゲイアであり、愛のエネルゲイアだからです。

造られざるエネルゲイア

グレゴリオが直面する問題は、すべての神秘神学にとって中心的なものです。私たちは神を知っています。でも同時に、神を知りません。神は神秘中の神秘です。すなわち、神が〈存在する〉ことを知っていますが、神が〈何である〉かは知りません。いまだかつて、近寄りがたい光の中に住まわれる神を見た者はいません。その光は、計り知れぬ暗闇なのです。それでも私たちは、実際、神を知っています。まるで友に声をかけるような口調でモーセに話しかけられた神と、とても親しくなれます。神との友情は、信じる者の大きな特権であり、喜びです。それは神秘家の慰めです。こうした逆説に対し、何か納得のいく答えはあるのでしょうか。

グレゴリオは、私たちには神の本質は分からないが、神聖なエネルゲイアは分かる、と断言しています。

さて、こうした区別は多くの神秘家の体験とぴったり一致します。神は霊魂にとって夜のような存在でも、火として、光として、圧倒的なエネルギーとして神は現れた、と彼らは語っています。東方教会であれ西方教会であれ、神秘家たちの存在全体に浸透して、陶然とした忘我の境地へと導いたり、ときに苦悶の失意を引き起こす、大波のように押し寄せるエネルゲイアについて、神秘家たちは語っています。神秘体験の中で解き放たれたエネルゲイアはたいへん恐ろしいものとなりえますし、人間を深淵に振り落とすこともできます。もし神が優しく憐れみをかけて介入してくださらなければ、このエネルゲイアによって、私たちは殺されかねない、と十字架の聖ヨハネは断言しています。

ですからグレゴリオ・パラマスは、神聖なエネルギーである〈造られざるエネルゲイア〉について語り、寝ても覚めても神秘体験のことを考えていました。その崇高な洞察は、今日、非常に価値があります。というのも、現代のキリスト教が、アジアの神秘家たちを貫いて流れる神秘的なエネルギーの大波に向き合っているからです。グレゴリオはこの分野の革新家でも独創的な思索家でもありません。正教会の神学者たちが強調しているとおり、〈造られざるエネルゲイア〉の教義は、ギリシアの教父たちまでさかのぼるのであって、グレゴリオは、すでにキリスト教の神秘主義の伝統にあったものを展開して明確化したにすぎません。

でも形而上学の観点からすると、エネルゲイアの教義は、依然として論争の的です。こうした神の本質と神のエネルゲイアとの区別は、神の単一性への反対表明である、と異議を唱える学者もいました。彼らに答えて、パラマス派の神学者たちは次のように言いました。神聖な本質は神であるように、〈造られざるエネルゲイア〉は神である。神を分割する、もしくは神の単一性を否定するなど、まったく考えられないことである。また、神聖なエネルゲイアは、一つのペルソナだけに属するものではない。それは聖なる三位一体――父と子と聖霊のエネルゲイアである。さらに、この区別のおかげで、汎神論に陥ることなく「神化」（theosis）を説明できるのだ、と。[20]

第二バチカン公会議の前に、ギリシア正教を学んだスコラ学者たちはこの区別に困惑し、狼狽しました。それは学者の思考枠に合致しなかったからです。しかし、ベネディクト会の学者たちの中には、ひそかに共感する人もいました。ドム・クレメント・リアラインは、教義に関わるあらゆる著作の根底には神秘体験がある、という意味でロスキーを引き合いに出して、こう述べています。「特にグレゴリオ・パラマスの場合がそうである。というのも、ローマ・カトリック教徒であれ正教徒であれ、彼を知る人は皆、彼の神学全体が一つの目的、すなわち神秘体験の説明と正当化に向けられているという点で、再び同意するからである」。[21]

一三五三年のコンスタンティノポリス公会議で、東方正教会はパラマスの教義を受け入れました。一方それをあくまでも否定する者を皆、破門しました。グレゴリオは一三五九年に亡くなり、一三六八年に列聖されました。彼の教義が厳然と正統神学の中枢を成していればこそ、カリストス・ウェアは、あるカトリック神学者たちの批判に対して次のように反論することができました。「神における本質とエネルゲイアのパラマス的な区別は、十四世紀のビザンティンの思想家たちによる単なる私的、個人的な思弁ではなく、東方正教会にとっては公会議の認可を得たものです。私たち正教徒にとって、パラマス的な教えは聖伝の一部です[22]」。

西方教会の神秘的な光

多くの西方の神秘家たちは、東方の神秘家たちと同じように、強烈な光を体験してきました。ここでは三人の傑出した神秘家を挙げてみます。

まず最初は、ヒッポの偉大な司教です。『告白録』の中で、アウグスチヌスは、神の導きのもとに、彼の存在の深みそのものの中に入り込んで、あらゆる光を超えた不変の光、感覚の目によっても霊の目によっても把握できない光を、いかにして見るに至ったかを説明しています。

わたしは内面に入って行き、
わたしは何かしら
わたしの魂の目のようなもので、
わたしの魂の目そのものを超えて、
まさに精神の目を超えて、
不変の光を見ました。

これはあらゆる人々の肉眼に見られる
ありふれたものではなく、
同類のもののなかで
特に大きなものでもなく、
そのため遥かに明るく輝き、
その素晴らしさで
万物を照らすような
光でもありませんでした。
この光はこのような種類のものではなく、
それらとすべてとはまったく異なるものでした。
それは油が水の上にあるように、
天が地の上にあるように、
わたしの精神の上にあったのではありません。(23)

アウグスチヌスの存在の深みと、すべての被造物の深いところにある光とは、そのような光でした。
彼はこの光を造られざる光として、さらに続けます。

それはそれ自体がわたしを造ったが故に
わたしより優れており、

　　わたしはそれによって造られたが故に
　　それより下にあるのでした。[24]（宮谷宣史訳）

次いで、アウグスチヌスは、新神学者シメオンなら心から喜びそうなことを述べています。「真理を知るものはこの光を知る」。

アウグスチヌスはこのくらいにします。

光の第二の神秘家は、隆盛期を迎えたベネディクト会の女子大修道院の院長にして著名な神学者、芸術家として女流詩人としても名を馳せた人です。ビンゲンのヒルデガルト（一〇九八―一一七九）は、『スキヴィアス（道を知れ）』（*Sciviasno*）の序文で、彼女の存在の奥深くに注ぎ込む強い光について書いています。

　神の子イエス・キリストが受肉されて一一四一年目の年、私が四十二歳七カ月のとき、異常に明るい、燃えるような光が天上より現れて、私の心いっぱいに降り注ぎました。燃焼しているのではありませんが、燃えるような炎となって私の心と胸を、もうすっかり熱くしました。太陽の光が万物を温めるのとよく似ています。[25]

ヒルデガルトは続けて言います。この光のおかげで、文法やテキストについての何の学問的知識も持ち合わせていないのに、聖書を全部はっきりと理解できるようになりました、と。

三番目の光の神秘家はアビラの聖テレジア（一五一五―八二）です。彼女は、通常私たちが目にする光とはまったく違う光について雄弁に語っています。さしずめ現代人なら、この光は、宇宙のかなたからこの地球へと何億光年の道のりを旅してきた光とはまったく違う、という言い方をするかもしれません。彼女は、「私どもの生きているこの世界とはまるで違う世界」について書いています。「その別の世界で、ある光を示されるのですが、それは地上の光とはあまりに違うので、たとえ一生かけても、どんなものか、とても想像できそうもありません」[26]と。

この光とは何でしょうか。ヘシュカストたちが見た光のことでしょうか。テレジアは、この光を、栄光の内に入られたイエスの身体と、栄光に浴した聖人たちの身体とに関連づけています。確かに、彼女は変容のことは明言していませんが、文脈から言って、変容されたイエスの身体から輝き出た光と同じ光を思い描いていたようです。彼女はこう書いています。

それは、この世の光とは、あまりにも異なるので、この光輝、この神的光に比べては、太陽の光さえも雲がかかるようで、もう目をあけるのもいやになるほどです[27]。

満ちあふれるこの光は、天然の光で、私たちを照らす太陽の光は、人工的なもののように思われます。それは夜の来ない光で、いつも照り輝き、決して途絶えることはありません[28]。

そしてこの光は、イエスの関係においてだけではなく、他の人々との関係でも効力を発揮します。この点でまた、彼女はヘシュカストたちと一致します。

ある晩のこと、彼女は非常に気落ちしていました。グラシアン神父が病気だったからです。ところが突然、神父が現れました。

私の心には一条の光が差し込み、私の目には喜ばしげに道を通ってこられる神父様のお姿が映じました。そのお顔は真っ白でした。あの白さは、きっとあの光から来ていたのでしょう。それに、天国の住人はみな光り輝いておられるように私には思えます。聖人がたのお顔の白さは、私たちの主がお注ぎになる光や輝きから来るのではないかと考えておりますと……。(29)

ここでその幻視を理解する鍵となるのは、栄光の内に入られたイエスの身体です。その姿に接すると、他の人たちも栄光を受けて白く輝きます。そしてグラシアン神父も、この栄光にあずかったのでしょう。

さて、こうした神秘家たちの光の体験は、ヘシュカストたちの体験と似ているのではないでしょうか。しかし、西方教会の神学者たちの反応は、パラマスのそれとはまったく違っていました。スコラ学者たちは、批判にさらされる神秘家たちを弁護する義務など少しも感じていませんでした。彼らは、神秘家たちの体験に基づく神学など打ち立てようとはしませんでした。彼らにとって神秘体験は、神学的に言ってまったく無意味だったのです。そしてこれはジョセフ・ド・ギベールや、ガリグー・ラグランジュや、アドルフ・タンクレなどの今世紀の神秘神学者についても言えることでした。彼らは神秘家たちを尊敬しましたが、神秘家たちの著述や発言からは、何一つ神学的結論を導き出すことはありませんでした。

すでに述べたように、東方教会はまったく違っていました。生きた経験は最も偉大な神学的価値のあるものでした。カリストス・ウェアの言葉にもう一度耳を傾けましょう。「しかし、グレゴリオが信じていたように、いつも疑う余地のないことが一つあります。それは聖人たちの体験です。神学の真の目的は、抽象的な議論を通して理性的な確信を得ることではなく、祈りを通して神と人格的に交わることです」[30]。言いかえれば、神学者は祈る人、祈る人は神学者であるというエウァグリオスの主張は、東方の神学では決して廃れていません。

二つの神学

二十世紀の半ば、東方正教会とローマ・カトリック教会が対話を始めた頃、互いに対立する神学が問題となりました。そして和解へ向けて誠意ある努力がなされました。しかし、フランスの神学者、マルタン・ジュギーがパラマスの論議を要約した言葉には、いかにも見下した感じがうかがえます。

神を知ることへ到達する二つの方法、すなわち二つの道が出会って、顔を合わせた。一つは健全な哲学と古代の教会博士たちによって解釈された啓示という源からその原理を引き出して、そこから逸脱しない学問的な方法である。もう一つは、もっぱらヘシュカスト的生活を送る観想者が味わう体験へと導く神秘的な方法である。[31]

ジュギーは、学問的な方法は東方教会の神秘的な方法に優るということを、疑いもしませんでした。この後、第二バチカン公会議が開かれました。ローマ教皇パウロ六世とコンスタンティノポリスのアテナゴラス総主教は、心から、キリスト教徒にふさわしい和解の挨拶を交わしました。一九六五年十二月七日、聖ペトロ大聖堂とイスタンブールの主教座大聖堂で荘厳な儀式が挙行され、九百年にわたった破門と断絶が撤回されました。一方、公会議の期間中、長老たちは互いにそれぞれの宗教の英知を振り絞って、神学の諸問題に敢然と立ち向かっていました。

啓示された真理の探究において、神に関することを認識し、かつ表明するために、東方と西方ではそれぞれ異なった方法と手段が用いられていたからである。したがって、啓示された神秘のある面が、ときには一方よりも他方によってより適切に理解され、より明らかに説明されるのは不思議ではない。したがって、このような時には、それらの種々の神学的表現形式は、しばしば互いに対立するよりもむしろ補足し合うというべきである。[32]

公会議は、キリスト教の真理の観想に精魂を傾ける東方教会の正統神学の伝統に対して、敬意を表し続けています。

第二バチカン公会議の後、スコラ学は崩壊しました。新しい神学の方法が生まれました。聖書や初代教会の教父たちへの、当世流行している歴史批判のアプローチの価値を、誰も疑うことはできません。現代の科学的な学問や研究の計り知れない価値を、誰一人として否定はできません。それでも西方教会は東方正教会の伝統から大切な教えを、つまり、神学に対する祈りと神秘体験の価値を学ばねばなりません。深い英知は学問的な研究からだけではなく、観想から生まれます。これは、愛から生まれる親和性に基づく認識について述べているトマス・アクィナスの教義です。キリスト教がアジアの神秘的な宗教との対話を進めていくにつれ、そのような英知はさらにいっそう必要になるでしょう。新神学者シメオンやグレゴリオ・パラマスは、今日へのメッセージを携えています。

1　Vladimir Lossky, *The Mystical Theology of the Eastern Church*, (St.Vladimir's Seminary Press, New York (Reprint) 1976), p.12.

2　もちろん、普遍的な教会にも異端があった。エフェソス公会議（四三一）後のネストリオス派の信徒、およびカルケドン公会議（四五一）後のキリスト単性論者たちは離脱した。しかし、東西教会の間に大きな亀裂はなかった。

3　ロスキー　前掲書 注(1)、九頁。

4　John Meyendorff, *A Study of Gregory Palamas*, (London 1964). 参照。

5　*A History of Christian Spirituality* より Louis Bouyer による引用。Vol II, (London 1968), p.557.

6　*The Eastern Churches Quarterly* (Nov.1954, Preface) より Dom Bede Winslow による引用、序文。

7　R. M. French 訳 *The Way of a Pilgrim*, (The Seabury Press, New York 1965).［A・ローテル訳『無名の順礼者――あるロシア人順礼の手記――』（エンデルレ書店、一九六七年)]。

8　同　一〇頁。

9　同　一四頁。

10　「善（または美）を愛する」という意味の *Philokalia* は、十一世紀以上にわたって東方教会の教父たちの審美的神秘的な著作から名文を集めた霊的選集。隠遁者フェオファン主教によってロシア語に翻訳された。

11　前掲書 注(7)、一九、二〇頁。

12 George Maloney, *The Mystic of Fire and Light: St. Symeon the New Theologian*, (Dimension Books, New Jersey 1975), p.80.

13 同　二三三頁。

14 Igumen Chariton 編、E.Kadloubovsky and E.M.Palmer 訳 *The Art of Prayer: an Orthodox Anthology*, (Faber and Faber, London 1966), p.156.

15 Louis Bouyer, 前掲書 注(5)、五六二頁。

16 Archimandrite Kallistos Ware, "The Debate about Palamism" in *The Eastern Churches Review*, Vol.IX, no.1-2,(1977), p.58.

17 同。

18 John Meyendorff 編 " The Hesychast method of prayer and the transformation of the body" in *Gregory Palamas: The Triads*, (Paulist Press, New York 1983). 参照。

19 Vladimir Lossky による引用。*In The Image in Likeneness of God*, (St. Vladimir's Seminary Press 1974), p.58.

20 Kallistos Ware, *The Orthodox Church*, (Penguin Books Middlesex 1983).「神化の概念は、神の本性とエネルギーの区別を考慮して理解されねばならない……正教会は、神化と合一について語る一方、いかなる形の汎神論をも拒否している」。二三七頁。

21 Dom Clement Lialine, "The Theological Teaching of Gregory Palamas" in *The Eastern Churches Quarterly*, (Jan. 1946).

22 "The Debate about Palamism" p.54.

23 『告白』Ⅶ・10・16。

24 同。

25 『スキヴィアス』1。〔佐藤直子訳「スキヴィアス（道を知れ）」『女性の神秘家』中世思想原典集成15、上智大学中世思想研究所編（平凡社、二〇〇二年）三一―三〇六頁〕。

26 『霊魂の城』Ⅵ・5・7（以下、『城』と略記）。
27 『自叙伝』28・5。
28 同。
29 *Spiritual Testimonies*, 51.『イエズスの聖テレジア小品集』三霊的報告、東京女子カルメル会・福岡女子カルメル会訳（ドン・ボスコ社、一九七一年）三三八頁。
30 前掲書 注⒃、六三頁。
31 *Theologia Dogmatica Christianorum Orientalium*, II,p.57.
32 『第二バチカン公会議公文書』「エキュメニズムに関する教令」第三章17。

第６章　愛を通して生まれる英知

スペインのカルメル会修道者たちに向かって

すでに見てきたように、トマス・アクィナスは二種類の知識について述べています。学問的な探求を通して得る知識と、愛を通して得る知識と。彼自身、学問的な知識については、『神学大全』や他の書物の中で詳細に展開しましたから、後継者のスコラ学者たちは、ひたすらその研究を続けました。しかし、愛を通して得る知識については、深い考察は神秘神学者たちに任されました。そしてことに十四世紀になると、神学者たち――多くはドミニコ会士でトマスの弟子たち――の間で、この愛を通しての知識または英知への考察が盛んになり、従来の神学から枝分かれした神学を創設するまでになりました。それが今日、神秘神学と呼ばれるものです。

愛を通して生まれる英知は聖霊の贈り物、とトマスは言いました。それは、最初に私たちを愛してくださる方からの呼びかけへの応答です。「わたしたちが愛するのは、神がまずわたしたちを愛してくださったからです」（一ヨハネ４・19）。それは注ぎ込まれた知恵であり、愛です。神の愛は、私たちに与えられる聖霊によって私たちの心に注ぎ込まれるからです。注がれるのですから、感覚を通しません。つまり、輪郭のはっきりした概念的知識をもたらしませんし、像《イメージ》や姿ともつながりません。それは不可知の雲の中にあるぼんやりとした知識です。

通常、この愛とそれに伴う知恵は、祈りそのものの中で生まれてきます。祈りの初めの頃は、学問的探求のときのように、いろいろな能力を用いるでしょう（これは推論的祈りと呼ばれるようになりました）、もしくは、福音書に出てくる一場面を思い起こすかもしれません。しかし、観想に引き入れられるようになると、注がれた聖霊の賜物の力が強くなり、思考が妨げられる時がやってきます。考えられなくなるか、そうでなくてもかなり困難になります。もう推論的な祈りをやめて、不可知の雲の中で静かに観想する時が来ているのです。これは、この先果てしなく続く神秘的な登攀の第一歩です。愛の小さな火花は、燃え盛る火となって全人格を包み、大きな喜びとともに大きな苦しみをも与えることになります。

さて、十四世紀に別個の学問として誕生した神秘神学は、十六世紀になると、スペインのカルメル会の修道者たちの神秘的で並外れた洞察力と精神力によって発展し深化しました。アビラの聖テレジア（一五一五–八二）、より正確にはイエスのテレジアと呼ばれていますが、彼女と、聖なる協力者十字架の聖ヨハネ（一五四二–九一）は、ともに神秘家であり教会博士であり、神秘主義の豊かな業績を遺しました。それは十六世紀からまさに今日に至るまで、あらゆる所で、キリスト信者たちの霊的な糧となってきました。

最初にテレジアから見ていきましょう。

神秘神学者としてのテレジア

テレジアが完璧な神秘家であったことは誰も疑いません。しかしまた、神秘神学者でもあったのではないでしょうか。

彼女は指導者たちからスコラ神学を幾らか学んだものの、スコラ神学者でなかったのは確かです。しかし、神秘神学者とは、神秘体験について神学的に考察する人という意味ならば、テレジアに神秘神学者の肩書きを与えても、許されるでしょう。神秘体験を、彼女自身のものであれ他人のものであれ、テレジアはたえず思いめぐらしていましたし、神秘体験について多くの著作を残しました。神秘体験をすることと、神秘体験を理解することとは別であり、それを説明することはまた別のことです、と自ら語っています。彼女の言葉を聞いてみましょう。

なぜなら、神から、恩寵を受けることは、一つのお恵みです。この恩寵を理解することはまた別のお恵みで、さらにこれを説明し、その特徴を述べるということは、また別のお恵みですから。(1)

続いて彼女は、理解するという恵みの価値は計り知れない、と言っています。

第一のお恵みだけで十分なように見えますが、霊魂が不安や恐れなしに歩み、勇気をもって主の道を進んで行くためには、この恩寵を理解することは、霊魂にとってすばらしい利点であり、賜物です。(2)

それに、テレジアは神秘的な過程を深く洞察し、それを著作の中で力強く明瞭に表現することができましたから、神秘神学者と呼んでもよいでしょう。彼女は、祈り方を知っている博識な神学者たちを常に高く評価していました。一つには、敬虔でありながら神秘主義にはまったく無知な人たちに、彼女自身がひどく悩まされてきたからです。体験を見くびっていたのではありません。彼女にとっての理想は、神秘体験と神秘神学を組み合わせることでした。こうした例を、アルカンタラのペトロ、十字架の聖ヨハネや、バルタサール・アルバレスの中に見いだしています。

彼女の神秘神学は愛の神学、神を愛し隣人を愛するという愛の神学です。テレジアが言うには、祈る時に大切なのは、多く愛することで、多く考えることではありません。彼女の名著『霊魂の城』は、愛の段階について述べています。そして、その頂点は、花婿と花嫁の霊的婚姻です。この書で、文学的な才能を発揮しつつも神学的に正確に、完璧な自己忘却のうちに一つに結ばれた愛として、キリスト教の非二元論を説明しています。

しかし、神秘神学への彼女の偉大でユニークな貢献は、間違いなく、受肉についての教えの中にあります。

テレジアと受肉

テレジアの神秘的な教えは、イエス、肉体となられた御言《みことば》に焦点が当てられています。人は人間イエスのもとにとどまるべきであるとテレジアが強調したことは、有名です。別世界へ連れ込まれるような、歓喜と忘我と精神の高揚をテレジアが味わったことを考えてみると、その発言はいっそう注目に値します。さらに彼女は、聖なる友、十字架の聖ヨハネの、〈ナダ、ナダ、ナダ〉（無、無、無）の考えに精通していました。彼と同じように、〈空〉や〈虚無〉、〈暗夜〉を体験していました。そのときも、イエスはいつもともにおられました。そこで、そのようでなければならない、と主張しました。しかし、一体〈空〉のどこにイエスはおられたのか、と現代人ならストレートに質問するかもしれません。どのようにして彼女は形象のない暗闇にイエスを当てはめるのでしょうか。

確かにテレジアは、イエスの像とか姿は考えていません。必ずしも聖書の場面を視覚的に観想すべきだと言うつもりはないのです。むしろ彼女は、内的感覚、あるいは深層意識というものを通して、イエスの現存をありありと感じていたのでしょう。さらに彼女には、栄光に浴した肉体を感じる感覚、とりわけ時空を超えて栄光を受けられたイエスの御体を感じる力がありました。言いかえると、後にテイヤール・ド・シャルダンが、宇宙のキリストとか宇宙的なキリストと呼んだものを感じる力があったのです。こういうイエスの姿を正確に思い浮かべることは、私たちには到底できません。しかし人の解釈はどうであれ、受肉の御言は、テレジアにはいつも現存しておられる存在でした。彼女の霊的婚姻は形のない神性ではなく、肉体を持った御言との一致です。

そして、こうした受肉の御言への愛を強調するとともに、隣人愛を強調するという、地に足の着いたとても実践的な側面があります。おおかたの神秘神学者と同じく、彼女は霊的な案内者でした。その教えの要旨は、「目に見える兄弟を愛さない者は、目に見えない神を愛することができません」と述べるヨハネの手紙一（＊4・20）に従ったもので、私たちは神を愛していることを確信できないとしても、隣人を愛しているか否かははっきり分かるということです。これは祈りの進歩の尺度であり、最もすぐれた識別の基準です。

テレジアは実に興味深い人です。ある瞬間には第三の天に心を奪われて、誰の耳にも届かない声を聞いていたかと思えば、次の瞬間には地にしっかり足を着けて、姉妹たちのちょっとした不完全さを笑ったりしているのですから。

十字架の聖ヨハネの神秘神学

彼は本来、詩人でした。掲げるテーマは愛です。「無《ナダ》の博士」――doctor de la nada――とまで呼び慣らされて、彼の「暗夜」は有名になりました。しかし彼を知る人は、彼のことを、「神の愛の博士にして神の愛の詩人」と呼んでいます。彼は雅歌に出てくる花嫁、何もかも捨てて愛する人を探す傷ついた情熱的な花嫁です。「愛する方よ、どこにお隠れになったのですか(3)」。

¿Adonde te escondiste,
Amado, y me dejaste con gemido?

花嫁は愛のためにすべてを捨てます。もし人が愛のために一切の家財を投げ出すとしたら、さんざん軽蔑されるでしょう。

詩人であるばかりでなく、十字架の聖ヨハネはかなり才能のある神学者で、アクィナスに傾倒し、十四世紀の神秘主義の伝統に精通していました(4)。彼の神秘神学は愛の神学でした。実際、神秘神学を〈愛から生まれる秘められた英知〉と定義づけました。『霊の賛歌』の一節を考えてみましょう。

トレドの牢獄で書き始めたその偉大な詩の中で、聖人は花嫁の役を自分に振り当てて、神の御子たる、花婿への限りない愛を恍惚としてうたい上げます。「そこであの方は私を胸に抱きました。そこでいとも美味なる知識を私に教えてくださいました(5)」。

Allí me dió su pecho
Allí me enseño ciencia muy sabrosa

そして注釈の中で、こうした謎めいた字句に、やや冷静な説明をしています。

ここで花婿が花嫁に教えた秘められた美味な知識とは、霊的な人たちが観想と呼ぶ神秘神学である。これは、愛を通じて与えられるために、愉悦にあふれる知識である。(6)

ここで詩人は神秘神学と神秘体験を同一視していますが、現代なら、神秘神学は「神秘体験に関する考察」として扱うでしょう。しかしそれは大したことではありません。大事なのは、この知識がたいへん美味（muy sabrosa）で喜ばしい、ということです。それは机上の研究ばかりに励む学者たちが得た抽象的で思弁的な知識ではなく、神秘家の全身全霊に染みわたっている経験に基づく、情熱的で全人的な知識です。聖なるエネルギーと、すべてを焼き尽くす愛に満たされている人からほとばしり出る英知です。身も心も変容させる英知で、恍惚たる喜びとともに激しい苦しみをも与えます。この愛に魅せられると、男性も女性も喜び踊り、苦痛に泣きます。抒情詩を書いたり、立派な芸術作品を描いたりします。この愛と英知に魅了されると、愚か者かと思われるような振る舞いをするかもしれません。結局、神秘家は愚かな愛の人たちですから。神秘家と、恋する者と、狂人の間には、何らかの類似性がないでしょうか。

また別の箇所では、十字架の聖ヨハネは、神秘神学を観想および暗夜と同一視して、以下のように書いています。

この暗夜は、神が霊魂に入られる時であり、その時霊魂は、自然的なものであれ、超自然的なものであれ、習性となっている無知と不完全さから浄《きよ》められる。これは、観想者が観想とか神秘神学と呼ぶものである。(7)

ここで聖人は、暗夜とは神が魂に入られること、と述べています。しかし、彼の作品を注意深く読むならば、暗夜だけでなく神秘的な全過程が、神が魂に入られることであるのが分かります。神秘神学は霊魂の中に神が入られることです。時には、このことが暗夜の苦しみのもととなります。またある時には、悟りというあふれんばかりの喜びをもたらします。いずれの場合も、それを通して「神はひそかに霊魂に教え、愛の完成のうちに霊魂を導かれる。が、その時霊魂は何もしないし、これがどうやって起こるのか分かりもしない(8)」と彼は書いています。

ですから、神秘神学は神が霊魂に入られ、霊魂に愛の完成を教えられることです。

しかし、十字架の聖ヨハネの神秘的な愛については、もう少し述べる必要があるでしょう。

愛の生ける炎

神秘生活の頂点を描くこの上なく美しい詩の小品で、十字架の聖ヨハネは、「おお、愛の生ける炎よ……」とうたいます。

¡Oh llama de amor viva...!

彼の言う愛の生ける炎は、内に住む聖霊のことで、猛火のように愛の炎となって燃え上がっています。「この愛の炎は花婿の霊、すなわち聖霊である。霊魂は、それを、自分を焼き尽くし、変容させる火としてばかりでなく、霊魂の中で燃え上がり炎を吹き出す火として感じている……」[9]。こういう炎なら、魂を傷つけ、ついに焼き殺すことがあっても、少しも不思議ではありません。

詩作しながら彼は神を生き生きと体験し、味わっています。それは甘美さと、恋する者が味わう喜ばしい傷の痛みを伴います。しかし、この炎はいつも喜ばしいものとは限りませんでした。最初は小さな火花で、彼の存在の奥深くにポッととともった火花、ほのかな愛の兆しでした。それからめらめらと燃え上がり、残酷な火となって彼を襲い、耐えがたい悲しみと苦しみを与え、重苦しい暗夜をもたらしました。しかし苦しみがまだ残っているうちに、重苦しい闇は今やもう消えてしまいました。

¡Oh cauterio suave!
¡Oh regalada llaga!

「おお、快い焼灼！　おお、愛撫のような深傷《ふかで》！」（山口女子カルメル会訳）。

こういう愛をどう受けとめたらよいのでしょうか。

彼は「十字架の」ヨハネですから、まず、その愛は、十字架に架けられたイエスへ向けられました。そして、十字架に架けられたイエスへの愛に促されて、「生きているのは、もはやわたしではありません。キリストがわたしの内に生きておられるのです」というパウロの言葉どおり、イエスとの「同一化」へと導かれていきます。この言葉を彼は次のように注釈しています。「『もはや生きているのはわたしではなく』とパウロが言うのは、自分はまだ生きてはいるが、自分自身の命を生きているのではない。なぜなら自分はキリストに変容されてしまったから、自分の命は人間的であるより神的であるといえる。……パウロの命とキリストの命とは、愛の一致によって一つの命になったということができる」[10]。パウロのように、十字架の聖ヨハネは今やキリストとぴったりと一致しているので、彼の内で燃えている愛は人間的でもあり、神的でもあります。それはイエスの愛であり、彼自身の愛でもあります。もはやそれは主客を超えた愛で、すべての人、すべてのものを照らしています。愛の生ける炎とはそのようなものです。

そしてこの愛は英知へと――至高の悟り、目覚めへと導きます。死を通して永遠の命に入り、神を見る喜びに浸るとき、最高潮に達する英知へと。「なんと優しく愛深く、あなたは私の胸の中で目覚められることか！」。

¡Cuán manso y amoroso
recuerdas en mi seno!

愛を通して得る知識、ほんとうの神秘神学は、あまりにもすばらしく、「霊魂が以前知っていたこと、また全世界が知っていることさえも、この新しい知識に比べればまったくの無知のように思われる」[11]ほどです。

彼はこの目覚めを描写しようとしますが、言葉になりません。「なぜなら、御言が霊魂の実体の中で生じるこの目覚めは、あまりにも偉大で威厳に満ち、光栄に輝き、最も深い内奥にしみとおる快さを伴う動きであるので、霊魂にとって、あらゆる乳香と世界中の花が交じり合って、その芳香を放つために動いているかのように思われるからである。さらにまた世界中のすべての王国、王権、天のあらゆる権力と能力とが動いているかに思える。それのみか、すべての被造物の徳と本質と、完全さと美しさとが光り輝き、完全な調和のうちに一致して、同じ動きを生じるかのように思えるからである(12)」。

愛が導く魂を揺さぶるような悟りとは、そのようなものです。それは地を震わすような大きな体験ですが、死んで永遠の世界に入り、顔と顔を合わせて神にまみえる時に起きることをほんの少し前もって味わうにすぎません。

しかし十字架の聖ヨハネは、この世において、最も偉大な英知は「秘められている」、と強調しています。「秘められた」とは、どういう意味でしょうか。

秘められた英知

「秘められた」という言葉は、神秘神学ではたいへん重要です。それを理解するためには、まずディオニュシオスまでさかのぼる必要があります。彼の神秘という言葉は「秘められた」とか「隠れた」と訳されています。ですから、秘められた、または神秘的な知識とは、推論や思考を超え、明瞭明白な考えを超えた知識のことです。そのような知識は不可知の雲の中にある形のない知識です。ディオニュシオスは弟子のテモテをこの知識へと導いていきます。『不可知の雲』の著者が弟子を導こうとしたのも同じで、その知識を秘密にするように——また言いかえて、思考や概念や形象や明晰な考えを避けるようにと告げています。

また、神秘的な知識は、人には理解できないので秘密なのです。十字架の聖ヨハネは、「知性が神についていっそう高い知識をもつようになる観想を、人々は神秘神学と呼ぶのであって、それは、神についての秘められた英知という意味である。この英知は、それを受け取る知性にさえも秘密だからだ[13]」と書いています。ここには、神秘神学のもう一つの定義——神の秘められた英知——があります。そしてそれを受け取る知性は、理解できません。ほんとうに、理解不能というのは、神秘生活の最大の苦しみの一つです。「一体どうなっているのだろう?」とは、暗夜にいる神秘家の苦悩の叫びです。「私には分からない!」。すると十字架の聖ヨハネは、「暗夜は秘められたもの、それは神秘である」と答えます。理解しようとしてはいけません。神を待ちなさい。身を任せなさい。神の慈しみと愛を信頼しなさい、と。

繰り返しますが、神は秘められています。隠れた神、(Deus Abscondius) です。神は、神秘の中の神秘で、霊魂には夜のようです。山頂でのみ、神はひそやかに独りで住まわれる隠れた深みの中で目を覚まされます。

Donde secretámente solo moras　(あなたはそこに独りひそかに住まわれる)

そこで、十字架の聖ヨハネは誰にも気づかれないうちにひそかに出て行きます。

En secreto, que nadie me veía

彼は秘密の梯子—— la secreta escala ——を上ります。「私のよく知っているあの方が私を待つあの

場所――ほかに誰も姿を現さないあの場所――」へと導く梯子です。(14)
以上のどこをとっても、彼はアクィナスの後継者です。二種類の知識――学問的な探求によって得る知識と、愛から生まれる形のない秘密の知識――に気づいていますから。真昼の光よりも確実に彼を案内するのは後者の知識です。

神秘的な知識と聖書

中世の伝統は、スペインのカルメル会修道者たちの著作で頂点に達したのですが、その中で明白なことは、神秘神学は愛から生まれる秘められた英知である、ということです。しかし、ごく当然の質問が出てくることでしょう。そのような英知は聖書の中に見つかるのか？　見つかるとしたらどこに？

この質問に対して、きっと十字架の聖ヨハネなら、この崇高な英知は聖書のどの章にも見つかると答えるでしょう。雅歌に、詩編に、預言者たちの書に、福音書に、聖パウロの手紙に――聖書の至る箇所に。そこで、たぶん有益でしょうから、パウロが愛から生まれる秘められた英知について力強く語っている箇所を一つ選んでみます。幾度も十字架の聖ヨハネが触れる箇所です。
コリントの信徒への手紙一の中で、パウロは、十字架は愚かなことであり、自分の教えも愚かなものである、と述べました。そこで、考え直すかのようにいったん口をつぐみ、それからこう話しだします。

しかし、私たちは、信仰に成熟した人たちの間では知恵を語ります。それはこの世の知恵ではなく……（一コリント2・6）。

そして、続けてパウロが語るのは、隠されていた、神秘としての神の英知です。

σοφίαν ἐν μυστηρίῳ（神秘的な英知）

これは神秘的な英知――秘められた形のない、あいまいな、不可知の雲の中にある英知です。パウロは、形象と概念を超えた知識について述べている、と明言しています。「目が見もせず、耳が聞きもせず、人の心に思い浮かびもしなかったことを、神は御自分を愛する者たちに準備された」（一コリント2・9）。

そしてこの英知は、パウロが「唯一持つに値する」と主張しているこの英知は、十字架に架けられたイエスの愛――パウロへのイエスの愛とイエスへのパウロの愛――その両方から生まれます。「神の子はわたしを愛し、わたしのために身を献げられた」（ガラテヤ2・20）とパウロは声を大にして言いました。そして彼はコリントの信徒たちへ、あなたがたの間で、イエス・キリスト、それも十字架につけられたキリスト以外、何も知るまいと心に決めていた、と書いています。パウロの英知、パウロの秘められた愚かな英知は愛から生まれました。それはユダヤ人にはつまずかせるもの、異邦人には愚かなものですが、ユダヤ人であろうがギリシア人であろうが、召された者には、神の力、神の知恵であるキリストです。

愛から生まれる英知はなんと逆説に満ちていることでしょう。もし「本当に知恵のある者となりたければ、愚かな者になりなさい」（＊一コリント3・18参照）、とパウロは言っています。つまり、愚かな愛の人になりなさい、と。というのは、「神の愚かさは人の知恵よりも賢く、神の弱さは人の力よりも強いからです」（一コリント1・25参照）。

テレジアと十字架の聖ヨハネの英知とはそのようなものです。十字架上で亡くなられたイエスの愛を深く認識することから、そして雅歌の情熱的な詩に表現されている愚かしい愛の応答から、その英知は生まれます。そしてこの英知と比べれば、「人間や全世界がもっている知識はまったくの無知に等しく、知る価値もないもの[15]」です。これほどに大きな逆説はどこにあるでしょうか。

今日の神秘神学

第二バチカン公会議以前は、神秘神学は世界中のカトリックの神学校で教えられていました。それは主要科目ではなかったのですが（花形は、教義神学と倫理神学でした）、何人かのすぐれた神学者がいて、当時の人々に博識を分かりやすく教授しました。フランスのドミニコ会士のレジナルド・ガリグー・ラグランジュは、アクィナスや十字架の聖ヨハネを大々的に取り上げて書きました。イエズス会士のジョセフ・ド・ギベールとオーギュスト・プーランは、かなり才気煥発な実践的な指導者でした。アドルフ・タンクレの教科書はどこの神学生たちにも繰り返し読まれました。おおむね、神秘神学は神学研究のカリキュラムの中で、それなりの位置を占めていました。

しかし、この神秘神学は、〈愛から生まれる秘められた英知〉について語る伝統的な解釈よりも、ずっと視野が広いものでした。ド・ギベールは、「〈神秘神学〉は広義に解釈され、観想のうちに神との一致を求める準備としての霊的生活をめぐる、神学研究全般を指すようになった」と述べています。[16] そのような神秘神学は、修徳神秘神学とか、霊性神学とも呼ばれました。それは偉大なスペインの聖人たちに倣って、神から注ぎ込まれた観想を取り扱う一方で、その主な目的は将来の司祭たちに、祈り方と祈りの道における指導法を教えることでした。

第二バチカン公会議と、続いて起こった神学革新と相まって、神学校で教える神秘神学は、もはや新しい時代の人々や新しい世界に訴える力がないことが、明白になりました。公会議によって、現代世界への対話と、アジアの神秘的な宗教との対話への道が開かれました。私たちは、神秘体験に大いに関心を持ち、数多くの苦しいジレンマや問題への解答を神秘的な英知に求める人々と向き合うことになりましたし、今なお向き合っています。

これは、神秘神学は書き直されなければならない、という意味です。そして本書は、二十一世紀に向けて神秘神学を書き直すささやかな試みです。キリスト教の伝統に倣って、神秘神学を〈愛から生まれる秘められた英知についての神学的な考察〉として捉えています。そしてこの伝統を現代世界との対話へ発展させようと試みます。そこで第二部では、そうした対話と、その結果誕生する新しい神秘神学に役立つ事柄について考えていこうと思います。

1　『自叙伝』17・5。
2　同。
3　『賛歌』1。

4　聖書を広範囲に参照することの他に、十字架の聖ヨハネはアウグスチヌス、ディオニュシオス、ボエティウス、グレゴリオ一世、アクィナス、アリストテレス、オウィディウスを参照していることは明らかである。また、クレルヴォーのベルナルド、サンヴィクトールのフーゴ、『キリストに倣いて』に親しんでいたことも確かである。十字架の聖ヨハネの伝記を書いたスペイン人のクリュソゴノスによると、彼が最も影響を受けたのは、聖書は別として、中世の神秘家たち、とりわけルースブルック、タウラー、ゾイゼからであった。彼は『不可知の雲』を知っていたであろうか。両者の類似は顕著である。『不可知の雲』のラテン語訳がヨーロッパ大陸に出回っていたことは分かっている。十字架の聖ヨハネがそれを読んだ可能性はある。

5　『賛歌』27・3。

6　同　27・5。

7　『暗夜』Ⅱ・5・1。

8　同。

9　『炎』　1・3。

10　『賛歌』12・7、8。

11　同　26・13。

12　『炎』　4・4。［山口女子カルメル会　改訳］

13　『登攀』Ⅱ・8・6。

14　『暗夜』Ⅱ・4。

15　『賛歌』26・13。しかし十字架の聖ヨハネは詩人であり、しばしば誇張した言葉を使うことを銘記すべきである。ここで彼は、学問的な探求を通して得る知識を軽蔑しているように思われる。が、他所では敬意を払っている。「霊魂が不可知の状態に留まっているからといって、習得した知識の習性が失われるわけではない。むしろ、こうした習性は、霊魂に注ぎ込まれた、超自然的な英知の一層完璧な習性により、完全なものとなる」（『賛歌』26・16）。

16　*Theologia spiritualis ascetica et mystica*, I. II. 3.

第二部　対話

第７章　科学と神秘神学

物理学と神秘主義

『タオ自然学』という一九七〇年代に出版された興味深い本の中で、アメリカの物理学者フリッチョフ・カプラは、現代の科学者で神秘主義に関心を持つ人がかなり増えている、と明言しています[1]。カプラによれば、研究によって科学者が到達した結論は、ヒンドゥー教や仏教、道教の教えと驚くほど似ています。物理学は、相対性理論と量子力学という二大発見によって著しく変革された、とカプラは主張しています。物理学者たちは、宇宙は無機物と孤立した素粒子から成り立つというニュートン学説の機械論的な教説をもはや受け入れることができませんでしたし、デカルトの「延長実体（物質）」（res extensa）と「思惟実体（心）」（res cogitans）という冷徹な二元論的区別をも受け入れることができませんでした。その代わりに、彼らが目にとめたのは、万物が相互につながっている世界、つまり分離した存在や孤立した実体というもののない世界でした。彼らは神秘家と同じような一致のヴィジョンに目を向けていたのです。

ところで、このカプラの本は、科学者と東洋の神秘家との対談形式をとっています。語られているテーマは、万物の一致、時間空間、対立の一致、相補性、陰陽、禅の公案、華厳経、宇宙のダンスなどです。虚空、虚無、空虚――日本語の〈無〉とか〈空〉――という概念は、もはやこの物理学者にとっては異質でも何でもありません。著名なヴェルナー・ハイゼンベルクやニールス・ボーアは、物理研究を続けるうちに、通常の論理の法則の枠内ではもはや捉えきれない新しい世界、つまり新しい意識状態に導かれた人たちですが、カプラはそのような人たちの言葉を引き合いに出しています。その一つに、「原子の実験が示すように、自然界は不確定なのだろうか」[2]というハイゼンベルクの言葉があります。不確定と思われるものが、科学者たちを神秘家へと導いていきました。もはや、科学と宗教は両立しない、などと軽率に語ることはできませんでした。

この本の初めに、カプラは自分自身の擬似神秘体験を述べています。海辺に腰を下ろして打ち寄せる波を見つめながら、自分の呼吸のリズムを感じていたそのとき、突如周囲の世界がエネルギーの壮大な宇宙のダンスを舞っていて、分子の滝が宇宙から流れ落ちてくることに気づきました。その途端、それはまさしくシヴァ神のダンスであると思いました。それはヒンドゥー教の幻視と科学のヴィジョンが重なった瞬間でした。

案の定、このような書物は、批判や反論を招き、果ては嘲笑をも買いました。それにもかかわらず、科学と宗教間のなくてはならない対話の起爆剤となりましたし、世界中にかなりの討論を巻き起こしました。特に、ニュー・エイジ運動に影響を与え、今なお、各方面で強烈な衝撃を与えています。

カプラは、ヒンドゥー教、仏教、道教など広範囲にわたって論じていますが、ユダヤ教、イスラム教、キリスト教の神秘主義に関してはほとんど何も述べていません。東洋では神秘主義の学派が宗教や哲学の主流であるのに対し、西洋では傍流にすぎないからというのが、もっぱらの言い分です。これはこれでもっともな理由です。それでも他に、言葉に表せない込み入った理由があるのかもしれません。一神教の神秘家たちは、万物に存在と一致をもたらす超越的な神の現存を信じる一方で、天地の創造者である神を信じており、そのお方に向かって「アッバ、父よ！」と呼びかけているからです。

このような超越的な神への信仰が、一神論の神秘家を科学者や仏教徒から隔てる障壁となっているのでしょうか。おそらくそうではないでしょう。なぜなら、一神論の神秘家は超越的な神を信じていますが、自分の目で見たから信じたのではありません。「いまだかつて、神を見た者はいない」（ヨハネ１・18）という言葉が神秘主義の伝統の中に隈なくこだましています。ですから、ユダヤ教やイスラム教、キリスト教の神秘家たちは彼らなりに〈空〉、〈無〉、〈不可知の雲〉、〈万物一致〉を体験しています。つまり、カプラの理論は、すべての宗教の神秘家に当てはまります。空虚さの中で、彼らは最高の英知を経験するようになるのですから。

科学が生んだ神秘家

カプラが『タオ自然学』を著した数十年前に、一人のキリスト教神秘家が同様の問題に直面していました。フランスのイエズス会士テイヤール・ド・シャルダン（一八八一―一九五五）です。その生涯は、まさしく科学と宗教の内なる対話に明け暮れるものでした。そして、ついに、その対話は科学と宗教の愛ある結婚という実を結びました。

『私はこう信じている』という注目に値するエッセイは、『こう祈っている』と言いかえても差し支えないと思えますが、その中でテイヤールは、自分の内面生活の成長について述べています。[3]「家庭のしつけと知的訓練によって天の子となり、本来の気質と専門分野の学問によって大地の子となった」と強調しながらも、頭と心の中では二つの世界が、互いの領域へ流れ込んで混ざり合うにまかせた、と言っています。そして、内的一致の追求に身をささげて三十年がたった頃、「私の忠誠を求める二つの流れは、自然に統合するようになった(4)」と述べています。この言葉は、世事を決してないがしろにすることなく、しかも神の現存に満たされるというイエズス会士の観想的な祈りを、ものの見事に表現しています。

というのも、テイヤールはイエズス会士ですから、会特有の、一種の観想教育を受けています。会の創設者である聖イグナチオ・ロヨラが会員たちに願ったのは、世の中との対話を怠らないことでした。彼自身は申し分のない神秘家であり、何時間も静寂のうちに観想的な祈りをささげましたが、それでも活気のある都会をこよなく愛していました。そして、神秘家を志すある会員がまったくの孤独のうちに何年も過ごしたいと申し出ると、厳しく叱責しました。イエズス会士の神秘主義は、混沌とした世の中にこそ根を下ろすべきである、と彼は主張しました。そこで、『霊操』の最後を、「神への愛を得るための観想」で締めくくりました。そのヴィジョンは、万物の中に存在し、働き、私たちに自らを与えておられる神の現存が行きわたる世界のヴィジョンでした。イグナチオは霊操者に完璧に自己をささげきるよう求めています。

さて、テイヤールの内面生活は『霊操』によって形成されました。彼は、神の愛を得るための観想を十六世紀の時代背景から取り出して、二十世紀の進化した文脈の中で新たに表現し直しました。こうして、世界を聖なる場、神のエネルギーが働く場と見なしました。全宇宙の進化は、彼がオメガ点と呼ぶ究極点へ向かっていると考えました。そして、内なる対話を続けるうちに、オメガ点と再臨の場に立つイエス・キリストの姿とが一つに重なったのです。こうして、二つの流れは合流しました。

イグナチオが大都会を愛したのと同じように、テイヤールは、無限の宇宙を愛しました。この点が際立った特徴です。同世代の人々が、一番近い星ですら何光年も離れている場所で、広大無辺な宇宙への不安に震えるかたわら、明るい楽観主義を抱くテイヤールは、宇宙の進歩のプロセスと人間の進取の精神への揺るぎない信念を表明しました。実際、次のように大胆に宣言し、正統派に衝撃を与えました。仮に何らかの内面的な大変化が起きて、その結果キリストへの信仰や人格神や聖霊への信仰を失うことがあったとしても、宇宙世界は断固として信じ続ける、と。

しかし、彼が、キリストへの信仰、人格神、聖霊への信仰を失うことはありませんでした。イグナチオの『霊操』に忠実に従い、福音書の中のイエスへの深い愛を――復活を通して宇宙のキリストとなられ、時空を超えて再臨の場のオメガ点に立つイエスへの深い愛を、決して失いませんでした。それにまた、物質世界を熱烈に愛することによって、〈受肉〉を深く感じる力と、ご聖体に寄せる幼子のような純真な愛を得ました。

ジュリアン・ハクスリは、テイヤールのエッセイ『世界のうえで捧げるミサ』を読み、詩的にして神秘的、現実的で宗教的かつ哲学的であると評しました。そのエッセイの中で、テイヤールは全世界を一つの祭壇と見立て、主に向かってこう叫びます、「私はあなたに仕える司祭として、地球全体を祭壇となし、その上で世界の営みと苦しみをあなたにささげたいと思います(5)」と。なんと聖体の秘跡にかなった奉献でしょう。そして、聖体顕示台の前で祈る間、彼の目に映る幻視は静止したままではありません。丸く白いホスティアはどんどん膨張し、まるで全宇宙を包み込むかのように広がっていき、やがて、ホスティアは少しずつ小さくなると、聖体顕示台の元の場所へ戻っていきました。テイヤールにとって、これは命のパンを通して聖化される宇宙を語っていました。

そして、テイヤールは、宇宙を愛するように、エネルギーの最高の発露としての人間の愛を信じました。自身は、修道者の独身制に完全に身をささげながら、エロティックな欲望を超越し、親密さの頂点で相互内在へと至る男女の深い愛を信じました。それは机上の空論ではありませんでした。彼の人生は、男性や女性とのすばらしい友情で豊かに彩られていました。その友情が、常に、彼の神秘的なヴィジョンにインスピレーションを吹き込んでいたのです。

十字架の聖ヨハネに従って、神秘神学を「愛を通して伝えられる神の秘められた英知(6)」と定義づけるなら、テイヤールが徹底した神秘家であると同時に神秘神学者であることは、否定しがたいでしょう。というのも、最近、彼は「愛の人」であることが立証されたからです。宇宙への愛、人間性への愛、そして神への愛が、その言動のすべてを支配していました。それに、彼の英知は、形がなく表現できない神秘にあふれているという点で「秘められた」ものでした。目にしたものを、文字で表現し尽くせるとは限らないことを、誰よりもテイヤールは知っていました。

ところで、彼の内なる神秘生活が、聖書や聖なる伝統だけでなく、科学データや科学調査がもたらした結果によっても育まれたことは、意味深いことです。この点で、すべての中に――余すことなく万物の中に――神を見るようにと弟子たちに願ったイグナチオのヴィジョンに忠実だったと言えます。彼は真のイエズス会士でした。

テイヤールの神秘主義は、二十世紀なればこそ起こりえました。彼に続く神秘神学が、それまでと同じであることは断じてないでしょう。

ロナガンの科学と神

テイヤールは先見の明のある人でした。他にもう一人、アイルランド系カナダ人のイエズス会士が、より方法論的な手法で、科学の挑戦に立ち向かいました。バーナード・ロナガン（一九〇四-八四）です。彼は、「知る時、何をしているのか」という方法の研究に生涯をかけました。そして、『神学の方法』を著すことで、その仕事は頂点に達しました。(7)

ロナガンは、近代科学の驚異的な成功の源は方法論であること、それも十七世紀に誕生した新しい方法論であることを見抜いていました。ガリレオ・ガリレイ（一五六四-一六四二）とともに始まり、アイザック・ニュートン（一六四二-一七二七）で完成に至ったいわゆる科学革命は、科学者や哲学者や神学者たちが一様に用いる、深く定着したアリストテレス的方法論に反旗を翻すものでした。それまで科学者は第一原理、特に因果律の原理に基づいて、この方法論により第二原因へと導かれていきましたし、神学者は第一原因へと、つまりアクィナスに続く学者たちが神と同一視した「第一動者」へと導かれていきました。その頃は、物理学と形而上学、科学と宗教の間に何ら論争は起きませんでした。こぞって同じ方法論を用いたのですから、修道者が科学者に、科学者が修道者にもなりえましたし、互いに共通の真理の探究に励んでいました。

やがて、訪れたのが科学革命です。「十七世紀末に向かって起きたことは、画期的な科学の始まりというだけでなく、基本的にはアリストテレスによって成就され、その信奉者たちによって認められた概念とはまったく異質の概念の始まりでもあった」(8)とロナガンは述べています。というのは、新方法は実験で始まり（ガリレオにとって、望遠鏡をのぞくことの方が書物を読むより大事でした）、実験室での検証で終わるからです。英国学士院は、観察や実験に訴えても解決できない問題は考慮に入れないという方針をとりました。

それに、この方法は強烈な力を発揮しました。並外れた事柄を幾つも成就させてきましたし、今なお、そのあっと言わせる偉業で世界中の人々を圧倒し続けています。データの蓄積が増えるにつれて、さらに実験が重ねられ、新たな洞察が次々に湧き起こって、新理論が定式化されていきます。さらに、学術研究にも同じ方法が採用されて、常に新データが求められ、そして新理論が形成されています。その結果、爆発的に知識が増え、その知識を全部、どこにどのように保管したらよいのか、誰にも分からなくなっています。

ところで、神についてはどうでしょう。

この点に関しては、ロナガンは明確です。新しい方法論が以前のものと比べてどれほど優れていても、またよくあることですが、その開発者がどんなに信仰深くても、その方法論自体が人々を神へ導くことはありませんし、また導くこともできません。近代科学の方法について述べたあと、彼はこう続けています。

というのも、近代科学は経験科学だからだ。研究対象が自然にしろ、人間にしろ、まずデータをとり、一致点や関連性をデータから読みとる。ついで、検証に入り、さらなる関連データと対比して訂正や改訂を加え、検証効果を上げる。ところが、そのような手順を踏んでも、この世の向こうへ人を導くことはできない。神聖なものはデータとは違い、感覚によって観察されることや、内省によって明らかにされることはない。近代科学はまさに人間と自然を専門とする知識であるが故に、神についての知識を含むことはできない。神は人間でもなく、自然でもない。(9)

彼は結びに、過激な意見を述べています。

もし、近代科学の方法を用いて神を知ろうと試みれば、神を人間や自然と同列に位置づけることになり、偶像崇拝の行為と何ら変わらないだろう[10]。

このように、ロナガンは宗教と近代科学の間に横たわる大きな溝に気づいています。結局、テイヤール・ド・シャルダンが神について述べ、フリッチョフ・カプラが〈空〉における英知について語るときはいつでも、正統な科学の厳密な経験的方法を超えて、未知の事柄を推定しているだけ、と言えるでしょう。この世だけに気を取られている現実主義の科学に、神秘的なヴィジョンの場所はありません。

ところで、筆者の意見では、このロナガン流の見解には不審な点が多々あります。これはロナガン自身の最も根本的な理論に忠実でさえありません。しかし、ここで考察を深める前に、まず別の根本的な問いの答えを探しましょう。科学的方法が私たちを神へと導かないのであれば、どのようにして神へたどり着くのでしょう。どのようなプロセスを経て神を知るようになるのでしょう。

ロナガンは、神に赴く道として、形而上学的な道を否定していません。第一バチカン公会議に忠実で、人間の知性は神を知ることが「できる」と断言しています。ただし、現実の人間生活では、恩恵がなければ誰一人、神を知るようにはならないと強く主張しています。「この世では、神の恩恵なくして自然に神を認識するには至らないと思う。が、疑いようもないのは、そうした認識は、自然なものであるということだ[11]」。

神の恩恵は、聖霊によって私たちの心に注ぎ込まれる神の愛です。ですから、神に赴く王道は、愛の道です。そして、ロナガンにとって、愛は、彼が〈超越〉と呼ぶ方法の極致であり、頂点です。

超越的方法

ロナガンの目的は、あらゆる時代の、あらゆる場所の、あらゆる人々に通用し、あらゆる分野の学問にもその妥当性が認められるような、人間精神のダイナミックな力と合致した方法を見いだすことでした。これが超越的方法であり、人間世界において〈知ること〉と〈愛すること〉を統合する力でした。

超越的方法は人間が人間らしくなるための、また本物の人間になるための方法です。それに、完全に人間らしくなるために、人は自分自身を超越しなければなりませんから、これは自己超越への方法と言えます。

人間精神の最深部に潜むダイナミックな力に忠実であるためには、ある超越的な教訓に従わねばなりません。まず、次のような。

注意深くあれ
知的であれ
道理をわきまえよ

このような教訓に忠実であれば、知的自己超越と知的回心へと導かれていきます。知ることは、単に「外側に」ある何かに目を留めるプロセスではなく、体験・理解・判断を合わせた一連のプロセスである、と認識するようになります。

さて、科学的方法がすばらしい成功を成し遂げたのも、これらの教訓に忠実であったおかげです。優れた科学者はデータに注意を払い、知恵を絞って解析し、合理的な理論を打ち立てます。科学革命のパイオニアたちはこの教訓に従って行動しました。もちろん、この教訓については、深く考えず（これは哲学者の分野ですから）、ただ単に達成のために用いました。

しかし、人間らしく、なおかつ本物となるためには、知的で合理的であるだけでは不十分です。それと同時に、道徳的でなければなりません。倫理的な自己超越を果たす必要があります。もう一つの教訓に従うとそれがかないます。

責任をもて

この教訓に忠実であれば倫理的な回心に導かれますから、判断を下すときは、自分の満足がいくようにではなく、客観的善を最優先にして判断するようになります。科学者が責任をもって学術研究を利用しようと思えば、そのような倫理的回心は非常に大切です。例えば、原子力を扱う科学者は、自分の研究がどのように利用されるかに関心を寄せねばなりません。

しかし、本物となるように駆り立てる力には、最高の教訓として愛が関わってきます。それは、心を尽くし、精神を尽くし、思いを尽くし、力を尽くして愛せよ、という偉大な掟にほかなりません。

これによってほんとうの自己超越と、欠けるところのない人間性に行きつきます。それは宗教的回心です。

そこで、超越的な教訓が迎える頂点は、

愛のうちにあれ

となります。

ロナガンは、『神学の方法』の中で、かなり詳しくこの件を扱っています。

BEING-IN-LOVE

ロナガンは、普段は非常にドライな性格ですが、愛について語る段になると神秘家が口にする情熱的な言葉を用います。彼は恋に落ちる男女の話を取り上げます。そこで思い出されるのが、「わたしの妹、花嫁よ、あなたはわたしの心をときめかす」という雅歌や――十字架の聖ヨハネが語る、熱烈に恋人を追いかけ、外へ飛び出していく花嫁です。「超越的な方が私の最愛の人であるとすると、その方は私の心の中に間違いなくおられるのである(12)」とロナガンは述べています。そして、神と恋に落ちるということの根本的な本質について語ります。「愛はすべて自己放棄であるが、神と恋に落ちるのは、制約も資格も条件も留保もなしに愛のうちにあることである(13)」と。

神の愛は、ですから、完全な献身であり、男女の愛と同じように表現されなければなりません。

男と女が愛し合っても、包み隠さず愛を告白しなければ、まだ愛し合っていると言えない。ただ黙っているなら、二人の愛は自己放棄や自己献身の境地にまだ到達していないということである。互いに心おきなく、余すところなく愛を表明してこそ、恋に落ちるという革新的な状況がもたらされ、しかも生涯続く密接な関係が開花するのである……男女の愛に当てはまることは、神と人間との愛においても当てはまるのである。(14)

次に、自己超越があります。自己超越の能力は「恋に落ちると現実味を帯びる。そのとき、人の存在は愛のうちにある存在となる……いったん花開けば、咲き続く限り、愛に浸る。それが第一原理である。そこから流れ出るのは、欲求と怖《おそ》れ、喜びと悲しみ、価値の識別、決意と行為である」(15)。

つまり、人間の存在の核心、あるいは「霊魂の先端部」(apex animae)に住む、すべてを抱擁する愛に、人は完全にとらわれます。人間の存在が〈愛のうちにある存在〉となるという右の文には、なんと深い意味が込められていることか。神だけが十全な意味で「愛のうちにある」のですから、〈愛のうちにある存在〉となる被造物は、神性にあずかって神化されます。これが神秘家たちの教義です。

そして、ぜひ思い出していただきたいのは、この愛は人間側の努力によって得られるものではないということです。机に向かって、さあ、恋に落ちるとしよう、と冷静に決める人はいません。愛は贈り物です――古い用語で言うなら、人を聖化する恩寵です――この愛は、聖霊により私たちの心に注ぎ込まれ、周りのすべての人や物に向けて放たれます。私たちが愛するのは、先に神が愛してくださったからです。元来贈り物なのですから、教えは二義的にすぎません。この愛は人間的であると同時に神聖な愛なのです。

さらに、愛は最も崇高な知恵、つまり神秘家の英知へと導きます。ロナガンはこの点を明らかにはしていませんが、その発言から十分にくみ取ることができます。愛から生まれる英知は、明瞭なイメージや概念の中には見つかりません。形がなく、あいまいで、空虚な知識であり、不可知の雲に包まれています。それは、太陽の光がろうそくの小さな光を超越しているのと同じく、科学的知識を超越した、真の「英知」（sapientia）です。でも、（ここが大切ですが）愛は科学的知識を超越することはあっても、抑圧することも否定することもありません。一人の人間の中で、両者は共存できますし、現に共存しています。

以上のことから明白になるのは、ロナガンの思想は、神は愛することはできても知ることはできない、とたえず強調してきた伝統的神秘神学と一致するということです。『不可知の雲』の著者は、分かりやすくこう述べています、「なぜなら、神は愛する対象になることはあっても、考える対象にはならないからです。神は愛によってとらえられるのであって、思考によってではありません」[16]。ついで、十字架の聖ヨハネは、神秘神学を、愛から生まれる秘められた英知、つまり霊魂へ吹き込まれた神の愛の息吹である、と語っています。そのような愛は、暗夜で霊魂の欠点や不完全さをいぶり出した後、霊魂を燃焼させながら、神化するのです。おお、愛の生ける炎よ。

さて、ロナガンの独創的でしかも衝撃的と言ってもよい点は、神秘的な愛が人間のゴールであり、クライマックスであると見なしていることです。この愛が、すべての人間の頭と心の中に根ざしている自己超越と本物の人間となることを目指すあのダイナミックな力の頂点なのです。愛に関して、エリート主義的なところは何もありません。キリスト信者だけに与えられる贈り物ではありません。信仰にあつい人たちだけに与えられるものではありません。ほんとうに人間らしい人間となろうとする者には誰にでも与えられます。結局、ロナガンにとって、神秘主義への招きは全世界に及ぶ、と言うことでしょう。

しかし、問題が持ち上がるのは、彼が科学的方法を述べる時です。そろそろこの件へ戻りましょう。

科学と愛

これまでロナガンが述べたことをまとめると、科学は方法論的に現代世界と歯車を合わせているということ、科学は実験で始まり、検証で終わるということ、現代科学の方法を用いて神へ赴くことができると言えば、偶像崇拝と等しいことになる、ということです。こうして、彼は科学的方法から愛と恩恵を除外します。しかし、それがカナダの大神学者のアキレス腱《けん》です。

というのも、実は、神の恩恵は、誰であろうと謙虚な心で真理を探究する者であれば、その人の心の中で活動するからです。これは、「世俗の事物と信仰の事柄は、ともに同じ神に起源をもつ」と主張する第二バチカン公会議で表明されている教えです。その続きはこうです。

実際、謙虚に、根気よく物事の隠れた部分を究明しようと努力する者は、自ら意識することはないとしても、万物を支え、それぞれをそのものたらしめる神の手に導かれているようなものである。(17)

この単純明快な文書を読むと、アイザック・ニュートンやアルベルト・アインシュタインやニールス・ボーアが、それぞれ科学上の探求をするうちに、神の手に導かれていったことが容易に信じられます。そして、無制約の愛をもって真理の探究に臨むすべての献身的な科学者にも、同じことが当てはまります。

さらに、第二バチカン公会議が一九六五年に閉幕したとき、公会議に集まった教父たちは世界中のさまざまなグループに向けてメッセージを送りました。科学者たちにも——つまり真理を愛し、真理を追究する男女に向かっても、語りかけました。実際にこう伝えました。真理を愛することは科学的方法のまさに基盤です。科学者が研究の甲斐《かい》もなく、結果が出ずに疲弊し、失望するときは暗夜を迎えているときなのです、と。

特に、真理を追究する皆さん、思想家と科学者の皆さん、人間、宇宙、歴史の探究者の皆さん、光への道を歩む巡礼者の皆さん！……あなた方が歩む道はわれわれも歩む道です。決してわれわれの知らない道ではありません。われわれは、探究者としてのあなた方が使命を果たすときの友であり、疲労を分かち合う仲間、あなた方の成功を称賛する者であり、あなた方の失望と失敗を慰める者です。(18)

ここには、科学は自然で、神学は超自然であるとか、神学者には恩恵があり科学者にはない、とほのめかす発言は一切ありません。「あなた方の歩む道はわれわれも歩む道です」。皆、神の愛の贈り物によって真理の探究へと導かれています。

ですから、もしロナガンの五番目の超越的な教訓に従い、科学者たちが神の恩恵により真理を愛し、進んで真理に完全に身をささげれば、偶像崇拝に陥ることなく、この世界を超えて、「根源」へと赴くでしょう。その知識は、神秘家と同じく、不可知の雲に包まれて暗くておぼろげですが、彼らが併《あわ》せ持つもう一つ別の明瞭な知識、つまり科学的探究から生まれて実験室での検証を必要とする知識と矛盾することは決してないでしょう。科学者が将来神秘家にならないとも限りません。

つまり、科学者は神学者と同様に愛する存在になりうるということです――実験室での結果を超えて、近づきがたい光、もしくは漆黒《しっこく》の闇の中に、神が住まわれる不可知の雲へと導く真理に、恋することはありえます。科学者が愛を通して獲得する英知は、完璧な科学的方法の最高の贈り物です。それは英知が神学的な企ての最高の贈り物であるのと同じです。

結　論

多くの科学者が、ひたすら真理の探究に専念してきましたし、今なおそうです。実験的な科学的方法に従いながら、超越的な方法によって真理を探究し続けてきました。彼らの存在は〈愛のうちにある存在〉となりました。その意味するところは、研究実験を通して蓄積した知識に加えて、愛に由来する最高の英知を、――人間生活を取り巻き、宇宙をすっぽり包む偉大な神秘の知識を獲得したということです。彼らは、神秘家と相通ずる言葉を用いて、神について語ってきました。ここで例を二つ挙げてみましょう。最初はアイザック・ニュートンです。

一般的に言われていることですが、一六八七年のニュートンの『プリンチピア』の出版をもって、科学的方法は完成を見ました。だからといって、ニュートンはこの世界に関する考察を全面的にやめたわけではなく、常に神に心を奪われていました。実際、自らを預言者と見なし、数学や物理学よりも、神学や錬金術について多く執筆しました。臨終の床で、彼はいかにも神秘家らしい言葉を遺しました。「真理という大海が、私の目の前にまったく手つかずに横たわっているのに[19]」、自分は浜辺で遊びながら、きれいな貝殻を探している子どものようだ、と。きれいな貝殻とは、彼の科学的探究の結論のことです。手つかずの大海の真理とは、万物の根底にある神秘中の神秘のことではないでしょうか。これは、不可知の雲、暗夜、空、無のことではないでしょうか。

二番目の科学者は、二十世紀を支配したアルベルト・アインシュタインです。彼には宇宙の調和を深く感じとるセンスがあり、「宗教的感情」を「自然法則の調和への熱い驚嘆」の一つとして語りました。ジョン・ポーキングホンが「現代の偉人の最初の人物というよりも、過去の偉人の最後の人物」と呼ぶほど、アインシュタインは「宇宙の合理性への深い確信[20]」を抱いていました。こうした理由から、彼は量子力学のうわべの不合理さを受け入れることができず、「神は世界を相手にサイコロ遊びをなさらない」という、かの有名な発言をするに至りました。

かつてアインシュタインが人格神の概念を拒絶したというのはほんとうです。しかし、彼の発言の多くから明らかになることですが、拒絶したのは擬人化した神であり、すべてを統治し、サイコロ遊びなど決してなさらない崇高な神秘的知性を、深く感じとるセンスはもっていました。なぜなら、理解不可能な宇宙の中で明かされる「広大無辺な精神[21]」について彼は語っているからです。その言葉には、何かイグナチオ的な「神への愛を得るための観想」と似たところさえあります。

私の宗教は、無限に優れた精神を、謙虚に賞賛することから成り立っている。この精神は、脆弱な知性で知覚できる微細な事物の中に現れている。理解しがたい宇宙に現れているこの卓越した合理的な力の存在への、深い感動を伴った確信が、私の神概念を形づくっている。[22]

ここには、万物の中に働く神のヴィジョンが見えます。それにアインシュタインには召命を感じとる力が、つまり彼の内で働く神を感じるセンスがありました。一九九五年に亡くなる少し前に彼は言いました。「地上での務めは、もう終えました」と。

締めくくりは、第二バチカン公会議の言葉にしましょう。「愛の聖霊は、謙虚な心で真理を探究する科学者の中で働いています。科学を通して誠実に真理を追究すれば、最高の英知にたどり着くことができます」。未来の神秘神学は、科学者を無視することはできません。

1　Fritjof Capra, *The Tao of Physics*, (Barkley 1975).〔吉福伸逸他訳『タオ自然学―現代物理学の先端から「東洋の世紀」が始まる』（工作舎、一九七九年）〕。

2　同　五〇頁。

3　Pierre Teihard de Chardin, *Christianity and Evolution*, (New York 1971), p.96ff.

4　同　九七頁。

5　Pierre Teihard de Chardin, *Hym and the Universe*, (New York 1965), p.19.〔山崎庸一郎訳『宇宙讃歌』（みすず書房、一九八四年）〕。

6　『賛歌』27・5。

7 Bernard Lonergan, *Method in Theology,* (London 1972), p.109. [今井佐和子「ロナガンの『神学の方法』を巡って」(『カトリック研究』上智大学神学会編 一九七三年六月)]。

8 Bernard Lonergan, *A Second Collection* (London 1972).

9 同 一〇七頁。

10 同。

11 同 一三三頁。

12 *Method in Theology,* p.109.

13 同 一〇五頁。

14 同 一一三頁。

15 同 一〇五頁。

16 『雲』 5章。

17 「現代世界憲章」第一部第三章36。

18 第二バチカン公会議閉会式のメッセージ『思想家と科学者へ』。ロナガンは現代文化における神の不在を敏感に察知し、現代人が神に立ち戻る道は、愛を通してであると言明。愛こそ、ロナガンの超越的方法が目指す頂点である。残念なことに、ただ一点、科学者も神学者に劣らず真実への愛に動かされるという事実を見落としたために、宗教と科学の溝は埋まらなかった。詳細は、本書11章「宇宙を通しての啓示について」と17章の「ロナガンの方法について」を参照。

19 Quoted by Ravi Ravindra in “Newton, Issac,” *The Encyclopedia of Religion,* ed. (Mircea Eliade, New York 1987).

20 同 “Einstein Albert”.

21 John Polkinghorne, *Science and Providence,* (London 1989), p.78.

22 前掲書 注⒆、参照。

第８章　修徳主義とアジア

修　行

神秘的祈りと修行は相伴うものである、とキリスト教徒は当初より気づいていました。聖パウロはイストミア競技会に出場する競走選手に目を留め、「競技をする人は皆、すべてに節制します。彼らは朽ちる冠を得るためにそうするのですが、わたしたちは、朽ちない冠を得るために節制するのです」（一コリント９・25）と信徒へ書き送っています。そして、彼らに、イエス・キリストから賞を頂くために自己鍛錬に励むようにとしきりに勧めています。確かに、パウロは、自身を、後ろを振り向かない走者に見立て、「神がキリスト・イエスによって上へ召して、お与えになる賞を得るために、目標を目指してひたすら走る」（フィリピ３・14）ことを、課題としていました。他の人々に宣教しておきながら、自分の方が失格者になってしまわないように、自己を鍛えなければならなかった、とも語っています。しかし、この鍛錬はさらに威力を発揮し、もう一つの効果をもたらしました。パウロの心を神秘的な恩恵に向かって開かせたのです。それで、楽園にまで引き上げられ、人が口にするのを許されない言葉、つまり死ぬべき運命の人間が誰一人、言い表しえない言葉を聞いた人のことを、パウロは誇ることができました。

荒れ野の師父たちは、パウロの足跡に従い、周りの文化を自由に採り入れながら、修徳的な技法で弟子たちを鍛錬しました。ダマスコへの途上でパウロが突然、天からの光に照らされて地に倒れたようなことが、神秘体験によって起こるかもしれません。しかし普通そうした体験は辛抱強い努力に対する報いであると師父たちには分かっていたのでしょう。だからこそ、いかに食事を取るか、または断食するか、いかに座るか、呼吸するか。とりわけ、いかに聖書を読むか、そして祈るかを、弟子たちに教えたのです。この教えは東方教会の修道生活に伝わり、修道士たちによってヘシュカスモスの祈りの方法へと発展していきました。その祈りは、今日でもアトス山に脈々と息づき、東方正教会の世界のすみずみにまで行きわたっています。また、聖ベネディクトの『戒律』をはじめ西洋の修道会の会則にも採り入れられて発展し、さらに深化して、教義全体の形成に大きな影響を及ぼしました。人々は、その教義のもとで鍛錬されて、福音の勧告に従った祈りの生活へと導かれていきました。

聖イグナチオ・ロヨラ（一四九一―一五五六）は偉大な修徳の師でした。「散歩や徒歩の旅や、走ることを体操と言うのと同じく、霊魂を整えるためのあらゆる方法を霊操と言う。その目的は、まず、無節制なあらゆる愛着を霊魂から取り除くことであり、その後、霊魂の救いのために、生活の在り方について神のみ旨を探し、見いだすことである(1)」と述べています。ここに書かれている霊操、つまり修徳的実践とは、神秘主義を受け入れるための準備、神が霊魂に直接働きかけるための準備のことです。そして、イグナチオは祈りの方法や、祈るときの姿勢や呼吸法について述べています。良心の糾明に力を入れて、霊の識別の規則を細部にわたって定めました。食事や睡眠、五感と苦行の管理に関して指示を与えましたし、謙遜に関する規定も書きました。そして、彼が示した教えは、第二バチカン公会議に至るまで、あらゆる所でカトリックの霊性に甚大な影響を及ぼしました。

十七世紀になると、何世紀にもわたって蓄積された英知は、新しい修徳神学の方に収集され、まとめ上げられました[2]。この修徳神学は、本来は司牧に関わるものなので、世界中のカトリック神学校で神秘神学と関連して教えられました。主に取り上げたのは、霊操や心身の鍛錬法の実践でした。ジョゼフ・ド・ギベールによれば、神秘神学に関わるのは賜物で、修徳神学に関わるのは人間側からの努力です。さらに、彼は次のように厳密に言葉を定義しています。

厳密に述べると、「神秘的」と呼べるのは、日常的に、聖霊のインスピレーションに導かれている霊魂の内的生活のことであろう。そういう霊魂は、聖霊のインスピレーションに非常に敏感で従順であるように造られている。絶え間なく恩恵が霊魂に注がれても、経験上では明確に気づかないことが多いが、苦行における個人的な努力と霊操の方法の実践は、歴然としている[3]。

このように、修徳神学と神秘神学は相伴って、人々に祈りの方法を指導しました。

危　機

二十世紀になり、西洋文化は崩壊しました。一連の革命を経て、伝統宗教は衰弱したように見えました。古い習慣は消えました。伝統的価値に異議が唱えられ、人々は混乱に陥りました。

そして、こうした騒ぎの中で、伝統的な修徳法に挑戦状が突きつけられ、批判され、真価のほどを試されたとしても、少しも驚くことではありません。今や宗教的修徳は古臭いと言われ、新時代の人々に合わなくなりました。ストア哲学、新プラトン主義、ラショナリズム（合理主義）、ヤンセニズムに汚染され、古い修徳法は福音書の本来の精神から大きく逸脱しました。フロイトやユングらが人間の精神分析を実施するにつれ、精神科医の中には、修練院や神学校における伝統的な修徳的実践の多くは不健康で、非人間的であり破壊的である、と主張する者が現れるようになりました。新しいぶどう酒は新しい革袋に入れよ、という声が上がりました。ところで、不満が浮上したのはどの分野についてだったのでしょう。

まず、伝統的な祈りの方法についてでした。この点では、退屈で方法論的で推論的な祈りを教会全体に押しつけて教えたというかどで、イエズス会がやり玉に上がりました。他でもないあのオルダス・ハクスリが、イエズス会は、推論と思考を倦むことなく強調して西洋の神秘神学を破壊したと、誹謗しました。中世ヨーロッパの活気ある神秘神学はどこへ行ってしまったのでしょう。ノリッジのジュリアナやマイスター・エックハルトはどうなってしまったのでしょう。『不可知の雲』はどこに？

次に不満の声が上がったのは、人間の肉体と性についての伝統的な態度に対してでした。伝統は総じてひどく否定的で、心と肉体、精神と感覚の区別が誇張されましたから、行き着く先は結局、不健全な二元論だったのです。人体の計り知れない可能性と、性の高い価値を知った人々は、苦行や禁欲など、とても受け入れる気になれませんでした。中世に行われた鞭打ちの苦行は、もはや意味をもたなくなりました。人々が望んだのは（そして実際さらにキリスト教的であると感じられたのは）、肉体と物質世界への転換でした。

二十世紀に入り、再び、一般信者たちは祈りを模索し始め、神秘的な祈りさえも探究の対象となりました。しかし、修徳神秘神学の文献は、本来修道生活のためのもので、独身者のために独身者によって書かれたものでした。そうした文献の中では結婚を尊重する記述はわずかしか見られず、時に女性に対して侮蔑的な箇所もありました。

それにまた、古い教義は、現代社会を悩ます社会問題には一切触れていませんでした。飢え、抑圧、人権侵害、人種差別、失業――こうした問題は、昔の修徳神秘神学の学者にとっては存在しなかったのでしょうが、二十世紀には看過できないものでした。

以上のことから、キリスト教が新しい修徳神秘神学を必要としているのは明らかでした。

新しい探究

この頃、進取の精神を持つ人々が、聖霊に促されて、西洋の伝統の中に新しい方法を模索し始めました。聖書研究の復活に触発されて、大勢の人が神のみ言葉を味わいながら祈りをささげるようになりました。また、典礼が新しくなったのを契機に、聖体奉献に対する、より深い理解や私たちの真ん中におられるキリストへの崇敬へと導かれた人々もいます。カリスマ刷新運動に参加して、聖霊による洗礼の恵みを受けた人、異言での祈りへと導かれた人もいました。霊性の研究によって、これまで気づかなかったイグナチオの伝統に埋もれていた神秘主義という宝物が掘り起こされました。西洋神秘主義への興味が力強く復活したのです。

そして、またこの頃、想像力豊かな人々が、アジアに目を向けました。アジアが、西洋に欠けているものをことごとく教えてくれるように思えたのです。アジアは、英知と神秘主義という宝物だけでなく、簡単で実践的な瞑想法も伝授してくれるように見えました。アジアの修徳的な鍛錬は全人的で、肉体と霊魂（身体と精神）の二元論をすべて拒絶します。そうした鍛錬は心と肉体の健康だけでなく、長寿と潜在能力の発達をも約束しており、解放と悟りへと導きます。宗教的な混乱と文化的な混乱の中でもがいている世代にとり、これらは何もかも非常に魅力的でした。肝心なのは、「アジアの修徳的な鍛錬とキリスト教の信仰を統合できるか」という問題でした。

すでに一九五〇年代に、『キリスト教的ヨガ』と題する非常に興味深い書物が、ベルギーのベネディクト会士によって著されました[4]。そのJ・M・デシャネは、従来の修徳的な訓練に不満を抱く時代の子でした。けれどもまた、第二バチカン公会議以前の時代に忠実な息子でもあり、ヒンドゥー教との交流は断つべきであると感じていました。ヨガは、最も深いレベルに達すると、英知、解放、神との一致へ至る道となりますが、デシャネはヨガをヒンドゥー教の根元から切り離し、深い内的静寂を得るための一つのテクニックとして、「アサナ」（＊座法。いろいろなポーズ）を採り入れました。彼は、こう書いています。

ヨガの訓練に関しては、ただあるがまま、宗教でも神秘主義でもなく、単に一つの訓練、技術と捉えたいものだ。……われわれにとり、ヨガは、適切であれば、沈黙に身を置かせてくれるテクニックとなろう。単にこの世の喧騒から離れるだけでなく、感覚や欲望や悩みを効果的に鎮めてくれる。そして、とりわけ、沈黙に浸って、神である聖霊が時折声を聞かせてくださり、その声に人間の精神が耳を傾けられるようにしてくれる[5]。

これが書かれたとき、まだカトリック教会は他宗教との対話に深く関わっていませんでした。その結果、デシャネは、ヨガを、キリスト教の祈りの準備のためのテクニックにすぎないものと見なしたのです。とはいえ、彼の著書は預言的でした。来るべき対話への道を整えたのですから。

東アジア

西洋の修徳的伝統が長年かかって築き上げられたように、東洋の修徳的伝統も、同じプロセスを経てゆっくりと生まれ、中国や日本の文化全体に浸透していきました。この伝統は、〈行《ぎょう》〉として知られ、茶道、書道、柔道、剣道、弓道、その他さまざまな〈道〉の核心に据えられています。(6) 宗教の形態では〈修行〉と呼ばれ、禅および他の仏教形式の瞑想に登場しました。瞑想により師は弟子を導き、東アジアの文化のまさに根幹を成す〈空〉における英知へ到達させようと努めます。

修行

この修行は、次の三つの形態に要約されます。

身体の鍛錬
呼吸の鍛錬
心の鍛錬

では、この三つの鍛錬を見ていきましょう。(7)
人体に対する東アジアの態度は、人間全体に生気を与えるエネルギーが流れる〈経絡〉、つまりチャンネル、について語る漢方医学から大きな影響を受けています。このエネルギーは中国では **chi** として、日本では〈気〉として知られています。

気

このエネルギーの源は腹部（日本語の肚《はら》）で、「気海」と呼ばれています。〈丹田〉、つまり、臍下五センチほどのところが特に重要です。ここが、根源的な生命の創造性の源であり、宗教体験の主要な部位です。瞑想の時だけでなく、生活のありとあらゆる場面でも、丹田の存在に気づくように、と勧められます。武道では、丹田を意識することが何よりも肝要です。

あまり知られていない禅僧ですが、岡田虎二郎という老師は、丹田は神聖なものが宿る社《やしろ》である、と力説しています。ここが、神聖なエネルギーの住まいである、と。彼は、人間を三組に分けました。一組目は、頭部に価値をおく人たち。つまり、膨大な量の知識を集め、頭でっかちになり、形で言えば、ピラミッドを逆さまにしたような人たちです。二組目は、胸を張っている人たち。彼らは、外見は勇気があり強そうでも、その実、気が弱い。岡田師は、続けてこう述べています。

> 最上位の組に入るのは、肚が最重要部分であることを認め、それゆえ肚を「神聖なもの」が湧き出る拠点としてきた人たちである。正しい方法で、身体と同様に、精神を鍛え上げる。内からあふれ出る力によって、泰然自若とした精神状態が生まれてくる。こういう人たちは、「心の欲する所に従えども矩《のり》を踰《こ》えず」という境地なのである。[8]

また、こう言葉を継いでいます。人間の悲嘆は均衡を失うことから起きる。均衡を保つには、つまり、健全な身体と高潔な心の均衡を保つには、正しい姿勢で座ることである、と。

となると、正しい姿勢がまず重要です。良い姿勢をとり、〈丹田〉に意識を向けて、そのまま意識をそらさないこと。結跏趺坐《けっかふざ》とか日本の〈正座〉（始めたのは儒家です）が正しい姿勢と言えるでしょう。踵《かかと》の上に腰を下ろして座ります。または、背筋を伸ばし、目を半眼に開き、椅子に腰かけてもよいと思います。そして、立っていても座っていても、歩いていても寝ていても、意識を〈肚〉に集中したままにします。すると、たいへん気持ちが落ち着き、内に力がみなぎってきます。岡田老師が強調するとおり、重要なのは内面に起きる変化ですが、「正座中に身体に変化が現れても、内面の最深部の状態は、そうたやすく変化しない(9)」のです。

日本の曹洞宗の開祖である道元禅師が、「只管打坐《しかんたざ》」（＊余念を交えず、ただひたすら座禅すること）はすでに悟りである、と言ったことが、興味深く思い出されます。

次は、呼吸の鍛錬です。

ここでもまた、腹式呼吸が鍵となります。ゆっくりとリズミカルに、丹田から息を吸って吐きます。まさに座ることが宗教的体験であるように、呼吸もそうなのです。エネルギーが、直ちに、体のすみずみまで行きわたります。

心に留めてほしいのは、これは、ちっぽけな自分の身体の呼吸やエネルギーにとどまらず、宇宙の呼吸とエネルギーにも及ぶ話であるということです。禅の老師たちは独特の遠慮のない言い回しで、エネルギーは肛門から出て、座布団を通り抜け、大地のまさに中心へと流れていき、そこから今度は体内を上昇して頭頂部を通り抜け、宇宙の果てまで流れていくと述べています。

そういう訳で、丹田呼吸は心身の調和をもたらし、宇宙全体と調和させます。再び、岡田老師の箇潔で実践的な忠告に耳を傾けましょう。「ひたすら静寂の内に座り、穏やかに息を吸って長く吐き出して、丹田に力を入れなさい」(10)。丹田呼吸が習慣になると、すばらしく心身が落ち着いてきます。

第三は、心の鍛錬です。

人間の心は手に負えず、落ち着きがなく、未来を案じ、過去を懐かしみながら、あちこちさまよいます。そんな時に効力を発揮する技は、ただ一点に心を留め置くことです。それが一点集中ということ、日本語の〈精神統一〉で、丹田呼吸と座禅を通して行われます。心は、今この瞬間に在るのですが、身体の一箇所にとどまらずに、〈無心〉もしくは〈無我〉と呼ばれる状態となって全身に行きわたります。

気が散ってきますが、雑念とは闘いません。来るに任せ、去るに任せます。こんなとき耳にするのが、「なるがままに」という助言です。岡田老師は単純明快に、「思いのすべてから自由になろうと頑張らないこと。ただ意識して、丹田に力を入れておくように」(11)と言っています。

このようにすれば、思いは出入りしても、人は深いレベルの中心にとどまります。

無心

はっきりさせるために、プロセスを三つに分けてきましたが、実は、それはすべて一つの全人的行動です。

信心と救い

武道やその他「道」と名の付くあらゆるものに大切なのは、身体、呼吸、心の鍛錬ですが、宗教的な瞑想となると、もう一つ、最も重要な要素が入ります。すなわち、信仰です。というのは、仏教の修行は、〈仏陀《ぶつだ》〉〈ダルマ〉〈サンガ〉という三宝への帰依《きえ》と結び付くからです。寺院で瞑想する人は、最初に次のように宣言します。

私は仏陀に帰依します　（＊仏陀を深く信じ）
ダルマに帰依します　（仏陀の説かれた真理を深く信じ）
サンガに帰依します　（仏陀の教えを実践する出家僧の集いを深く信じます）

こうした仏・法・僧への帰依は、完全なる献身であり、次に続く瞑想の間、絶えることなく響きわたります。仏教の瞑想には、徹頭徹尾、沈黙の信心がしみ通っています。さらに、その信心のために真剣にならないといけません。「たとえ死んでも……」というほどの覚悟が必要です。実際、人は〈大疑〉（＊大いに疑うこと）と〈大死〉（＊自我を一切捨てること）をくぐり抜けます。何かに執着することからくる安心を捨て、人は〈空〉に、すなわち〈無〉の境地に達して、突破口を開き、悟りに至ります。

ダルマへの信心とは、仏教の教えへの信心のことで、特に般若心経や、法華経や、華厳経の中で大事にされています。僧侶はこれらの経典の読誦《どくじゅ》に余念がありません。やがて、言葉や文字を捨てて沈黙の瞑想に入ると、続いて、純粋な献身という赤裸な信仰が起きてきます。言葉と思考のない沈黙の瞑想は、まさしく純粋な信心業そのものです。

別の文脈で、浄土真宗の聖なる宗祖は、必要なのは信心のみである――信心こそ、唯一の「修行」である、と考えていました。親鸞（一一七三―一二六二）は、すべての修行を放棄して、阿弥陀仏の名を唱えるだけで十分である、と公言しました。男でも、女でも、極悪人でさえも、南無阿弥陀仏と唱えれば皆、等しく極楽浄土に生まれ変わる、(12)と。

というのも、思い出していただきたいのですが、仏教は救いの宗教です。最深奥に潜む〈自己〉を頼みとし、阿弥陀仏の本願（慈悲）にすがれば、人は迷いから救われ、輪廻《りんね》から解放されて、成仏します。禅僧は、自分のみならずすべての衆生の救済を誓願して、一大決意の下に次のように唱えます。

数限りない衆生を――悟りの彼岸に渡すことを誓う　［＊衆生無辺誓願度］
尽きることのない煩悩を――滅することを誓う　［煩悩無尽誓願断］
測り知ることのできない仏法の深い教えを――学ぶことを誓う　［法門無量誓願学］
無上の悟りを――成就することを誓う　［仏道無上誓願］

（四弘《しぐ》誓願より）

この誓願は、無私の憐れみに基づく偉大な行です。全宇宙に救済をもたらすために、人は一切を犠牲にし、仏陀の道を歩みます。

アジアと西洋

十九世紀末の欧米では、宗教を求める数多くの人たちが、懐かしい故郷を思い出すかのように神秘的な東洋に目を向けました。一八九三年、シカゴで開催された世界宗教会議では、偉大な神秘家ラーマクリシュナの弟子で、若く魅力的なヴィヴェーカーナンダは、アジアの英知の言葉を滔々《とうとう》と述べて、数百人もの西洋のインテリたちを魅了しました。その後、ヒンドゥー教から天才が輩出しました。神秘家のラマナ・マハリシ、詩人のラビンドラナート・タゴール、そして宗教活動家のマハトマ・ガンジーたちです。以上のことは、西洋の宗教界に強烈な印象を与えずにはおきませんでした。

シカゴの会議で禅仏教徒の代表を務めたのは、臨済宗の釈宗演（一八五八－一九一九）[13]でした。ヴィヴェーカーナンダに比べると地味で、英語も流暢ではありませんでしたが、後に二十世紀最高の才気あふれる宗教家となる門弟の一人を西洋に初めて紹介しました。若き日の鈴木大拙（本名　貞太郎）博士です。知恵に満ちた学者でもある博士は、多くの著書を執筆しましたので、「鈴木禅」は西洋世界に浸透していきました。まもなく、「隻手《せきしゅ》の声」（＊両手を打ち合わせると音がする。では片手ではどんな音がするか）や、「狗子仏性《くしぶっしょう》」（＊犬にも仏性があるか）の公案が話題に上るようになりました。地を揺るがすような〈悟り〉の体験を、大衆にも分かりやすく描く鈴木大拙の著作は、折衷主義者のオルダス・ハクスリや、好奇心の旺盛なアラン・ワッツのような大作家の心を捉えました。ワッツは、禅であれ、幻覚剤のメスカリンであれ、忘我の愛であれ、あまり頓着せず超常的な体験を求めていました。

一九六〇年代になると、神秘体験を求めて、ヒッピーの若者が大挙してインドへ押し寄せました。かたや、インドのグルや禅の老師たちはカリフォルニアへと向かいました。まもなくカリフォルニアはビート禅や秘儀的体験の本拠地となりました。アジアの宗教を体験するこうした動きは、マハリシ・マヘーシュ・ヨーギーの超越的瞑想や、影響力のあるニュー・エイジ運動の中で、今でも生きています。

東洋の宗教は大学で講義され、カール・ユングやミルチャ・エリアーデのような大学者たちがアジアの古典を研究しましたが、おおかたの正統派のキリスト信者はこの運動から距離をおいていました。しかし、この運動は、一人の非常に創造力に富む、トラピスト会修道士の豊かな想像力に火を点けました。トマス・マートン（一九一五－六八）は、神秘家や禅の老師について意欲的な記述を著し、偉大な鈴木大拙とも対談しました。彼はバンコクで、諸宗教対話評議会に参加した折に、悲劇的かつ象徴的な死を遂げました。

そうした合間にも、別のキリスト教グループである東方正教会の信者たちが、アジアの修徳と観想の伝統と、意義深い対話を静かに続けていました。宣教師たちは、アジアの文化の中で働かれる聖霊の声に耳を傾けることを、聖なる使命と見なしていました。やがて、宗教を求める西洋の人々に彼らが語る時がやってきました。

宣教とインカルチュレーション

十六世紀に、宣教師たちがリスボンからインドへ、東南アジアへ、そして日本へと渡ったとき、まず心がけたことは、インカルチュレーションでした。すなわち、キリスト教の信仰とアジアの文化を、祝福された実り多い結婚という形で一体化させることが、彼らの願望でした。先見の明のあるイタリア人、アレッサンドロ・ヴァリニャーノ（一五三九―一六〇六）が描くヴィジョンは、生え抜きのアジアの宗教指導者とともに、完全にアジア的なキリスト教を広めることでした。中国に渡ったマテオ・リッチ（一五五二―一六一〇）は、最初は仏教の僧衣をまとっていましたが、次に儒学者に倣って儒服を身に着けました。そして、数学、キリスト教の護教論、文学や天文学を中国語で二十巻以上も執筆しました。インドでは、ロベルト・デ・ノビリ（一五七七―一六五六）が人々の信仰心の強さに感銘を受け、「サンニャーシ」、すなわち苦行僧の生活様式に従った暮らしを送りました。サフラン色の僧衣をまとい、木靴をはき、菜食に徹して、額に宗教指導者を表す長方形の印を付けました。バラモン僧の禁欲生活を送りながら、人々を福音へと導いていきました。

十七世紀の神学は、確かに、いわゆる異教との奥義に関わる対話の準備が整っていなかったのは事実です。それにデ・ノビリもリッチも決して教会の体制側の支持を獲得することができませんでした。それにもかかわらず、彼らの行ったインカルチュレーションは、先例となって、アジア中のアシュラムや祈りのセンターで貧しきキリストに従う、キリスト教徒の「サンニャーシ」や、修徳主義者たちの間に生き続けました。そして、外国宣教師の時代が終わりを告げると、インド、中国、日本のキリスト教徒たちがインカルチュレーションを引き継ぎ、祖先たちの修徳と観想の伝統を学んで、吸収していきました(14)。

そして、第二バチカン公会議が歴史に名を刻む時が来ました。キリスト教神秘主義の豊かな宝物を世界にもたらす必要性を語りながら、公会議は、リッチやデ・ノビリを彷彿させる言葉で、宣教師たちに次のように勧めています。

福音が伝えられる以前に、神が時として、古くからの文化の中に修徳と観想の伝統の種を蒔かれたが、それらの伝統をどのようにキリスト教の信仰生活の中に取り入れることができるか、注意深く検討しなければならない[15]。

これは、ヒンドゥー教や仏教、タオイズムや他のアジアの宗教の、修徳と観想の伝統を吸収するように、という勧めとして捉えてよいでしょう。確かに、興味深い文言です。

禅とキリスト教の観想

第二バチカン公会議以前に、すでに一人のドイツ人イエズス会士が、リッチやデ・ノビリの足跡をたどり、日本で座禅を実践していました。フーゴ・ラサール（一八九八―一九九〇）は、日本の国籍を取得して愛宮真備《えのみやまきび》となり、一般にエノミヤ＝ラサールと呼ばれていました。彼は、日本文化の理解と、キリスト教のメッセージをアジアのメンタリティーに適応させることを目的に、一九四三年、座禅を始めました。そこで、訪れる先々の寺院で座禅を組み、最初は著名な原田祖岳老師から、ついで、鎌倉の山田耕雲老師から指導を受けました。

ラサールのアプローチは、『キリスト教的ヨガ』を書いたデシャネとはまるで異なっていました。デシャネがヨガの外面を採り入れ、根底に流れる英知に一切手を触れなかったのに対し、ラサールは根底の英知、つまり、〈悟り〉に魅了されました。そして、この悟りの境地へ到達することを、他の人々も同じ道をたどるように指導することを志しました。最初の著書『禅――悟りへの道』は、キリスト教徒のために悟りについて語ったもので、続く著作も同じテーマを中心にしたものでした[16]。彼は、アジアの文化と宗教の珠玉である〈悟り〉を、キリスト教に統合できるだろうと考えました。いえ、統合「できるだろう」どころか、「させねばならない」と。そこで、座禅を修徳の一環として修練院や神学校に導入することを思い立ちました。しかし、同僚や教会当局からの賛同は得られませんでした。

最初ラサールは、日本的キリスト教を築き上げることや、日本的祈りの方法を見つけることに関心を寄せました。これが彼の描くインカルチュレーションのヴィジョンの一部でしたから。しかし、時がたつにつれ、世界の教会に対しての使命感を抱くようになりました。そこで、ヨーロッパで黙想指導をしながら、大勢のキリスト教徒に座禅を紹介しました。言うまでもないことですが、反対されました。禅の悟りは一元論であり、福音と相いれないと言われたのです。これに対して、ラサールは、常に実践的な人ですから、こう答えました。自分も他のキリスト信者たちも、〈悟り〉の境地をかいま見ることができたし、福音から離れるどころか、座禅を経験することでイエス・キリストへの献身が一層深まった、と。だからこそ、ラサールは努力を惜しみませんでした。

ラサールの誠意と深い信仰心に、誰も疑問を抱く者はいませんでしたが、それでも彼の取り組み方は、神学上から見ても司牧上から見ても、回避できない問題を引き起こしましたし、今なお引き起こしています。問題の幾つかは仏教徒から上がっています。

というのも実は、禅修行は寺院で行われますから、基本的に信仰行為です。すでに述べましたが、真の禅宗徒は仏陀やダルマやサンガを信心しています。それに、この信心は、座禅の静寂に入ると、純粋な信心もしくは赤裸な信心となって生き続けます。参禅者は進んで〈大疑〉を通り抜け、〈大死〉

しなければなりません。それに、深い「信心―献身」があってこそ、初めてそうした力が与えられます。

しかし、ラサールは仏陀やダルマやサンガを信仰していません。彼と生活を共にし、彼を愛している人は全員（筆者も含め）、彼が非常に献身的な態度で聖体祭儀を行い、聖イグナチオの「霊操」に生きる、むしろ伝統的なカトリック司祭であることを知っています。さらに、常にキリスト教神秘家の本を読んでいましたから、彼が著す書物に引用されるのは、ラインラントの神秘家たちや、サン・ヴィクトールのリカルドゥスや、十字架の聖ヨハネなどばかりでした。彼らこそラサールが追い求める〈悟り〉に達した神秘家たちである、と主張しました。法華経や華厳経、般若心経についてはほとんど触れていませんし、救いについては、イエスが彼の救い主であり世の救い主であることに疑いを抱いていませんでした。それでは、彼の禅の本質は何だったのでしょうか。彼の〈悟り〉とは？

ラサールはこうした批判があることに気づいていました。そして、禅と禅仏教の区別をもって回答としました。その区別は彼の老師も容認している、と言いました。禅を禅仏教（すなわち、仏陀、ダルマ、サンガ）から切り離して、キリスト教に統合できるという信念を抱いていました。それによって、人は、イエスと福音と教会に献身できると。確かに、禅は、ユダヤ教、イスラム教、もしくはどんな宗教にも統合できるのではないでしょうか。座禅、つまり長時間座ることはそのまま残し、悟りに至ることもそのままですが、献身する対象が異なります。ラサールによれば、最も偉大な禅の老師たちは、悟りの十全さに到達するためには、禅仏教をも超越しなければならないと主張している、とのことです。

しかし、このような考え方は論争を呼びましたし、いまだに論争を招いています。ある仏教徒たちにとって、ラサールの禅は外道《げどう》禅であり、受け入れていません。歴史家たちの中には、禅と禅仏教は切っても切れないつながりがあるので、禅を仏教というルーツから切り離すことは、禅をも禅仏教をも冒瀆することである、と主張する人たちもいます。(17) この論争が近い将来に消えてなくなるとは思えません。

キリスト信者の中には、好んで「禅と対話し、禅から学ぶ」人もいます。彼らは、背筋を伸ばし、下腹部に力を入れて座り、丹田呼吸を実践して精神統一を図ります。しかし、沈黙のうちに座りながらやっていることは、神の現存の内に浸ることであり、「生きているのはわたしではなく、キリストがわたしの中に生きておられる」という聖パウロの言葉を味わうことであり、〈イエスの祈り〉を唱えたり、聖書的な公案を解くことです。こうしたキリスト教徒の中には仏教徒と親しくなって、一緒に瞑想をする人も大勢います。しかし、彼らには福音に基づく悟りがありますから、仏教徒のような〈悟り〉を求めてはいません。そして、自分たちの実践を禅とは呼んでいません。彼らは、第二バチカン公会議で論じられたリッチやデ・ノビリの伝統を受け継いでいます。これこそきっと、未来の道です。

新しい神秘主義

すでに述べたように、二十世紀は、西方のキリスト教の修徳法が挫折するのを目撃しました。そして今になり明らかになったのは、この挫折は成長の時期であったということです。二十世紀は、キリスト信者が新しい祈り方や、神に仕えて心身を鍛錬する新しい方法を求め始めた時代でした。西洋のキリスト信者たちがアジアへ目を向けた時代、そしてアジアのキリスト信者たちが自分たちの国の修徳と観想の伝統の富に気づくようになった時代でした。

以上のことから思い起こすのは、キリスト教の揺籃《ようらん》期のことです。その頃、福音がギリシア世界に伝わりましたが、ユダヤ人のような生活を送ることはできないと気づいた異邦人の彼らは、独自のキリスト教文化を生み出し、独自の祈り方を見つけました。聖ヨハネや聖パウロは偉大な神秘家でした。が、その教えがギリシア思想と出合ったとき、新しいものが生まれました。グレゴリオ（＊ニッサの）、バジリオ、アウグスチヌス、ディオニュシオスやその他の人たちが新しい神秘主義を創りました。プロティノスと同じ神秘主義ではありませんでしたし、ヨハネやパウロの神秘主義とも違っていました。それは、第三のもの—— tertium quid でした。

二十世紀末を迎える今、同じような独創的なプロセスを目の当たりにしています。現代の預言者や先駆者の努力と祈りのおかげで、新しい神秘主義が誕生しようとしています。エックハルトや十字架の聖ヨハネや、アビラの聖テレジアの神秘主義でもなく、荘子や白隠やラーマクリシュナの神秘主義でもありません。「第三の方法」、（tertium quid）です。新しい世界のイエス・キリストの福音です。

事実、あちこちで、年齢や文化を問わず、キリスト信者が静かに座り、瞑想しています。十字架やイコンの前に座って意識を集中させている人もいれば、聖堂に座って聖櫃《せいひつ》を見つめ、呼吸に意識を向けている人もいます。「マインドフルネス」（＊今起きていることを感じとり、ありのままに受け入れること）を実践し、自分の周囲に神がおられることに気づく人もいます。呼吸に合わせてマントラを唱える人もいます。禅やヨガ、ヴィパッサナー瞑想の影響を受け、宇宙におられる神の現存に知性と心の扉を開く人もいます。ひたすら神に語りかける人もいます。「生ける神」への新しいアプローチが次々と耳に入ってきます。

確かに、こういう祈りの方法が直ちに神秘主義的と言えるわけではありません。しかし、神秘主義へ通じる入り口となります。これらの祈りの方法はどれも、沈黙へ、また聖テレジアが「静穏の念祷」と呼ぶ言葉のない状態へと導きます。そこで人は、想像力（聖テレジアは「お抱え道化師」と呼びました）があちらこちらと跳ねまわっていても、現存する神のみ前で、沈黙のうちに精神を一点に集中し続けています。この静穏の念祷が、聖女の第四の住居です。そして、そこから、より高い住居へと招かれるかもしれません。そうです、たゆまず励んでいるうちに、主の声が聞こえてくるでしょう。「さあ、もっと上席に進んでください……」（ルカ14・10）と。そのとき、人は、同席の皆の前で面目を施すことになるでしょう。

神学的な意義

そして、神秘主義に向かう動きの高まりには、特別大きな神学的意義があります。まさに神の民の瞑想を通してこそ、教会は英知を増し、御言《みことば》を一層深く理解するようになるからです。これが第二バチカン公会議の方針です。公会議は、神学的に見た教義の発展に関して語り、使徒たちから伝えられた事物や言葉の理解は深化してきている、と述べています。そして、こう続けています。

というのは、伝えられた事物やことばの理解が深まるのは、信者たちが観想と研究によってそれらを心のうちで思いめぐらし（ルカ２・19、51参照）、また体験された霊的なことがらを深く理解し、

あるいは司教職の継承とともに信仰の確かなたまものを受けた人たちが告げ知らせるからである。(18)

ここでは、教義の発展と深化のことが取り上げられ、神の民による観想が最も重要であると見なされています。司教は二番目に登場するにすぎず、学識ある神学者は言及されてもいません。さながら心の中で深く思いをめぐらした聖母マリアのように、世界の至る所で、神の民が座って瞑想に励んでいます。彼らは聖書と聖書に関わる出来事を深く理解しようとしています。そして、これこそが、教義の発展と教会の英知の発達における第一の要素なのである、と公会議は述べています。先にいる者が後になり、後にいる者が先になります。

1　ホセ・ミゲル・バラ訳『霊操』理解を深めるための指示一（新世社、二〇〇三年）。
2　『修徳神学』と呼ばれる学問分野が現れたのは、ほんの十七世紀になってから。"Ascetical"はギリシア語のaskeinに由来。この語はパウロの書簡には使用されておらず、使徒言行録のパウロの弁明の一つに出てくる（24・16参照）。初期の教会では、「修徳的」という語は、肉体と闘い、禁欲を公言する修道者に対して使われたもの。その後、修道生活における修行に適用された。ギリシア語の写本を除き、古代ラテン語には使用されず、中世にも使用されていない。
3　Joseph de Guibert, *Theologia spiritualis ascetica et mystica*, (Rome 1946), I. IV. 9.
4　J.M.Dechanet O.S.B., *Christian Yoga*, (French original 1956) English trans. (London 1960).
5　同　五九頁。

6　インドから中国を経て日本に至る禅の発展史に関しては、Heinrich Dumoulin, *Zen Buddhism: A History, Vols I,II* , (London, New York 1988). 参照。仏教の瞑想とその方法に関しては、Trevor Leggett, *Zen and the Ways*, (London 1978). 参照。

7　K.Kadowaki, *Call to Meditation.*（未出版物）参照。

8　K.Graf Durckheim, *Hara:The Vital Center of Man.* (London 1962), p.176.

9　同　一七七頁。

10　同　一七八頁。

11　同　一八一頁。

12　唯円著『歎異抄』参照。

13　Heinrich Dumoulin, *Zen Buddhism in the 20th Century,* (New York 1992), p.3ff. 参照。［関連文献］西村恵信訳『仏教とキリスト教との邂逅』（春秋社、一九八一年）。

14　Vandana, *Gurus, Ashrams and Christians,* (London 1978). 参照。

15　『第二バチカン公会議公文書』「教会の宣教活動に関する教令」第二章18。

16　Hugo Enomiya-Lassalle, *Zen...Way to Enlightenment,* (London 1973). 池本喬他訳『禅―悟りへの道』、理想社、一九六七年）および、*Zen Meditation for Christians,* (Illinois 1974). 柴田健策訳『キリスト教徒のための禅の瞑想』（『禅とキリスト教』の副題）（春秋社、一九七八年）も参照。

17　前掲書注(6)、第一巻、一七頁に次のように述べている。「禅がなければ、今日の仏教はない、と言えるだろう。禅は、仏教の宗教的エッセンスの最も純粋な現れの一つである。仏教という大樹の果実であり、花である」。

18　「神の啓示に関する教義憲章」第二章8。

第９章　神秘主義と根源的なエネルギー

キリスト教の伝統におけるエネルギー

あるアジアの女性が初めて福音書を読んだとき感銘を受けたのは、イエスという人物から放たれるエネルギーでした。そのエネルギーは何よりも、〈気〉とか **chi** とかプラナといった、アジアの文化や宗教のまさに根幹を成すエネルギーのことを思い起こさせました。なぜなら、イエスが病人を治し、悪霊を追い払うとき、エネルギーが発せられるからです。タボル山でイエスの姿が変わるときも、光が、目もくらむような光が、イエスの顔や服から放たれます。また、「わたしはある」と仰せのとき、イエスの霊的な力と、人を魅きつける存在に群衆は圧倒され、後ずさりして地に倒れます。イエスは、死の間際に、エネルギーを一気に放出します。「そして、イエスは大声を出して息を引き取られました」（マルコ15・37）。

天に上げられた後も、イエスは地上で働き続けておられます。これは第二バチカン公会議の教えであり、現代世界憲章には、「キリストは今、その霊の力をもって人々の心において働いている」(1)と書かれています。こういうエネルギーは使徒言行録にもパウロの手紙にもはっきり記されており、聖霊は、特別な能力を授かった人々から流れ出て、癒やしや預言や英知という賜物の形で現れます。しかし、最高のエネルギーにして最高の贈り物は、愛です。「たとえ、人々の異言、天使たちの異言を語ろうとも、愛がなければ、わたしは騒がしいどら、やかましいシンバル」（一コリント13・1）。なぜなら、聖ヨハネが語るとおり、「神は愛だからです」（一ヨハネ4・8）。

そして、新約聖書のエネルギーは神秘主義の伝統となりました。イエスは地上に火を、力みなぎるエネルギーである霊的な火を投ずるためにやって来られた、という福音書の言葉は、文字どおりに受け取られました。また、神秘主義の伝統は、雅歌を構成する愛の歌の中にも、燃え盛るエネルギーを認めました。「わたしの妹、花嫁よ、あなたはわたしの心をときめかす。あなたのひと目も、首飾りのひとつの玉も、それだけで、わたしの心をときめかす」（4・9）。そして、東方教会の伝統は、深い神秘体験を生む「光と火の神学」を緻密に打ち立て、神の〈造られざるエネルゲイア〉について書き記しています。さらに、命のパン、霊魂の糧である聖体は、キリスト信者のエネルギーの大きな源でしたし、今でもそうです。

しかし、キリスト教の伝統は、新約聖書に従って、悪のエネルギーの存在も常に認めてきました。第二バチカン公会議は、永久に続く悪との戦いを取り上げ、鮮明に描いています。「闇の権力に対する激しい戦いは、人間の歴史全体にわたって見られる。世の初めに起こったこの戦いは、主がいうとおり、終わりの日まで続くであろう(2)」。なぜなら、「神と人間への奉仕に秩序づけられている人間活動を、罪の道具に変えてしまう虚栄と悪意に(3)」満ちた霊が存在するからです。それゆえ人間のエネルギーは、「キリストの十字架と復活によって清められ、完全なものとされるべきである」と公会議は見なしています。

また、聖書には宇宙エネルギーのことも記されています。黙示文学を反映し、「太陽は暗くなり、月は光を放たず、星は空から落ち、天体は揺り動かされる」（マルコ13・24、25）と、力強く描写されています。

天地創造とともに、火は宇宙に出現しました。そして、時が終わるその日まで存続するでしょう。「稲妻がひらめいて、大空の端から端へと輝くように、人の子もその日に現れるからである」（ルカ17・24）。

シャーマニズム

シャーマニズムの注目すべき研究で、ミルチャ・エリアーデは、シャーマンの「脱魂の技法」は、広大なシベリアおよび中央アジア地域に見受けられる卓越した宗教体験であった、と指摘しています。(4) シャーマンとは、神秘体験を成し遂げた、選ばれた人物のことです。とりわけ脱魂の達人で、トランス状態に陥って、死者や悪魔《デーモン》や精霊と交信できる特別な存在でした。また、エネルギーの達人でもあり、火をのみ込んだり、地上から空中へ浮揚したり、飛翔するという尋常でない妙技をやってのけました。しかし、主な役割は、共同体においてヒーリングに当たることでした。エリアーデの指摘によれば、こうした特別な使命を持つ人物は、時にはあたかも気が狂ったような深刻な霊的危機に陥るものですが、「いったん最初の危機から立ち直ると、仲間の誰よりも強靭《きょうじん》な肉体と、説得力のある知性と、豊かな活力を発揮する」のです。(5)

厳密な意味でのシャーマニズムは、内陸アジアに見られる現象ですが、似たような現象が南北アメリカ、インドネシア、オセアニア、オーストラリアなどでも観察されています。シャーマニズムは今日でも生きており、国家宗教と共存しています。例えば、フィリピンのシャーマンの中には、慣習にとらわれず、敬虔《けいけん》なカトリック信者もいます。エリアーデの評価は総じて肯定的で、「一般的に、シャーマニズムは、死、病気、不妊、惨事などの〈闇〉の世界から生命、健康、多産などの〈光〉の世界を守っていると言えよう」(6)と述べています。

シャーマニズムより洗練されていますが、シャーマニズムと無関係とは言えないものに、chi とか〈気〉とか呼ばれる精神的なエネルギーがあります。これについては、七章で触れました。(7) このエネルギーは、ちょうど、漢方医学や瞑想の実践の中核を成すのと同じく、まさに武道や中国の〈道《どう》〉の基盤を成しています。中国の老師たちは、姿勢や呼吸などの鍛錬を通し、エネルギーを制御することを教えました。chi は抑制が利かず、精神の破壊、もしくは身体に害をおよぼす病気を引き起こすことがあることを、十分承知していました。それは、特に長時間瞑想にふける人に当てはまることでした。その場合、健康を害して倒れることが非常に多かったのです。〈気〉が高揚して、悟りと大歓喜をもたらす一方で、同じエネルギーが禅病や精神衰弱を引き起こしかねません。

悟りに至る途中で、肉体的および精神的な大嵐をくぐり抜けた神秘家の一人に、偉大な白隠禅師《はくいんぜんじ》(一六八五—一七六九)がいます。白隠は、臨済宗の中興の祖として知られ、日本の仏教界で最も敬愛されている僧侶の一人です。

白隠禅師

白隠の人生は初めから波乱に富んでいました。七、八歳の頃、お坊さんから地獄の苦しみについての説教を聞いて心底から衝撃を受け、十五歳で出家得度《とくど》し、禅僧となりました。悟りを開いたのは、夜を徹して座禅を組んで朝を迎え、遠くの寺の鐘が聞こえてきた瞬間でした。「あたかも水盤が粉砕されたかのようであり、玉楼が倒れたかのようであった」[8]と述べています。この後まもなく、白隠は重い神経症にかかります。後に禅病と診断されました。

両耳は、まるで渓谷の急流のそばにいるかのように轟音《ごうおん》が鳴り響き、内臓は弱り果て、立ち居振る舞いは不安や恐怖でおどおどした。心身ともに疲労困憊《こんぱい》し、寝ても醒《さ》めても種々の幻影が見え、両腋《りょうわき》は絶えず汗をかき、両眼はいつも涙をたたえている、というありさまであった。[9]

こうなった時点で、賢者の誉れ高い白幽《はくゆう》という仙人を訪ね、その後の全人生を決定する勧告を受けます。病気の原因は過度の座禅修行にある、と指摘されたのです。エネルギー〈気〉が均衡を失い、熱が身体の上部へ、頭部へと上ってしまっていました。「そなたは心火が逆上したので、このような重病になった。もし心火を降下させなければ、……再起することはできまい」[10]、と白幽は言い渡します。つまり、健康と健全な瞑想の秘訣は、身体の上部を程よく冷やし、下部全体を温めるように、熱とエネルギー（心火）を臍（丹田）、および土踏まず（足心）まで降下させることにある、ということです。

これが、白隠の教えの基本となりました。伝えようとしたのは、「心を足心に収めてよく百一の病を治す」という仏陀の言葉でした。[11]そして、座禅を組み、エネルギーの宝庫である下腹部に力を入れて呼吸するようにと、具体的に人々に勧めました。

我がこの気海丹田、
腰、脚、足心は
すべて自分の先天の本性である。
この先天の本性にどうして鼻孔があろうか。
我がこの気海丹田は
すべて自分の本来の故郷である。(12)

（『日本の禅語録』19　鎌田茂雄訳）

この気海丹田とは、臍下部分にある社の場所のことです。ここからは、他にも神聖なものが湧き出る、と言っています。

また、人間の体内、下腹部に気海丹田と呼ぶ処がある。ここは元気が蓄積保存される宝庫……生命を養い長寿を保つための処である。(13)

白隠は、気を降下させる方法について具体的な指示を与えました。勧めた方法は「軟酥《なんそ》の法」と呼ぶものでした。それは、色も香りもすばらしい鴨《かも》の卵のような大きさの軟酥（バター状の乳製品）が、頭の上に置かれているとイメージする方法です。軟酥が溶け出し、頭全体を潤す。ひたひたと水が浸すように下りてきて、両肩、両腕に及び、胸の中、横隔膜、肺、胃、肝臓、腰、尾骨までも次第に潤し、最後に足裏の土踏まずに至ってとどまる、とイメージします。こうすると、気が全身をめぐると言います。

しかし、白隠が優れていたのは、手に負えないエネルギー〈気〉の制御と、その流れの方向を視覚化させる技法だけではありません。経典に精通した、卓越した老師でもあり、個人的経験から大悟へと導く霊的エネルギーを熟知していました。さらに、芸術家でもありました。白隠の、悟りの境地に達した書は、今日でも高い評価を受けていますし、彼が作り上げた偉大な経文『坐禅和讃《ざぜんわさん》』は、今なお日本中の禅寺で読誦されています。とりわけ、白隠は無一物の人、大慈悲心の人でした。一介の住職に徹した彼は、虐げられた農民を慈しみ、その味方となりました。その一方で、富や権力におごる人々を厳しく諫めることもありました。白隠の最も神秘的な著作は、『仮名法語』の中に収められていますが、これはまさしく抑圧された人々に向けられたものです。白隠は、自らが創作し、好んでもいた公案、「隻手《せきしゅ》の音声《おんじょう》（片手の声）」を彼らに教え、これを解くことをもって、悟り（見性《けんしょう》）へと導きました。この公案にはどのような英知が満ちているのでしょう。「隻手に声あり。よって、片手で鳴る音、声なき妙なる音、もしくはその声に耳を傾けよ。完全なる虚無の谷間にこだます、存在無きものが奏でる楽の音を聞いてみよ」(14)。こういう言葉を口にできるのは、ひたすら完全な虚無の中に暮らし、存在無きものが奏でる音楽に耳を傾ける人だけでしょう。

白隠は、まさに無一物で何ものにもとらわれていなかったからこそ、英知や創造性や、憐れみのエネルギーに満たされていました。これは、彼の類いまれな生涯から私たちが学ばねばならないことです。

クンダリーニ

根源的エネルギーの覚醒、制御、指導の技法の点で、高度に発達しているのは、タントラの伝統、特にクンダリーニ（蛇の力）について語るラヤ・ヨガです。[15] サンスクリット語のクンダーラとは、円とか螺旋という意味で、クンダリーニは「とぐろを巻くもの（女性形）」という意味です。とぐろを巻く蛇が、人の脊椎の内側に眠る爆発力を持つエネルギーの、力みなぎるシンボルとなっています。

クンダリーニはいったん覚醒すると、人体の中心軸となる背骨に沿って上昇し、頭頂部に到達します。その頭頂部で、深い悟りと強い喜びと非二元的意識が生まれます。クンダリーニの体験は非常に貴重で、変容や再生へと導くほどですが、精神的にも身体的にも危険をはらんでいます。

クンダリーニを理解するにあたって念頭に置くべきことは次のことです。ヒンドゥー教の思想では、人間は重層的にできています。粗大身すなわち肉体と、それをうっすらと包む幽体（＊微細身）すなわちアストラル体と、またそれを包む自己、すなわち人性が神性と一体化した霊体（＊原因身）、の三層の要素から成り立っています。幽体の中にチャンネル〈ナーディ〉、すなわち回路があり、最も重要なのが脊柱に沿って伸びる〈スシュムナー〉です。滞っていなければ、このナーディに沿ってエネルギーが流れるはずです。また、クンダリーニが突き抜けて覚醒させていく精神的エネルギーの中枢を司る〈チャクラ〉（輪）もあります。そして、そのチャクラがそれぞれ開かれていくと、ヨガの実践者は新たに力と英知を得ます。すると、蛇の力が、脊髄の根元にあるムーラダーラという一番下のチャクラから流れ、生殖器から臍、心臓、喉、眉間にあるチャクラを次々と通り抜け、最後に頭頂部に至り、クンダリーニと同一視されるシャクティ〈女性〉と、シヴァ〈男性〉が結合して崇高な悟りがもたらされます。

最上位のチャクラに至るまでに、クンダリーニは焼却されるべき数々の障害物、つまり不純物にぶつかります。それで、大きな苦しみが、このプロセスと切っても切れない苦しみが生じます。しかし、それより数倍大きな苦しみが、たぶん精神の崩壊のようなものが、エネルギーが間違った方向へ流れると、つまりスシュムナーに沿って上昇し損なうと、起きることがあります。

現代人がこのプロセスを学ぶと、いわゆる幽体の問題にぶつかる人が出てくるかもしれません。結局、幽体は科学的に捉えられません。チャクラやナーディ、クンダリーニにしても、その存在については科学的証拠がありません。果たして、そのようなことで現代人に受け入れられるでしょうか。クンダリーニはあるプロセスを説明する一つのモデルであり、神秘体験を語る時には、この類いのものは仮説として扱うべきであると筆者には思えます。アビラの聖テレジアも、内的、つまり霊的感覚について語っていませんでしたか？　肉体の目を使わない視覚、つまり、本物の視覚というものがあります。肉体の耳を使わない本物の聴覚も。肉体の手に頼らない触覚、本物の触覚もあります。テ

レジアはこうした感覚の存在に疑いを抱きませんでした（否定すれば、最も貴重な体験を否認することになるでしょうから）。こうした感覚は、科学的機器を使っても、その所在を突きとめることも、度合いを測定することもできません。そして、同じく、ヒンドゥー教でも、研究実験で科学的に観測できない宗教体験の中心、つまりチャクラを持つ幽体が前提となっています。

クンダリーニは、インドのカシミール地方のシュリーナガル出身のヨガ行者によって世に広く知られるようになりました。そのゴーピ・クリシュナ（一九〇三―八六）は、長年、沈黙のうちに瞑想を行っていました。ある時突然、クンダリーニの上昇を体験して覚醒しますが、気が狂うかと思われるほどの錯乱状態に陥りました。(16)ところが、見事にその窮地を切り抜けると、自分自身がすっかり変容して覚醒し、統合されたことを知りました。そこで、クンダリーニの使徒となり、そのすばらしい成果を大々的に書き著して、クンダリーニは人間の内に宿る革命的なエネルギーにほかならないと力説しました。

さらにゴーピ・クリシュナは、クンダリーニの覚醒は、キリスト教の神秘家であれ、スーフィー派（＊イスラム教の神秘家）の長老であれ、ヨガの熟練者であれ、誰にでも起こる深い人間的な体験である、と主張しました。その考え方が正しければ、シベリアや内陸アジアの現象であるシャーマニズムが世界中どこでも見受けられるように、インドで入念に研究されて発展してきたクンダリーニも、チベット仏教や中国タオイズム（道教）の信者や北米先住民の間で見受けられてもおかしくないでしょう。言うまでもなく、象徴は、所により異なります。蛇やシヴァやシャクティが万国共通である必要はありませんが、体験自体はどうやら原型的なのかもしれません。

クンダリーニ研究は確かに急成長を見せていますが、「霊的覚醒」は何も珍しい現象ではない、という声もあります。神秘神学の再生にとり特に意味深いのは、ある敬虔なカトリック信者の体験です。フィリップ・サン・ロメインは聖体の前で何時間も沈黙の祈りをささげているうちに、深いキリスト教的瞑想に入りました。すると、身体とプシケ（＊ギリシア語で精神・心・魂の意味）に支障をきたす奇妙な出来事が起き始めました。救いの手を探し求めましたが見つからず、ついに、クンダリーニの文献に行きつき、ようやくわが身に何が起きているかが分かってきました。それでやっと、瞑想体験の〈生理学的な次元〉を理解したのです。クンダリーニとキリスト教霊性の統合を試みた自伝的著作は、神秘体験レベルでのすばらしい対話例です。(17)

愛の火

キリスト教の祈りは、普通、まず聖書について、特に福音書の場面を思い起こすことから始まります。まず、祈りの言葉を唱え、次に場面を頭に浮かべるでしょう。しかし、時の経過とともに、祈りは単純になり、二、三語、あるいは一語だけになります。『不可知の雲』の著者は、「愛」、「罪」といったごく短い言葉を繰り返すことを勧めていますし、他にも、何人かの著者が、〈イエスの祈り〉を勧めています。やがて、神の現存や、十字架の聖ヨハネが「愛に満ちた意識」と呼んだものを知覚するようになり、考えることを阻《はば》む内なる愛が動きだして、湧き上がってくるのを感じるようになります。これが、観想的な祈りの初期の段階です。

『不可知の雲』の著者は、〈愛のひそやかな兆し〉について語っています。この愛がひそやかなのは、不可知の雲に囲まれているからです。また、「意志の赤裸な意向」についても語っています。赤裸なのは、思考という衣をまとっていないからです。人は沈黙し、考えることもできなくなり、愛の動きにとらわれます。その愛は、最初はほとんど気づきませんが、やがて内なる火となっていきます。

この内なる火が、キリスト教神秘主義のまさに中核となっています。これはダイナミックな火ですから、観想者をつき動かし、人生のさまざまな状況において、正しいものを選択するように働きかけます。『不可知の雲』の著者の弟子が、いつ食べ、いつ断食し、いつ眠り、いつ目覚めているべきかと尋ねると、師は、特定の時を告げるかわりに、内なる愛の動きに従うように、と答えています。

するとあなたが感じているその同じ愛の動きが、いつ話すべきか、いつ沈黙すべきかをきっと告げてくれるでしょう。そして、生活全般にわたって過ちを犯すことがないよう慎重にあなたを支配して、神秘的なやり方であなたを教え導くでしょう(18)……。

内なる火はたえず観想者を導きます。そして背こうとすれば、「その火は、棘《とげ》のようにあなたの心をちくちくと刺し、痛みであなたを疼《うず》かせ、従うまであなたに平和が訪れないようにするでしょう(19)」。

さらに、〈愛のひそやかな兆し〉は、四六時中観想者から離れることがありません。朝は、観想者とともに起き、夜は、ともに床に就きます。働く間も、遊ぶ間も、ともにいます。観想者の全人格を貫いて、誰に対しても、愛情にあふれた優しくて魅力的な人間に育て上げます。観想的な祈りの甘美なエネルギーとは、そのようなものです。

さて、この内なる火とは正確に言うと何か、と神学的な質問を投げかければ、十字架の聖ヨハネなら、聖霊です、と答えるでしょう。[20] 別のところで、観想とは「神が霊魂にお入りになること」[21] とも述べています。それと同調するように、東方教会は、〈造られざるエネルゲイア〉、つまり神聖なエネルギーについて語っています。端的に言えば、観想は神のみ業です。聖なる三位一体が人間の中で成す業なのです。

そして、その神聖な火は苦痛を引き起こします。なぜなら（本書の初めに見たように）、人間は不純物であるがゆえに湿った薪《まき》のような存在なのですから。火にくべるとまず、汚い黒煙を上げます。これが暗夜です。しかしやがて薪に火がつきます。燃え盛るエネルギーの強烈なこと！「したがって、忘我や脱魂や脱臼などが起こる」と十字架の聖ヨハネは書いており、さらに、「体のあちこちが弱り、傷つき、胃が痛む」[22] ことがあるとも書いています。

しかし、中でも、この人間的で神的なエネルギーにより体がばらばらに引き裂かれたのは、良識家でありながら、ともすると忘我状態に陥りがちな、彼の聖なる友のテレジアでした。

テレジアが禅病のようなものを患ったというのは、『霊魂の城』の冒頭からも明らかです。耳鳴りと頭痛に見舞われて、集中できない、とこぼしています。後に、こう述べています。

　これを書いている間も、初めに述べたように頭の中で大きな音が響いています。私の頭は一体どうなっているのでしょう。こんな具合では、書き記すようにと命じられたことが書けなくなりそうです。まるで、急流が何本も頭の中を流れているかのようです。しかも、轟音をたてて流れ落ちています。それに小鳥が何羽か、耳元ではなく頭のてっぺんで一斉に囀《さえず》っています……。[23]

それなのに、驚いた様子でこう付け加えています。「いくら頭の中でこんな異常事態が発生していても、祈りが妨げられたり、言いたいことが言えなくなったりはしません。それどころか、霊魂はそんな苦しみから引き上げられて、静寂と愛と希望と明晰な知識に包まれています」(24)。深い静寂と苦悶とが共存しています。

しかし、こうした身体の異常よりも重大なのは、彼女の恍惚状態や忘我状態、それと精神の飛翔です。抵抗できないほどのエネルギーを受け、彼女の全身は地面から浮き上がりました。ある時は、床の上に身体を伸ばし、修道女たちが彼女の体が浮かないように押さえていたと、彼女は記しています。こうしたことが人前で起こると、ひどく困惑したからです。そして、こう述べています。

傍らにいる何人もの修道女たちによると、私は時々脈が止まりそうになるそうです……。そして両手がこわばって手が組めないほどだそうです。そのため、翌日になっても、まるで骨が外れたかのように体が痛みますし、動悸《どうき》が収まりません(25)。

このように時折、神聖なエネルギーに圧倒されて、彼女はなす術《すべ》もないままでいました。しかし、十字架の聖ヨハネにとり、このような体験は大した意味を持ちませんでした。彼の説明によれば、恍惚とは、強力な霊的交わりが感覚の上にあふれ出る状態のことで、感覚が浄化されると、こうしたとてつもない出来事は収まる、と述べています。「というのも、完全に浄化された人々の場合、もはやこのような忘我状態や肉体上の苦痛はなく、感覚が曇ることも、脱魂することもなく、彼らは精神の自由を享受しているからである」(26)。そして、こうした教えが伝統的な神秘神学の中に入って行きました。ジョゼフ・ド・ギベールによれば、忘我状態は何も特別な贈り物ではなく、「神聖なみ業の力に耐えきれない人間の、個体としての弱さから起こる結果にすぎない」(27)のです。

続けて、彼はこう述べています。

それゆえ、忘我状態が起きた場合、神の行為が、この状態が起きないときより、必ずしも激しいとは限らない。これは、他の、心理的・生理的な要因に左右される。事実、一般論では、変容の一致という、注賦的観想の最高段階に到達すると、恍惚状態はまったく止むか、もしくは頻度が少なくなり、強いものではなくなる、とされている。(28)

この理論を裏づけるために、ジョゼフ・ド・ギベールは、聖テレジア、オーギュスト・プーラン、ガリグー・ラグランジュを引き合いに出しています。忘我や恍惚状態は、どんなに人々の目をひこうが、あくまでも副次的効果にすぎません。

しかし、観想者が浄化されていくと、霊的な火は全人格をとらえるようになり、愛の生ける炎へと発展していきます。十字架の聖ヨハネは、こう述べています。

すでに火が薪の芯まで燃焼してすっかり変容し、薪と火が一体となっているが、それでも一層火力が増して燃え続けると、薪は火を吹き出し、すっかり焼き尽くされて炎となり、閃光を発するまでになる。(29)

さて、このスペインの神秘家は喜びと苦しみを逆説的に述べて、甘美な焼灼とか、喜ばしい傷のことに触れます。

¡O cauterio suave!　おお、快い焼灼！
¡O regalada llaga!　おお、愛撫のような深傷！

この激しい炎は、賛美を口にする人の命を奪います。ところが、その結果、彼を永遠の命に目覚めさせるのです。

Matando, muerte en vida la has trocado　それは死なせながら、死を命にとり換えた

そして、静かで穏やかな澄み渡った最終段階を迎えます。そのとき炎は燃え尽きますが、何ら痛みを与えません。

En la noche serena　静かな夜

列王記に出てくるエリヤのことが思い起こされます。主が通り過ぎて行かれると、非常に激しい風が起こりましたが、風の中に主はおられませんでした。風の後に起きた地震の中にも、地震の後に起きた火の中にも主はおられませんでした。火の後に吹いてきたそよ風の中に主はおられました。

とてつもないエネルギー

ここまで、神秘体験は最高の英知へ至る道であり、この英知はごく単純で、何の変哲もないもので、エリヤが神の現存に気づいたそよ風のようである、と述べてきました。聖イグナチオは、明らかにこのことがはっきり分かっており、真正の宗教体験は、海綿に水がしみ込むような自然な体験である、と述べました。禅の伝統も同様に、英知を人間の平常心としてとらえ、「悟りを開く前に、薪《まき》割りと水くみを。悟りを開いた後も、薪割りと水くみを」と語っています。崇高な英知は単純で平凡です。

しかし、悟りへ至る途中は、さまざまなことが起きるでしょう。すでに述べたように、この道を歩む人たちは、歓喜や忘我状態を経験するかもしれません。幻視や幻聴も起きるかもしれません。あるいは、テレパシー、透視、予言、読心術、浮揚、体外離脱体験といった途方もない超能力が高まるかもしれません。クペルティーノの聖ヨセフ（一六〇三―六三）は、恍惚状態で空中に浮揚したので、「空飛ぶ修道士」と呼ばれました。同様のことが、聖痕を受けた特別な聖人パードレ・ピオ・フォルジョーネ（一八八七―一九六八）についても語られています。二箇所に同時に存在するというバイロケーション能力は、正式に認証されています。カトリックだけでなく、シャーマニズム、ヒンドゥー教やチベット仏教の歴史にも、幻視、恍惚状態、浮揚などの事例が数え切れないほど登場します。

こうした超常現象は、カトリックの庶民の信心で、これまで重要な役割を果たしてきました。ことに中世では高い人気を呼びました。しかし、教会の体制側からは、常に熱狂的に歓迎されたわけではありません。クペルティーノの聖ヨセフもパードレ・ピオも、体制側から痛ましいほどの苦しみを受けました。幻視者や奇跡を行う人は、常に冷遇の憂き目にあってきました。列聖のプロセスに関して言えば、英雄的美徳や深遠な英知は求められても、幻視、幻聴、超能力の類いは軽視されます。

しかし、超常的なものへの渇望はこれまでもずっとありましたし、今日でも続いています。第二ミレニアム（二千年紀）の終末に近づくにつれ、全世界で超常的な現象を求める動きが目につくようになりました。朝、新聞を開けば、涙を流す聖像とか、天国から示された幻視とか、奇跡的治癒とかの記事が目に入ります。旋回する太陽とか流星群の出現という宇宙現象を耳にすることさえあります。特別な幻視を受けている人たちが、来るべき大惨事について不吉な秘密を握っているという噂《うわさ》を耳にすると、その予言を聞こうと、巡礼者たちが群がって来ます(30)。

こういう事態とともに、オカルトへの興味も大いに高まっています。書店の目立つ場所に、悪魔崇拝、魔女、占星術に関する書物が平積みにされています。ここにも、今日の世界に影響を及ぼす強力なエネルギーがあるからです。

明らかに、現代は預言者と偽預言者、善霊と悪霊の時代です。ところで、それぞれをどのように区別すればよいのでしょうか。

霊を吟味する

すでに述べたとおり、キリスト教の伝統は、光の勢力と闇の勢力の間に途方もない闘いがあることを認めています。聖ヨハネは第一の手紙で、霊ならどれでも信じるのでなく、神から出た霊かどうかを確かめなさい、偽預言者が大勢世に現れているからです、と愛する者たちに訴えています。

そして、霊を確かめる基準となるのは、イエスです。「イエス・キリストが肉となって来られたということを公に言い表す霊は、すべて神から出たものです」（一ヨハネ４・２）。聖パウロは似たような判断基準を用いてコリントの信徒へ書き送っています。「イエスは主である」と語る霊なら従いなさい、と。「イエスは神から見捨てられよ」と言う霊なら拒絶するように、と（＊一コリント12・３）。つまり、福音書のイエスへ、ご聖体のイエスへ、貧しい者、病める者、抑圧されている者、死の床に就く者の内に住まわれるイエスへと導く力やエネルギー、そういうエネルギーなら、どれも真に神から出ているものであるということです。

預言者について言えば、新約聖書の判断基準は明確です。「あなたがたは、その実で彼らを見分ける」（マタイ７・16）。いわゆる預言者と呼ばれている人の生活を見ること。彼あるいは彼女の教えはどこへ導いて行くかを見ること。彼らが結ぶ実を見ることです。茨《いばら》からぶどうが、あざみからいちじくが採れるでしょうか？

この賢明な教えはキリスト教の伝統となり、神秘神学と緊密に連携して、徐々に識別の学問が生まれてきました。識別については後の章でさらに触れることにしましょう。ここでは、善と悪のエネルギーに関する基本的な教義を幾つか述べるにとどめます。

悪の力は、純真な心で神を求める人に対して無力であること、効果を発揮できないことを、キリスト教共同体は常に教えてきました。より偉大なのは、世の人々より私たちの中におられるイエスです。悪魔は、鎖につながれた犬のようなもので、吠えたり唸ったりしますが、関わらなければ無害です。ところが、実際、人は関わりを持ってしまいます。特に愛着や依存が強い人ほどそうです。薬物依存の話はよく耳にするでしょう。修道者の場合、体験や認識への依存が一段と強くなりかねません。悟りや慰め、幻視や幻聴、認識や預言の賜物に、（中でも最も危険な）超能力の獲得に、執着しかねないのです。そして、依存症の人は欲しいものを手に入れるためなら何でも、まあ大抵どんなことでもやってのけます。

さて、その典型的な例が、中世の悲劇の人、フォースタス博士です。オカルト的な力と秘儀的な知識に固執するあまり、それらと引き換えに魂を売り渡す契約をサタンと結びます。年月がたち、契約が切れる時が来ます。「やがて時計が鳴ろう。悪魔もやって来よう、その時こそフォースタスが地獄へ堕ちる時なのだ」（＊『フォースタス博士の悲劇』５幕２場　平井正穂訳）。そして、フォースタスはメフィストフェレスに連れられて退場。確かに、これはマーロウの伝奇的な戯曲です。しかし、この物語は、二十世紀とまったく無関係と言えるでしょうか。このようなことは、今日でもありうるでしょうか。もしそうであれば、超常的な力を持つ人たちは神の名を借りて語っている、と反射的に思ってもよいのでしょうか。

善悪の存在を判断するとき、昔の聖人たちはよく直感に従いました。というのも、識別は聖霊から頂く超自然的な賜物で、それによって人は心が見えるからです。しかし、神秘現象の識別の達人である十字架の聖ヨハネは、はっきりと、幾つかの指針を述べています。では、その指針を見ていきましょう。

十字架の聖ヨハネは慎重で懐疑的でさえありますが、神が幻聴や幻視を通して人々と交わることや、こうした現象が、神秘生活では極めて重要なものとなり得ることを、決して否定しているわけではありません。しかし、そうした体験に「執着」してはならないと、強調しています。さらに、神との交わりは、人間側の努力によるものではない、とも主張しています。ということは、疑問を抱いたり、あるいは判断を下す必要はないということです。その体験が神からなのか、サタンからなのかを問う必要はありません。ひたすら、なるがままに任せればよいのです。もし、それが神からであれば、その成果が出てきます。サタンからであれば、あなたが関わらなければ、何の害も与えられません。ただこういう体験を誇るのではなく、聖パウロのように、むしろ自分の弱さを誇るように、ということです。

というのも、だまされる危険性が実に高いからです。サタンは、光の天使に変身して、幻聴や幻視を引き起こすことができます。優れた知性を持ち合わせていますから、時々未来を読み取って、予言的なメッセージを伝えることもあるでしょう。サタンは神のみ業に干渉できます。(31) 加えて、人間の弱さもあります。神からじかに伝えられたものか、あるいは別の誰かの解釈なのか、区別しなくてはなりません。聖人といえども、自分たちの存在の深奥部で味わった捕らえどころのない体験を概念化して言葉で表現する時に、間違いを犯すこともありました。

しかし、十字架の聖ヨハネは否定的ではありません。個人的な啓示は、たとえどんなに魂を揺さぶるものであれ、不備であり不完全なものであると主張しています。それよりずっと大切なのは、信仰の真理です。ですから、イエス・キリストにじっと目を注いでください。やがて、キリストの内に英知が充満していることに気づくでしょう。キリストの内に、「知恵と知識の宝はすべて、隠れています」（コロサイ２・３）。「キリストの内には、満ちあふれる神性が、余すところなく、見える形をとって宿っています」（コロサイ２・９）。何かの幻視や啓示を望む愚かな者に、神はこうお答えになるのではないでしょうか。

わたしは、すでにわたしの言《ことば》であるわが子に託し、すべてを語り尽くしてしまって他にもう言うことはないのだから、どうしてこれ以上の答えや啓示を告げることができようか。あなたはわが子の上にのみ目を注ぎなさい。そうすれば、あなたは、請い求める以上のものを彼の内に見いだすだろう。あなたは、部分的に言葉や啓示を求めているが、彼の上に目を留めるならば、それを残りなくすべて見いだすだろう。というのは、わが子は、わたしの言と答えのすべてであり、ヴィジョンのすべてであり、わたしの啓示のすべてであるから。あなたたちに彼を、兄弟とし、友とし、師とし、罪のあがないとし、かつ報いとして与えることにより、あなたたちにすべてを語り、答え、明示したのである。[32]

　こう述べて、十字架の聖ヨハネは、信仰に、つまり純粋な信仰、しるしのない赤裸な信仰に、全面的に重点を置いています。そして、彼の教義は深く聖書に基づいています。そこには、「よこしまで神に背いた時代の者たちはしるしを欲しがるが、ヨナのしるしのほかには、しるしは与えられない」（マタイ16・4）とか、モーセと預言者の言葉で満足するようにと述べられ、こう記されています。「もし、モーセと預言者に耳を傾けないのなら、たとえ死者の中から生き返る者があっても、その言うことを聞き入れはしないだろう」（ルカ16・31）。それに、パウロは、「ユダヤ人はしるしを求め、ギリシア人は知恵を探しますが、わたしたちは、十字架につけられたキリストを宣べ伝えています」（＊一コリント1・22–23）と言っていないでしょうか？

　結論は、大事なのは信仰である、ということです。幻視も見ず、幻聴も聞かずに信仰を持ち続けてきた人々は、幸いです。そういう結論に達したからといって、聖堂訪問とか聖地巡礼という古くからの風習が廃れることはありません。単純に、センセーショナルで超常的な事柄は一切追求しないというだけのことですから、熱心な巡礼者たちが、世界平和や罪の赦し、心身の癒やしや回心を祈り求めながら謙遜に歩き続けるのは必要なことです。

さて、最後に一つ、二十世紀には重要な検討課題があります。超心理学が進展して、立派な科学となるにつれ、分かってきたことがあります。それは、治療師やいわゆる奇跡を行う人物は、ただどの人にも潜んでいる人間的なエネルギーに波長を合わせているにすぎない、ということです。ですから、私たちは心霊的なものと神秘的なものを区別しなければなりません。神秘家の中には途方もない超能力の持ち主がいるのも確かです。が、偉大な神秘家でも超常的な力を持ち合わせていない人がいるのも確かです。逆に国際的に名高い超能力者の中には、神秘家でもなければ宗教的な傾きすらない人もいます。つまり、神秘主義は英知と関わりがある、ということです。超能力は、あったとしても副次的な結果です。

結　論

人間的で神聖なエネルギーを理解することは、進化しつつある新しい神秘神学にとって極めて重要です。対話が進むにつれ、キリスト信者は、健康と英知へと導く根本的エネルギーを目覚めさせ、育む技法をアジアから学びつつあります。呼吸や姿勢について、チャクラや幽体について、宇宙エネルギーや、アジアに数世紀にわたり蓄積されてきた崇高な神秘的英知について、キリスト信者は目下学んでいる最中です。それと同時に、キリスト信者は、受肉した御言《みことば》であるイエスの愛と、これまでキリスト教の共同体内に蓄積されてきた、識別に関する賢明な教えが含まれた福音書の英知をアジアの人々と分かち合っています。ここに、未来の神秘的な道があります。

1　「現代世界憲章」第一部第三章38。

2　同　37。

3　同。

4　Mircea Eliade, *Shamanism: Archaic Techniques of Ecstasy,* (Princeton University Press (Second Printing), 1974. 同じく、エリアーデ編の *The Encyclopedia of Religion,* (New York 1978), Vol.13 に掲載されているシャーマニズムに関する項目も参照。［堀一郎訳『シャーマニズム』（上・下）、筑摩書房、二〇〇四年］。

5　同　Vol.13,p.203.

6　同　二〇七頁。

7　エリアーデは、シャーマニズムとタオイズムはつながりがあるのではないか、と指摘している。「タオイストに関して言えば、彼らは恐らくシャーマニズムの技法と、中国の原史時代のイデオロギーの体系化に努力したのであろう」。*Shamanism* p.450.

8　Heinrich Dumoulin, *Zen Buddhism in the 20th Century,* (New York 1992), Vol II, p.370.

9　R・ショウ英訳 *The Embossed Tea Kettle and Other Works of Hakuin Zenji,* (London 1963), p.33.（『白隠禅師の「遠羅《おら》手釜《てがま》」他』）。

10　同　四〇頁。

11　同　四一頁。

12　Dumoulin, 前掲書 注(8)、三七七頁。

13　前掲書 注(8)、六七頁。

14 同　一四八頁。

15 前掲書 注(4)。Andre Padoux, *Kundalinis and Chakras*, および、Shyam Goswami, (Routledge and Kegan Paul), *Layayoga*, (London 1980). 参照。

16 Gopi Krishna, *Kundalini:The evolutionary energy in man*, (Boston and London 1967) (Revised Edition 1985) および、Lee Sannella, *The Kundalini Experience*, (California 1987). 参照。

17 Philip St. Romain, *Kundalini Energy and Christian Spirituality*, (New York 1991).

18 筆者著 *The Mysticism of "The Cloud of Unknowing,"* (New York 1967) (Reprinted London and California 1992), p.122.

19 同　一二三頁。

20 「この愛の炎は花婿の霊、すなわち聖霊である」（『炎』 1・3）。

21 『暗夜』Ⅱ・5・1。

22 同　Ⅱ・1・2。

23 『城』Ⅳ・1・10。

24 同。

25 『自叙伝』20・12。

26 『暗夜』Ⅱ・1・2。
十字架の聖ヨハネは、聖フランシスコの聖痕にも同様の信念を当てはめ、次のように述べている。「霊魂が愛によって五個の傷を負うと、その結果は肉体にもおよび、まさしく霊魂と同じく傷を受ける。神は通常、まず第一に霊魂に恩恵を与えてから、次に肉体に恩恵を与える」。

27 Joseph de Guilbert, *Theologia spiritualis ascetica et mystica*, (Rome 1946), Ⅷ. 4. 439.

28 同。

29 『炎』序文。

30　John Cornwell, *Powers of Darkness: Powers of Light,* (Penguin 1991). 参照。

31　秘義について語る折、「この種の啓示に関しては、悪魔は巧妙に干渉する」（『登攀』Ⅱ・27・3）、と記している。

32　同　Ⅱ・22・5。

第10章　英知と〈空〉

キリスト教徒と仏教徒の英知

これまで述べてきたことから明らかなように、キリスト教の神秘家は推論や思考を超えて、「神秘的な静寂」(silentium mysticum) の世界へ入ります。そこでは、神が二元論的でない愛の内に現存しておられるため、もはや言葉や概念は要りません。神は、もう「外側に」おられるのではなく、人間の自己の内側に、広大な宇宙のすべての被造物の中に、住んでおられます。すると今度は、精神や心の中に、内なる火、最も崇高な英知へと導く愛の生ける炎が立ち上ってきます。暗くおぼろげで神秘に満ちていますから、この英知はデカルト的な明晰な観念でまとめることはできません。形がなくて言い表せませんから。

やがて、それまで愛にあふれて現存された神は、悲しいかな、姿を消されます。そうした折、否定神学の伝統を受け継ぐ神秘家たちは、暗夜、不可知の雲、虚空、空しさ、無について語ります。ありとあらゆる象徴を用い、投げ込まれた神秘の深淵に困惑する人間の姿を描きだします。

とはいえ、否定神学的な神秘家は、たいていは後から考えてのことですが、この虚空や無は最高の英知である、と明言しています。無は全、暗闇は光、虚空は充満であると。この点について、十字架の聖ヨハネは明確に述べています。

神はご自身においてすべてであるが、わたしたちには無
神はご自身において光であるが、わたしたちには暗闇
神はご自身においては充満であるが、わたしたちには虚空

ちょうど、こうもりが太陽の過度の光に目がくらむように、神の強烈な光によって私たちは暗闇の中へ突き落とされます。パウロはダマスコへの途上で、そのような光によって目が見えなくなりました。そう、暗闇、無、虚空は崇高な英知に満たされています。「おお、導いてくれる夜よ！　おお、黎明より麗しい夜よ！」。

そして、仏教にも実によく似た教義があります。紀元前一〇〇年から紀元後六〇〇年にかけてインドで編纂され、三十八の文書から成り立つ般若波羅蜜多（プラジュニャー・パーラミター）経典群は、〈空《くう》〉における知恵の驚くべき業を褒めたたえています。サンスクリット語で、プラジュニャーは知恵という意味です。パーラミターの訳語は、「完全な」とか、「超越的」「解放する」など、さまざまです。つまり、プラジュニャー・パーラミターとは救済へと導く知恵のことで、それは無常なこの世の葛藤や混乱から、悟りの世界である彼岸へと私たちを連れていきます。重要なことは、この知恵には形がなく、しかもおぼろげで表現できず、〈空〉であるということです。知恵が現れるのは、完全な沈黙の内、もしくは仏陀の微笑のような謎めいた笑みの中です。仏陀は四十九年間説法しましたが、その間は決して長広舌を振るうことはなかったと言われています。沈黙により、〈空〉を通して説法したそうです。

ここで言う〈空〉は、サンスクリット語のスニャータを訳したもので、英訳ではemptiness、漢訳で

は次のようになります。

空　無

ですから、〈空〉は仏教の知恵の特徴です。否定神学で、暗闇がキリスト教の英知の特徴であるのと同じです。

そして、仏教の〈空〉は慈悲に満ちています。大いなる知恵は大いなる慈悲に根ざしています。「空は慈悲なり」という格言が古くからあります。虚空に陥る人は、温かく歓迎してくれる、底なしに深い慈悲の泉に陥るということです。

知恵に満ちた鈴木大拙博士は、晩年になると、ますます「慈悲の生」へひかれていきました。そして、阿弥陀教と禅仏教との密接な関係を強調して、慈悲がないところに「宗教はない。したがって仏教もなければ禅もない」、と述べました。これを立証するために、典型的な禅の講話を引用しています。

誰かが趙州《じょうしゅう》和尚に尋ねた。「お釈迦様は悟りを開かれた方、われらすべての師となる方です。生まれつき、一切の煩悩を免れておられるのでしょうね」。

趙州は言った。「いいや、すべての煩悩の中でも最大の煩悩を抱えておいでだ」。

「それはなぜでしょうか？」。

「お釈迦様の一番の欲は、生きとし生ける一切の衆生を救うことだからじゃ」と趙州は答えた。[1]

悟りを開いた人の大いなる慈悲とは、こういうふうです。

そして、キリスト教の英知は、神の直知の内に、つまり永遠の至福を与える愛の一致の内に、最高潮に達しますが、仏教の知恵は、釈迦が到達した悟りの極致である涅槃《ねはん》の内に最高潮に達します。

般若心経《はんにゃしんぎょう》

中国、日本、チベット、そしてモンゴルで特に重要なのは、般若心経です。(2) 四世紀ごろに作成された、完全なる知恵の心、もしくは本質、もしくは核となる短い経文は（印刷しても、ほんの一ページに収まります）、〈空〉における知恵への賛歌です。チベットのラマ教の僧院では般若心経の研究に明け暮れていますし、日本では津々浦々の禅寺で、般若心経の読誦が行われています。原典はサンスクリット語で書かれたもので、漢訳版が七種あり、なかでもクマラジーバ（鳩摩羅什）（三四四－四一三）と玄《げん》奘《じょう》三蔵（六〇〇－六六四）の詩情豊かな翻訳版が最も盛んに唱えられていますし、研究もされています。

般若心経

般若心経は知恵を称賛していますが、形而上学的な論文ではなく、彼岸へ渡った人間からの慈悲に満ちた空と無への勧め、もしくは招きです。この経文は、文言の意味だけでなく、読誦にも力があります（この点で、中世ヨーロッパのグレゴリオ聖歌に似ています）。ですから、言葉の意味に思いをめぐらせていなくても、そのリズミカルな響きによって、一気に〈空〉へと引き込まれていきます。寺院で般若心経の読誦を聞くのは、忘れがたい経験になります。

この経文の出だしに、Bodhisattva Avalokitesvara（ボーディサットヴァ・アヴァロキテシュヴァラ）（中国語で観音《kuan-yin》、日本語で観音《かんのん》）が座して、深い瞑想に浸っている場面が描かれています。

求道者《ぐどうしゃ》にして聖なる観音は、深遠な知恵の完成を実践していたときに、存在するものには五つの構成要素があると見きわめた。しかも、これらの構成要素は実体のないものである、と見抜いたのであった。[3]（中村　元訳）こうして、いっさいの苦から解き放たれた。

アヴァロキテシュヴァラは、時に男性として、時に女性として描かれます。どちらの場合でも菩薩は等しく知恵を探し求める存在であり、主な特徴は、「慈悲の菩薩」であることです。このため、アジア全土にわたって非常に敬愛されており、そっとほほ笑む慈悲深い観音像がそこかしこで見られます。日本語名は文字どおり、世のあらゆる音に耳を傾ける人という意味です。

観世音

すべての生きとし生けるものへの優しい慈悲の心をもつ観世音《かんぜおん》は、世の中全体の音だけではなく、特に貧しい者、苦しみや災いを被っている者、抑圧されている者の叫びにも耳を傾けます。般若心経の冒頭に観世音が登場することから見ても、知恵が慈悲に根ざしていることは明らかです。崇高なる知恵、もしくは悟りに到達すれば、人は完全なる〈空〉へと導く慈悲を抱くようになるに違いありません。全世界へ向けての慈悲を貫いてこそ、人は真に賢明になれます。

よく観音の絵は、数え切れないほどの手と顔をもって描かれています。四方八方へ慈悲のまなざしを向け、苦しむすべての人に救いの手を差し伸べているからです。

では、観音の三様の慈悲の姿を挙げてみましょう。

まず、貧しく苦しむ人々の声に耳を傾けます。しかし、つらさのあまり顔がゆがんだりはしていません。それどころか、口元にかすかに優美な笑みをたたえています。

次に、その慈悲は世界の苦しむ人々の幸せだけに向けられているのではありません。生きとし生けるものすべての救済を切望して、自身は、すべてのものが救われるまで涅槃に入ることを拒んでいます。そこが、より重要な点です。

三番目に、観音は何も行動を起こしません。活動家ではありません。常に耳を傾けるだけです。そして、慈悲に満ちた〈空〉によって、苦しむ世と一体となり、世を救います。「数限りない人々を悟りの彼岸に渡すことを誓う」と言っています。

悟り

知恵――プラジュニャー・パーラミター（般若波羅蜜多）――を求めて深い瞑想に浸り、観音は大いなる〈空〉を内に感じ取ります。すべてが〈空〉ですから、五蘊《ごうん》――つまり、物質的存在も、感覚も、感じた概念を構成する働きも、意志も、知識もまた〈空〉です。そして観音の目は、いつでも〈無〉という虚空にじっと注がれています。これが大いなる悟りです。深遠な知恵です。その知恵により、すべてが〈空〉であると悟った菩薩は、苦悩を克服します。そして、知恵を完成させる方法を尋ねる愛弟子のシャーリプトラ（舎利子）に、観音はこう説きます。

舎利子《しゃりし》　色不異空《しきふいくう》　空不異色《くうふいしき》　色即是空《しきそくぜくう》　空即是色《くうそくぜしき》

シャーリプトラよ、この世においては、物質的現象には実体がないのであり、実体がないからこそ、物質的現象で（あり得るので）ある。
実体がないといっても、それは物質的現象を離れてはいない。また、物質的現象は、実体がないことを離れて物質的現象であるのではない。

（中村　元訳）

この謎めいた言葉は、この経文と仏教の基本的な悟りの双方を理解する上で非常に重要です。まだ悟りに至らない人々にとって、〈形〉と〈空〉は正反対のものです。〈形〉を表す漢字の「**色**」には色彩の意味もあり、〈空〉と同一視するのは、矛盾しているように思えます。しかし、観音は、〈空〉をじっと見つめて、そこに〈形〉を見ます。

要は、こうです。超越的な英知の虚空に入るということは、日常生活から逃れることではありません。〈形〉の世界から逃げる必要もありませんし、逃げてはいけません。「〈空〉に入るのは、すべての〈形〉を消すことによらず、すべての〈形〉から離脱することによる」のです。まさに、無にしがみつくことにより、人は無の境地に入ります。人は世にとどまります。人は〈形〉とともにとどまります。そして、涅槃に入ると、そのプロセスは最高潮に達します。「輪廻即涅槃《りんねそくねはん》」を悟るからです。つまり、涅槃である大いなる〈空〉と、輪廻を構成する多様な〈形〉は、何ら異ならないからです。ここに、仏教の教えの中核を成す逆説があります。

このことが分かると、どうして観音が貧しい人々の叫びに耳を傾けてもなお、内なる平和を保ち、常に穏やかな慈悲の微笑を浮かべているかが分かってくるでしょう。観音は〈形〉を認識していても、〈形〉に「とらわれて」いません。苦しみから解放され、慈悲にあふれた愛に満たされています。

般若心経は、〈形〉は〈空〉であり、〈空〉は〈形〉であると強調してから、先へと進み、なぜそう言えるのかを示します。ダルマ（＊宇宙をつかさどる法則）はすべて、つまり仏の教えを含めた万物はすべて〈空〉です。〈空〉なのですから、生じたり失われることはなく、増えもせず減りもしません。つまり、ナーガルジュナが提唱した「中道」（madhyamika）に従って、ダルマは存在するのでもなく、存在しないのでもないと説いています。(4)〈空〉には〈形〉が無いということです。これは、〈形〉は〈空〉であり、〈空〉は〈形〉であるという最初の説に矛盾します。それから次々と、途方もない逆説が登場し、「無〇〇〇〇、無〇〇〇〇、……」と連なります。「感覚もなく、表象もなく、意志もなく、知識もない。眼もなく耳もなく……」。仏教で清いものと見なされるあらゆるものが否定されていきます。四諦《したい》（＊苦・集・滅・道の四つの真理）も否認されます。なぜなら、苦しみも、苦しみを制する道もなく、知ることもなく得るところもないからです。

もし、こういう逆説を論理的に考えようとすれば行き詰まるでしょう。この経文は「非二元論的な深い体験」から書き著されたことを肝に銘ずるべきです。仏教に限らず、どの宗派にも時折、万物の一体感を体験したと断言する哲学者たちが現れます。確かに、そうした体験は実体の多様性と実体の単一性をともに味わうことであり、〈一と多〉というギリシア哲学の中心問題に通じるものです。同じ問題に直面した仏教は、神秘的な解決を見いだしています。菩薩は深い瞑想に浸っているうちに、心を束縛するものがまったくなくなり、それゆえ、恐怖や不安におののくこともなく、邪《よこしま》な考え方を退けて完全な悟りを得ます。

この経文の最後は、完全なる知恵に対する次のような賛辞で締めくくられています。「般若波羅蜜多は、大いなる真言《しんごん》、大いなる悟りの真言、無上の真言、無比の真言である」。この経文を熱心に唱えることによっておびただしい数の信徒たちが、あらゆる苦しみや悩みから解放されることでしょう。彼超越的な大いなる真言、崇高な真言、完全な真言が、川を越えて彼岸へと彼らを運んでくれます。彼らはそこで、真の平和を見つけだします。

往《ゆ》ける者よ、往ける者よ
彼岸へ往ける者よ、彼岸に全《まつた》く往ける者よ

さとりよ、幸あれ　（中村　元訳　本書巻末の『般若心経』参照）

たとえこの経文が直面する問題が、アリストテレスと同じであっても、アプローチのしかたはまるで違います。アヴァロキテシュヴァラ（観音）は、結果から原因を推論しません。識別する知力を用いません。観音の知識は、体験、理解、判断の混合物ではありません。知性を使わず、座して静寂の内に瞑想して、自我を手放し、その存在の核心にある真の知恵を見いだします。同時に、真の自己、全世界を包含する宇宙的自己を見いだします。実際に、慈悲を通じて、非二元論的な体験の内に、全世界に「なります」。

イエスの〈空《くう》〉

フィリピの信徒への手紙の中で、パウロは、自己を空《むな》しくしたイエスへの賛美を表しています。キリスト教共同体にすでにあった賛歌を踏まえてのことでしょうが、空とか無を哲学的に考察する内容ではなく、イエスに倣い、へりくだって自分を空しくしなさい、と切々と信徒に勧める内容になっています。イエスは、神の身分でありながら、神と等しい者であることに固執しようとせず、かえって自分を無にして、僕《しもべ》の身分になりました。

ἑαυτὸν ἐκένωσεν　（自分を無にして）

神はご自分を空っぽにされたのです。日本語の聖書では、その部分が「自分を無にして(5)」と訳されているのは興味深いことです。

自分を無にして

しかし、キリストは人間の姿で現れ、自分を無にされましたが、それだけでは足りずに、存在としての無上の謙遜である死を受け入れました。それは単なる死ではなく、ユダヤ人が思いつく限り一番屈辱的な死に方でした。つまり、自分の民から拒絶され、異教徒の手で十字架に架けられたのです。しかし、神はイエスを高く上げられました。イエスは天に昇りました。こうして、天上のもの、地上のもの、地下のものがすべて、イエスのみ名にひざまずき、すべての口が、「イエス・キリストは主である」と公言して、父である神をたたえます。受肉という徹底的な〈無〉の次にやって来るのが、同じく比類なき栄光です。そして、すべてが無上の寛容と憐れみを表しています。「あなたがたは、わたしたちの主イエス・キリストの恵みを知っています。すなわち、主は豊かであったのに、あなたがたのために貧しくなられた。それは、主の貧しさによって、あなたがたが豊かになるためだったのです」（二コリント8・9）。

こうして、パウロはフィリピの信徒たちに、イエスの謙遜に倣うようにと説いています。また実際、イエスのみ心と同じ心を持つようにと、熱心に勧めています。「互いにこのことを心がけなさい。それはキリスト・イエスにもみられるものです」（フィリピ2・5）。まさにイエスに倣って、無になりなさい、ということです。

確かに、イエスの無は、聖書のこの部分だけに基づいているわけではありません。拒絶され、見捨てられたイエスのテーマは、新約聖書に一貫して流れています。肉体となられた御言《みことば》は最初から拒絶されました。御言は世にありましたが、世は御言を認めませんでした。御言は、自分の民のところへ来ましたが、民は受け入れませんでした。宿屋には泊まる場所がありませんでした。群衆はバラバを釈放してほしいと願い、イエスを見ると、「十字架につけろ」と叫びました。弟子たちは逃げ去り、イエスを独りきりにしました。最初は、御父が共におられましたから、独りではありませんでした。しかし、後に、御父に見放されたとき、「レマ、サバクタニ（どうしてわたしを見捨てられたのか）」という悲痛な叫びを上げました。母を最愛の弟子に託しました。そして、息を引き取られた後、脇腹は槍で突き刺され、血と水とが流れ出ました。最後の血の一滴までささげ尽くした御言の徹底的な無とは、このようなものです。イエスの完全なる無を象徴しているのは、十字架です。

そして、死の次に訪れるのは、復活と栄光です。聖書に「メシアはこういう苦しみを受けて、栄光に入るはずだったのではないか」（ルカ24・26）と書かれています。死と栄光。空と充満。一粒の麦は死んで多くの実を結ぶ。これがイエスの人生です。

さらに、〈空〉と充満が、聖書を貫く宗教体験のパターンです。独り息子をささげる覚悟ができたアブラハムは、「あなたの子孫を天の星のように、海辺の砂のように増やそう」という神の約束を耳にして喜びに満たされました。マリアは叫びます、「神は、この主のはしためにも目を留めてくださった。今から後、いつの世の人もわたしを幸いな者と言うでしょう」と。心の貧しい人は、徹底して〈空〉である人は幸いです。天の国はその人たちのものです。憐れみ深い人、義に飢え渇く人、悲しむ人は、天の国を受け継ぎます。ちょうど仏陀の〈空〉が喜びあふれる悟りをもたらすように、キリスト教の〈空〉は天の国をもたらします。自分を無にする人、幼子は、まさに天の国を受け継ぐ人たちです。

そして、こうした〈空〉は、キリスト教神秘主義の書物のどのページにも充ち満ちています。謙遜を伴わない祈りに進歩がないことは、ベルナルドやフランシスコ、イグナチオやテレジアなどが倦《う》むことなく教えています。謙遜は隅の親石であり、キリスト教的な慈愛は謙遜なしでは成り立ちません。無上の愛は、死という完全なる無と謙遜によって示されます。「友のために自分の命を捨てること、これ以上に大きな愛はありません」（ヨハネ15・13）。

対話

フィリピの信徒への手紙に記されているケノーシス（kenosis）（＊自己を無にすること）は、特筆すべき方法で神の愛を証明していて、聖書の中でも一番印象深く、感動する箇所である、と著名な仏教学者の阿部正雄は述べています。そして、「受肉もしくは、キリストの死というケノーシスを通して、父なる神は、差別的な正義を超える無条件の愛という点で、ご自身を現しておられる。神の御子であるキリストがご自分を無にして、十字架の死に至るまで従順であったと知ると、もしくは信じると、神の愛の底しれぬ深さが明確に認識される(6)」と述べています。さらに続けて、神の御子がご自分を無にするのなら、父なる神の自己無化、つまり神ご自身のケノーシスも考慮すべきである、と述べています。「神の御子のケノーシス、すなわち自己無化の起源は、父なる神ご自身ではないだろうか。つまり、神のケノーシスではないのだろうか。父なる神の自己無化なしに、神の御子の自己無化は考えられない(7)」と。つまり、ご自分を無にされる神が、ケノーシスを果たしたキリストの基盤だと言うのです。

そして、これが仏教との対話への道を開く、と阿部は続けます。というのも、仏教の究極の実体は、慈悲深くダイナミックなスニャータ〈空〉ですから。「結局、キリスト教の神が真の愛の神であるなら、〈自己無化〉する神という概念が、自分を無にしたキリストの根源として不可欠なものである、と私はこれまで示唆してきた。また、仏教のスニャータは、知恵の他に慈悲も表すことから、静的ではなく動的に把握されなければならないとも述べてきた。キリスト教の〈自己無化〉する神の概念と、仏教のダイナミックなスニャータの概念をはっきり理解すれば、それぞれの宗教の独自性を排除することなく、むしろ互いの尊重すべき特殊性を深めることにより、一層深遠なレベルで、重要な共通基盤を見いだすだろう[8]」と述べています。このようにして、阿部は、仏教のスニャータとキリスト教のケノーシスが刺激的な対話の下地を整えることになる、と述べています。

この持説の理解に重要なのは、日本人である阿部が、哲学の京都学派から深い影響を受けながら、京都で生涯の大部分を過ごしているという点です。特に、彼は、著名な哲学者である西谷啓治（一九〇〇–九〇）の宗教哲学研究に精通しています[9]。さらに、阿部は単に学究肌の人ではありません。座禅に励み（京都の「接心」では、彼は筆者の隣でした）、そして、研究を通してだけではなく生活を通して――何時間も座禅堂で沈黙のうちに座禅を組み――般若心経を体得しました。その結果、〈空〉について語るときは、自身の存在の深部で体験したことに基づいています。

しかし、西洋との対話になると時々、まだ悟りを開いていない人を悩ませる禅的な言い回しをふんだんに使っています。「神の子は、神の子ではない（なぜなら、御子は本質的に根本的にご自分を無にしているからである）。正確に言えば、神の子でないからこそ、神の子である（御子は、そもそも常に、自己無化という救いの業を通し、メシアであるキリストとして働かれるからである）[10]」と。西洋の知識人の中には、こういう発言に感銘を受ける人もいますが、戸惑いを覚える人がいるのも確かです。

阿部は、何回か機会を捉えては持説を展開して、著名な神学者からの応答を求めています。[11] ここでは、ハンス・キュングの答えをかいつまんで紹介しましょう。

聖書学、ドイツ哲学、キリスト教の伝統神学に堅固な基盤を置く研究者として、キュングは、阿部による仏教的なキリスト教のテキスト解釈に幾分、戸惑いを覚え、疑いの眼を向けながら、こう問います。「果たして、こうした独創的な仏教の解釈は、キリスト教の解釈になりうるだろうか[12]」と。聖書のどこにも神ご自身の無化《ケノーシス》についての描写はありません。フィリピの信徒に向けたイエスへの賛歌は、神の御子イエス・キリストのケノーシスについてのみ語っています。さらに、そのケノーシスは、永久的な状態ではなく、史上まれに見る人生と、十字架上の死のさなかで起きた屈辱的な出来事を指しています。キュングは、阿部の主張は聖書に基づくものではないと結論づけて、「外国のキリスト教の土壌で、仏教徒として独自の世界を発見している」と述べています。[13]

そうは言っても、神学の第一人者であるスペインの大神秘家も、阿部正雄のような言い回しをしています。十字架の聖ヨハネは、はっきりとはフィリピの賛歌に言及していませんが、父なる神の自己無化について語っています。自身の神秘体験の奥底から湧き上がる言葉を用いて、神の深い愛を描写しているのは、明らかです。神は、あまりにも純粋な愛をもって霊魂と交わられるので、たとえ母親がどんなに子どもを愛そうとも、兄弟や友人の愛がどれほど深くとも、これほど真実な神の愛には及びもつかない、と述べています。続いて、神秘家中の神秘家のペンならではの、驚くべき言葉でこう述べています。

無限の御父が、この謙遜で愛情深い霊魂を、栄誉なことに高めてくださるとき、なんと素晴らしい優しさと誠実さをお示しになるのだろう！　畏れ多くも、そして誠に驚くべきことに、まるで御父が霊魂の召し使いであり、霊魂が主人であるかのように、御父自ら霊魂に仕えられる。霊魂に栄誉を与えるにあたっても、まるで御父が霊魂の奴隷で、霊魂が神であるかのような気遣いをされる。神の謙遜と優しさは実に深遠である。(14)

別の人が書いたのであれば、こういう言葉は冒瀆と受け取られかねません。神が僕のようであり、奴隷のようであり、霊魂を高めるために霊魂に服従されるとは、なんと衝撃的な言い方なのか。さすがのエックハルトもそこまでは言えませんでした。しかし、これは、自身の不十分さに気づいて、真実の愛というものは、霊的なものを理解できない人の目には愚かなことであり、神の愛は狂気と映るもの、という聖パウロの言葉がよく分かる人だからこそ使える誇張した表現です。

愛のこもった御父のケノーシスとは、そういうものです。けれど、十字架の聖ヨハネの〈空〉の概念を把握するためには、もう少し述べる必要があるでしょう。

十字架の聖ヨハネの〈空〉

十字架の聖ヨハネにとって、神秘の旅はカルメル山頂への登攀です。最初は、福音書や信心書から取り出した箇所を推論し省察しますが、深い瞑想と〈空〉の内に浸るアヴァロキテシュヴァラのように、座っているうちに沈黙に入り、やがて概念を超えて福音書の真実を味わうようになります。十字架の聖ヨハネは観想者に、「キリストのために、完全なる裸の状態、〈空〉、世のありとあらゆるものを持たない乏しい状態に入るように、願いなさい」、と告げています。これが〈空〉の道、暗闇の道、〈無〉の道です。それは、不朽不滅の「全と無」(todo y nada) の道です。

すべてに満足するに至るには、
何にも満足しないように望まなくてはならない。
すべてを知るに至るには、
何も知らないように望まなくてはならない。
すべてを所有するに至るには、
何も所有しないように望まなければならない。
すべてとなるに至るには、
無となるように望まなくてはならない。(15)

進む道は〈無〉ですが、ゴールは〈全〉、つまり、崇高な英知です。
十字架の聖ヨハネの〈ナダ〉は広く知られるようになり、彼は“doctor de la nada”と呼ばれるようになりました。英訳すれば“doctor of emptiness”(「無の博士」)となるでしょう。しかし、肝心なのは、彼の〈ナダ〉は、十字架に架けられたイエスと切っても切れない関係にあることです。聖人が明確にしているとおり、〈無〉の道はイエスご自身の道です。読者に完全なる〈無〉に至るようにと熱心に勧めた後、こう言っています。「これをイエス・キリストへの愛から行いなさい。キリストは生涯、御父のみ旨をなす以外に何の喜びも望みもなく、御父のみ旨をなすことが自分の食物であり、糧であると言われたのであるから」[16]。確かに、十字架の聖ヨハネの主張全体を支配しているのは、次のような勧めです。「何をするにも常に、キリストに倣って、そのご生涯に則ろうとする望みを強く持つように」[17]。聖ヨハネの〈ナダ〉は次の聖句を解釈したものです。「だから、同じように、自分の持ち物を一切捨てないならば、あなたがたのだれ一人としてわたしの弟子ではありえない」（ルカ14・33）。

そして、十字架の聖ヨハネにとっての「持ち物」とは、物質だけではなく、霊的なものも含む万物のことで、人間が安らぎを求めてすがりつくもののことです。それらをすっかりなくして精神が貧しくなったとき、人は、想像や推論や思考を手放します。感覚的慰めや霊的慰めを手放します。悟りへの渇望を手放します。「無、無、無。そして頂上にたどりついても、無」。

nada, nada, nada
nada, nada, nada
aún en el monte
nada

そして、人は無になります。「すべてとなるためには、無になるように望まなくてはなりません」。十字架の聖ヨハネは、この言葉をトマス主義的な形而上学を用いて説明しています。神につながっていなければ、万物は、無から造られたのですから、ただの無です。神から離れれば、私は無です。そして、分離した自分の存在が無であると心底から気づくと、一瞬のうちに、神はすべてであることが分かります。ですから、分離した存在に顔を向けず、すべてであるお方にしっかりと注意を向けなければなりません。聖ヨハネの言葉は、般若心経に劣らず神秘的です。

何かに心を散らすならば
すべてに自分を委ねきっていないことになる。
実際、すべてから離れて、すべてに至るためには
すべてにおいて自分を捨てなくてはならない。
すべてを持つに至るときには
何も望まずに、それを持たなくてはならない。(18)

神は「すべて」です。被造物は無です。
これまで見てきたように、アヴァロキテシュヴァラは、深い瞑想に浸りながら、万物は〈空〉である、と悟ります。般若心経の空のヴィジョンと、十字架の聖ヨハネがエレミヤの言葉を引き合いに出して説明した空無のヴィジョンを比較してみるとおもしろいと思います。
すべての天地の被造物は、神と比べれば無に等しい。それは次のエレミヤの言葉どおりである。「地を見れば、そこには何もなく、天を仰げば、そこにも光はない」（エレミヤ4・23）。「地を見ると、そこには何もなかった」というのは、地上のものはすべて無に等しく、地そのものもまた、無であることを意味する。また、「天を仰げば、そこにも光はない」というのは、天上に輝くす

べての星を集めても、神と比べれば、まったくの闇に等しいということである。このように、造られたものは、すべて無に等しく、しかもそのようなものへの執着は、無よりも劣ったものである……。それはまさに、闇は光を奪われた状態なので無に等しく、無以下のものであるのと同様である。[19]

ここで、十字架の聖ヨハネが、被造物は「神と比べれば」無である、と述べていることに注目してください。聖書学者なら、エレミヤに対する彼の解釈に異議を唱えるところでしょうが、トマス主義者なら、彼の形而上学に対し、そうした態度をとることはないでしょう。神につながっていなければ、万物は、ただ無から造られたのですから、無です。十字架の聖ヨハネが引用したエレミヤの言葉には、分離した存在の空しさと無のヴィジョンがありました。

ところで、神ご自身は無なのでしょうか？

すでにこれまで見てきたことですが、「神はすべてですが、その神聖さがまぶしすぎて、人間は神を無か、暗闇か、虚空としてしか体験できません。しかし、神の無ということについて語れば初めのケノーシスに戻るにちがいない、とも言えます。神はご自分を空しくされました……」。ここで再び、あの日本の仏教学者に戻ります。阿部は、「キリスト・イエスは、神という形でありながらご自身を無にされた」と述べました。磔刑によって無とされたイエスは、パウロがコリント人に宛てた手紙の中で明確に述べているように、崇高な英知です。キリストは「神の知恵」（一コリント1・24）であると述べ、パウロは次のように付け加えています。「なぜなら、わたしはあなたがたの間で、イエス・キリスト、それも十字架につけられたキリスト以外、何も知るまいと心に決めていたからです」（一コリント2・2）と。つまり、十字架上で空となり無になられたイエスは、神の英知なのです。

すでに見てきたように、十字架の聖ヨハネは、観想者に無になるようにと切に勧めています。「すべてとなるには、何ごとにも無となるように望まなくてはなりません」[20]。そして、これがかなうのは、十字架につけられたイエスとの一致を通してです。その一致は、愛より生じ、霊的婚姻のうちに行われるもので、その一致の中で、花嫁と花婿である霊魂と受肉の御言は、一本の命の流れに合流します。人間は今や聖なるものとなります。十字架の聖ヨハネが言うように、霊魂は、霊魂というよりむしろ神のように見えるようになり、実際、参与により、神に「なります」。光と、曇りのない窓ガラスとの区別がつかないように、霊魂と神とは区別がつきません。窓ガラスは窓ガラスのままであるように、霊魂は霊魂の独自性を保ったままです。

ですから、崇高な英知は、受肉された御言への愛と一致から生まれる非二元論のうちにあります。山頂に登りつめた十字架の聖ヨハネは、こう書いています。


ここには、もはや道はない。

義人には道はない。

自分が自分にとって律法であるから[21]。


ここでは、「非二元論 対 律法」の図式が浮かび上がります。律法は、もはや「外」にありません。神秘家が律法に「なって」います。今では自分が自身の律法です。十字架の聖ヨハネは、アウグスチヌスが説教で口にした、「愛せよ、そして汝の欲することを為せ」という叫びを、そっくりそのまま繰り返しています。

しかし、十字架が終着点ではありません。神はキリストを高く上げられました。人はキリストと一つになり無となれば、キリストと一つになって、満たされるでしょう。つまり、自己を脱ぎ捨て、キリストを身にまとうことになるでしょう。「もし、わたしたちがキリストと一体になってその死の姿にあやかるならば、その復活の姿にもあやかれるでしょう」（ローマ６・５）。聖ヨハネが考える霊的婚姻は、この世における神秘生活の頂点です。しかし、永遠の生命に至る入り口を通り抜けてはじめて、その婚姻は完成に至ります。そして、その入り口とは、神の三位一体の生命への入り口のことです。なぜなら、「『イエス・キリストは主である』と公に宣《の》べて、父である神をたたえるのです」（フィリピ２・11）から。受肉された御言と一つとなった者、つまり神化された人は叫びます、「アッバ、父よ！」と。

結論

阿部正雄は、こう述べています。キリスト教と仏教それぞれの持ち味を損ねずに、むしろ尊重すべき互いのユニークさを深く理解することによって、キリスト教の〈無化〉された神の概念と、仏教のダイナミックなスニャータの概念を明確に認識すれば、一段と深いレベルでの重要な共通基盤に気づくだろう、と。この共通基盤を、キリスト教と仏教の双方の神秘主義に共通するシンボルで表すことができます。

十字架の聖ヨハネは、『霊の賛歌』の結び近くで、花嫁と花婿が喜びにあふれて共に味わう「ざくろの果実酒」について注釈しながら、ざくろの形が円もしくは球であることに触れ、続けてこう述べています。神ご自身は「円形とか球形で示される。神には、初めも終わりもないのだから[22]」と。

円は神の象徴であり、無の象徴です。「全と無」(todo y nada)の象徴です。

そして、円は、仏教ではもちろん重要な象徴です。ゼロとか無限を表していますし、陰陽太極の調和やスニャータである〈空〉、それと悟りを表しています。

同時に、阿部がいみじくも言うように、それぞれの宗教のユニークさは保持されなければなりません。そして、キリスト教のユニークさは、御父と、人間として歴史に登場した救い主イエス・キリストを信じることにあります。このことから導かれる実際的な結論は、英知はペルソナに関わるものであり(キリストは「神の英知」です)、〈空〉も〈無〉もペルソナに関わります。なぜなら、人となられた神の御子はご自身を空っぽにされ、無となられたからです。無を象徴する円はペルソナに関わります。

ですから、慈悲の心をもつダイナミックなスニャータと、独り子を遣わされるほど世を愛された神との間に、美しい類似性があると言えるでしょう。仏教徒とキリスト教徒は手を携えて、超越的な英知へと互いに導き合うことができるのではないでしょうか。

---

1 Masao Abe, *Zen and Western Thought* (University of Hawaii Press, Honolulu 1985), p.79.

2 巻末に日本語の現代語訳を掲載。サンスクリット語からの、解説付き英訳については、Edward Conze, *Buddhist Wisdom Books,* (London 1975). 参照。また、Garma C.C.Chang,*The Buddhist Teaching of Totality,* (Pennsylvania State University Press 1974) とRuben Habito, *Total Liberation,* (New York 1989). 参照。［＊サンスクリットの原題はPrajñāparamita- hrdaya- sūtra（般若波羅蜜多の心髄たる経典）。世界大百科事典第2版の解説参照］。

3 巻末の『般若心経』（中村　元訳）参照。

4 偉大なる仏教哲学者のナーガルジュナは、二、三世紀に南インドに在住。大乗仏教「八宗の祖」。

5 『新共同訳聖書』（日本聖書協会、一九九〇年）参照。この賛歌については、William Barclay が著書 *The Letters to the Philippians,* (Edinburgh 1975) で次のように述べている。「パウロは細心の注意を払って言葉を選び、イエス・キリストの人性としての真実と、神性としての真実を示している」。また、イエスの自己無化については、Chwen Lee and Thomas Hand の共著 *A Taste of Water,* (New York 1990). 参照。

6 Ed. Roger Corless and Paul Knitter, *Buddhist Emptiness and Christian Trinity,* (NewYork 1990), p.12. 参照。同じく、Donald W. Mitchell, *Religion and Emptiness,* (New York 1991).

7 同　一六頁。

8 同　二四頁。

9 西谷啓治 Jan van Bragt 訳、*Religion and Nothingness,* (University of California Press 1982). を特に参照。

10 前掲書 注(6)、一三頁。

11 Ed.John Cobb and Christopher Ives, *The Emptying God,*(New York 1990). 参照。

12 前掲書 注(10)、三三頁。

13 同　三四頁。
14 『賛歌』27・序。
15 『登攀』I・13・11。
16 同　I・13・4。
17 同　I・13・1。
18 同　I・13・11。
19 同　I・4・3。
20 同　I・13・11。
21 『カルメル山のスケッチ』参照。（＊『登攀』表紙裏に自筆の図が掲載されている）。
22 『賛歌』37・7。

第三部　現代の神秘的な旅

第11章　信仰の旅

神秘家アブラハム

神秘生活は、徹底した、かつ生きた信仰の旅です。これは生まれ故郷と親族と父の家を離れて、神が示した地へと向かったアブラハムの旅です。「アブラハムは神を信じた。それが、彼の義と認められた」（ローマ4・3）。彼は神を信じました。その彼ゆえに、これまで地上のすべての民は祝福されてきました。

神の約束を信じたので、アブラハムは何もかも置いて出発しました。その信仰は、独り子である息子すら神にささげることも辞さないほど強いものでした。「イサクから生まれる者が、あなたの子孫と呼ばれる」（ヘブライ11・18）と言われていた独り子を、です。独り子が死んでしまえば、どうして多くの民の父になれるでしょうか。しかし彼は、揺らぐことなく信じました。「その頃彼は、およそ百歳になっていて、既に自分の体が衰えており、そして妻サラの体も子を宿せないと知りながらも、その信仰が弱まりはしませんでした。彼は不信仰に陥って神の約束を疑うようなことはなく、……」（ローマ4・19）。そしてアブラハムのこの徹底した信仰こそ、十字架の聖ヨハネの〈ナダ、ナダ、ナダ〉や、禅の〈無、無、無〉を実践する人たちにとって、励ましとなる手本でした。

しかし、なぜアブラハムは信じたのでしょうか。神に完全に身を委ねるためにすべてのものを捨てる背景には、どんな哲学的、または神学的な理由が、またどんな明快な証しがあったのでしょうか。

アブラハムは神を信じました。それが、彼の義と認められました。彼は神ゆえに神を信じました。ちょうど神ゆえに希望したように。信じるがゆえに、信じました。ちょうど希望するがゆえに、希望したように。「希望するすべもなかった時に、なおも望みを抱いて信じ、……多くの民の父となりました」（ローマ4・18）。ここで注目されるのは、アブラハムの信仰は、浄化の過程をくぐり抜けねばならなかった、と十字架の聖ヨハネが指摘していることです。まずアブラハムは、約束を文字どおりに受け止めました。生きている間にその約束が成就されると思っていましたから。でもそれはかないませんでした。「したがって、アブラハムは預言を誤解していたのであって、もし彼が自分の理解のままに行動していたら、決定的な間違いを犯しただろう。彼は生きている間に約束の地を所有することはなかったのだから」[1]、と十字架の聖ヨハネは書いています。言いかえれば、アブラハムは〈信仰〉に従って歩むために、〈理解すること〉を放棄しなければなりませんでした。それでこそ、アブラハムは、否定神学的な神秘家たちの書物を埋め尽くす純粋な信仰、赤裸な信仰の模範となりました[2]。

そしてアブラハムの信仰は、圧倒的な悟りを得ることで報われます。すべてをまさに失おうとする瞬間に、すべてを見いだしたのです。〈ナダ〉は〈トド〉へと通じました。〈無〉は〈悟り〉に至りました。天使たちが繰り返す並外れた約束を聞いて、アブラハムは喜びに満たされました。

わたしは自らにかけて誓う、と主は言われる。あなたがこの事を行い、自分の独り子である息子すら惜しまなかったので、あなたを豊かに祝福し、あなたの子孫を天の星のように、海辺の砂のように増やそう。（創世記22・16―17）

ここにはすべての神秘体験の原型が見られます。すべてを見いだすために、すべてを失う。偉大な生を生きるために、偉大な死を死ぬ。栄光に満たされるために、空っぽになる。偉大な文学的な美しさと、心にしみる哀感をたたえたアブラハムの物語は、人生の神秘と、人を動転させるような神秘家たちの逆説を思い出させます。

アブラハムは真に信仰の鑑です。しかし三千年紀に向かって生きている私たちには、神秘主義の道の手引きとなる神学的な信仰の定義も必要です。これは第二バチカン公会議の中に記されています。

定義された信仰

聖書と古来の伝統に従い、第二バチカン公会議は、現代神秘神学の基礎となる信仰の定義を示しています。

啓示する神に対しては「信仰の従順」（ローマ16・26参照、ローマ1・5、二コリント10・5－6も参照）を示さなければならない。この従順によって、「啓示する神に知性と意志の全き服従」を示すことにより、また、神から与えられた啓示に自発的に同意することにより、人間は自己のすべてを神に自由にゆだねるのである。このような信仰が生じるためには、それに先立つ神の助力の恩恵と聖霊の内からの援助が必要である。聖霊は心を動かして神に向かわせ、知性の眼を開き、「真理に同意してこれを信じることの甘美さをすべての人に」与えるであろう。こうしてこの聖霊は、啓示がいっそう深く理解できるように、信仰をご自分のたまものによってたえず完成しようとす

るのである。(3)

ここでは一字一句が大切です。信仰とは、単なる数多くの命題への知的な同意ではありません。信仰は従順または服従という行為です、つまり全人格を委ねることなのです。そして神との個人的な関係に導くものです。最も重要なのは、「先立つ神の恩恵と聖霊の内からの援助が必要である」と宣言している箇所です。言いかえると、信仰という行為は、呼びかけに対する応答なのです。「わたしたちが愛するのは、神がまずわたしたちを愛してくださったからです」（一ヨハネ4・19）。人間のほうがじっくり腰をすえて、信仰しようと決意するのではありません。「あなたがたがわたしを選んだのではない。わたしがあなたがたを選んだ」（ヨハネ15・16）とイエスは言われました。以上のことが、神秘的な旅、徹底的な信仰の旅にとって何よりも重要なことです。まず、姿が見えない愛する者のために、何もかも捨てよ、との呼びかけがあります。どれほどへりくだってこの呼びかけを待たねばならないことか。「時が来るまで愛する人を起こしてはいけません」と雅歌にあります。「羊がその囲いの中に入るには、よい牧者から誘われるまで外で待たなければなりません」、と神秘家たちは言っています。時が来ないのに完全放棄の旅に出れば、心がばらばらに砕けるか、神経科の施設に入ることになりかねません。呼びかけを待つことが、どんなに大切なことか。識別が、いかに大切か！

聖霊が呼びかけていることが識別できたら、あらゆる障害を乗り越え、あらゆる手を尽くす堅い決心をします。十字架の聖ヨハネは書いています。「私の愛する人を探しながら、私は行こう。あの山を越え……花も摘むまい、野獣も恐れまい」(4)。

Ni cogeré las flores
Ni temeré las fieras

愛する人をひたすら探して、花嫁は、美しく咲き誇る花に目もくれず、飢えた野獣にも怯《ひる》みません。文化的な状況はまったく異なりますが、同じような決意は、禅にも見られます。ある禅画には、知恵を象徴する神秘に満ちた牛の足跡を見つけた人が、大いなる死も辞さず、すべてを投げ打って牛を探しに出る図（*十牛図）が描かれています。

神聖な呼びかけと人間側の自己奉献がそろわなければ、神秘的な旅はありえません。となると、たちまち次の疑問が湧いてきます。誰に、また何を、神秘家は委ねるのでしょうか。

ここでまた公会議が助けとなります。公文書には、キリスト教の信仰は、〈啓示する神〉に従うことである、と述べられています。

ここで啓示とは何か、という疑問が生じます。

啓　示

啓示に関して、公会議は、「神がそのあふれる愛から、友に対するように人々に語りかけ……人々と住まいをともにしている(5)」と言っています。神のあふれる愛がすべてを解く鍵です。

神との実践的な交わりについて、公会議は、スコラ学者たちが自然の啓示と呼んだことを、第一に述べています。つまり、「神は、人々に対し被造物のうちにご自分についての永遠の証しを示している」[6]と。次いで、ローマの信徒への手紙に言及しています。パウロは、「神について知りうる事柄は、異邦人にも明らかです、神がそれを示されたのだから」と力説しています。「世界が造られたときから、目に見えない神の性質、つまり神の永遠の力と神性は被造物に現れており、これを通して神を知ることができます」（ローマ1・20）。つまり自然の中に神の啓示があるということです。

さて、宇宙を通して自然界に現れる啓示は、今日ではたいへん意義深いものです。本書の第二部で、近代科学と神秘主義の間で行われた討論について触れました。「人は科学を通して神に行き着けるか」[7]という問題でした。公会議ではこうです。真理を真摯に探究する科学者なら、広大で神秘的な宇宙や、原子内部の摩訶不思議な世界の複雑さの中に神の啓示を見ることがあるかもしれないと考え、さらに、詩編作者といっしょに、「天は神の栄光を物語り、大空は御手《みて》の業を示す」（詩編19）、と声高らかにうたうかもしれない、と述べています。なぜなら、「謙虚に、根気よく物事の隠れた部分を究明しようと努力する者は、自ら意識することはないとしても、万物を支え、それぞれをそのものたらしめる神の手に導かれているようなものである」からです[8]。

しかし公会議は、もっと重要なもう一つの啓示について述べています。これは、私たちの始祖アダムとエバへの約束から始まり、イエスの死と復活で頂点に達した救いの歴史に現れています。

預言者たちを通して幾度もさまざまな方法で語った後、神は「終わりの時代には、御子によってわたしたちに語った」（ヘブライ1・1―2）のである。……それゆえ、キリストを見る者は父をも見る（ヨハネ14・9参照）ことになる。キリストは、ご自身の全現存と出現により、ことばとわざにより、しるしと奇跡により、そしてとくにその死と死者からの栄《は》えある復活により、最後には真理の霊の派遣により、啓示を余すところなく完成するとともに、⑼……。

神は被造物を通してご自身をあらわされ、御子の受肉や、死、復活、栄光という特別な方法でご自身を啓示されます。

十字架の聖ヨハネは、この啓示の二つの表現方法について、神秘的に、そして詩的に語っています。花嫁は、森や茂みに分け入り、緑の牧場を抜け、愛する人を探します。「わたしの愛しい人を知りませんか」と悲痛な声を上げながら。出会うものたちは、その方なら林の中を「急いで」行かれたと、答えます。この言葉を十字架の聖ヨハネは次のように解釈しています。「急いで通り過ぎて行かれた、と花嫁は言っている。被造物が神の小さな作品であるのは、通りすがりにお造りになったようなものであるからだ。神が自らをいっそうよくあらわされ、いっそう注意深く行われたみ業は、御言《みことば》の受肉とキリスト教の信仰の神秘である⑽」。

ですから、偉大な啓示とは御言の受肉のことです。「これによって神は人間を神と同じ美を持つまでに高く上げられ、やがて、すべての被造物も同じ高みに上げられた。なぜなら、神は御言を、その人性において、すべての被造物がもつ自然性と一致させられたからである⑾」。ここには、宇宙的なキリストについての聖ヨハネらしいヴィジョンが見られます。それは聖人が第四福音書を引用するときに、ことに明瞭です。「わたしは地上から上げられるとき、すべての人を自分のもとへ引き寄せよう」（ヨハネ12・32）。

啓示には二つの表現方法があると言えますが、二つに分けるのは第二バチカン公会議の精神に反するでしょう。なぜなら公会議が明らかにしているとおり、イエスの死と復活と栄光に由来する啓示は、キリスト信者のためばかりでなく、「心の中で恵みが目に見えない方法で働く」[12]すべての人々のためでもあるからです。公会議は続けて、こう述べています。

実際、キリストがすべての人のために死に渡され、また、人間の究極的召命が実際には一つ、すなわち神に由来するものであるからこそ、われわれは、聖霊が神に知られている方法で、復活の神秘にあずかる可能性をすべての人々に提供することを信じなければならない。[13]

ですから、人は一人残らず、神のみぞ知る方法によって、天地万物の美しさの中で宇宙的なキリストに出会うために招かれているのです。

信仰と理解

今まで述べてきたことから明らかなように、信仰は盲目的な自己奉献ではありません。それは知的な同意です。しかし、信仰の真理を理解しようとするなら、啓示の文献を調べて書かれていることに同意するだけでは不十分です。アウグスチヌスやアンセルムスの偉大な教訓が、西洋の神学の回廊にこだましています。「理解するために信じなさい」（アンセルムス＊『説教集』43・9）。

Crede ut intelligas

言いかえると、恩恵、自己奉献、神への服従がまずあって、理解はその後についていきます。ですから、信じる人たちは、信じない人の目には狂気の沙汰と映る物事をやすやすと受け入れるのです。「パウロ、お前は頭がおかしい」と、フェストゥスは大声で言いました。「学問のし過ぎで、おかしくなったのだ」。するとパウロは答えました。「フェストゥス閣下、わたしは頭がおかしいわけではありません。真実で理にかなったことを話しているのです」（使徒言行録26・24、25）。熱狂的なユダヤ人にとって真実で理にかなったことでも、教養のあるローマ人には狂気の沙汰に思えました。神の英知は、人間の理解では、愚かに思えます。以上のことは、次の公会議の教えに合致します。「このような信仰が生じるためには、それに先立つ神の助力の恩恵と聖霊の内からの援助が必要である。聖霊は心を動かして神に向かわせ、知性の目を開き、『真理に同意してこれを信じることの甘美さをすべての人に』与えるであろう[14]」。あるいは公会議はこうも言います。「こうしてこの聖霊は、啓示がいっそう深く理解できるように、信仰をご自分のたまものによってたえず完成しようとするのである[15]」。

要するに、信仰は賜物です。哀れな人間である私たちは、理解しようと努めますが、神秘に直面すると、自分の理解が永久に乏しいままで不正確であることを思い知らされるのです。

純粋な信仰

信仰は、祈りの旅の始めには、たいてい言葉とイメージの衣をまとっています。そして、判断・思考・想像により、いわゆる推論的な祈りを用いて、聖書に出てくる場面を思い起こしたりするでしょう。しかし、徐々に祈りが進歩するにつれ、すべての点で単純化されていきます。自分から努力をしなくても、一つの言葉や語句の祈り（イエスの御名だけを唱えるのが好き、という人が大勢います）が口をついて出てくるようになります。そして最後は沈黙に、神の現存に満たされた沈黙に入ります。これは〈神秘的沈黙〉、または〈注賦的観想〉と呼ばれます。その時、神が魂の中に流れ込むようにお入りになるからです。こうなるともはや思考はやみ（実際に観想家は〈思考不能〉に陥り、考えようとするとたいへん苦労します）、不可知の雲の中に、「何もせずに」とどまります。

道を進むにつれて、神がそこに「おられる」という感じは、「おられない」という感じへと移っていくでしょう。喜びや慰めを味わっていたのに、今は重苦しい暗闇と憂鬱を経験するようになるでしょう。神の現存を悟る一方で、〈無を自覚〉するかもしれません。これこそ純粋な信仰、闇の信仰、赤裸な信仰です。「見ないのに信じる人は、幸いである」（ヨハネ20・29）。

純粋な信仰は大きな賜物です。しかし、またなんという苦しみであることか。実際、人は言葉や文字を捨て、明確な思考もやめて、それらが指し示す偉大で不可思議な実在を観想してきました。十字架の聖ヨハネが純粋な信仰を、神の姿が見えないことだと逆説的に解釈したのはこういう訳です。それは実に大きな賜物です。しかし、観想の初心者には、賜物のようには思われません。暗夜の真っただ中にいて懐疑心にさいなまれ、神に見捨てられたと感じます。「エリ、エリ、レマ、サバクタニ」という心境になります。

そしてまた、純粋な信仰は、十字架の聖ヨハネの神秘神学の基盤です。それは強烈な光であり、魂の目をくらますほどまぶしいので、深く苦しい闇の中に魂を突き落とします。ダマスコへの途上で光がパウロを闇に突き落としたように。それは至高の英知ですが、まるで無知であるかのように思われます。というのは、十字架の聖ヨハネが言うように、「信仰の光は、あまりにも大きいため、理性の光を押さえ、打ち負かしてしまう[16]」からです。それで、神秘家たちは不知や暗闇や空虚について語り、不知は知、闇は光、空虚は充足である、と強調するのです。

この不知とは、信仰の真理を、概念を超えてぼんやりと把握することであることを、忘れないようにしましょう。神秘家たちがより高い英知を望むあまり、聖書や伝統の真理を捨て去ったなどと言ったら大間違いです（そのように言った人もありますが）。なぜなら、彼らは概念を超えて、信仰の真理そのものを暗くあいまいに把握している段階に入っているからです。また、禅の沈黙や〈空〉や〈無〉が、十字架の聖ヨハネの沈黙と空虚と無と同じであると言うのも、間違いでしょう。（少なくともかなり疑問でしょう）。なぜならキリスト教の神秘家は、キリスト教の信仰の真理を、概念を超えて把握しようとしているのですが、禅の神秘家が同じく概念を超えて把握しようとしているのは仏教の経典だからです。

このあいまいな超概念的な知識は、そこで、「不知」とか「無知」と呼ばれます。崇高な光をまともに受けるために、普通の理性的な思考を脇によけなければならず、「不知の知」としばしば言われています。十字架の聖ヨハネは脈々と続くディオニュシオスの伝統の中に身を置いていますから、「神の英知と結び付くためには、〈知〉よりもむしろ〈不知〉の道を進まなくてはならない[17]」と述べています。そして次のように続けています。

したがって、この観想の持つ神的光が、まだ完全に照らされていない霊魂に当たると、その霊魂に霊的な闇を生じる。なぜなら、この光は、ただ単に自然な理解力を超越しているばかりではなく、さらに、霊魂からこの理解力を奪い取り、暗くしてしまう。このために、ディオニュシオスをはじめ他の神秘神学者は、注賦的観想を「闇の光線」と呼んでいる。これは、霊魂がまだ照らされても浄められてもいないからである。というのも、その強烈な超自然的な光は、限られた自然の知性を、圧倒して生気を奪うからである[18]。

ここで、苦痛と重苦しさは信仰の光によって引き起こされるのではなく、それを受ける側の不純さによる、という十字架の聖ヨハネの教えに注意してください。魂はまだ照らされていない、と言っています。また、彼がこの暗闇を評価するのは、それが、明確な思考やイメージでは成し得ない方法で、暗闇が観想家を神に結び付けるからです。決して人間は明確に神を概念化することはできません。神は神秘の中の神秘です。十字架の聖ヨハネは分かりやすい例を挙げています。

例えば、ある島に生息しているまだ見たことのない動物のことを人に話すとする。その場合、その人がどこか他所で見たことのあるそれに似た動物を挙げて説明しない限り、たとえどんなに言葉を尽くしても、その動物について、よりよい理解やイメージを抱いてもらうのは無理であろう[19]。

信仰に関してもそうです。信仰は何の想念もイメージも与えない強力な光です。しかしそれは何の知識も与えないという意味ではありません。それどころか、別の崇高な知識を与えます。人は不知によって知ることができるのです。すなわち、より高い、見えない知識を得るために、普通の明瞭な知識を捨てます。

十字架の聖ヨハネは〈明瞭にして特殊な知識〉と、〈曖昧模糊にして普遍的な知識〉を、幾度となく区別しています。後者が純粋な信仰です。熟練した指導者は、観想家を明瞭で特殊な知識から引き離し、純粋な信仰である曖昧模糊にして普遍的な知識へと導くでしょう。

そしてさらにもう一つ、十字架の聖ヨハネらしい点が強調されねばなりません。理性的な論説としてはっきり表明される知識だけではなく、さまざまな幻聴や幻視や、その他の神秘的な諸現象の中に見られる明瞭な知識にも、私たちは慎重に接すべきだという点です。十字架の聖ヨハネは、そのような幻聴や幻視が神から生じる可能性を否定しません。が、まやかしの危険に非常に敏感な彼は、たとえ事実であっても、この知識は不完全極まりなく、神秘であられる神の真実を表現するには不十分である、と知っていました。

まとめると、十字架の聖ヨハネは否定神学の伝統に忠実ですが、観想家には、「不可知の雲であるあいまいで、愛の込もった知識に入るために、明瞭な知識を全て置き去るように」と言っています。この曖昧模糊にして普遍的な、愛のこもった知識は、神の暗い直知《ヴィジョン》にほかなりません。それは幸せな夜とも言うべき信仰の夜です。

聖人は感動的な詩を書いて、このような内容を余すところなく表現しています。不知の世界に入ると、なんと、「偉大な物事が理解できた」（grandes cosas entendi）、と。「理性的な知識を超越して」（toda ciencia transcendiendo）、「完全な英知」（la ciencia perfecta）に到達したから、と。(20)

Entréme donde no supe,　　わたしは　知らぬ間に　知らないところへ入り
Y quedéme no sabiendo　　知らないままに　とどまった
Toda ciencia trascendiendo　　いっさいの知を　超えて

仏教の世界では、「言葉や文字は月をさす指のごとし」という名言があります。指さす対象を変えて、「言葉や文字は太陽をさす指のごとし」と言ってもよいでしょう。ああ、太陽を直視すると、失明しかねません……深遠な、時には苦悶の闇に飛び込むことにもなりかねません。しかし苦悶の闇は変化していきます。次第に目は光のまぶしさに慣れていき、人は悟りへと移り、ついに死によってクライマックスに達して、永遠の中へと入っていきます。

大いなる死

信仰の旅路につく人は、大いなる死を覚悟しなければなりません。禅ではこのことが特に強調されます。〈悟り〉に至るには、死ななければなりません。つまり、〈悟り〉に至ろうとすれば、すべてを捨てることを覚悟しなければなりません。それゆえ、厳しい座禅なのであり、〈無、無、無……〉なのです。

そして旅の始めに、たとえ死んでもやり抜くという堅い決意をもち、一大信心業に取り組みます。「たとえ死すとも……。たとえ死すとも……」。肝心なのは、大いなる死を遂げる心構えです。

大死一番

言うまでもなく、これは霊的な死を意味します。でも明らかに、生物学的な死も背後にあります。人は死と背中合わせ。振りかざした刀を、いつ何時振り下ろすかもしれない猛々しい侍と、向かい合っていなければなりません。こうして、人は死ぬ覚悟……何もかも失う覚悟ができます。そして大いなる死を経て、大いなる命に至ります。

以上のどの点をとっても、禅は心理学的に考えて健全です。心理学では一般に認められていることですが、死への恐怖がプシケの奥深くに潜んでいて、たいていの人は死から目を反らすか、もしくは死を否定するそうです。死を否定することは、あらゆる種類の神経症や精神障害を誘発するとも言われています。とすると、禅は問題を抱える人たちの助けになるかもしれません。沈黙して座禅を組んでいるうちに、精神の上層部がむき出しになり、徐々に隠れた恐怖が表面に現れてきます。その恐怖に向き合って、受け入れ、通り抜ければ、人は真に解放されるでしょう。なぜなら、生への執着と死の恐怖は、人間を縛りつける質《たち》の悪い鎖である、と禅では言っていますから。ひとたび霊的な死から解放されると、人は生物学的な死をも受け入れられます。実際、霊的な死を受け入れた人だけが、穏やかな気持ちで生物学的な死に向き合えます。

さて、禅は実に鮮やかに生き生きとした言葉で語りますが、その内容はあらゆる形式の神秘主義とも相通じる点があります。アブラハムは、独り息子の胸を突こうとして刀を振り上げた時、大いなる死を受け入れました。天使の声を聞いた時、大いなる生を受け入れたのです。また、雅歌には、愛に駆り立てられた美しい花嫁が描かれています。ひそかに彼女は床を抜け、夜の闇の中に出て行きます。心は、恋い慕う人への愛に燃えています。愛しい人は人気《ひとけ》のない場所で待っています。実にロマンチックな物語です。しかしその詩を神秘主義的に読む人は、花嫁が死と逢いびきをしていると解釈します。ただ大いなる死を通してのみ、彼女は愛しい人と結ばれ、永遠に添い遂げます。「一粒の麦は、地に落ちて死ななければ、一粒のままである。だが、死ねば、多くの実を結ぶ」(ヨハネ12・24)。

そしてイエスは偉大な死を遂げられました。イエスのまなざしはいつもエルサレムに向けられていました。異邦人の手に引き渡され、辱められ、殺されて、三日目によみがえることになるそのエルサレムの上に。善良なペトロから諫められた時、イエスは厳しく彼を叱りました。「サタン、引き下がれ。あなたは神のことを思わず、人間のことを思っている」(マルコ8・33)。イエスはなんと傷つきやすく感じやすい方だったことか。一番親しい友からも試されたのです。しかしゲッセマネの苦悩を経て、イエスは御父のみ旨に心底従うようになりました。「父がお与えになった杯は、飲むべきではないか」(ヨハネ18・11)、とイエスは言われました。十字架上で肉体の死を迎える前に、イエスは霊的に死んでよみがえります。

「主イエスは、進んで受難に向かう前に、パンを取り、感謝をささげ、割って、弟子に与えて仰せになりました。『皆、これを取って食べなさい。これはあなたがたのために渡されるわたしのからだである』。食事の終わりに、同じように杯を取り、神に感謝をささげて祝福し、弟子に与えて仰せになりました。『皆、これを受けて飲みなさい。これは、わたしの血の杯、あなたがたと多くの人のために流されて、罪のゆるしとなる新しい永遠の契約の血である。これを私の記念として行いなさい』」(21)。

幾つもの時代を越え、日の昇る所から沈む所まで、イエスに従う人々はこの命令に忠実でした。奉献が行われる時、人々は信仰の神秘を宣言します。

　このパンを食べ、この杯を飲み、
　主イエスよ、あなたの死を記念します。
　栄光のうちにあなたが来られるまで。

死と復活は、イエスの生涯において最も重要な出来事です。

何年か前、日本からある禅の老師がアメリカ合衆国を訪れ、トラピスト会の修道士たちに〈接心〉（つまり、禅式黙想会）を行いました。修道士たちは足のしびれが我慢できる限り、きちんと座りました。そして老師は黙想会の中心軸となる〈公案〉として、イエスの死と復活を取り上げました。修道士たちはこの公案と七日間取り組みました。その禅の老師は、なんと優れた神秘神学者だったのでしょう。この公案を解く人は、キリスト教の啓示の神髄に入ります。この公案を解く人は、ご聖体を生きるようになります。イエスの死と復活を、二千年以上前に起きた歴史上の出来事としてだけではなく、今日のこの混乱した世界に脈々と息づいていることとして捉えるようになります。さらにパウロの言葉、「イエスの命がこの体に現れるために、イエスの死を体にまとっている」という謎めいた言葉を、理解するようになります。彼は声を大にして言います。「わたしたちは生きている間、絶えずイエスのために死にさらされています」（二コリント4・11）。なんという公案！　それを解いた時には、パウロと同じように感極まって叫ぶでしょう。「死よ、お前の勝利はどこにあるのか。死よ、お前の棘はどこにあるのか」（一コリント15・55）と。その時、人は真に解放されて、悟りを開きます。

目覚め

ですから、信仰の旅は逆説に満ちています。煌々《こうこう》とした闇の旅、豊かにして貧しい旅、賢くて無知の旅です。まるですっかり視力を失ってしまったかのようで、何も見えずに歩み続ける苦しい時があるかと思うと、光あふれる目覚めの時が訪れることもあります。それは、すべて良し、と分かる時。

アブラハムのように、約束がかなう日が来る、と確信して胸を躍らせる時です。十字架の聖ヨハネは、自作の詩に、「なんと優しく愛深く／あなたは私の胸の中で目覚められることか！」とうたい、「神はいろいろな方法で、霊魂の中でのご自分の目覚めを感じさせる。そのなさり方は多様すぎて、語り尽くせないだろう」[22]と解説を加えています。すべての目覚めは、偉大な目覚めの前兆で、それは神の直知ですが、すべての人が信仰を杖に渡るこの涙の谷では、誰にでも授けられるわけではありません。十字架の聖ヨハネは、あからさまな幻聴や幻視には非常に用心深く、慎重を期していますが、信仰の旅の一部分である目覚めについて語るときは、雄弁な詩人になります。では、目覚めとは何でしょうか。

啓示には二つの形態があるように――自然と宇宙を通してのものと、独り子をこの世にお遣わしになってクライマックスを迎える、歴史における神の出現を通してのものと、――目覚めにも二種類あります。一つは万物の一致を明敏に認識することです。いわば、静止点に立って、ゼロが無限と等しいこと、全は無であること、そして（ヘラクレイトスの言葉どおり）上り坂と下り坂は、同じ坂であると、気づくことです。その時、人は古くから言い伝えられてきた「対立の一致」が何であるかを把握し、人生の矛盾がみんな深い意味を持っていることを理解します。禅では、これを〈見性〉と呼び、本来備わっている本性を見極めることを意味します。幻影から目覚め、苦悩から解放され、人は歓喜に満たされます。多くの哲学者や科学者がこのような経験をしてきました。他の人たちも、思慮深く経験豊かな老師によって、そうした境地に導かれていきました。それは、人間の精神力を証言するすばらしい照らしです。

しかし、もっと直接的にキリスト教の啓示と関わる別の目覚めがあります。人間には誰一人導くことができない目覚めです。これは、神の、普通は隠れている真理に関わっています。パウロが「楽園にまで引き上げられ、人が口にするのを許されない、言い表しえない言葉を耳にした」（二コリント12・4）と、ふと漏らしたように、神はご自身の「秘密」を漏らされる、と神秘家たちは言います。『不可知の雲』は、苦しい戦いについて述べながら、物事がたやすく運ぶ時があるが、それは、神がまったくお一人で働かれるからだ、と観想者たちに納得させています。「しかし、常時とは限らず、ずっと継続するのでもなく、神は望む時、望むままに働かれるのです(23)」。それから彼は霊魂を貫く閃光について語り、神の秘密を明かします。

ときどき、神は、偶《たま》さかに霊的光を放射して、あなたと神との間に介在する不可知の雲を貫き、人の語ることのできない神の神秘の一部を示されることがあるでしょう。すると、あなたの心は、私の口では言い表せないほど、また私の予測をはるかに超えるほど、神の愛の炎で燃え上がるのを感じるでしょう(24)。

ここでは、一瞬、神は人間にご自分の秘密を漏らします。しかしこの秘密とはどんなものでしょうか。この問いに、イギリス人の著者は何も答えてくれません。ただ神のみに属するあの働きについて、私は、あえて軽々しく述べるわけにはいきません。つまり、そんな危険をあえて冒すつもりはありません(25)。

ここではすべてが神秘です。

しかし十字架の聖ヨハネは、秘密に関してさらに明瞭に、述べています。霊的婚姻の状態において、「天の花婿は、忠実な伴侶である霊魂に、いとも不思議な秘密を、極めてたやすく、また頻繁に示す。なぜなら、真の完全な愛は、自分の愛する者に一切隠しだてができないからである」(26)。彼はこの秘密についてさらに語り続けます。

天の花婿は、霊魂へ、主《おも》に受肉と人類救済の方法に関する甘美な神秘を伝える。これこそ、神のみ業のうちで最も崇高なものである。したがって霊魂には何にもまして快いのである(27)。

ここでは秘密が明確に述べられています。それは、受肉と贖いの神秘です。

それでも秘密の要素は残っています。というのは、この目覚めは、直知ではありませんから。死が近づくにつれ、なおも信仰によって生きるこの聖人は、ふとかいま見たことのある神秘を明瞭に理解したいと心から願います。「遠方から着いて、旅人が先ずしたいと願うのは、深く愛する者の顔を見て、語り合うことである。同様に、神を見るに至った霊魂が第一にしたいと願うのは、御言の受肉の深い神秘と、それに関する古来の神の道を知り、かつ、楽しむことである」と、彼は書いています(28)。

ここで聖人は、信仰が直知に道を譲る時を望んでいます。実際、暗夜を経て霊的婚姻に入った人にとって、死はすばらしい目覚めです――というのは、今や、人は愛によって死ぬからです。「他の人々は病気や老衰が原因で死ぬのであるが、私たちが今話している人々は、病気や老衰で死ぬように見えても、そうではない。はるかに崇高で、力強く、雄々しい愛の力や出会いがなければ、彼らの霊魂は、肉体から引き離されることはないであろう」[29]。そのような死の美しい描写が続きます。

こういう人々の死は、極めて穏やかで快い。生涯にわたる霊的生活から得られるよりもはるかに穏やかで快い。なぜなら、愛の最も崇高な衝撃を受け、歓喜に満ちた出会いがあるからである。その様は、死に際に、いっそう美しく鳴く白鳥に似ている……死ぬと、霊魂の宝は一か所に集められ、霊魂の愛の流れは海になる。なぜなら、幾筋もの流れが合流して、海と見まごうばかりになるからである[30]。

彼自身、死の床に就いたとき、取り囲む修道士たちに雅歌の詠唱を頼みました。「あなたの美《うるわ》しさをまのあたりに見て息絶えたいのです」。（＊『霊の賛歌』第八の歌より。東京女子カルメル会訳）もし死が偉大な公案であるなら、死はまた偉大な目覚めです。

信仰の危機

言うまでもありませんが、現代世界は信仰の大きな危機に瀕しています。特に欧米では顕著で、国全体が、あるいは国民の大半が、宗教的な実践をすっかり放棄してしまっているようです。第二バチカン公会議は、「無神論は現代のもっとも重大な課題の一つに数えられ、いっそう真剣に検討されなければならない」[31]と明言しました。

思想家たちは、信仰の危機の根には、文化の問題が存在している、と気づきました。現代文化は信仰の支えになりません。ダンテやシェイクスピアの詩や、ダ・ヴィンチやミケランジェロの芸術作品や、モーツァルトやベートーヴェンの音楽は、信仰を培ったのに、現代演劇や現代小説、現代科学文明は、的外れで時代遅れな神にほとんどスペースを割きません。神の死は、今も行き渡っています。

さて第二バチカン公会議は、文化に福音の精神を浸透させて、もっと人間的な世界の建設を支援することが、文化の務めであると見なしました。教皇ヨハネ二十三世は、公会議を招集したとき、事態の容易ならぬ重大さについて述べました。「現代世界を、福音の永続的な活力に触れさせることが大切である」(32)と付け加えました。これは公会議の主な目的の一つになり、この世の秩序を人間味のあるものにすること、「社会全体へ福音的精神を浸透させること」(33)、そして「地上の国の生活の中に神のおきてを刻み込む」(34)ようにすることを、とりわけ信者たちに求めました。

しかしながら、二十世紀がもう終わりに近づこうとしているのに、この崇高な目的は、まだ達成されていません。達成には何世紀もかかるかもしれません。そしてそれは、ほかの宗教の人々や科学者たち――「地上の国の生活の中に神のおきてを刻み込む」ことを確実にしたい人たち――との対話や協力があってこそ可能でしょう。

それまでは、現代人は男女とも、純粋な信仰、赤裸な信仰、闇の信仰に招かれている、という以外になんと言えるでしょう。これが現代の宗教的な挑戦です。文化の支えなしに、現代人は「神ゆえに神を信じ、信じるゆえに信じる」ように求められています。つまり、神秘的な信仰に招かれています。カール・ラーナーは、未来のキリスト信者は完全な神秘家か否かのどちらかであろうと言いましたが、間違っていませんでした。ユダヤ人にとっても異邦人にとっても、励ましとなる手本は神秘家アブラハムです。

1　『登攀』Ⅱ・19。
2　同　Ⅱ・4参照。観想者について、「まるで盲目の人のように、真っ暗な信仰にすがり、それを受け入れて導きとし、光としなければならないのであり、理解したり、感じたり、想像したりすることに頼ってはならない」（『登攀』Ⅱ・4）と記している。アブラハムは最終的にそのような信仰に到達する。
3　「神の啓示に関する教義憲章」第一章5。
4　『賛歌』3。
5　「神の啓示に関する教義憲章」第一章2。
6　同　第一章3。
7　本書7章参照。
8　「現代世界憲章」第一部第三章36。
9　「神の啓示に関する教義憲章」第一章4。
10　『賛歌』5・3。
11　同　5・4。
12　「現代世界憲章」第一部第一章22。
13　同。
14　「神の啓示に関する教義憲章」第一章5。
15　同。
16　『登攀』Ⅱ・3・1。
17　同　Ⅰ・4・5。
18　『暗夜』Ⅱ・5・3。
19　『登攀』Ⅱ・3・2。

20　*I entered into Unknowing*（原詩 *Entreme Donde No Supe*）1節。
21　『ローマ・ミサ典礼書』の「第二奉献文」より。
22　『炎』4・4。
23　『雲』26章。
24　同。
25　同。
26　『賛歌』23。
27　同。
28　同　37。
29　『炎』1・30。
30　同。
31　「現代世界憲章」第一部第一章19。
32　使徒憲章「フマーネ・サルーティス」一九六一年十二月二十五日。
33　「教会の宣教活動に関する教令」第二章15。
34　「現代世界憲章」第一部第四章・43。

第12章　浄化の道

三層の道

古くより、神秘主義では、神に赴く三層の道が伝えられてきました。

Via Purgativa　〈浄化の道〉——初心者の道
Via Illuminativa　〈照明の道〉——熟練者の道
Via Unitiva　〈一致の道〉——完徳者の道

「わたしは道である」と言われたキリストに従って歩むこの三つの道は、聖三位一体の体験という頂点に到達します。そのとき、人は御子と一体となり、聖霊に満たされて、「アッバ、父よ」と叫びます。

人間生活において、三つの道は別々にあるのではなく、互いに溶け合い、重なり、絡み合っていて、どの道も他の道と切り離してたどることはできません。Via purgativa すなわち、〈浄化の道〉は初心者がたどる道ですが、その道は死に至るまで、そして死後もずっと続くことは、昔から伝えられて分かっていました。パウロは、「なぜなら、……だれ一人神の前で義とされないからです」（ローマ3・

20）と言っていますし、ヨブは、「神より正しいと主張できる人間があろうか」（ヨブ9・2）と問いかけています。人間は、浄化の火をくぐり抜けなければ、聖そのものの神のみ前に出ることはできません。

回心

〈浄化の道〉は回心から始まります。自分の弱さを認め、神の恩恵に促されて、人は悪である罪から、愛である神へ立ち返ります。実践的な『不可知の雲』の著者は、回心の道を二段階に分け、現実的な隠喩《いんゆ》を用いて注釈を加えています。

鏡を見て、顔に醜い汚れがついていることに気づくとします。さて、どうするか。直ちに顔を洗いに井戸へ走るでしょう。こう述べてから、「もしこの汚れが何か特定な罪とすると、井戸は聖なる教会を表し、水はゆるしの秘跡、および秘跡に付随する事柄を表します(1)」と続けています。つまり、その人は、教会へ走って行き、深く罪を悔いて告解をし、赦しを受けてすっかり浄められるというわけです。神との和解は、教会の秘跡を通して悔い改める罪びとにもたらされる、と著者が信じているのは明らかです。そして、とても興味深いことに、浄化の秘跡を受けるのは神秘生活の頂点においてである、と気づいたのです。この点は、アビラのテレジアに似ています。この偉大なカルメル会の修道女にとって、罪を赦し（どんなに聖なる神秘家でも、倒れて顔が泥まみれになることがありますから）、聖霊を識別する手助けをし、落とし穴や罠がいくつも隠されている危険な浄化の道を案内してくれるのは、賢明で学識ある聴罪司祭をおいて他にいるはずがありませんでした。

ところで、『不可知の雲』の著者は、こう続けます。鏡に映った顔の汚れが、特定な罪ではなく、罪への傾き、罪の根、悪へのうごめき、すなわち心の動きのこともあるだろう、と。その場合も、人は井戸へ走りますが、今度は、「井戸は慈悲深い神を表し、水は祈りと祈りに付随する事柄を表します」(2)。なぜなら、告解は、観想とは違い、罪の根を取り去ることはないからです。この点について、次のように明言しています。「なぜなら、告解を終えた後に、決して目立たなくても、罪の根と下地は残りますが、この活動（例えば、観想）では、元来そうしたものはすべて枯れるからです」(3)。「枯れる」という言葉に注目してください。というのも、彼は、世の中の観想がすべて罪の根元を完璧に抜き取るわけではない、ともはっきり述べているからです。

さて、この単純な隠喩の根底には、重要な、罪と浄化の神学が横たわっています。このイギリス人の著者は、エックハルトやタウラーや十字架の聖ヨハネと同じく、聖トマス・アクィナスに心酔しています。罪がキリストの御血《おんち》によって洗い流されても、「貪欲は残り、罪への傾きは残り、おぞましい無秩序は残る」、と考えるトマス主義の信奉者です。人は、悔恨の念をもって受けた秘跡を通して罪が赦され、神の像が回復されることによって、真に聖霊の住まいとなるのです。しかし、人間を衰弱させる罪の影響は、原罪でも個人的な罪でもいつまでも消えませんし、死を迎える時までとどまるでしょう。

ですから、ゆるしの秘跡を受けた人が祈りに立ち返り、浄化の道へと踏み出すのは、罪が赦されるためでなく（すでに赦されているのですから）、貪欲という束縛から自由になるため、つまり、悪への傾き、節操のない愛欲、抑制の利かない食欲、渇望、依存、愛着、他に現代人の私たちが、強迫性障害、幼児的執着性、衝動制御障害と呼ぶ、人間をむしばむさまざまな傾きから自由になるためです。つまり浄化の道は解放の道です。

そして、『不可知の雲』の現実的な著者は、浄化の道が墓場まで続くことを知っています。独特の視覚的手法を用いて、断食や徹夜の祈りや自己鍛錬が人間の罪への傾きをすべて取り去ってくれるわけではない、と弟子に語っています。

たとえ断食しようと、夜通し起きていようと、早朝に起きようと、毛衣《けごろも》をまとおうと、固い板の上に寝ようと、そうです。そして、仮に正当なことであったとして（実際はそんなことはありませんが）、目玉をくりぬき、舌を切り取り、耳と鼻に堅く栓をしようとも、たとえ陰部を切り取り、考えうる限りのありとあらゆる苦痛を肉体に与えようと、それらすべては、あなたにまったく何の助けにもなりません。それでもなお、罪はうごめき、頭をもたげてきます。(4)

ここでは、人間の弱さは死ぬまで続くものであり、誰でも、最後の息を引き取るまで罪を犯す可能性があるという伝統的な教えが、具体的に描かれています。確かに、スコラ学者たちは、聖母マリアや十二使徒などの特別な人たちは「恩恵によって強められている」ため罪を犯すことはできない、と言いました。しかし、そのような身にあまる恩恵が、脆弱な人間の本性に授けられることはめったにない、とも主張しました。イギリス人の著者は、こうした堅固な考えの土台の上に立っています。人間の条件とはそのようなものです。

アジアの思想に親しんだことがある人なら、直ちに、キリスト教の浄化の道と、ヒンドゥー教や仏教の解脱《げだつ》の道との間に類似点があることに気づくでしょう。第二バチカン公会議は、尊敬を込めてこう宣言しています。「ヒンドゥー教においては、人々は、さまざまな様式の修行の実践や深い瞑想によって、あるいは神への愛の飛翔によって、われわれの条件をなすもろもろの苦悩からの解放を求めている」と。また、仏教では、「人々が忠実と信頼の心をもつ限り、完全な解脱の状態を得たり、自らの努力か優れた助けに頼るかによって最高の悟りに到達できる道が教えられている」(5)と述べています。次いでカトリック信者に向けて、できる限り他の宗教の信者と対話をして、協力関係を結ぶように、と熱心に勧めています。

とはいえ、同時に、私たちは宗教間の相違点や独自の特徴を決して見過ごしてはなりません。そして、キリスト教全体の伝統は、浄化の道が根本的に、「わたしについて来たい者は、自分を捨て、自分の十字架を背負って、わたしに従いなさい」（マタイ16・24）と言われたキリストに従う道である、と宣言しています。イエスが浄化の道を歩まれたのは、ご自分の罪のためでなく（イエスは罪のない者でしたから）、人間の罪のためでした。イエスは世の罪を除く小羊でした。イザヤの苦しむ僕でした。「彼が刺し貫かれたのは、わたしたちの背きのためであり、彼が打ち砕かれたのはわたしたちの咎《とが》のためであった。……彼の受けた傷によって、わたしたちはいやされた」（イザヤ53・5）のです。そして、驚かされるのは、「罪と何のかかわりもない方を、神はわたしたちのために罪となさいました。わたしたちはその方によって神の義を得ることができたのです」（二コリント5・21）、というパウロの言葉です。

そして、イエスが世の罪のために浄化の道を歩まれたように、キリスト教の神秘家たちは、イエスがなさる贖いの業に協力して、彼ら自身の罪のためだけではなく、世の罪のために浄化の道を歩んできました。パウロの次の言葉を座右の銘としたのです、「今やわたしは、あなたがたのために苦しむことを喜びとし、キリストの体である教会のために、キリストの苦しみの欠けたところを、身をもって満たしています」（コロサイ1・24）。現代の神秘家の中には、その生涯において、こうした宇宙規模の浄化の輝きを放っている人もいます。リジューのテレジア、パードレ・ピオ、エディット・シュタイン――彼らは皆、世界を意識しており、世の贖いの必要性を感じていました。それに、聖人のごとき長崎の永井隆もいます。彼は、浄化の道と犠牲の道を身をもって結び付けました。全世界の平和のために、自身をイエスとともに御父にささげました。

しかし、〈浄化の道〉を理解するためには、要点だけにしろ、聖書と神学に関わる背景を見てみなければなりません。

罪と贖い

二回目のミレニアムを迎えたばかりのキリスト教の二千年という短い歴史の中で、罪と贖いの物語は数えきれないほどの神学論争を引き起こしてきました。原罪、義認（＊罪から解放する神の救済的働き）、恩恵、自由意志、善業、予定説など、この物語のありとあらゆる側面の問題について、白熱した討論が繰り広げられてきました。その論争が収束に向かっていることを示す兆候は、今のところまだありません。

ところが、神秘神学は元来、祈りという方法で人々を導くことを目指す実践的もしくは司牧的な学問ですから、このような論争と深い関わりを持つ必要はないと見なされてきました。十四世紀以来、神秘神学は、聖書の基本的なテキストに頼ることはあっても、ただひたすら聖トマス・アクィナスに従ってきました。そして第二バチカン公会議は、その伝統的な主張をさらに発展させました。

最も重要なのは、〈堕落〉の物語です。

私たちの始祖は、親しい友である神にかたどって創造され、一糸まとわぬ裸で恥ずかしいとは思わず、楽園の中を歩いていました。二人は互いに統合され、空の鳥や野の獣と調和して暮らしています。とりわけ神と一致しています。二人は善良です、しかも非常に善良です。のちにスコラ学者たちは彼らのそのような状態を、〈無垢《むく》の状態〉または〈統合の状態〉、または〈原始義の状態〉と呼ぶようになりました。聖トマス・アクィナスはアダムを指して、真の観想家であると言いました。

その後、破滅の時がやってきました。狡猾《こうかつ》な蛇にだまされて、二人は禁断の木の実を食べたばかりに、裸であることに気づいて恥ずかしくなり、恐れ、打ちひしがれ、逃げ隠れます。もはや自身の内なる一致、相互の一致、そして神との一致を失っています。すでに観想家ではなくなりました。今や二人は悪を知る身となり、やがて生まれる息子のカインは怒りにまかせて弟を殺すことになります。そして、二人は楽園から追放され、苦悩の生涯を送らねばならなくなります。エバは、出産で耐えがたいほど苦しみます。女は男を求め、男は女を支配します。アダムは、土を耕しながら額に汗して働きます。やがて二人とも死にます。二人は元の塵《ちり》に返ることになります。

これで話はすべて終わりというわけではありません。男と女といっしょに、森羅万象も漏れなく堕落しました。蛇は呪われ、土も呪われます。「土は茨とあざみを生えいでさせる」（創世記3・18）と宣告されます。もはや、エデンの園は郷愁を誘う夢でしかありません。この状態を、スコラ学者たちは、〈堕《お》ちた人性〉、もしくは〈原罪の状態〉と呼びました。そして、このような状態に生まれ落ちるのが、私たち、エバの哀れな追放された子どもたちです。第二バチカン公会議は、「人間は自己分裂を来している。こうして人間の全生活は、個人的にも集団的にも、善と悪、光と闇の間における劇的な闘いの様相を呈している」(6)と述べています。

しかし、すべてが失われたわけではなく、救い主が現れます。蛇は、「お前と女、お前の子孫と女の子孫の間に、わたしは敵意を置く」（創世記3・15）、と神から言われます。初期のキリスト教の伝統は、この女性をイエスの母マリアと見なしました。立像に見る聖母マリアは、かかとで蛇を踏みつぶしています。しかし、解釈はどうあれ、聖書のテキストには、メシアが現れて、その民を罪から救うと語られています。

創世記は、聖パウロの神学の中核を成しています。パウロは、アダムを通して罪を語り、イエス・キリストを通して復活を語っています。これは、アダムは罪を通して観想から堕ち、私たちはイエス・キリストの恩恵を通して観想へ立ち返る、と主張する『不可知の雲』の著者が取り上げているテーマでもあります。パウロには実に深い罪の意識、同胞を支配する罪と、周囲の世界を支配する罪の両方に対する意識がありました。事実、自分のしていることが分からなくなり、パウロは叫びます、「わたしは自分の望む善は行わず、望まない悪を行っている」（ローマ7・19）と。誰が彼を救ってくれるのでしょうか。「わたしたちの主イエス・キリストを通して神に感謝いたします」（ローマ7・25）とパウロは言いました。ところで、パウロが住んでいた頃のローマ帝国は、社会全体が腐敗していました。人間は、「あらゆる不義、悪、むさぼり、悪意に満ち、ねたみ、殺意、不和、欺き、邪念にあふれ」（ローマ1・29）ていました……。しかし、再度言います。すべてが失われてしまったわけではありません。「実にキリストは、わたしたちがまだ弱かった頃、定められた時に、不信心な者のために死んでくださった」（ローマ5・6）のです。神はこのようにして愛を示されました。それで今、私たちはキリストの御血によって義とされ、洗われ、清められるのです。

公会議の楽観主義

第二バチカン公会議も、前述の物語を取り上げています。そして、「キリスト信者の信仰によると、この世界は、創造主の愛によって造られて維持され、しかし罪のもとで隷属状態に陥ったが、十字架につけられ復活したキリストによって、……解放され(7)」たと述べた後、こう続けています。

十字架につけられ復活したキリストによって、悪い者の権力は打ち負かされたため、世界は解放され、神の計画に従って変容され、ついには完成に達する(8)。

キリストの死と復活を通して、人類は救われます。

公会議は、現代世界における人間の状況と、業績について実に楽観的です、が、それにもかかわらず罪の惨禍を強く意識しています。善と悪の劇的な戦いについて述べ、「崇高な召命と深刻な悲惨さについて(9)」も人間が体験する一部であることを、私たちに思い起こさせます。また、私たちの戦いは、

「支配と権威、暗闇の世界の支配者、天にいる悪の諸霊を相手にするものなのです」（エフェソ6・12）というパウロの教えを彷彿させる言葉を用いて、暗闇の勢力との途方もない戦いについて述べています。

それと同時に、希望と喜びにあふれて、聖性のうちに造られた人類は、今や罪を贖われて、不完全ながら真の聖性へと立ち返った、という事実を強調しています。

すでに世の終わりはわれわれのもとに到来しており（一コリント10・11参照）、世の一新は取り消しえないものとして決定され、ある意味で、現世において、前もって行われている。実際、教会はすでに地上において、不完全ではあるが、真の聖性によって飾られている。(10)

公会議が示す「教会」とは、神の民の意味です。「カトリック信者も、キリストを信じる他の人々も、さらには、神の恵みによって救いに招かれているすべての人々も、さまざまなしかたでこの一致に属し、あるいは秩序づけられている(11)」のです。つまり、すべての人間は、不完全であっても、聖性の印が押されているということです。これは、現代世界が恐ろしい出来事や非道な戦争をすべて抱えたままでも根本的には神聖である、という意味でしょうか。それは驚くほど楽観的な主張ではないでしょうか。

実践的な浄化の道を述べる段になると、公会議はまた、非常にはっきりしています。

どのようにすればこうした不幸な状態を克服できるかと問う人に対し、キリスト信者はこう答える。高慢と無秩序な自己愛によって日々危険にさらされているあらゆる人間活動は、キリストの十字架と復活によって清められ、完全なものとされるべきである。[12]

ここには、〈浄化の道〉が的確に描写されています。

さて、神秘的な道を歩みたいと望む人が実践する時に大切なのは、公会議で提唱されている次の二点です。

一つは、人類はすでに救われた、と教える宣言です。私たちは善良なもの、聖なるものです。たとえ不完全であっても、そうです。キリスト教的な罪の意識は、多くの現代人を苦しめ、精神科医を多忙にさせるような、心をさいなむ罪悪感とはだいぶ違います。正統なキリスト信者の罪の意識は、ペトロがイエスの聖性に圧倒されて、「主よ、わたしから離れてください。わたしは罪深い者なのです」(ルカ5・8)と叫んだときの心情に似ています。あるいは、あふれる喜びのうちに「イエスよ、罪びとのわたしを憐れんでください」と祈った、ロシアの「無名の巡礼者」の心情に似ています。あるいは、「わたしは弱いときにこそ強いからです」(二コリント12・10)、と誇らしげに叫んだパウロとも似ています。

もう一つは、すべては良い、すべては良くなる、という宣言です。神秘的な道をたどる人は、嵐や暴風雨や地震を体験しますが、そのようなときはノリッジのジュリアナが書き記した、「すべて良くなる、すべて良くなる、あらゆるものがすべて良くなる」という言葉を思い出すとよいでしょう。「なぜなら、あなたがたの内におられる方は、世にいる者よりも強いからです」(一ヨハネ4・4)。

キリストに従う

十字架の聖ヨハネは、観想の初心者に、感覚の暗夜に入ることについて勧める際、キリストに倣うことを強調しています。

第一に、何ごとをするにも常に、キリストに倣い、そのご生涯に従おうとする望みを強く持つように。キリストに倣うためには、そのご生涯を考察し、すべてのことにおいてキリストと同じ態度をもって臨まなくてはならない(13)。

ここで、興味深いことに気づきます。十字架の聖ヨハネは、これから観想の道を歩もうとする人に向かって、長時間にわたる沈黙の祈りを勧めるのでもなく、孤独のうちに何年も過ごすようにとも語っていないことです。それより大事なのは、日常生活の中でイエスに倣うこと、すなわち「すべてのことにおいて、キリストと同じ態度をもって臨むこと」と語っています。この点は、霊的協力者のアビラの聖テレジアにより、さらに力強く指摘されています。テレジアは、忘我や脱魂を体験したにもかかわらず、イエスに倣うことと隣人を愛することの方が、崇高な祈りの体験よりも大切である、とたえず主張しています。同じ会の修道女たちに、神秘的な高みに登ることで思い悩むのはやめて、廊下掃除や窓拭きや皿洗いをなさい、とよく言ったものです。「わたしに向かって、『主よ、主よ』と言う者が皆、天の国に入るわけではない。わたしの天の父のみ心を行う者だけが入る」（マタイ7・21）

のです。そして、この常識的な教えは、その後、キリスト教的完徳は愛徳にあると考える神秘神学に、組み込まれていきました。当時、その考えに反対する人たちのリストには、完徳は崇高な観想からのみ成り立つと考えた人々の名が列挙されています[14]。

それで、十字架の聖ヨハネは、観想者たちに、初期の段階では福音書に出てくるイエスの姿に倣い、イエスのご生涯と一致した生活を送るようにと語っています。それと、推論的な祈りの研究と実践を期待しています。しかし、第二段階の暗夜に進む人たちには、イエスに倣うための別の方法を提唱しています。イエスの外面を見るのでなく、「生きているのは、もはやわたしではありません」（ガラテヤ2・20）と言うパウロに従い、イエスの命が内側から湧き上がるままに任せる方法です。このときの観想者は、イエスの姿を想像したり、推論したり、思考したりせず、自己の内に住まわれる神のなすがままに、観想的な沈黙のうちにとどまっています。ここで、次の第四福音書の聖体にまつわるテキストが大層意味をもってきます。「わたしの肉を食べ、わたしの血を飲む者は、いつもわたしの内におり、わたしもいつもその人の内にいる」（ヨハネ6・56）。

このようにして、ゲッセマネで血の汗を流し、「レマ、サバクタニ」と叫ばれたイエスのご生涯を生きるようになります。十字架の聖ヨハネはイエスの受難を鋭敏に感じ取りました。ゆえに、イエスの十字架に寄せる愛こそが、この聖人の生涯や、詩や、〈ナダ、ナダ、ナダ、ナダ〉を理解するための鍵となります。そして、彼にとっての神秘的な死の手本は、死ぬことによって全生涯で最もすばらしいみ業を成就されたイエスの死である、と言い切っています。

その死が迫ったとき、何の慰めも安らぎもなく、御父から渇きの極みに置き去りにされて、確かに心が萎《な》えてしまわれた。……それゆえ、やむなくこう叫ばれた。「わが神、わが神、なぜわたしをお見捨てになったのですか」（マタイ27・46）と。これはキリストがその生涯で最も強く苦しみを覚えた遺棄であった。……すべてにおいて、完膚なきまでに打ち砕かれたのである。すなわち、人々がどう評価したかといえば、キリストが息絶えられたのを見て、敬意を示すどころかあざ笑ったのである。また、人性の側面から見れば、キリストは死によって無に帰せられた。そして、御父からの霊的な保護と慰めという面から言えば、そのとき御父はキリストをお見捨てになられたのである。(15)……

これがイエスの〈ナダ〉です。そして、これが、イエスに従おうとする人の〈ナダ〉として提示されています。「したがって、易きに流れて、キリストに倣うことを避けるような霊的生活は、いかなる生活も価値があるとは考えられない(16)」、と十字架の聖ヨハネは書いています。

心の貧しい人は幸いである

荒れ野の師父にとり、旅の第一歩は、神秘家と同じく、心の貧しさを目指すことです。「心の貧しい人々は幸いである」（マタイ5・3）。

μακάριοι οἱ πτωχοὶ τῷ πνεύματι

そして、能動的な浄化は、この福音書の中心的な教えに基づいています。心の貧しさとは、完全な貧しさ——極貧を意味します。完膚なきまでにご自分を空しくされたイエスの〈ケノーシス〉のことです。禅の〈無〉です。十字架の聖ヨハネの〈ナダ〉です。心の貧しい人はなんと幸いなことか。幸いへ至る道は、自分を空しくする道、すべてを失う道、大死する道です。こういう貧しさが、山上の説教のすみずみまで行きわたっています。そこでは、柔和で情け深い人、侮辱され拒絶された人、何も持たず無一物《むいちもつ》となる人の貧しさについて語られています。貧しい人は、幸いである、その人たちは神の光に照らされるであろうから（＊黙示録22・4–5参照）。何も持たない人は、幸いである、その人たちはすべてを受けるであろうから。また、「持ち物をすべて売り払い、貧しい人に施しなさい。……それから、わたしに従いなさい」とイエスは言っておられます。ここですべてと言うのは完全にすべてです。ですから、同じように、「自分の持ち物を一切捨てないならば、あなたがたのだれ一人としてわたしの弟子ではありえない」（ルカ14・33）と言われるのです。この旅では、ご存じのように、人は執着、渇望、愛着、所有欲を捨て去ることになりますが、物そのものを捨て去るというのではありません。なぜなら神が造られたものは、すべて善いもので、美しく、真実ですから。それでこそ、頂点を極めたとき、十字架の聖ヨハネはこう叫びます、「今や、それらを何も望まないので、何も望むことなく、それらを得ている」と。それで、アシジの聖フランシスコは霊的赤裸を誇りにすることができましたし、数多くの禅僧たちは無一物になったとき、ぞっとさせる逆説を高らかに笑いながら語ることができたのです。

人は、すべての執着を放棄するとき、すべての不安を放棄するのです。「思い煩うのはやめなさい！」という言葉が、福音書や神秘主義の書物のあちこちにこだましています。不安は愛着心が巧妙に姿を変えた形だからです。人は安心を得たいばかりに不安にしがみつきます。私たちは、虚無に陥ることのないように、不安を抱き続けます。しかし、福音書は、ダルマ（*仏教用語「宇宙の法」）と同じく、不安を手放すようにと告げています――虚無に陥れば、私たちは不安から解放される、と。

さらに、神秘生活における心の貧しさは、推論、思考、想像を手放すように要求します。霊的慰めや恍惚を手放すようにと。幻聴や幻視や美しい体験を手放すようにと。とりわけ、魂の三能力を断念するように求めます。〈ナダ、ナダ、ナダ〉〈無、無、無〉。このすべての先に、大いなる自由、深い悟りと真の喜びが待っています。

能動的な浄化についての名著『カルメル山登攀』の初めの章で、十字架の聖ヨハネは放棄の道を詳細に述べており、無節制な欲望を抱いていると、私たちの心はさいなまれ、暗くなり、汚され、衰弱し、徳の実行が怠慢になると言っています。それから、霊的死へと至る情け容赦のない無、無、無への勧めへと話を進めていきます。これでは、あまりの過激さに、どんなに勇敢な人でも身震いして、気が滅入る話ばかりではないか、心理学的に見ても不条理ではないか、と問いかけたくなるでしょう。

ところが、辛抱強く最後まで読むと、そこには納得できる合理性が見えてきます。なぜなら、この聖人は、ただ、他のもっと優れた愛、つまり天の花婿への愛があれば、被造物への愛着を放棄することができると明言していますから。

あらゆる欲望に打ち勝ち、あらゆる楽しみを捨て切るには、すぐれた愛（天の花婿の愛）のひときわ激しく燃え立つ炎が必要である。それは、喜びと力をこの愛のうちに得て、他は一切未練なく退けてゆくだけの勇気と忍耐をもつためである。[17]

次に、身震いするような禁欲主義が展開される真っただ中に、恋にやつれた美しい花嫁が再び登場します。恋しい人を探し求めながら、花嫁はあらゆるものを喜んで犠牲にしますが、この〈ナダ、ナダ、ナダ〉を軽んじます。十字架の聖ヨハネは続けて、恋愛のことを冷静な学者らしい言葉で説明しています。

というのは、実際、感覚的欲求は、あれほど激しく感覚的なものによって突き動かされ、引きつけられるのであるから、霊魂が、霊的なものをもっと熱烈に追い求めて燃え立たなければ、本能のくびきに打ち勝つことも、この感覚の暗夜へ入ることもできないであろう。さらには、すべてのものに対する欲望を捨てて、すべてのものが隠れる暗闇の中で生きるだけの勇気を持つこともできないであろう。[18]

以上のことから、過激な十字架の聖ヨハネ的禁欲主義を理解する鍵は、花嫁の天の花婿に対する愛であることが分かります。花婿を恋い焦がれ、すべてを残して闇夜の中に走り出て行く愛です。このような愛が受動的な浄化を成し遂げます。この愛は、獲得するのではなく、注賦されるのです。人間の心に注ぎ込まれる、神からの贈り物です。愛の生ける炎、不可知の雲、暗夜です。

しかし、十字架の聖ヨハネは、その教義が否定的で破壊的な響きを持つのではないかと気にして、幾度となく死と新しい生命のテーマを取り上げています。

死と新しい生命

前述のとおり、十字架の聖ヨハネは、その全体のメッセージがつかめない人々にとっては、否定的であり破壊的にさえ見えるかもしれません。聖人自身、この点をわきまえて、きちんと向き合っています。「われわれがそうした機能の働きをなくさせようとするのを見た読者は、霊的修練の道について、われわれが建設的というよりむしろ破壊的である、と思うかもしれない(19)」と書いています。そしてさらに続けて、「もし、ここで、初心者たちにだけ教えようとしているならば、確かにそうと言える。その人たちにとっては、頭を働かせ、知覚に訴えることが必要だからである(20)」と述べています。

つまり、浄化作業は一過程なのです。「その中に超自然的なものが注ぎ込まれ、照らされるために(21)」すべての自然的な活動を放棄する時が来るまで、初めは、推論し、思考し、感覚的な機能を使わなければなりません。聖霊が沈黙のうちに入って来られるのを受け入れる時が来るまで、推論と思考にとどまることは、たいへん重要なことです（そして、この点は、すべての神秘主義の書物に強調されています）。愛の贈り物が送られる前に、感覚の使用をやめてしまっては、畑に隠された宝物を見つけ出さないうちに、持ち物をすっかり売り払ってしまうようなものです。そうなっては非常に残念なことです。

十字架の聖ヨハネは、この教義をさらに発展させます。記憶と、他の観想家の書物で〈忘却の雲〉と呼ばれているものについて話しながら、「神と一致したいならば、すべての形態にまつわる記憶を殲滅《せんめつ》しなくてはならない」と書いています。「殲滅」とは、まったく穏やかではありません。この点を認めた聖人は、続けてこう述べています。

人は言うだろう。この教義は良さそうだが、行きつくところ、諸機能の本来の力や働きが妨害されることになり、人は何もかも忘れて動物のようになり、さらに悪いことに、日常生活に欠かせない物事も思い出せなくなってしまうのではないか。神は自然を破壊されるのではなく、全うされるはずであるのに、ここに必然的な結果として現れてくるのは破壊である。(22)

この道を歩む人は、しばらくの間、何やらぼんやりとして常軌を逸した人のように見えるかもしれない、と十字架の聖ヨハネは認めています。「飲食を忘れ、やるべきことを果たしたかどうか、或る物を見たかどうか、何か言ったかどうかなど、神のうちに記憶が吸収されてしまうため、何も思い出せない」のです。しかし、これはすべて一時的なものです。実は、古い思考方法が死に、新しい思考方法が生まれようとしているところなのです。そのプロセスが終了すれば、記憶すべきことを記憶し、忘れるべきことを忘れます。「なぜなら、神の霊は、このような人たちに知るべきことを知らせ、知るべきでないことを知らないようにさせ、忘れるべきことを忘れさせ、愛すべきことを愛させ、神でないものは愛さないようになさるからである。このように、そうした霊魂の諸機能は最初の動きからすべて神的なものとなる。神的なものに変容されてしまっているため、その心の動きや働きが、神的であることに何の不思議もない」(23)。死と復活の関係はこれと同じです。「メシアはこういう苦しみを受けて、栄光に入るはずだったのではないか」(ルカ24・26)、と聖書にも書かれています。栄光に入ろうとする人にとっては、死にまつわる恐ろしい不可避の出来事、必然的な出来事が待ち受けています。

そして、禅における宗教体験の型もまったく同じです。禅の偉大な老師は弟子たちに死を求めました。時には、霊的に弟子たちを死に追いやることもありました。老師たちが求めたのは、殲滅と言ってもよい〈無、無、無〉でした。そして、このような死によって、悟りの栄光に至ります。また、思考したり推論したり、計画を立てたりせず、真の自己が自発的に活動する状態へと導かれていきます。人は、食べるゆえに食べ、歩くゆえに歩き、話すゆえに話し、沈黙にとどまるゆえにとどまる。万事が、人の存在の核心に忠実に従って起こります。

もう一つ、述べておきたい言葉があります。花嫁に、すべてを忘れさせる、神の高邁な英知について語る、十字架の聖ヨハネの言葉です。「花嫁が以前知っていたこと、また全世界の知識を結集しても、この新しい知識に比べれば、まったく無知に等しいように思われる[24]」と、まるで学問的知識を格下げするかのような言い方です。しかしその後、直ちに、獲得された知識は打ち砕かれるのではなく完成されるのである、と言い直しています。「ほのかな光が、強い輝きに合流した時のようである。ほのかな光を圧倒するのは強い輝きであるが、それだからといって、ほのかな光が消滅してしまうわけではなく、照明の主体ではなくても、以前よりいっそう完全な光となる[25]」。

以上のことから、浄化の道はダイナミックで創造的であることが明らかになるでしょう。この道で問題とされていることは、ただ罪の根を引き抜くということではなく、新しい人として生み出され、ゴールへと向かうということです。それでは、神秘生活のゴールとは一体何でしょうか。

ゴール

〈浄化の道〉のゴールを知るためには、創世記へ戻らねばなりません。罪を犯した後、アダムとエバは、観想と内的一致を失いました。引き裂かれ、追い散らされ、苦悶のうちに楽園から追放されて、さすらいの身となり、異郷で暮らすことになりました。そのため、アダムとエバの子どもである私たちは、こうして堕ちた人性の状態で暮らしています。

さて、神秘主義の伝統では、観想とは「一体化」（『不可知の雲』の用語）の修練であり、この修練で観想者は一体化を果たして、エデンの園の無垢の状態に戻ります。十字架の聖ヨハネは、神秘的な婚姻に近づく霊魂について、禁断の木の実を食べる前の私たちの始祖のように、善悪のことは何も知らない、と述べています。

ある意味で、こういう状態におかれた霊魂は、無垢のアダムに似ている。この霊魂はすっかり無垢になって悪を知らず、またどこにも悪を見いだせない。霊魂は非常に悪いことを見聞きしても、それが悪であるとは分からないであろう。なぜなら、悪の習性をもはやもっていないので、悪と判断する術がないのである。神は霊魂から、習性的な欠点や愚行（罪の悪はそのうちに入る）を取り去り、真の英知という完全な習性をもって、それに代えられたのだから。(26)

このようにして、観想者は、内なる平和と無垢と統合を味わう深い状態に達します。

しかし現代人には、おそらく、観想生活を後退の旅としてではなく前進の旅として捉える方が好まれるでしょう。アダムが犯した「幸いな罪」（＊ felix culpa）のおかげで、楽園への回帰より何倍も大きな恵みをもたらす救い主が来てくださったのですから、なおのことそうでしょう。イエスは人類を、個人的にも集団的にも神化へと招いておられます。ギリシアの教父や東方の神秘家たちが〈テオシス〉と呼ぶ神化へと。イエスは人々を、「神の本性にあずからせていただく者」（二ペトロ1・4）となるように、招いておられます。

十字架の聖ヨハネは、神のご生涯を生きる術となる愛の一致について語っています。「愛の一致があるとき、実際、愛されているお方は、愛している霊魂の内に、愛している霊魂は愛されているお方の内に生きている、と言える。そして、こうして愛し合う者たちが変容するとき、愛によって二人はそっくり同じ存在に変わるので、互いに、その相手の者になってしまい、二人は、まったく一つであると言いうるのである」(27)と書いています。続いて聖パウロを引き合いに出して、このように言っています。

生きているのはもはや私ではない、とパウロが言うとき、命はあるが、キリストに変化されてしまったから、もはや自分自身の命ではなく、自分の命は人間的であるより、むしろ神的である、ということを示している。その結果、生きているのはパウロではなく、キリストが彼の内に生きておられる、と断言するのである。それで、こうした「存在の類似と変容」に従い、パウロの命は、愛の一致によって一つの命になった、と言えるのである。(28)

このプロセスの頂点が、すでに述べた聖なる三位一体の体験であり、そのとき御子と一体になり聖霊に満たされて、人は「アッバ、父よ！」と叫びます。

続けて、十字架の聖ヨハネは、パウロに起きたような変容は、死後最高潮に達する、と指摘しています。「神の内に変容すると、こうした祝福を受けた者たちは、自分自身の命ではなく、神の命を生きることになる。とはいえ、それはまた、彼らの命でもあろう。神の命が彼らの命となるのだから。その時、彼らは宣言するのだ、『生きているのは、もはやわたしではありません。キリストがわたしの内に生きておられるのです』と」(29)。

こうして、神秘的な浄化は、イエスに倣うことから始まり、イエスのご生涯を生きることへと発展していきます。それは自己を空っぽにすること――聖パウロの〈ケノーシス〉のことです――イエスと一致し、その時、「アッバ、父よ！」と叫ぶ聖霊に満たされることです。しかし、これは長い長い旅路で、この道をたどる人は恋にやつれた花嫁のようになります。夜のとばりの中で道に迷い、夜警に見つかって、たたかれ傷つき、愛する人を捜しながら、苦悶の叫びを上げます。彼女には賢明な導きと優しい手助けが必要です。つまり、励ましが必要です。そこで神秘神学が登場し、この崇高であっても危険に満ちて曲がりくねった旅路を入念に調べて、道案内を引き受けることになります。

花嫁

夜です。花嫁が寝床に就いています。眠っています。でも、眠ってはいません。深いところ、ちょうど存在の核心に、彼女を目覚めさせている静かな愛があり、彼女はこううたいます、「眠っていても、わたしの心は目覚めていました」（雅歌5・2）。まるで、「わたしは推論したり、思考したり、想像したりしていませんでした。わたしの精神能力は眠っていました。でも、神秘的なことですが、わたしの存在の中心は目覚めていたのです。なぜなら、わたしは恋をしていましたから」と言っているようです。

そこへ、戸をたたく音がします。恋しい人が来たのです。トン、トン、トン！「わたしの妹、恋人よ、開けておくれ。わたしの鳩、清らかなおとめよ」。愛しい人は拒絶を受け入れません。「わたしの頭は露に、髪は夜の露にぬれてしまった」と言いながら、諦めずに戸をたたき続けます。

花嫁の胸の内に苦しい葛藤が起きます。どうしたらよいのか。「衣《ころも》を脱いでしまったのに、どうしてまた着られましょう。足を洗ってしまったのに、どうしてまた汚せましょう」と嘆きます。もっと眠っていたい気持ちと、恋しい人に会いたい気持ちの間で心が揺れながら、黙ったまま、じっと横たわっています。

トン、トン！「恋しい人は透き間から手を差し伸べ、わたしの胸は高鳴りました」（雅歌５・４）。やがて、愛が勝ちます。愛しい人に恋い焦がれて、寝床から起き上がり、戸口へと向かいます。両手はミルラ（没薬）を滴《したた》らせ、ミルラの滴《しずく》は指から扉の取っ手にこぼれます。彼女はこれから扉を開けるところです。恋しい人を招き入れるところです。「あの人が左の腕をわたしの頭の下に伸べ、右の腕でわたしを抱いてくだされればよいのに」（雅歌２・６）。彼女は扉を開けます。でも、なんという悲劇！　恋しい人は去った後でした。目の前にあるのは、無の闇夜です。恋しい人はどこに隠れているのでしょう。どこに行けば見つかるのでしょう。恋しい人を捜して、彼女は外へ出て行きます――家の者がみんな眠っている間に、静かにこっそりと。心に燃えるともしびだけを携えて外へ出て行きます。愛だけが頼りです。彼女の嘆きを聞いて思い出されるのは、別の花嫁が、とめどなく涙を流しながら愛する人の姿を追い求めて霊園を捜し、どこにあの方を置いたのか教えてください、わたしが引き取ります、と園の番人に懇願した場面です。「イエスが、『マリア』と言われると、彼女は振り向いて、ヘブライ語で、『ラボニ』と言った。『先生』という意味である。イエスは言われた。『わたしにすがりつくのはよしなさい。……』」（ヨハネ20・16－17）と。

同様に、雅歌の花嫁は、愛する人は今どこですか、と涙ながらに尋ねます。けれど、見張りはあざけり笑います。「街をめぐる夜警にわたしは見つかり、打たれて傷を負いました。城壁の見張りは、わたしの衣をはぎ取りました」（雅歌5・7）。丸裸にされ、何もかも失い、漆黒の夜のとばりの中で道に迷いながら、彼女はエルサレムのおとめたちに、哀れな声で呼びかけます。

エルサレムのおとめたちよ、誓ってください
もしわたしの恋しい人を見かけたら
わたしが恋の病にかかっていることを
その人に伝えると。

なんという愛と苦しみの物語。しかし、悲劇ではありません。結果は勝利ですから。「恋い慕う人が見つかりました。つかまえました、もう離しません。母の家に、わたしを産んだ母の部屋にお連れします」（雅歌3・4）。冬は去り、雨はやみ、歌う時が来ました。畑にキジ鳩の鳴き声が聞こえます。

もちろん、雅歌は神秘的に解釈することができます。

花嫁とは、人間の霊魂のことで、二元論的な、肉体と分離した霊魂ではなく、真の自己、その人間の核心であり中心である霊魂です。鹿が谷川の水を求めるように、また、花嫁が花婿を求めるように神を慕い求める内奥の存在のことです。

戸をたたくのは、時折、夢に現れる原型的な象徴です。目覚めの象徴です。新しい人が人生に入り込むことであり、旅の新段階へ踏み出すことへの招きでもあります。闖入者《ちんにゅう》は恋しい人とは限りません（マクベスは、ダンカン王を殺した後、門の扉がたたかれる音を聞いて、どんなにおののいたことか）。そうではなく、何もかも求める、欲張りな恋人かもしれません。「見よ、わたしは戸口に立って、たたいている」（黙示録3・20）、と最深奥にある聖域に入って愛しい人と食事を共にしたい、と偉大な恋人が願っています。

私たち人間は眠っています。私たちは幻想の夢の世界に生きています――仏教でいうサムサラ（＊無常）のうちに――しかし、生命・死・永遠という大きな現実問題に直面するために、私たちは目覚めていなければなりません。恐ろしさに震えながらも、私たちは戸口をたたく音に耳を傾ける必要があります。「ほら、わたしの恋しい人がたたいている」。しかし、そこですぐさま、疑問が湧いてきます。

なぜ、恋しい人は諦めずに戸をたたいていたのに、暗闇の中へ消えてしまったのでしょう。二人が結ばれることをあれほど待ち焦がれていたのに、なぜ中に入らず立ち去ったのでしょう。なぜ、愛する女性にこんな苦しみをもたらしたのでしょう。それは残酷な裏切りだったのでしょうか。

これに対する答えはただ一つでしょう。花嫁に外へ出てきてほしいために、中へ入らなかったのです。家を離れ、心地よい寝床を離れ、彼を追って闇夜に出てきてくれないだろうか。つまらないこと、心配事、不安や恐れをすべて抱えたまま、考え、活動し、感じるという通常のやり方から離れてほしい。そう願ったのです。利己的に心地よさと安全を愛する小さな自我という家から離れて、信仰という、彼が隠れている神秘的な広大な夜に入ってきてくれることを願ったのです。たとえどんなにつらくても、ほんとうの自由に向かって、花嫁はわれを忘れて出かけなければなりません。「誰にも気づかれずに私は前へと進んだ」と、花嫁に自分の姿を重ねて十字架の聖ヨハネは述べ、観想者は、もし愛する人を見つけるつもりなら、心地よい寝床にとどまっていてはいけない、と主張しています。「愛する者を捜すというのに、闇の中に出るのを嫌がり、自分の意志を抑制しようともせず、かえって、この花嫁のように、愛する者を自分の心地よい寝床に捜し求めるなら、決して見いだすことはできないだろう。彼女は、恋い焦がれて外に出て、はじめて愛する人を見いだしたと言っている」[30]。

魂は進み出て、愛の闇夜の中ですべてを失わなければなりません。〈ナダ、ナダ、ナダ〉。門番にあざけられ、身ぐるみはぎ取られなければなりません。彼女の苦しみは、きっと言葉に表せないほどでしょう。それでも、彼女は自由と愛の、栄光ある暗夜に入っていきます。なぜなら、愛する方が誠実な人であること、そしてカルワリオの丘で槍に突かれ、そのお方も傷を負っていることを、かねてより知っているからです。彼女にはノリッジのジュリアナと同じように、すべて良くなる、すべて良くなる、あらゆるものがすべて良くなる、と分かっています。なぜなら、永遠に続く婚宴において、愛する人と一つに結ばれることになるからです。

暗夜を通り抜け、愛する人のもとへ赴く愛の旅は、このようなものです。

1　『雲』35章。
2　同。

3　同　28章。
4　同　12章。
5　『第二バチカン公会議公文書』「キリスト教以外の諸宗教に対する教会の態度についての宣言」2。
6　「現代世界憲章」第一部第一章13。
7　同　序文2。
8　同。
9　同　第一部第一章13。
10　「教会憲章」第七章48。
11　同　第二章13。
12　「現代世界憲章」第一部第三章37。
13　『登攀』Ⅰ・13・3。
14　本書4章、参照。
15　『登攀』Ⅱ・7・11。
16　同　Ⅱ・7・8。
17　同　Ⅰ・14・2。
18　同。
19　同　Ⅲ・2・7。
20　同。
21　同。
22　同。
23　同　Ⅲ・2・9。
24　『賛歌』26・13。

25 同26・16。
26 同26・14。
27 同12・7。
28 同12・7―8。
29 同。
30 『暗夜』Ⅱ・24・4。

第13章　暗　夜

社会的な罪

すでにお話ししたように、〈浄化の道〉というのは、三層に重なった神秘的な道、つまり愛の道の一つの層であり、神と一つになっている真の自己へ――神の恩恵を注がれて神化される自己へと至る道です。これは栄えある解放の喜びに満ちた道です。肉欲の束縛からも、無節制な欲望の暴虐からも解き放たれて、人は「アッバ、父よ！」と叫びます。しかし悲しいかな、この世に完璧な解放などありはしません。人はいつまた、罪の泥沼にはまるか分かりません。さらに、事実この道は、栄光の国に入る前に、十字架を担ってカルワリオの丘へと歩まれたお方に従うたいへん苦しい道です。

さて、現代の著しい特徴は、人々が罪のもっている社会的側面に目を向けるようになったことです。国家全体を破壊して、絶滅に追いやる残酷な戦争をする腐敗した政府の罪。無辜《むこ》の子らを不具にしたり、殺したりするテロ組織の罪。また、環境を荒廃させ、野生生物を殺戮《さつりく》し、大気を汚染し、無力な人々から搾取し、死の兵器を製造するなど、万事不当な利益や富を目的とした巨大な多国籍企業の罪。こうした罪に私たちは気づくようになりました。今日、「金持ちとラザロ」の喩え話が、世界を舞台にして上演されてはいませんか。さらにつけ加えれば、教会、シナゴーグ、モスク、寺院といった、うわべは聖なる宗教制度に絡む罪もあります。これには往々にして偽善や傲岸さがつきまといますから、とりわけ憎むべきものです。そして私たちも皆、ともに世界の罪に責任を負っています。誰一人として他人を非難することも、上層部の人たちに責任を転嫁することもできません。誰もが同類です。こうした社会問題が、今日の宗教の最大課題となっています。どうすれば社会は浄化されるでしょうか。

第二バチカン公会議は、「共同回心」を呼びかけました。教皇ヨハネ二十三世は祈りの中で、「この現代に、あなたの奇跡をもう一度起こしてください。新たな聖霊降臨となるために(1)」と願いました。確かに、公会議の開催は、使徒たちがイエスの母マリアと祈るために集まり、一同が心に深い変化を経験したあの聖霊降臨の出来事から示唆を得ました。果たして、二十世紀の教会全体が、そのような共同回心を経験できるだろうか、と人々は疑問を抱きました。使徒たちが、宿の階上の一部屋に集まった時に受けたような共同の心の変化を、私たちは経験できるでしょうか。

それはできなくはありません。しかし、たいていは、一人か少数の人たちが選ばれて、グループに代わって苦しみ、清められることが多いようです。大祭司カイアファが、「一人の人間が民の代わりに死に、国民全体が滅びないですむ方が、都合がよい」と預言したとおりです。そうした役割を果たすのは、たいてい神秘家たちです。彼らは人類家族のために苦しむので、一個人の罪が赦されるよりもはるかに深い浄化を経験します。ゲツセマネのイエスとともに魂の暗夜を過ごした人たちが、そうでした。神秘家たちはときにはリーダーとして、活動家として、預言者として、新たな人間らしい文化を造り出す人として表舞台に出てくることもあれば、世に知られずに死んでいくこともあります。いずれにしても彼らは社会を改造するために、大切な働きをします。彼らがいなければ、国民が皆、滅びかねません。

しかし暗夜について話す前に、人間の心理を扱う学問についての背景を考察してみましょう。

心理学の背景

伝統的な神秘神学は、ギリシア人たちから心理に関する学問を取り込みました。ディオニュシオスとギリシアの教父たちは、新プラトン主義の思想から深い影響を受けていました。そしてこの新プラトン主義の影響は、今なお生きています。しかし、後に神秘神学は、聖トマス・アクィナスの思想に支配されるようになりました。聖トマス・アクィナスは、ディオニュシオスをふんだんに引用したり、自己流に新プラトン主義を解釈していましたが、主にアリストテレスから心理学を取り入れました。万事がスコラ学者の手によって入念に体系づけられました。その教えはこうです。人間は肉体と霊魂、感覚と精神から成る。感覚には外的感覚と、「霊魂の三能力」である記憶、知性、意志という精神的な力へと導く内的感覚がある。「感覚は知性のために存在する」ものであり（sensus est propter intellectum）、「あらかじめ感覚の内になかったものは、何一つとして知性のうちには存在しない」（nihil est in intellectum quod non fuit prius in sensu）のです。スコラ学者たちは、感覚と精神をはっきり区別する一方で、人間の単一性を深く確信していました。これが伝統的な神秘神学に取り込まれた基本的な心理学です。

しかし、神秘体験の本質について述べる段になると、神秘神学は、ギリシア人を素通りして再び聖トマスに従い、人間の中核に隠されている偉大な三位一体の神秘を語ります。「注意すべきことは、神の御子なる御言は、御父と聖霊とともに霊魂の一番奥深くに、本質として、現存として隠れ住んでおられるということである（2）」、と十字架の聖ヨハネは述べています。それからアウグスチヌスを引き合いに出して、「主よ、私は自分の外にあなたを見いださなかった。あなたは内においでになったのに、私は誤って外にあなたを捜し求めたからだ（3）」、と言っています。ついで、霊魂に呼びかけ、愛するお方が住まわれる場所にある、すばらしい富について語ります。

おお、霊魂よ、この上、何を望むのか。外に何を探すのか。あなたは自分自身のうちに、あなたの富、楽しみ、満足、充足、そしてあなたの国を、つまりあなたが憧れ求めている愛する方を持っているのだから。喜べ、その方とともにあなたの内部に沈潜して喜び躍れ。その方はあなたの間近におられるのだから。あなたの内にその方を求め、敬い慕え。あなたの外に探しに行ってはならない。それではただ気が散るばかり、疲れるばかりである。あなたの内ほど、より確実に、より迅速に、より間近にその方を見出し、その方の恵みを受ける所は、他にないのだから。[4]

言うまでもないことですが、この教えは第四福音書に記されているイエスの言葉の中に登場します。「わたしを愛する人は、わたしの言葉を守る。わたしの父はその人を愛され、父とわたしとはその人のところに行き、一緒に住む」（ヨハネ14・23）。

さて神秘体験とは、何よりも、内在し、愛と光を人間に伝える神のみ業です。普通の知識が、アリストテレスが言うように、感覚を通して得られる一方で、神秘的な知識は注がれるものです。それは神からの無償の贈り物です。神は、感覚を仲介せずに〈存在〉の中核に、「純粋な霊」によって自らを伝えられます。それで、観想者は、存在の内奥に注がれた暗く形のない神の英知を受けるために、考えることをやめ、努力することをやめ、何もしないようにと常に言われるのです。この神聖な英知は、すばらしい変容をもたらします。感覚は素直に霊に従って、内に住む愛するお方を照らしだします。すると、神化された新しい人は、知性の中に信仰を、記憶の中に希望を、意志の中に愛を見いだします。

ですから、思考や認識の枠組みはアリストテレス的であったり、時に新プラトン主義的であったりしても、人間の神秘へのより深い理解は、啓示からすなわち聖書と伝統から来ています。

現代心理学

二十世紀になると、神秘神学に影響を与えざるをえない心理学上の大革命が起こりました。フロイトとユングは、ともに精神科医ですが、西洋のプシケは病んでおり、緊急に治療を要する状態である、と考えました。そしてユングは、宗教のもつ精神療法的な側面に深い信頼を寄せ、徐々に東西の宗教体験に関心を抱くようになりました。彼は禅やヨガ、錬金術やグノーシス思想、聖体や神秘主義についての書物を著しています。後に、トランスパーソナル心理学が同じ道をたどっています。

現代では、プシケは多層のものとして考えられています。目覚めた意識層の下に個人的な無意識層があり、そこには幼児期、誕生時、胎児期にまでもさかのぼる記憶が蓄えられています。そしてまた、原型像や、歴史をさかのぼって根づいている集合的な無意識があります。深海に高価な美しい宝が沈んでいるように、無意識層には英知と悟りという美しい宝物が潜んでいます。

しかし無意識の世界のすべてが美しいわけではありません。闇もあります。恐怖、心配、忘れられないショックや子ども時代のトラウマなどです。さらに、無意識か半意識のうちに起こる、欲望や依存症や衝動もあります。そうしたものは意識できないために、「する」「しない」の抑制が効きません。また、無意識層には、死への深い恐怖や生への執着が隠れています。これらがこぞって、ユングの言う人格の「影」とか「暗部」を構成しています。人は皆、罪びとであるように、人は皆、影をもっています。実際、どのグループや共同体にも、どの宗教にも影があります。そして全人類は、一人ひとりの無意識層に宿る影をもっています。

そこで、治療のためのすばらしい過程となるのが、「成長」です。ユング自身は、内面の問題は決して解決されるのではなく、ただ成長につれ変化していくにすぎない、と言いました。無意識が意識化されていくと、それにつれて「成長」が始まります。これは喜ばしい過程となるはずですが、人格の暗部から醜くて恐ろしいものが、意識された精神の中に流れ込んで明るみに出てきますから、たいへん苦しい過程ともなります。そのとき人は、今まで隠れていた暗部、悪を成す素質と内なる悪霊に直面します。

そこで、自分の影に向き合い、統合し、受け入れることが、大きな挑戦となります。宗教的な言葉に置き換えると、挑戦とは、自分が罪びとであることを受け入れて、それを喜ぶことです。「わたしは弱いときにこそ強い」（二コリント12・10）と叫んだとき、パウロはまさにこの戦いに挑んでいるということです。ユングはすばらしい観察眼で、「影」は親しい友である、と見抜きました。そして、聖書の「ファリサイ派の人と徴税人」のたとえ（＊ルカ18・9−14）は、ユングのこの洞察が正しいことを証明しています。義とされたのは、自分の罪深さを認めた徴税人の方で、自分の影にまったく気づかないあのファリサイ派の人ではありませんでした。

しかし、肝心なのは、人間は意識や無意識の範疇を超えた存在であるということです。個人的無意識または集合的無意識よりも深いところに、神秘の領域があります。仏教徒は仏性について語り、ヒンドゥー教徒はブラーマンやアートマンについて、ユダヤ教徒は神の像について、キリスト教徒は魂の内奥に住む祝福された三位一体について、東方教会は〈造られざるエネルゲイア〉について語っています。どの教派の神秘家たちも存在の基盤、魂の中心、真の自我、無、〈空〉、宇宙のエネルギーについて語っています。

そして人間の深奥部に隠れているこの偉大な神秘について、心理学は語ることができません。心理学は科学なので、観察できるデータ、つまり知覚できるデータ、または意識のデータを必要とするからです。この神秘に関しては、何のデータもありません。心理学者たちは、夢や薄らいだ記憶から、また神話や伝説から引いてくるデータをよりどころにしながら、個人的そして集合的無意識について科学的に話すことはできます。しかし、仏性とか内在する三位一体について話す場合は、科学から信仰へと方向転換しなければなりません。というのは、繰り返しになりますが、信仰には何のデータもありませんから。神秘家たちでさえ、沈黙しています。

以上のことは、神秘的な旅——暗闇を通り抜けて光へ向かう旅、そして必ず内なる悪霊に立ち向かう旅をする人々を導くために、最も大切なことです。このプロセスは決してちっぽけな自我から始まるのではありません。人の存在の深奥に横たわる偉大な神秘のなせる業です。それは神が魂の中に流れ込むことである、と十字架の聖ヨハネは言っています。と同時に、それは魂の中に神が湧き出ること、あるいは、立ち上がること、と言っても差し支えなかったでしょう。すべての神秘的な伝統にこだましているテーマは、〈主導権は人間にあるのではなく、神にある〉というものです。「わたしたちが愛するのは、神がまずわたしたちを愛してくださったからです」（一ヨハネ4・19）。神秘体験は、私たちの心の深奥で神が目覚め、神が生まれ、〈造られざるエネルゲイア〉が注ぎ込まれてくることです。

今は、神秘的なプロセスを、十字架の聖ヨハネとキリスト教神秘主義の伝統に従って、さらに詳しく述べることにしましょう。

感覚の夜

祈りは、今まで述べてきましたが、普通、理性を働かすこと、思考すること、福音書やキリスト教の信仰の真理を黙想することから始まります。しかし、時がたつにつれて単純化し、一つの言葉か語句を繰り返すようになります。やがて祈りは豊かな沈黙に入ります。その時こそ、人はありありと神の現存を体験して、慰められ満たされます。十字架の聖ヨハネが言っていますが、神は愛にあふれる母親のように、その温かい胸に子どもを抱き、栄養豊かな乳と、軟らかい食べ物で子を養い、腕の中で慈しみます。「しかし」と、聖人は続けます。「子どもが成長するにつれて母親は甘やかすことをやめ、優しい愛を隠し、乳房に苦い汁を塗って子どもを腕から降ろし、自分の足で歩かせる」[5]。母から離れ、独りで歩くことは、幼子にとってどんなにつらく悲しいことであっても、成長に必要な第一歩です。実は、慰めを失うことは大きな賜物です。というのは今や神は、新しい方法で、感覚を通してではなく霊を通して自らを伝えておられるからです。存在の中核そのものに流れ込み、（あるいは存在の中核から湧き出て）神は魂を甘い軟らかな幼児食から引き離して、大人用の硬めのパンを食べさせます。「暗夜とは、この世のすべての外的な事柄、肉体を喜ばせるもの、さらには意志を満足させるものへの、一切の感覚的欲望が剥ぎ取られる状態である」(6)と十字架の聖ヨハネは書いています。この過程は受動的浄化と呼ばれています。神がおもに働きかけ、人は受け取るからです。

しかし、受動的浄化に加えて、見る、聞く、触る、嗅ぐという感覚的な楽しみをすべて捨てる能動的浄化によって、人は感覚の夜に入ります。「感覚を楽しませるものはどんなものでも、それが純粋に神の名誉と栄光のためでなければ退けること」、と十字架の聖ヨハネは暗夜に入ろうとする者に書いています。そして続けてこう言います、「ナダ、ナダ、ナダ。あなたは、欲望を抑えて、感覚の楽しみをなくし、まるで暗闇にいるかのように、それらに目をつむってしまわなくてはならない」(7)と。

このような受動的また能動的な浄化を通して、感覚は空っぽとなり、しばらく休んだままになります。

感覚的な楽しみが剥ぎ取られると、無意識層に影響して、時には反乱が起きることもありますが、それは別に驚くことではありません。禅には〈魔境〉と呼ばれる幻覚の段階があります。文字どおり「魔物の住む世界」の意味で、無意識の中に潜んでいたものが意識の表面に流れ込み、瞑想者を困惑させます。十字架の聖ヨハネも似たようなことを述べています。

悪魔は、しばしば、視覚には聖人の姿やまばゆい光を、聴覚には甘言を、嗅覚には芳香を、また味覚には蜜の味を、触覚には快感をあてがう。悪魔がこうするのは、感覚に訴えて人をそそのかし、諸悪に誘い込むためである。(8)

禅とキリスト教の神秘主義の伝統が同じような助言をしていることは、興味深いことです。つまり、こうしたイメージや光や言葉や香りに一切気をとられないこと、放っておくこと、心の奥深くに隠れている形のない英知から離れずに、じっとしていることを勧めています。

しかし、頂上へ招かれる人たちには、嵐が静まるどころか、さらに吹き荒れることさえあると十字架の聖ヨハネは言います。性欲の反乱が起こることがあるのです。

ある人たちには、サタンから送られた使い（二コリント12・7）が、すなわち、姦淫《かんいん》の霊が襲いかかってくる。強烈で醜い誘惑が、彼らの感覚を打ちたたき、忌まわしい思いを起こさせ、じつに生々しい像となって迫り、霊魂を苦しめる。彼らにとって、これは、時として、死よりもひどい苦しみである。(9)

ここで、十字架の聖ヨハネは、当時の聖書の注釈に従って、聖パウロの体験に言及しています。また、神を憎む誘惑が起こることもあるでしょう。「冒瀆の霊は、その人のあらゆる考えや思いの中に、聞くに堪えない冒瀆の言葉を吹き込む(10)……」。また、「迷いの霊」が、「無数の不安と困惑を引き起こす(11)」こともあるでしょうが、これは、暗夜の最もわずらわしい突き棒（*深刻な刺激）であり、恐怖の一つです。

どうすればよいのでしょう。明るみに出てくる個人の影の部分に向かい合うには、今こそ、多くの現代人にカウンセリングが必要になります。現代人には励ましと、すべて良くなるという確信が必要です。皆、次々と押し寄せる嵐や心の動揺を淡々とやり過ごして、平静な心を保たねばなりません。

「ひたすら穏やかに、愛を込めて、神を心にとどめることで満足しなければなりません。そして、心を煩わせたり、無理な努力をせず、また神を味わったり感じたいという願いもなしに、生きなければならない[12]」のです。

二つの夜

夜は更けゆき、やがて夜明けが訪れます。観想者は今や熟練者の段階に入ります。「この新しい段階になると、霊魂は狭い牢から釈放された者のように、精神の自由と満足を享受し、豊かな内的喜びをもって神に仕える。霊魂は、自分の精神の中に愛にあふれた静謐《せいひつ》な観想と霊的喜びを、黙想の助けなしにたやすく見いだすからである[13]」と十字架の聖ヨハネは書いています。

さらに、空っぽになった感覚と、神は霊的に、あふれるほど豊かなコミュニケーションをとられます。この感覚的なコミュニケーションは非常に強いので、「そのせいで、熟練者たちは、いろいろの病や傷や胃弱などに苦しみ、その結果、霊が疲労する[14]」ことがあります。こうした交わりについて、十字架の聖ヨハネはさらに述べています。

ここから、恍惚や脱魂や脱臼などが生じてくるのであるが、これは、これらの交わりが、霊魂の夜を体験してすでに浄化された完全な人々の場合と違い、純粋に霊的ではない時に常に起こる。完全な人々は、もはや、このような恍惚や肉体上の苦痛がなく、感覚が鈍ることや忘我状態になることもなく、霊の自由を楽しむ[15]。

ここで、注意していただきたいのは、感覚的な喜びは、見る、聞く、嗅ぐ、触る、といった外的感覚によって引き起こされるのではないということです。神が霊的に豊かなコミュニケーションをとれることによって起こるのです。そして今、内的感覚が目覚め、人は新しい方法で見たり、聞いたり、触ったり嗅いだりします。十字架の聖ヨハネが詩的に表現したように、今や浄化された感覚は神をたたえます。「感覚の深い洞窟は／暗くて何も見えなかったのに、／不思議な美しさ（完全さ）に輝いて／愛する者に熱と光とを同時にもたらす！」[16]。

Las profundas cavernas del sentido
Que estaba oscuro y ciego
Con extraños primores
Calor y luz dan junto a su Querido!

感覚的な浄化が起きると、外的感覚と内的感覚は結ばれて、花嫁に温もりと光を与えます。十字架の聖ヨハネの体系的な著作（『カルメル山登攀』と『暗夜』）では、夜が感覚の暗夜と霊の暗夜に区別され、各々詳細に記述されています。しかし、神秘的な過程は単純明快なものではない、と彼は気づいていています。「すべての人が同じような経験をするわけではなく、同じ誘惑が襲ってくるとは限らない。すべて各自の浄化されねばならない不完全さの多寡に応じて、神のご意志によって割り当てられる」[17]と、書いています。さらに、こうした夜の中にすっかり入っているわけでもなく、また、完全にその外にいるわけでもないという人もいます。それでも、体験をもとに、彼は言っています。

しかし、愛の一致という極めて幸福な高い段階に進もうとする霊魂は、たとえ神が、どんなに速やかに彼らを導かれたとしても、経験から明らかなように、通常、長期間この無味乾燥と誘惑の中で過ごすものである。(18)

この長期間とは、何年もを意味するようです。

第二の夜

感覚の夜は準備段階のようなもので、言葉のあやで、夜と呼んでいるにすぎません。「感覚の浄化は、単に、霊魂の浄化へと導く観想の始まり、または、入り口であるにすぎない(19)」、また、「この浄化は霊を神と一致させることに役立つよりは、むしろ、感覚を霊に適合させることに役立つ(20)」、と十字架の聖ヨハネは述べています。二つの夜の違いは、いわば樹木の根っこの掘り起こしと、枝の剪定《せんてい》との違い、または新しい染みと古い染みの染み抜きの違いのようなものです。実際、感覚の深い浄化が成就されるのは、霊魂の夜だけであって、そこで感覚と霊魂が霊的婚姻を準備するうちにともに浄化され癒やされます。

十字架の聖ヨハネは、暗夜の神学についてこう明白に述べています。

この暗夜は、神が霊魂に入られるときであり、そのとき霊魂は、自然的なものであれ超自然的なものであれ、習性となっている無知と不完全さから浄められる。観想者たちは、これを注賦的観想または神秘神学と呼ぶ。それを通して神は、ひそかに霊魂に教え、愛の完成のうちに霊魂を導かれるのであるが、そのとき霊魂は何もしないいし、また、これがどうやって起こるのか分かりもしない。[21]

ここでは一字一句が重要です。「神が霊魂に入られる」。すなわち、人の存在のまさに中核で、神が直接に交わってくださる。仲介なしで神が人間に出会われる。『不可知の雲』の著者は、神が自らすべてをなされる時がある、と言っています。聖イグナチオは「慰めのもととなる原因なしに霊魂に与えられる慰め」（＊『霊操』330）について語っています。何もかもが神の直接のダイナミックな働きかけを物語っています。それは（習得的とは反対の）注賦的観想とか神秘的英知と呼ばれています。

十字架の聖ヨハネは「入られる」と言っていますが、前に述べたように、魂の中に神が湧き出てこられる、と言ってもよいでしょう。人の存在の奥深くにひそやかに住んでおられる神が目を覚まして立ち上がるように思えるからです。これはゆっくりと起こるかもしれませんし、また東方キリスト教神秘家たちの言う〈造られざるエネルゲイア〉のように突如吹き出るかもしれません。こうしたエネルゲイアは神ご自身にほかならないと、東方神学は強調しています。人間の奥深くで神が立ち上がるとは、驚天動地の出来事です。

この過程では、アウグスチヌスの言う「内なる師」（Magister Internus）である神は、愛を込めて観想家たちを指導します。「観想において、神は非常に静かに、ひそやかに、霊魂に教える。霊魂にその方法を知らせることなく、何の言葉も発せず、いかなる肉体的・精神的な助けも借りず、ひたすら黙して、すべての感覚的、本性的働きを暗くしてしまう暗闇のうちに[22]」と、十字架の聖ヨハネは書いています。これこそ神秘神学と言えるひそやかで隠された知識です。これが「不知の知」による認識のことです。

しかし霊魂は何もせず、理解もできません。「一体、私に何が起きているのか」、暗夜の中で神秘家は叫びます。神秘家はコントロールを失っています。暗闇の中で道に迷った花嫁のように、どこへ行こうとしているのか分かりません。

暗夜の苦しみ

神は光であり、愛です。では、なぜ神秘家は暗闇や苦悩について語るのでしょう。十字架の聖ヨハネは、その問いにこう答えています。

この神の英知は、二つの理由から、霊魂にとって、単に夜であり闇であるばかりでなく、苦しみであり、拷問でもある。その理由は、第一に、神の英知が霊魂の能力を超越しているからである。第二に、霊魂は低俗で不純だからである。そのため、神の英知は霊魂には、苦しくつらいものであると同時に、闇でもある[23]。

二つの理由の一つに、霊魂の能力を超えた神の英知の高さが挙げられています。神は無限であり、神秘の中の神秘、光の中の光です。神の英知は人間の想像や忍耐をはるかに超えたものです。この久遠の光は、十字架の聖ヨハネが言うように、あるすさまじさを伴うので、この光が注がれると人間は骨の髄まで震え上がります。

この神的な観想は、霊魂を強固にし、制御してゆこうと、かなりの力を込めて霊魂を襲うので、霊魂はその弱さのゆえに、気絶するばかりに苦しむ。その光がひときわ強烈な場合にはとりわけそうである。感覚と精神は、まるで、とてつもなく大きな、目に見えない荷物を背負ってあえいでいるかのように、ひどくもだえ苦しんでいるので、死ねばどんなに楽になるか、と思えるほどである。(24)

人は神を見て、なお生きていることはできません。（＊出エジプト33・20参照）。他の著書で、十字架の聖ヨハネは、神的光が彼の命を奪うと鋭敏に覚《さと》り、死を憧れて叫びます。「あなたのお姿をお現しください／あなたの美《うるわ》しさをまのあたりに見て／息絶えたいのです(25)」。

Descubre tu presencia
Y máteme tu vista y hermosura

神のあまりの美しさに、彼は命を奪われてしまうのかもしれません。それから興味深い一節が続きます。そして、ひと目見たら命が絶えかねない二つのものについて語る彼は楽しげでもあります。

ひとたび目にしたら、その力と迫力に耐えられず生命が奪われる二つのものがある。その一つはバジリスコ（＊毒竜）で、ひと目見れば、たちまち死ぬと言われている。もう一つは神である。

この二つは、死の原因が大いに異なる。バジリスコの場合は猛毒のためであるが、神の場合は、その計り知れない健やかさと栄光に輝く善が死をもたらす。(26)

以上のことから、十字架の聖ヨハネが、人間は神を見ることに耐えられないと考えるスコラ学の伝統に従っていることが分かります。スコラ学は、天国で祝福されている人たちですら、弱い人間を支えて強めてくれる〈栄光の光〉(lumen gloriae) がなければ神を直視できない、と考えました。しかし、苦しみの第二の原因があります。すなわち、罪深い人間が聖そのものの神に会う、という苦しみです。というのは、万人を照らす真の光が、観想者の深奥から立ち上がり、通常は隠れている人格の醜い面を明るみに出すからです。ああ、人間のプシケには深い暗闇があります。すでに見てきたように、許容できない大量の不純な沈殿物、断固として認めたくない数々の醜さなどの多くの影がありまず。十字架の聖ヨハネは、原罪の結果、人間のプシケに根を下ろした七つの大罪について語っています。『暗夜』の一編を、これら一つ一つの罪、傲慢、貪欲、肉欲、貪食、嫉妬、憤怒、怠惰に割きました。こうした悪徳が、美徳を装って、破滅に導く様《さま》を示しました。そして、彼は観想者に自分の影を直視するように求めています。集合的無意識の中には、原型的な悪と人類の罪の感覚――イエスがゲツセマネで直面した悪――が潜んでいるだけに一層苦しみを増します。

この暗闇は今や、意識された心の中に流れ込みます。十字架の聖ヨハネは、自らの罪深さに気づく魂の苦悩を鮮やかに描いています。

数々の惨めさを目《ま》の当たりにした霊魂は、残酷な霊的死を迎えたことを知り、今自分が溶けて無に帰していくのを感じる。あたかも、野獣にのみ込まれ、その真っ暗な腹の中で消化されているような感じで、あの鯨の腹の中にいたヨナに匹敵する苦しみを味わっている(27)。

そして彼は神から受ける拒絶感について、身の毛もよだつ描写をしています。

この浄化の観想に押しつぶされて、霊魂は、死の影、死のうめき、地獄の苦しみを鮮烈に実感する。そのたびに、神はそばにいない、神に罰せられ、捨てられ、そして自分は神にはふさわしくないものだ、と感じさせられる(28)……。

十字架の聖ヨハネの『暗夜』の記述を読むと、カプチン会の神秘家、パードレ・ピオの苦悩がよく分かります。邪悪さと罪深さのために地獄に落ちるという恐怖を、彼はたえず抱いていました。リジューのテレジアが、正気をなくすのではないかと恐れていたことも理解できます。神秘的な体験は、逆説的ながら、喜びと苦しみに満ちています。

しかし、次に十字架の聖ヨハネは、苦しみは観想そのものではなく、明るみに出される醜さと弱さに起因するという重要なテーマに話を戻します。「観想や、神が霊魂に入られること自体に、苦痛のもととなるようなものは何一つない」と、書いています。「観想はむしろ深いやすらぎと喜びを与える。こうした快い効果を味わえない原因は、その時の霊魂の弱さや不完全さにあり、準備不足や、光を受け入れない霊魂の習性にある。それで、神的な光に照らされると、霊魂は苦しまなければならないのである(29)」。

浄化の火

今まで述べてきたことから明らかになるのは、暗夜の大きな苦しみは、愛によって引き起こされる、ということでしょう。イエスは地上に火を投ずるために来られたように、神秘の愛は、その火に逆らうものを何もかも焼き尽くす猛火のようなものです。十字架の聖ヨハネは、神秘主義の伝統に広く使われる隠喩に託して、水を吸い込んだ薪を燃やす火について語っています。「火は薪の湿気を追い出し、徐々に薪を焦がし、真っ黒にし、醜くし、あまつさえ悪臭を放たせます。そしてついには薪を外側から燃え立たせ始め、火へと変化させ、火と同じように美しくする」。さらに続けてこう言います。

これと同様に、観想の愛に燃えたこの神的な火について、考察しなければならない。この火は霊魂を変容させる前に、まず、神に反する性質を一つ残らず霊魂から取り除く。この火は漆黒の闇をもたらし、霊魂の醜さをさらけ出すので、霊魂は、以前よりも汚れて醜く、嫌悪すべきものに見える。この神的浄化作業によって、それまで気づかなかった悪徳や邪悪な感情がことごとく浮上してくる。これらは霊魂の奥底にあまりにも深く巣食っていたので、自分のうちにこれほどの悪が潜んでいようとはまったく知らなかったのだ。(30)

自らの暗さと醜さを見て、霊魂は神に拒絶されていると感じます。でも、苦しい体験はぜひとも必要です。というのは、「この浄化なしには、英知の神的光も、やすらぎも、喜びも受けることができないからである。それはちょうど薪のようなもので、準備が整うまでは、火は変化を起こせないのと同じである」[31]からです。

そこで、暗夜は愛の旅と言えます。花嫁は霊の自由の内にすべてを後にして旅発ち、花婿に再会し、結ばれます。「事実、愛は、火に似ている。あたかも、中心に吸い込まれることを望んでいるかのように、絶えず、上へ上へと昇って行く」[32]と十字架の聖ヨハネは述べています。

『暗夜』の終章の方では、愛についてのみ語っています。愛の十段階が説明され、神の直知へと導いていきます。愛の第八段階で、霊魂は愛する者を捕らえ、しっかり抱きしめて離しません。それは、花嫁が、「恋い慕う人が見つかりました。つかまえました、もう離しません」（雅歌３・４）と宣言しているのと同じです。「愛の第九段階では、霊魂は穏やかに、燃え上がる。これは完徳に達した人々の段階であって、彼らは神において快く燃え立つ。それは、霊魂が神と一致しているため、聖霊が霊魂を穏やかに快く燃え立たせているからである」[33]。

愛の第十段階は、永遠の生命の中での神の直知です。霊魂は神に似た者となります。「わたしたちは神に似た者となることを知っている」（一ヨハネ３・２）。「このようにして、霊魂は、参与（＊神とひとつのものとなる交わり）によって、神と呼ばれるであろうし、事実また、そうなるであろう」[34]。

煉　獄

十字架の聖ヨハネは浄化の暗夜を煉獄にたとえて、「祝福された霊たちを照らして浄めるその同じ愛にあふれた英知が、この地上の霊魂たちを浄化して、照らす」[35]と言っています。なぜならこの浄化の夜は、愛にあふれ、浄める英知の火だからです。「煉獄において霊たちが、天国での神の直知に達するために浄められるように、これらの霊魂も地上でそれぞれのしかたで、この世における愛を通じて神に変容されるために浄められるからである」[36]。すべての死すべき人間は、神を直知する前に、浄化されねばなりません。そしてこの浄化は、この世においてもあの世においても、神の愛の火によってもたらされます。

煉獄との比較は、特に二つの理由からふさわしいでしょう。

第一に、伝統的な神学は、洋の東西を問わず、煉獄の苦しみは、おもに神から離れる苦しみである、と説いています。そして、すでに述べたように、観想者たちは神から拒絶されているという思いにひどく苦しみます。深い孤独や孤立感を味わいます。「エリ、エリ、レマ、サバクタニ」。こうした自我の隔絶感は、耐えがたいほどです。

また、スコラ学の人たちは、天国の霊魂は地上の時間と永遠との中間に位置する「エヴム」（aevum）と呼ばれる状態の中にいると考えました[37]。そして観想家たちもこの世よりもむしろ、あの世の意識状態で行動するため、時間の感覚が尋常とは違うと考えました。十字架の聖ヨハネの教えは、そうした考えに基づいています。

霊魂はこうした暗夜で苦しむうちに、自分自身から抜け出るように感じる。また、魔法にかけられているのではないかと思えるときもあり、見聞きすることすべてに驚嘆の声を上げて過ごす。自分はいつもの自分であるのに、すべてがとても違って見えるのだ。原因は、霊魂が、通常の知識や経験から遠ざかっているからである。それは、こうした点で自分を無に帰して、神的英知に通じるためであるが、そのこと自体は、現世よりもむしろ、来世のものである[38]。

こういう意識状態にあると、観想者は時には時間の観念がなくなったり、たえず方向感覚を失ったりすることがあります。「彼は、頻繁にそうした状態になり、深刻な記憶喪失に陥るので、何を行い何を考えたかも分からず、あるいは、今何をしているのか、何をしようとしているのかも気づかないうちに長時間が過ぎるほどである。自分がしていることにいくら注意を払おうとしても、そうすることができない[39]」のです。

神との、そして、万物との愛にあふれる一致のうちに時間の外に抜け出ることは、美しく喜ばしい経験です。しかし神がおられず、永遠に寂しく孤立して時間の外に立つことは、暗夜にいる観想者には大きな苦しみです。そうした孤立や孤独に終わりがあるとはとても信じられませんから、その苦痛はやがて過ぎ去るものだ、と友人や聴罪師から慰められても、何の役にも立ちません。それで十字架の聖ヨハネは、暗夜の中にいる観想者のことを次のように言うのです。「彼らは生きながら陰府《よみ》に下る（詩編55・16）人々のようだ。彼らは煉獄と同じしかたで、この世で浄化されるのだから[40]」。そして「霊魂は、まるで目の前に地獄と永遠の滅びが口を開けて待っているのを見るような心地がする[41]」とも言っています。煉獄の魂については、その最大の苦しみの一つは、果たして数々の苦しみは離れ去るのか、そして苦悩が終わる日が来るのかと不安にかられることである、と主張しています。孤立し、孤独で、時間の外にいることが神秘家たちの苦悩です。「エリ、エリ、レマ、サバクタニ」。

人が原型的な悪に直面すると、この苦しみはいっそう大きくなるでしょう。そういうことは時々起きます。十字架の聖ヨハネは、暗夜における悪霊との出会いについて、こう述べています。

そのとき、悪魔が霊の中に引き起こす苦悩と苦痛は計り知れず、時には言語に絶する。なぜなら、苦しみは霊から霊へとあらわに侵攻していくので、悪霊が霊の領域に達すると、魂の中の善霊に対して引き起こす恐怖は、耐えがたいものである。[42]

では観想者は、どうすべきなのでしょう。唯一の答えは、忍耐強く、誠実な神を待ち望むことです。声を出して祈ることも、神に助けを願うこともできません。ひたすら希望と信頼をもって「塵に口をつける」だけです。

事実、この時期は、霊魂にとって神と語るときではなく、むしろ、エレミヤが言っているように、「塵に口をつけよ、望みが見いだせるかもしれない」（哀歌3・29）ので、忍耐強く、浄化を忍ばなければならない時期である。霊魂の中で働いておられるのは神である。したがって、霊魂は何一つできない。その結果、霊魂には声を出して祈ることも、霊的なことに専念することもできず、まして、世事に携わることなどできないのである。[43]

終わりは来ます。徐々に、観想家の心の中に火が燃えてきます。新しいエネルギーと活力が湧き上がって、心身すべてに不思議な未知の愛がみなぎります。重苦しい夜は終わりました。苦しみが終わるというのではありません。なぜなら、新しい愛は、違った種類の苦しみの原因となりますから。でも、無慈悲な苦痛は喜びに変わります。そのとき人は、苦痛と恍惚は同じ源から生まれることに気づきます。

ああ、幸いな夜よ！　夜明けよりも麗しい夜よ！　残酷な暗闇と思えたものが、ほんとうは最も深い知恵を授けてくださる神の強烈な光でした。これこそ、恋人の腕の中で愛される者が変容した夜でした。夜は恍惚のうちに終わります。「そして、心のままに憩っている、愛する者の優しい腕《かいな》に、うなじを傾けてわれを忘れ」ます。

Quedéme y olvidéme
El rostro recliné sobre el Amado

性の変容

歓喜の園で、アダムとエバは、スコラ学者たちが〈無垢〉とか〈統合〉と呼ぶ状態で暮らしていました。すなわち、性欲も含めて、彼らの情欲は統合されていたので、相互に、また、宇宙とも神とも調和して生きていました。彼らは一糸まとわぬ裸でしたが、恥ずかしいとは思いませんでした。

しかし、〈堕落〉の後、彼らは神と深刻な不調和に陥ったため、羞恥心でいっぱいになり、神から身を隠しました。「お前が裸であることを誰が告げたのか」（創世記３・11）。今や彼らは、堕落した本性の状態にいました。「主なる神は、アダムと女に、皮の衣を作って着せられた」（同３・21）。

さて、すでに述べたことですが、神秘的な道は、〈統合の状態〉または〈無垢の状態〉への回帰であって、緩やかな過程のうちに、情欲が調和し、完全な人間になっていきます。人は強迫観念にとらわれた依存症や、抑制のきかない情欲や、無秩序の情愛から清められます。しかしその過程では必ず誘惑や罪に屈することがありますから（教会は、小罪を犯さない人はいないと定義しています）、偉大な神秘家でさえ死ぬまで罪びとです。

また、これも述べたことですが、統合の過程では、非常に過酷な離脱が要求されるので、十字架の聖ヨハネは非人間的で破壊的であるという非難に備えて自分の立場を弁護する必要を感じるほどでした。「私たちがそうした精神機能（知性・意志・記憶）の働きをなくさせようとするのを見て、わたしたちの霊的修練の方法は、建設的というよりむしろ破壊的である、と思われるかもしれない[44]」と述べています。さらに続けて、死や再生、全人間の変容について語ります。実は、このことは性の問題にたいへん関連があります。十字架の聖ヨハネは、性欲を完全に消し去ろうとしているように最初は思えるかもしれませんが、注意深くテキストを読めば、彼は性の統合と変容に導いていることが分かります。さらに、「魂とその花婿キリストとの間の愛の交わり[45]」である、霊的婚姻における性の神化へと導いています。しかしこの変容と神化は、暗夜の厳しさと計り知れない苦しみを通してこそ起こります。性の完全な浄化は（それがいつも完全である限り）感覚の夜ではなく、性は霊に根ざしていますから、霊魂の夜に起こります。

すでに述べてきたように、堕落した本性の人間を描くとき、十字架の聖ヨハネは無意識と呼ばれるものに根ざす七つの大罪について語っています。その一つに、邪淫があります。すなわち統合も抑制もされていない性欲のことです。初心者には祈りの時にさえ頭をもたげてきます。たびたび霊的修練の最中であっても、本人にはどうにも抵抗できないようなしかたで、感覚領域にみだらな衝動や行為が生じてくる。しかも時として、精神が深い祈りにふけっている時や、ゆ

るしの秘跡や聖体の秘跡にあずかっている時でさえ起こる。(46)

ここでは性は統合されていませんから、意志の抑制下にありません。自制心を失う人もいると、聖人は指摘しているほどです。

「こうした人々は、時に、みだらな抑制のきかない行為が次々に起こったことに気づく(47)」と、彼は書いています。第二の夜に入って行く人々に向けては、さらに激しい性の反乱について語っています。

しかし、観想の祈りが進むにつれて、静かな内的な愛の炎とか、(『不可知の雲』の著者の言葉を借りると)〈愛のひそやかな兆し〉を経験しながら、性のエネルギーは変容され、一つにまとめられて観想的なエネルギーになります。それで、花嫁は勇気を奮って暗夜に飛び出して行く前に、家は今やひっそりと静まった、とうたいます。それは、彼女の感覚的機能がすっかり静まり、統合され、安らいでいるという意味です。

Estando ya mi casa sosegada　（すでにわが家は静まれり）

しかし変容された性のエネルギーは、オリゲネスの時代から神秘神学で重要な役割を果たしてきた内的または霊的感覚に照らされてはじめて理解されます。このことに関して、ひと言述べておかねばなりません。

神秘生活においては、現代の心理学者でも知る人の少ない、全体的に豊かな体験領域があります。内的な聴覚（実際に言葉を明瞭に聞き取ります。肉体の耳では聞き取れません）、内的な視覚、内的な嗅覚、内的な触覚があります。内的な光と、内的な火を体験することもあります。雅歌を読んで、内的な口づけについて話す神秘家もいます。他にも、霊的な結婚において、神との一致に導く内的性衝動があります。注目すべきは、これらの内的な感覚は、外部から刺激を受けて動かされるのではないということです。それらは、深い霊的な体験があふれ出て作動します。

十字架の聖ヨハネの詩を読めば誰でも、聖人が自分の性欲を抑圧しているのではないことはよく分かります。彼は祈りや詩の中で、新しい方法で、つまり内的感覚のレベルで、無事に性欲を切り抜けました。しかし洞察力のある読者には、同じく明らかでしょうが、暗夜――そこにおいて、性欲が無化され再生する――における浄化の恐怖を通過してきたからこそ、このレベルで性欲を切り抜けられただけなのです。彼は、この深い浄化を経てこそ、聖そのものの神との霊的婚姻に入ることができました し、この深い浄化を通してはじめて、全被造物に対する勝利の叫びのうちに自分の性を統合することができたのです。「今や、それらを何も望まないので何も望むことなく、それらを全て得ている」(48)。

愛の旅は霊的婚姻にたどり着きます。「それは愛するお方への完全な変容であり、その中で互いに、愛の一致を達成し、互いに自己の所有権を他者に引き渡すことである。それによってこの世で可能な限り、霊魂は神的なものとなり、参与によって、神となる」(49)。そして続けて十字架の聖ヨハネは、人間の霊が神の霊に出会って結ばれる婚姻について語ります。

肉体の婚姻の完成において、聖書の言うとおり、二人は一体となるように（創世記2・24）、神と霊魂との間の霊的婚姻も、それがひとたび完成されると、二つの性は、一つの霊、一つの愛になる。聖パウロが同じ比喩を用いて宣言しているところである。すなわち、「主に結び付く者は主と一つの霊となるのです」（一コリント6・17）(50)。

霊的婚姻はこの世でも成立するかもしれません。そうなれば、その婚姻は永遠に祝福される輝かしいものとなります。

子の誕生

この章は社会的、制度的な罪への言及で始まりました。そして、神秘家が暗夜の恐怖を幾つも通り抜けるのは、単に自分だけの浄化のためではなく、人類の浄化のためを思ってのことであると言いました。彼らはパウロに倣って苦しむことを喜びとし、キリストの体である教会のために、キリストの苦しみの欠けたところを、身をもって満たしています（＊コロサイ1・24参照）。オリゲネスの時代から、神秘神学者たちは雅歌の中に教会の姿を見てきました。彼らは、花嫁を単なる一個の人間としてではなく、教会全体として捉えてきました。第二バチカン公会議後は、この花嫁は人類家族全体に結び付いている神の民である、と考えられています。

ところで、神秘家たちは世界中の人々の生活において中心的な役割を果たしています。彼らは皆、偉大な「現代世界憲章」の序文に共感を覚えています。「現代の人々の喜びと希望、苦悩と不安、特に貧しい人々とすべての苦しんでいる人々のものは、キリストの弟子たちの喜びと希望、苦悩と不安でもある[51]」。神秘家たちは神の民と全人類の中心にいて、貧しい人々、苦しんでいる人々へ特別な愛を注いでいます。

そして神秘家たちは、創造的です。孤独のうちに生きて死んでいく神秘家もいますから、みんなが皆、活動的なわけではありません。が、一人残らず創造的です。彼らは、世界の救済にあたってイエスと協働する子どもを産みます。この子どもは神の王国、ゆくゆくは大樹となる小さな芥子種《からしだね》であり、キリストの愛する花嫁です。

亡くなる前夜、イエスは十一人の弟子たちにやがて来る暗夜について語りました。「女は子供を産むとき、苦しむものだ。自分の時が来たからである。しかし、子供が生まれると、一人の人間が世に生まれ出た喜びのために、もはやその苦痛を思い出さない」（ヨハネ16・21）と。そうした女性のように、弟子たちは陣痛の苦しみを味わい、子どもたちを産みました。そして誰も彼らの喜びを奪えませんでした。生まれた子たちのなんとすばらしいこと。創造主を賛美するその歌声は、世界中に響きました。

そして神秘家たちは皆、子どもを産みました。テレジアと十字架のヨハネ、エックハルトとジュリアナ、リジューのテレジアとエディット・シュタインが残した影響は燦然《さんぜん》と輝き続けるでしょう。しかし、それに勝るとも劣らないのは、隠れた神秘家たちの声無き声です。彼らは涙を拭われることも、名誉を回復されることも、歌に登場することもなく、死んでいきます。世界を変革するのはこういう人たちです。今日彼らは、インドや中国、チベットの神秘家たちと親交を結んでいます。今みんな、産みの苦しみを味わっています。やがて新しい世界が生まれるでしょう。

結　論

神秘神学を学ぶ者にとって、十字架の聖ヨハネの暗夜は難解で、一般的には縁遠い経験のように思えます。この偉大なスペインの詩人は大げさではないか？　誇張法を使って述べているのではないか？　元来芸術家肌なので、ドラマ仕立ての作風になるのではないか？　そのような疑問を彼らは抱きます。

どれも無理からぬ疑問ばかりです。でも深く考察してみると、世界の救済のために特に選ばれて深い浄化を受ける人たちがいても、浄化の経験自体は実に人間的なものであって、異常でもなんでもないという結論に達します。

第一の考察はこうです。暗夜を鮮明に、ときには恐ろしげに描写するとき、この聖人の目は、ひたすらイエスに注がれています。己を無にして不面目な死に方をされ、復活して栄光のうちに入られたイエスの上にひたと留まっていました。死ぬ間際に、イエスはなんの安らぎも慰めも得られず、その霊魂は完璧に打ちのめされていました。「それゆえにイエスは、叫ばずにはいられぬほどであった。『わが神、わが神、どうしてわたしをお見捨てになられたのですか』（マタイ27・46）と。これはキリストがその生涯で蒙《こうむ》った中で、最も強く感じとられた遺棄であった。しかも、まさにその時こそキリストは、その全生涯にわたる最も偉大なみ業を成し遂げたのである……(52)」と十字架の聖ヨハネは述べています。その上、これは深い人間的な経験でした。なぜならイエスは人の子、人間の原型だったからです。そして十字架の聖ヨハネにとって、暗夜とは、世界に救いをもたらすために、イエスに徹底的に従う覚悟のできた人々が歩む道です。「ナダ、ナダ、ナダ」は、磔刑に処せられた御子の苦しみにあずかるために、何もかも捨て、御子を熱烈に神秘的に愛する者の叫びにほかなりません。これ以上に人間らしいことがあるでしょうか。

第二の考察は、宗教的な深い体験を描写するとき、仏教徒は、大死、大疑、無、空、一切放棄について語っているということです。要するに、仏教の神秘家も、悟りや至高の英知に達する前に、暗夜を経ます。仏教の神秘家は、十字架の聖ヨハネとそれほど変わらない言葉を用いています。対話に関わった一人の著名なキリスト教神秘家は、仏教とキリスト教とを結ぶ絆は、見捨てられたイエスであると力説しています[53]。

第三の考察は、最近の心理学では、男性も女性も深い霊的な悟りに先立って、大きな苦痛を伴う暗夜を経る、と言われていることです。そうした体験者たちは、神秘生活のことは何も知らず、脳内の化学的アンバランスという観点でしか考えられない無知な精神科医に誤解されて、間違った治療を受けることがよくあります。そのような誤解は、神秘家たちの苦しみを増しますが、それも浄化の大切な部分です。

繰り返しますが、臨終に際して、栄光の国へ入る前に「レマ、サバクタニ」と叫ぶ人たちがいるようです。仏教徒も肉体の死に先立つ「大死」について語っています。

以上のことから、暗夜は現代人に関連があること、深い悟りの先触れであること、漆黒の闇の中で孤立している創造的な人たちは、世界の救いに貢献する真に栄えある人たちである、という結論に達します。夜明けよりも麗しい夜よ！

1　使徒憲章「フマーネ・サルーティス」一九六一年十二月二十五日。
2　『賛歌』1・6。
3　同。

4 同1・8。
5 『暗夜』I・1・2。
6 『登攀』I・1・4。
7 同I・13・4。
8 同II・2・5。
9 『暗夜』I・14・1。
10 同I・14・2。
11 同I・14・3。
12 同I・10・4。
13 同II・1・1。
14 同II・1・2。
15 同。
16 『炎』3。
17 『暗夜』I・14・6。
18 同。
19 同II・2・1。
20 同。
21 同II・5・1。
22 同。
23 同II・5・2。
24 同II・5・6。
25 『賛歌』11。

26 同11・7。
27 『暗夜』Ⅱ・6・1。
28 同Ⅱ・6・2。
29 同Ⅱ・9・11。
30 同Ⅱ・10・2。
31 同Ⅱ・10・4。
32 同Ⅱ・20・6。
33 同Ⅱ・20・4。
34 同Ⅱ・20・5。
35 同Ⅱ・5・1。
36 『炎』1・24。
37 エヴムは、ボエティウス（四七五–五二四頃）が造った概念であると考えられている。
38 『暗夜』Ⅱ・9・5。
39 同Ⅱ・8・1。
40 同Ⅱ・6。
41 同。
42 同Ⅱ・23・5。
43 同Ⅱ・8・1。
44 『登攀』Ⅲ・2・1。
45 『賛歌』序。
46 『暗夜』Ⅰ・4・1。
47 同Ⅰ・4・5。

48　『カルメル山のスケッチ』。
49　『賛歌』22・3。
50　同。
51　「現代世界憲章」序・1。
52　『登攀』Ⅱ・7・11。
53　Chiara Lubich, *Unity and Jesus Forsaken,* (New City Press, Philippines 1985) 参照、「使徒憲章」。

第14章　〈愛のうちにある〉

愛の神学

これまで、神秘神学は愛を通して霊魂に伝えられ、注がれる秘められた英知であると述べてきました[1]。まさしく源が愛であるだけに、神秘神学は実に喜ばしいものです。十字架の聖ヨハネは、「これは大きな喜びを与えるものである。なぜなら、愛を通して得られる知識だからである。愛が師となり、この知識を完全に快いものにしてくれる[2]」と書いています。さらに、彼は神秘神学を「愛の神学[3]」と表現しています。

十字架の聖ヨハネは、この愛の神秘神学を発展・深化させるにあたり、広範囲にわたって聖書を引用しています。また、自分自身だけでなく他の人々の神秘体験も書き加えています。さらに、十四世紀からの流れをくむ神秘主義の伝統に従って、スコラ学を活用しています。カルメル会のイエスのアンナ修院長から『霊の賛歌』の注解を依頼されたとき、次のような弁解めいた返事を送っています。「神と霊魂との間の内的交わりを語るにあたって、スコラ学にいくらか触れますが、純粋な事柄に関して、そのような話し方をしても、無駄にはならないことを願っております[4]」。明らかに、神秘的英知のように崇高な主題に取り組む場合、スコラ学にはさまざまな限界があることに彼は気づいています。

さて、スコラ学は霊魂の三能力、知性・記憶・意志について語りました。そして、十字架の聖ヨハネは、スコラ学の文脈の中で神との一致を論ずる場合、知性、記憶、意志に、それぞれ信仰、希望、愛を当てて語っています。そうした方法で、神の現存に満たされた人間を描いています。しかし、こうしたスコラ学的なアプローチは、とうてい満足のゆくものではありません。十字架の聖ヨハネの詩や、スコラ学からの影響の少ない書物をひと目見ただけでも、一つの能力に属しきれないこのような愛が人間をすっかり消耗させることが分かります。つまり、愛の生ける炎の傷が人間の存在の核心に刻みつけられています。

ですから、神秘神学にアプローチするには、人間の存在が〈愛のうちにある〉状態を、意識レベルの最高到達点と見なす方法論を用いるほうが良いのではないでしょうか。勉学としての神学を捨てて、神と恋に落ちることについて述べるバーナード・ロナガンの神学が、まさにその方法論にあたります。「私たちの恋とは、連綿と続く行為でなく、私たちの思考や感情、判断や決断のすべてを活性化して形成するダイナミックな状態のことである(5)」と彼は述べています。そのような〈愛のうちにある〉状態について語る神学が、現代によみがえった神秘神学の基盤となり、スタート地点とならないでしょうか。

しかし、〈愛のうちにある〉ことについて考察する前に、神が先にお与えになる愛について、そして神秘家が、その心に注ぎ込まれる愛について描写する時に使う力強いシンボルについて考えましょう。

先立つ神の愛

聖ヨハネは、「わたしたちが愛するのは、神がまずわたしたちを愛してくださったからです」（一ヨハネ4・19）と述べています。そして、この賢明な言葉は、後に続くすべての神秘神学にこだましています。私たちが神を愛したのではなく、神が私たちを愛されたのです。この愛の証拠は、神が私たちの罪を贖う生贄《いえにえ》として、その独り子をお遣わしになったことで示されます。聖パウロも、先立つ神の愛について力説しており、神の愛は、私たちに与えられる聖霊により注がれると語っています。天のものも地のものも、すべての被造物は、イエス・キリストによって示された神の愛から彼を引き離すことはできないと確信して、パウロは、神の子は「わたしを愛し、わたしのために身をささげられた！」（ガラテヤ2・20参照）、と声高らかに語っています。そして、この愛されているという実感から、パウロの気力や活力、キリストの十字架への燃えるような愛と、忘我の神秘体験が生まれています。

しかし、パウロの話をするまでもありません。イエスご自身は、天地創造よりも前から御父に愛されていることを深く確信しておられ、次のように祈られました。「わたしに対するあなたの愛が彼らの内にあり、わたしも彼らの内にいるようにしてください」（ヨハネ17・26）と。神秘神学全般の要《かなめ》となるテキストに、「神は、その独り子をお与えになったほどに、世を愛された。……」（ヨハネ3・16）と記されていても、少しも不思議ではありません。

さて、神秘生活において、人が愛されていると分かるのは、単に理論の上からではありません。生き生きした実際の経験からです。なぜなら、神秘生活の初期には、魂の内奥から湧き出てくる〈愛のひそやかな兆し〉（『不可知の雲』の用語）が心の中に起こるからです。それは、決して人間側の努力の結果ではなく、どこからともなく訪れます。「これは、絶対わたしに引き起こせるはずがなかったもの。これは贈り物であり、恩恵であり、身にあまるもの」です。観想家の静かな確信とは、そういうものです。

また、同様の確信が、仏教徒、ヒンドゥー教徒を問わず、どの神秘家の心にも湧き出てくることは注目に値します。神秘家は、男性でも女性でも、この身にあまる宝物を受けるに値しない、と感じます。キリスト教的神秘神学では、これは神の愛の贈り物と見なしています。

愛の火

そもそも、〈愛のひそやかな兆し〉は、極めてかすかな動きです。ほとんど気づかないほどかすかですから、心配事や度を越した活動によって押しつぶされかねません。しかし、静かにその存在に注意を向けると、推論したり、思索したり、心配したり、何かに夢中になるのをやめて、一人になり、ただ内在する神——そのお方の中で私たちは生き、行動し、その中に私たちの存在を置くお方——の神秘的な現存を味わいたいと感じるようになります。そして、時がたつにつれ、慰めと、愛されているという感覚、しかもその愛は永遠に続くという感覚に満たされていきます。

しかし、この神の現存感は永久に続くわけではありません。やがて不在感へと変わっていきます。慰めは寂しさに、無味乾燥な感覚に、見捨てられたという感覚にとって代わります。魂の内奥から湧き出てくる愛の動きがまだ存在しているのは確実なのですが、その愛は、今や浄化作業にとりかかっており、人間という黒い湿った薪の中から不純物を焼却している最中です。やがて、この愛は大きな苦痛と激しい苦悶を引き起こす冷酷な火となっていきます（まだ火だとは認識できないかもしれませんが）。これが暗夜です。

しかし、夜は明けます。神秘生活の道を邁進《まいしん》する人々は、新たな、さらに神秘的な方法で内なる火を体験し始めます。今や、この火は、全存在を包み込む強烈なエネルギーの湧泉となって燃え盛っています。こうなると、忠告や指導や励ましが必要になります。というのも、本人には何が起きているのか理解できないからです。とまどう神秘家たちの中には、この内なる火に焼き殺されるのではないかとか、気が狂うのではないかと不安になる人もいました。

指導者が賢明なら、苦しむ観想者に向かってこう言います。そのままじっと沈黙していなさい、火が燃え盛るままに、事の成り行きにまかせ、決して神に挑んではいけません、と。なぜなら、やがて救済の時が訪れるからです。「すべて良くなる、すべて良くなる、あらゆるものがすべて良くなる」。

徐々にですが、人は認識し始めます。内なる火は確かに苦痛ではあっても親しい友のようであり、他人のために命をささげ、神のためにすべてを投げ打ってもよいと思えるほど激しく愛する力とエネルギーを与えてくれることを。そして、ついに、愛と火について語る聖書のテキストに共感を覚え始めます。愛について語る雅歌に、こう記されています。

愛は……
火花を散らして燃える炎。
大水も愛を消すことはできない
洪水もそれを押し流すことはできない。（雅歌ヴルガタ訳8・6、7）

この内なる火とは、大波が押し寄せても消すことができない、燃え盛る火にほかなりません。となると、出エジプト記の「火の柱」や、この世に火を投ずるために来られたイエスのみ言葉に、新たな意味が出てきます。炎のような形となって現れて弟子たちの上にとどまった聖霊についても、新たな読み方が生まれます。「実に、わたしたちの神は焼き尽くす火です」（ヘブライ12・29）と書かれたヘブライ人への手紙を、新しい視点で読むことができます。

東方教会の神秘神学の伝統は、この内なる火について雄弁です。それは、ヨゼフ主教のもとへ赴いて祈りの指導を仰いだ弟子の物語で、そのとき師は両手を天に向けて差し伸べると、指が十本の灯のようになり、こう言いました、「完全に火となりなさい」(6)と。つまり、「内なる火に、あなたの全存在を取り囲ませるように」ということです。もう一人、燃え立つ火と渦巻く光について語る人物に、新神学者シメオンがいます。彼の話は自身の体験を踏まえている、と臆せず表明しています。シメオンは、火と光の神秘体験のない人は、神へ赴く旅を始めたばかりの者である、とまで断言しています。

内なる火とは何かと問われ、東方教会の伝統は、神の〈造られざるエネルゲイア〉について語ります。このテーマの研究者の一人は、こう書いています。

本質とは異なっているエネルゲイアの教義は、すべての神秘体験の基本となっている。本質において近づきがたい神が、エネルゲイアのなかに現存しておられる。神は、本質では全く理解不可能だが、エネルゲイアのなかに顕れておられる。(7)

となると、この〈造られざるエネルゲイア〉は、ダイナミックな愛の行動を示す三位一体の神にほかなりません。愛である神は内に住まわれて、とてつもないエネルギーを起こし（さらに正確に言えば、神は事実とてつもないエネルギーです）、そのエネルギーが感覚の上にあふれ出て、逆説的に、強い喜びと激しい苦痛を引き起こします。このことは多くの神秘家の体験に合致します。

愛の炎

西方教会の伝統では、言うまでもありませんが、燃え盛る火が、十字架の聖ヨハネの神秘体験とその教義の中心的な役割を果たしています。その最も情熱的な詩の中核を成すのは、彼が〈愛の生ける炎〉と呼ぶ、喜ばしくも冷酷な火です。この火は多くの段階を経ます。最初は静かで慰めに満ちており、やがて暗夜の恐ろしい苦しみを引き起こします。ついに浄化が終わると、圧倒的な歓喜をもたらす計り知れないエネルギーに満たされて、煌々と輝きます。なんとすばらしい火でしょう。「神が主導権を握る恋人であり、計り知れない全能の愛によって、一滴の朝露に押し寄せる火の奔流にもまさる効果と力をもって、霊魂をご自分のうちに吸収なさるのだから(8)」と、この聖人は書いています。これが霊的な火です。この火ほど人の感覚に触れるものの中で、人間の深奥を貫くものはありません。

さらに、魂を燃え立たせている炎から飛び散る火花を瞬間的に浴びるような、愛の体験の時が訪れます。「神は無限の愛の火ですから、少し強く霊魂に触れようと望まれれば、霊魂は、全世界のすべての火にまさると思われるほどの高温の愛の炎を燃やすことになります(9)」。そして、聖ヨハネは、火花に接触した時に起きる神秘体験を鮮やかに述べています。

火花の接触とは、愛するお方が、ときどき、しかもまったく予期せぬ時に、ごくかすかに霊魂に触れることである。それによって、霊魂は愛の炎に包まれて燃え上がる。まるで、一片の火花が飛び散って霊魂の上に落ち、霊魂を赤々と燃え立たせるかのようである。そのとき、意志は、急に思い出したかのようにぱっと燃え上がり、神を愛し、望み、賛美し、神に感謝する。そして、愛をささげ物として、神を崇め、敬い、祈る。(10)

ですから、この火花は、神への人間の愛ではなく、神からの人間への愛なのです。その火花は愛に燃え立つ人間を神化させますから、人間は喜びあふれて神を賛美するようになります。その人の存在は〈愛のうちにあるもの〉となっています。

『愛の生ける炎』の中で、十字架の聖ヨハネは、観想的な火の燃焼を二段階に分けています。最初、薪は静かに赤々と燃え、暖かさと明るさを増していきます。次に、火勢が強くなるあまり、火花が飛び散ります。この飛び散る火花が、聖霊にほかなりません。聖霊は、その変容の行為に身を委ねる人間を焼き尽くし、神化させます。聖人の言葉を読んでみましょう。

この愛の炎は花婿の霊、すなわち聖霊である。霊魂はそれを、自分を焼き尽くし変容させた火としてばかりでなく、今霊魂の中で燃え上がり、炎を噴き出す火として感じている。(11)

ですから、神聖な火とは聖霊のことです。しかし、十字架の聖ヨハネは神学者なので、聖霊が単独で行動されないことは十分承知しています。そこで、神秘体験のことを、前もって永遠の生命を三位一体的に味わう体験であると語り、続けてこう述べています、「霊魂は神と間近に接するため、父と子と聖霊が交わっておられる愛の炎の中へ入り込み、変容されるのである」[12]と。

神秘生活の頂点を極めると、この炎は再び平和に満ちあふれると同時に、穏やかになります。このとき、暗夜はすでに静穏な夜となり、炎は焼き尽くすことはあっても、何の苦痛も与えません。

En la noche serena
con llama que consume y no da pena

その体験は、夜が明けると、永遠のうちにおられる神の直知を通して完成に至ります。

火が焼き尽くすように、ぶどう酒は人を酔わせます。次に、別の神秘的な愛のシンボルを考えてみましょう。

愛のぶどう酒

「ぶどう酒にもましてあなたの愛は快い」（雅歌1・2）と花嫁はうたい、花婿は答えます。彼女のくちづけは「うまいぶどう酒のように、恋しい人へ滑らかに流れ、唇へ滴ります」（雅歌7・10）と。

芳醇なワインは、十字架の聖ヨハネの心にとっては別の大切な象徴です。神からの圧倒的な愛を心に受け入れる人々を、聖霊は「ここちよく、うましく、強い愛のぶどう酒で」[13]酔わせます。飛び散る火花は、瞬間的に突然の悟りに似た体験を与えますが、神の愛を飲んだ酔いは持続します。

この心地よい陶酔の恵みは、火花に比べ、長続きするので、「火花の接触」のようにすばやく消えることはない。火花は霊魂に一瞬触れて通り過ぎていく。もっともその効果は、しばらく続くこともある。しかし、香り高いぶどう酒は――霊魂に燃えたつ快い愛は、と言おうか――その効き目が長続きし、一日か二日、時に数日続くこともある。その程度は常に一定とはかぎらない。効き目の増減は、霊魂の力の及ぶところではないからである。人は、時として何もしないのに、霊魂がこの天上のぶどう酒に快く酔っているのを如実に感じることがある。(14)

そして、この言葉から、数日間も愛の神聖なぶどう酒に陶酔する神秘家の姿が浮かんできます。

さらに、ぶどう酒に新酒と古酒があるように、神を恋する人々にも、初心者と熟練者がいます。新しいぶどう酒は、まだ発酵の途中で、大量に飲むと害になりかねません。ところが、時を経た良いぶどう酒は味が落ち着いて熟成しています。同様に、恋の初心者は、熟成していないぶどう酒から受ける感覚的な慰めに夢中になりますが、恋の熟練者は、存在の実体の奥深くで、感覚的な魅力から遠く離れ、熟成してまろやかになったぶどう酒の英知を味わいます。

そして、それから、十字架の聖ヨハネは、大胆にも、高らかにこう言います、「私は愛する、あの方から飲みました」(15)と。

de mi Amado bebí

この深遠な一行には、愛のぶどう酒である愛するお方が、彼の全身全霊にしみ込んでいくことがうたわれています。そして、こう続きます。

飲んだものが、血管を通して、体中に広がり流れていくのと同様に、この神との交わりも、霊魂のすみずみまで行きわたる。より正確に言えば、霊魂が神において変容される。この変容の内に、花嫁（霊魂）はその実体と霊的能力とをもって、神から飲むのである。(16)

このようにして、花嫁の存在は〈愛のうちにあるもの〉となります。

また、中世の匿名の詩人も、愛のぶどう酒による陶酔について、神秘的な詩の『アニマ・クリスティ』を残しています。その文脈には聖体が関わっています。詩人は、「キリストの御血よ、わたしを酔わせてください」と祈っています。

Sanguis Christi Inebria me

まるで、キリストの御血を拝領すると酔うかのようです。

愛の傷

歴史の黎明期から現代に至るまで、〈愛の傷〉は歌や物語の中で取り上げられ、賛美されてきました。美しいおとめが、愛に傷ついて、愛しい人を恋い焦がれます。「ああ、ロミオ、ロミオ、あなたは何故ロミオなの？」そして、今度は、その恋人の心が突然、そのおとめへの恋に傷つきます。「おお、あれこそはわが姫、わが思い人だ！」（＊『ロミオとジュリエット』二幕二場　中野好夫訳）。

同じテーマが雅歌を通して流れています。「わたしの胸は高鳴りました」（5・4）と、花嫁は恋しい人へ戸を開こうとして、はやる心で起き上がると、うたいます。そして、愛しさにわれを忘れ、無我夢中で探し求めるうちに、無残にも打たれて傷を負い、外套を剥ぎ取られます。「夜警にわたしは見つかり、打たれて傷を負いました。城壁の見張りは、わたしの衣をはぎ取りました」（同５・７）。

しかし、この恋は、花婿もまた同じように傷を負う恋なのです。まさに、彼女の眼をひとめ見ただけで、またその首飾りの玉がちらと見えただけで、彼の心は深く、深く傷つき、苦しい叫びを上げます。

わたしの妹、花嫁よ
あなたはわたしの心をときめかす。
あなたのひと目も、首飾りのひとつの玉も
それだけで、わたしの心をときめかす。（雅歌４・９）

いつの世も、偉大な恋物語とはこのようなものです。そして、自分を花嫁と重ね合わせて、聖なる花婿によって深く傷つき、十字架の聖ヨハネは叫びます、「どこにお隠れになったのです？　愛しいお方。鹿のように、あなたはかき消えておしまいです。私の心に痛手を残して……」。

Como el ciervo huiste
habiéndome herido

恋人である神聖な神を深く体験することで、聖人は存在の核心に傷を負いました。彼は神と恋に落ちたのですから、今や、愛するお方を捜し求めて外へ出て行かなければなりません。路傍《みちばた》の花を摘みもせず、野の獣も恐れはしません。「なぜなら、彼には非常な苦しみと同時に、神に会いたいという強い願望があるからです」[17]。夜警が花嫁にするように、すべての被造物が彼をたたき、傷を負わせます。なぜなら、彼には見えない神について万物が口々に語るからです。「もうこれからは、使者などお遣わしにならないでください」と強い口調で彼は言います。まるで、「使者はいりません。お目にかかりたいのはあなただけです」とでも言いたげです。神がはっきりと目に映るまで、彼は満足することがないでしょう。

また、雅歌の花婿が花嫁の眼を見ただけで傷ついたように、神の眼を見るだけで、この聖人は傷つきます。聖なるお方に見つめられることに耐えられず、彼は叫びます、「お目をそらせてください、愛しいお方よ。私の魂は飛び立ってしまう！」と。

Apártalos, Amado
que voy de vuelo

彼の説明はこうです。「このように弱い身では、これほどの過ぎた恵みに耐えられず、花嫁は、この歌の中で言う。『お目をそらせてください、愛しいお方よ』と。『あなたに見つめられると、私の霊魂は体から抜け出し、崇高な観想へと飛び立ってしまいます。それは、人間にはとても耐えられないことです[18]』」。

そして、花嫁と花婿の愛が相互的であるように、神と霊魂の愛も（口にするのも驚きですが）同じです。受肉した御言である神聖な花婿は傷を負います。彼は傷ついた鹿です。「花嫁なる霊魂が、彼の愛に傷ついているのを見て、ご自身も花嫁への愛に傷つかれる。事実、恋人同士の間では、一人の傷は二人の傷になり、二人で、同じただ一つの痛みを感じるのです(19)」。

このような傷は、霊魂にとって極めて快く、望ましいものです。そのため、「霊魂はこのような槍《やり》創《きず》によって何回でも死にたいと願う。それは霊魂を自分自身から抜け出させ、神の中に入らせてくれるからです(20)」。

時に、神秘生活は実に劇的です。旅が進むと、熾天使が放つ愛の火で燃えている矢で、霊魂が貫かれるのを感じることがあります。そして、「霊魂がこの燃える火矢で傷を負わされると、なんとも言いようもなく快い痛みを感じます(21)」。疑いなく、十字架の聖ヨハネは、この話を、聖なる同士である聖テレジアから聞いたのでしょう。彼女は似たような体験を鮮明に書き記していますから。彼女は、肉体を伴った天使の姿を身近で見ました。「その方はたいへん美しく、顔は燃えるように輝いておりましたから、全身が火と燃えて現れる崇高な天使の一人のように思えました(22)」。

テレジアは続けてこう述べています。

天使の両手には大きな金の矢が握られていました。その先端に小さな火が見えました。この天使がわたしの胸に矢を数回突き刺したようです。矢はわたしの奥深くに届きました。矢を引き抜く時、天使はわたしの深奥部をえぐり取っていくように思えました。その後、天使はわたしが神の大きな愛に燃えるままにしてくれました。痛みは相当激しく、わたしはうめき声を上げましたが、この激痛がもたらす快さはあふれんばかりでしたから、この痛みを取り去ってほしいという願いは決して起こりませんでした。それに、霊魂が満足できるものは神以外にありません[23]。

さらに、テレジアは、この痛みは肉体にも現れたものの、肉体的ではなく霊的なものだったと言っています。

神をかいま見たことがあって、そのヴィジョンをくっきりと目に焼き付けたいと望む人の傷とは、このようなものです。唯一の治療法は神を「所有」することです。「この望みがかなうまで、霊魂は、さながら満たされるのを待つ空っぽの器のようであり、食べ物をしきりに欲しがる飢えた人や、元気になりたいとうめく病人や、すがりつく物が何もない空中に吊るされている人のようです。真に愛する心とはこのようなものです[24]」。

精神・物質・エネルギー

以上述べてきたことから、神秘体験は人間の肉体にいつまでも残る強烈な影響を及ぼすことが明らかでしょう。顕著な例は、忘我状態に陥った聖テレジアです。彼女は、公の場でその状態が起きると途方にくれましたが、そのときの呼吸の乱れや眼の動き、身体の浮揚や奇妙な現象について鮮明に書き留めています。「私のそばにいた大勢の修道女が言うには、時として私の脈が止まりそうになるそうです……そして、腕が硬直し、手の指がこわばって両手を合わせられないことがあるそうです。そうなると、翌日は、関節が脱臼したかのようになって、脈が速くなり、身体に痛みを感じます[25]」。続けて、忘我状態の時は、身体が死んだようになります、とも書いています。

十字架の聖ヨハネもまた、聖なる友の体験をよく知っていたので、「その体が凍ったように冷たく硬くなって[26]」死んだように見えることがあると語っています。おそらく次のような文は、個人的な体験に基づくのでしょう。

このような忘我の恍惚のうちに神が訪れて、引き起こす苦しみは、次のようである。関節は脱臼し、人間本来の能力が、まったくもう手のつけられない状態に押しやられる。もしも神が、そこに干渉されなければ、生命が絶えてしまうだろう。実際、このようなことを経験する霊魂は、自分が肉体を抜け出し、これを捨て去っていこうとしていると感じるものである[27]。

こうしたことが起きるのはすべて、前述したように、霊魂を死に追いやらないようにお目をそらしてください、と十字架の聖ヨハネが神に願うときです。

このような現象を神学的に説明するとき、彼が頼りにしたのは、当時の生理学と心理学でした。肉体と霊魂、感覚と精神について語るときは、ごく当然なことですが、スコラ学に目を向けています。霊的体験は肉体にもあふれ出ます。なぜなら、「通常、神はまず霊魂に恩恵を与え、次に肉体に恩恵を与える[28]」からです。聖フランシスコの聖痕については、熾天使によって「霊的に」傷を受けた時に、傷やただれが「外にも」現れた、と説明しています。「聖フランシスコの霊魂が、愛によって五つの深手を負ったとき、結果は体にも現れ、体も霊魂と同じように傷ついた[29]」、と書いています。また、聖パウロの神秘体験についても同様の説明をしています。「これは聖パウロに起きた現象である。キリストの苦しみに寄せる計り知れない同情が、自分の肉体の上にはね返ってきたのだ。彼はガラテヤの信徒に宛てた手紙にこう書いている。『わたしは、イエスの焼き印を身に受けているのです』（6・17[30]）」。

こうした現象をさらに理解するにあたって重要なのは、オリゲネスの時代から続くキリスト教神秘主義の伝統に脈々と息づき、聖テレジアが心から大切にしている内的・霊的感覚の教義を思い出すことです。極めてありありと、内面で見聞きしたり、触れたり、匂いを嗅ぐことがあるように、内面的な火や傷を感じ、ぶどう酒に酔うこともあります。この内的な経験はすべて、それとなく外的感覚とつながっていますが、まったく同じというわけではありません。

すでに述べたとおり、東方正教会の伝統はさらに先へと進み、人間の中で湧き上がる〈造られざるエネルゲイア〉――愛の神聖な火――について語っています。ヘシュカストが特に興味をひかれたのは、イエスの姿が弟子たちの目の前で変わり、顔は輝き、服は光のように白くなったというその光――造られざる光でした。ご変容の時にイエスの姿から放たれたその神聖な光が、彼らにも見えると主張しました。

東方正教会の〈造られざるエネルゲイア〉の教義は、今日私たちが神秘体験について現代社会に説明しようとする時に、たいへん意味を持つでしょう。そして、以下がその理由です。

第一に、聖テレジアの研究者の誰の目にも明白なのは、圧倒的なエネルギーが制御しがたいほど身体のすみずみまで湧き出ていたことです。こう考えれば、聖女の恍惚と忘我がどうにか理解できます。また同様のことが十字架の聖ヨハネについても言えます。燃え盛る火や、陶酔させるぶどう酒や、刺し傷は、神の〈造られざるエネルゲイア〉の観点に立てば一番よく説明できるのではないでしょうか。

これは霊的なエネルギー、つまり〈造られざるエネルゲイア〉で、感覚の上にあふれ出て、時には観想中に起きる死後硬直に似た症状を残すこともあります。

さらに、エネルギーの観点から神秘現象を説明すれば、ますます革新的でダイナミックになってきた近代科学の思考法との対話する道が、開かれるかもしれません。アインシュタインの時代以来、物理学はエネルギーと光の速度の虜になっています。学校に通う子どもなら誰でも、

$E=mc^2$（エネルギー＝質量×光速の二乗）

であることは知っています。

テイヤール・ド・シャルダンは、物理学と神学を結び付けようと努力し、人間のエネルギーとしての愛について語りました。とすれば、神学は神を、発展する宇宙のすべてのエネルギーの源、「至高のエネルギー」として見なせないでしょうか。

また、エネルギーを通して神秘体験を説明すれば、キリスト教にとってはアジアとの対話の道がさらに開かれるかもしれません。なぜならば、実はエネルギーは、生命力を中心に据え、その周囲に根源的なエネルギーの chi もしくは ki を据えるアジア文化を理解する鍵となるからです。

気

漢方医学が目指すのは体内のエネルギーの均衡を保つことで、漢方では病気はエネルギーの不均衡から起こると言われています。また、気の流れは茶道や武道では極めて重要です。とりわけ、気の流れが瞑想の中核を成していることは重要です。腹式呼吸と正しい姿勢を通して、気を調整して体内に

めぐらせ、悟りをもたらします。結跏趺坐と腹式呼吸は仏教の瞑想の核心に据えられています。

さらに意味深いのは、外的感覚をもつ鈍感な肉体と、生命力が出入りする〈チャクラ〉、すなわち気の出入り口をもつ鋭敏な肉体とを区別する、インドとチベットのタントラ仏教の伝統です。この鋭敏な肉体という概念には、キリスト教神秘主義に見られる霊的もしくは内的感覚との共通点が多く見られます。しかし、神秘体験に興味をもつ人が注意しなければならないのは、〈プラナ〉という通常のエネルギーの脇に、別の、極めて強力な潜在的エネルギー、覚醒を待つ神聖なエネルギーが存在するということです。これが〈クンダリーニ〉、もしくは〈蛇の力〉というもので、インドのラーマクリシュナを初めとする偉大な神秘家たちの神秘体験に不可欠な役割を果たしています[31]。

チベット仏教やタントラ仏教との対話はまだ揺籃期を迎えたばかりで、報告できる内容はわずかしかありません。それでも、アジアの心理学と生理学が将来の神秘神学において重要な役割を果たす可能性はあります。そして、東方教会の〈造られざるエネルゲイア〉の教義は、キリスト教と東洋の諸宗教とを結ぶこの上ない貴重な懸け橋となるでしょう。

BEING-IN-LOVE

男性も女性も、自己を超越することにより、本物の人間となります。すなわち、「自分の命を救いたいと思う者は、それを失うが、わたしのために命を失う者は、それを救うのである」（ルカ9・24）という聖句に従って、自己を見つけるために自己を捨て、本物になるのです。この自己放棄は、信仰の夜の中へすべてを手放し、その結果、暗闇の中ですべてを見いだす神秘家が味わう、〈離脱〉もしくは法悦のことです。

ロナガンの主張によれば、自己超越が成し遂げられるのは主に人間の基本的目標を表す超越論的教え――「注意深くあれ」「知的であれ」「道理をわきまえよ」「愛のうちにあれ」――に忠実であることを通してです。これらの教えに忠実に従えば、順を追って一連の回心に至ります。人は知的回心をすれば知的な自己超越を、倫理的回心をすれば倫理的な自己超越を果たします。しかし、真の自己超越は、宗教的回心へと導く愛を通してのみ果たされます。自己を超える力は、人が恋に落ちる時に現実のものとなる、とロナガンは言っています。続けて彼は、こう述べています。

そのとき人の存在は〈愛のうちにあるもの〉となる。そうなるには、それなりの前提や原因、事情や誘因があるが、いったんその力が発揮されれば、その状態が続く限り、他のすべてに取って代わる。その人の欲望や不安、喜びも悲しみも、価値判断も、決意や行為も、それが根源となって生じるのである。(32)

ここでロナガンが語っているのは、人間の全存在を占有する恋のことです。ただこの人が好き、あの人が好きというレベルの問題ではありません。この恋はあまりにも無我夢中なために、確かに「のぼせあがり」とも呼べます。人の存在は恋する存在になります。そして、そのような恋は、ロミオとジュリエットの悲劇的な恋愛のように、文学書のページにあまねく輝いています。しかし、その一方で、レベルは違いますが、このような恋は宗教的な文脈の中にも現れています。ロナガンは愛の段階についてこう述べています。

〈愛のうちにある〉といっても、種々ある。夫婦や親子の親密な愛もあれば、社会福祉の成就に実を結ぶ同志愛もある。(33)

ここでは、ロマンチックな愛、親子の愛、社会への愛などが語られています。しかし、これとは別に、こうしたすべての愛を包み込んでもなお、それらを一切超越する愛があります。

心を尽くし、精神を尽くし、思いを尽くし、力を尽くして、あなたの神である主を愛しなさい（マルコ12・30）という愛がある。それは、わたしたちに与えられた聖霊によって、わたしたちに注がれる神の愛である（ローマ5・5）。死も、命も、天使も、支配するものも、現在のものも、未来のものも、力あるものも、高い所にいるものも、低い所にいるものも、他のどんな被造物も、わたしたちの主キリスト・イエスによって示された神の愛から、わたしたちを引き離すことはできない（ローマ9・38－39）、というパウロの確信はこの愛に基づいている。(34)

ここにロナガンは、その存在が〈愛のうちにあるもの〉となった、恋する者としてパウロを引き合いに出しています。しかし、別にパウロでなくても、雅歌に登場する恋人たちやアシジのフランシスコ、十字架のヨハネやエディット・シュタイン、また生ける炎によって燃焼してその存在が〈愛のうちにあるもの〉となったその他もろもろの人々でも、かまわなかったでしょう。

こういう愛と、ロミオとジュリエットのロマンチックな愛とを区別するものは何かと問われて、ロナガンはこう答えています。「愛はどんな愛でも『自己放棄』であるが、〈神への愛のうちにある〉という状態は、いかなる制限も資格も条件も留保もなしに〈愛のうちにある〉ことである[35]」と。人間の知性がやむことなく問いを発するように、人間の心はやむことなく愛することができます。「制約なしに探究することが、自己超越を図るのにふさわしい能力であるように、制約なしに〈愛のうちにある〉ことが、その能力を然るべく完成させる[36]」ということです。

それでは一体、この愛とはどういうものでしょうか。

何よりもまず、これは賜物であるということです。教えであるというのは、二の次です。私たちが愛するのは、まず神が私たちを愛してくださったからです。それは、私たちの理解の及ばないことです、神秘ですから。それは実存的な愛、存在に関わるレベルでの愛です。無限な者に対する有限な者の愛、無制約な者に対する制約ある者の愛、必然な存在に対する偶然の存在の愛、創造主への被造物の愛です。これは、全人格を焼き尽くす霊的熱情です。結合を熱望する、分離した存在が受ける傷、つまり愛である神と結ばれて初めて癒やされる傷なのです。それは感極まって叫ぶ詩編作者の熱い思いです。「神よ、あなたはわたしの神。わたしはあなたを捜し求め、わたしの魂はあなたを渇き求めます。あなたを待って、わたしのからだは乾ききった大地のように衰え、水のない地のように渇き果てています」（詩編63）。再びこの詩人は述べます、「涸れた谷に鹿が水を求めるように、神よ、わたしの魂はあなたを求める……」（詩編42）と。人の存在が〈神への愛のうちにある〉ものとなるとき、完全に火と化し、神聖なぶどう酒に酔い、霊的婚姻に入ります。

しかし、神だけが、十全な意味で〈存在〉という語にふさわしいお方であるように、神だけが十全な意味で〈愛のうちにあるお方〉であることを、決して忘れないようにしましょう。私たち人間は、愛を拒み、自分や他人を憎み、自分や他人を破滅させようとする傾向に抗って闘いながら、ただ限られた意味で〈愛のうちにあるもの〉になれます。神である〈愛のうちにある〉最高のお方と結ばれる限りにおいてのみ〈愛のうちにあるもの〉になれます。そして、この一致に到達するために、苦痛に満ちたゆっくりした過程をたどります。それは自己から抜け出て闇夜へ踏み出す旅です。その旅で、人は一切合切を失うはめになり、雅歌の花嫁のように傷を負わされ、打たれ、丸裸にされます。そして、旅の終着地は墓のかなたにあります。死を通して人は顔と顔を合わせて神を見て、神化され、参与により神と同じものになります。「わたしたちは、御子が現れるとき、御子に似た者となるということを知っています。なぜなら、そのとき御子をありのままに見るからです」（一ヨハネ3・2）。

しかし、雅歌の花嫁はこの世でも霊的婚姻に入りますから、ある程度の神化は可能です。そして、これが神秘的な道に関するすべてです。神との一致が濃密になるにつれて、不完全にしろほんとうの意味で、〈愛のうちにあるもの〉となり、すべての人々に、全宇宙に向かって愛を放ちます。そのとき、天におられる父が完全であるごとく「完全であれ」という教えは、意味深いものとなります。天の父が「悪人にも善人にも太陽を昇らせ、正しい者にも正しくない者にも雨を降らせてくださる」（マタイ5・45）ように、〈愛のうちにあるもの〉となろうとする人は、万人と万物に愛を降り注ぎます。

『雲』の著者は、古風で魅力的な語り口で、万人に向けて、とりわけ敵に愛を注ぐ観想者について語っています。

なぜなら、こうした時、熟練の観想者は、肉親であれ他人であれ、友であれ敵であれ、誰に対しても、自分から特別な思いをもつことは決してありません。実際すべての人々が肉親のように思われるので、赤の他人など一人もいず、一人として敵もいません。皆がみな友です。その結果、この世で彼を苦しめ悩ます人々も皆、信頼する特別な友に思えて、最も親しい友と分け隔てなく彼らの幸運を祈りたい気持ちにかられるのです。(37)

そのような姿が、その存在が〈愛のうちにある〉観想者です。

さて、ロナガンに戻りましょう。

宗教的な愛の対象について語る段になり、人は誰に、もしくは何に恋をしているのかという質問に対して、ロナガンはこう答えています。

〈愛のうちにある〉ことは、誰かに恋をすることである。資格も条件も制限もなしに愛のうちにあることは、超越した方に恋をすることである。超越的な誰かが私の最愛の人であれば、その方は私の心の中に、厳然とした事実として存在し、知・真・善において卓越した方である。愛の贈り物という形で私のところに来ることを選ばれるのであるから、その方ご自身が愛であるに違いない。(38)

人が愛する対象は、超越的な善であり、愛である生ける人物です。一体これはどういう方でしょう。ロナガンが、少々神秘的な洞察力をもって、「知られざる愛するお方」と呼ぶこの人物について、さらに話を進めましょう。

そのためには、オリゲネスの時代から、神秘的な愛の対象は〈受肉した御言〉であると明言する神秘主義の伝統に戻らねばなりません。これが聖ベルナルドの教義であり、「霊魂とその花婿キリストとの間に交わされる愛の歌の注釈(39)」として『霊の賛歌』を著した十字架の聖ヨハネの教義です。

ですから、〈受肉の御言〉であるキリストが花婿であり、神秘家が恋に落ちる相手です。キリストは人性と神性を兼ね備えた方ですから、キリストに向けられた愛は、人間的な愛であると同時に神的な愛です。しかし、この愛についてさらに言及するためには、受肉の神秘と神秘神学におけるその役割について、少々考察する必要があるでしょう。

受肉

二十世紀は、聖書への史的批判のアプローチに支配されていましたから、私たちの目は、この世でのイエスにくぎ付けになりました。「このナザレのイエスとはどういう方だったのか」「実際にイエスが言われた言葉を知ることができるのか」「イエスの奇跡や教えをどう考えたらよいのか」、これらが二十世紀の問題でした。

言うまでもなく、著名な学者による史実の探求は非常に価値がありますし、そのおかげで数多くの人が聖書を読むようにもなりました。しかし、イエスの史実に注目するあまり、死者のうちからよみがえって栄光に入り、父の右にあって私たちのために今も嘆願してくださるイエスを忘れてしまえば、キリスト教の信仰にとっては致命的なことになるでしょう。こういうイエスも新約聖書の随所に登場しています。イエスの現存は、特に第四福音書や聖パウロの著述、ヨハネの黙示録の中に顕著です。イエスは屠《ほふ》られた小羊であり、「わたしはアルファであり、オメガである。最初の者にして、最後の者。初めであり、終わりである」（黙示録22・13）と仰せになる方です。第二バチカン公会議は深遠な聖書に基づく言葉を用いて、今日も生きておられるイエスについてこう述べています。

この体（キリストの神秘体である教会）の頭《かしら》はキリストである。キリストは見えない神の像であり、万物は彼において成り立つ。彼は教会、すなわち体の頭である。彼は初めであり、死者の中から最初に生まれた者である。それは、彼が万物において第一の者となるためである（コロサイ1・15−18参照）。彼は偉大な力をもって天上のものを支配し、卓越した完全さと働きとによって、その栄光の富をもって体全体を満たす（エフェソ1・18−23参照）(40)。

これは、今日の世界に生きておられる宇宙的なキリストです。「人間の培った自然の諸要素は栄光あるキリストのからだと血に変えられる」(41)聖体の中に現存されるキリストなのです。これが、神秘家の愛するイエスであり、これが霊的婚姻相手のイエスです。その方と結ばれて、彼らの存在は〈愛のうちにあるもの〉となります。

新約聖書における偉大な神秘体験の一つは、最初の殉教者ステファノの体験です。彼は聖霊に満たされて天を見つめ、神の栄光と神の右に立っておられるイエスとを見て、「天が開いて、人の子が神の右に立っておられるのが見える」（使徒言行録7・56）と言いました。

明らかに、ステファノは栄光に入られたイエスを見ました。しかし、イエスはすっかり姿を変えておられ、その身体は栄光に包まれておりましたから、ステファノは肉眼ではなく、霊的感覚である内的な目でしか見ることができませんでした。なぜなら、人間は、イエスの栄光に包まれた姿を正確に思い描いたり、知覚で捉えてその姿を描くことはできませんから。ところで、栄光に包まれた御体とはどういうものでしょうか。イエスの、そして死者のうちからよみがえる人々の栄光に包まれた肉体とはどういうものでしょう。

確かに、これはキリスト教信仰の大いなる神秘であって、口で表現することは至難の業です。にもかかわらず、パウロはコリント人に呼びかけて、（彼らの中には復活を否定する人がいたものですから）力強く明確に述べています。死者はどんなふうに復活するのか、どんな身体で復活するのかと尋ねる人に向かい、まずこう言います、「愚かな人だ。あなたが蒔くものは、死ななければ命を得ないではありませんか」（一コリント15・36）と。まるで、愚かなことを聞くものではない、と言っているかのようです。続けてこうも言います、「どの肉も同じ肉だというわけではなく、人間の肉、獣の肉、鳥の肉、魚の肉と、それぞれ違います。また、天上の体と地上の体があります。……星と星との間の輝きにも違いがあります。死者の復活もこれと同じです」（＊同15・39、42）と。

しかし、神秘神学は司牧的および実践的な教義です。栄光を受けた身体の神秘を解明することを目指しているわけではありません。そうではなく、精神だけを魅了することを遠ざけ、知性と心を〈受肉した御言〉に向けようとする、〈受肉〉の道を歩む人々を導くことを目指しています。さらに、神秘神学は、ただ一人イエスをひたすら愛するようにと教えます――天のイエスとなられ、宇宙を治めておられるナザレのイエスを。これは、手強い挑戦に聞こえるかもしれませんが、偉大なキリスト教の神秘家たちの実践生活では、何の問題もありませんでした。なぜなら、彼らの目は永遠に十字架上のキリストにくぎ付けになっていましたから。彼らにとって、イエスの死と栄光は不可分のものでした。〈われらが主イエス・キリスト〉の十字架を誇るパウロの場合がそうでした。「屠られた」〈小羊〉

の前にひざまずく、黙示録の著者の場合もそうでした。月や太陽を愛し、十字架上のキリストを愛したアシジのフランシスコの心情もそうです。ノリッジのジュリアナも十字架のヨハネも、テレジアもそうでした。第四福音書の使徒たちのように、彼らはイエスの栄光に輝く肉体に、幾つもの傷を見つけました。「メシアはこういう苦しみを受けて、栄光に入るはずだったのではないか」（ルカ24・26）。

しかし、〈受肉した御言〉との一致が、神秘主義の旅の最終段階ではありません。なぜなら、〈受肉した御言〉は、聖霊のうちに御父と一体になられるお方ですから。「わたしと父とは一つである」（ヨハネ10・30）とヨハネは言いました。イエスと結ばれた観想者も「わたしと父とは一つです」と言うでしょう。確かにイエスを信じる人は一人残らず――神のすべての民は、つまり、「カトリック信者だけではなく、キリストを信じる他の人々も、さらには人類全体」[42]は、受肉した御言と〈愛のうちにある〉状態に招かれています。そして、キリストを通して御父と〈愛のうちにある〉状態に招かれているのです。

ですから、神秘主義の旅は、三位一体の愛の体験において頂点に達します。人は、そして、まさに人類は、御子と結ばれ、聖霊に身を委ねて、「アッバ、父よ！」と叫びます。

結論

神秘神学は、主に人間の心に注がれる神の愛を扱う「愛の神学」です。愛の体験を述べるとき、神秘家は鮮明な象徴や、とっぴな逆説を利用し、「冷酷な火」、「目をくらませる光」、「酩酊させるぶどう酒」、「喜ばしい傷」などについて語ります。ところが、霊的な指示と実践的な指導に関わる神秘神学者たちは、健全な哲学と心理学が必要であると感じ、まずギリシアの哲学者と、次にスコラ学者と向き合いました。

新時代に入る今日、現在の神秘神学を刷新し、新しい方法論を見つける必要があると、私たちは感じています。〈愛のうちにある〉という人間本来の状態へと導く超越論的教えについて語るバーナード・ロナガンの方法論は、たいへん貴重です。

ロナガンが自らの方法論を超越論的であると主張するのは、それが普遍的であるという意味です。その方法論は、人間の根本的でダイナミックな力を尊ぶもので、いつの時代でも万人に適応できるものです。これを受け入れて神秘主義に応用すれば、やがて人類はこぞって神秘主義に招き寄せられるでしょう。

このように言うと驚かれるかもしれませんし、さも革新的に聞こえるかもしれませんが、実はまったく伝統に則ったことなのです。二十世紀初頭、多くの神学者が「神秘主義への普遍的な召命[43]」について語りました。彼らにとって、普遍的という意味は、キリスト信者は一人残らず召命を受けているということです。神秘主義への招きは洗礼の恵みの中に含まれているのですから。このことから、神秘主義は選ばれた人のためではなく、万人のためであることが分かります。言うまでもなく、皆がみな、テレジアの第六や第七の住居に招かれるという意味ではなく、体験的な方法で、神との愛に浸るように招かれているということであって、しかも人類家族の存在は〈愛のうちにあるもの〉となるように招かれているということです。このことが未来に大いなる希望を与えることは確かです。

1 『暗夜』Ⅱ・17・2参照。
2 『賛歌』7・5。
3 『暗夜』Ⅱ・17・6。
4 『賛歌』序・3。
5 Bernard Lonergan, *A Second Collection*, (London 1974), p.153.
6 George Maloney, *Why Not Become Totally Fire?* (Paulist Press, New Jersey 1989), p.5.
7 George Maloney, *Uncreated Energy*, (New York 1987). 詳しくは、本書5章「東方のキリスト教」を参照。〔大森正樹訳『東方キリスト教神学入門—つくられざるエネルゲイア』(新世社、一九八八年)〕。
8 『賛歌』31・2。
9 『炎』2・2。
10 『賛歌』25・5。
11 『炎』1・3。
12 同 1・6。
13 『賛歌』25・7。
14 同 25・8。
15 同 26・4。
16 同 26・5。
17 同 1・18。
18 同 13・2。
19 同 3・9。
20 同 1・19。

21 『炎』2・9。
22 『自叙伝』*Teresa of Avila-The Book of Her Life*, translated by Kieran Kavanaugh, OCD & Otilio Rodriguez, OCD, (Hackett Publishing, Co. 2008) 29・13。以後、*Life* と略記。
23 同。
24 『賛歌』10・6。
25 *Life* 29・13。〔東京女子カルメル会訳 ドン・ボスコ社 一九六〇年〕
26 『賛歌』14と15・19。
27 同 13・4。
28 『炎』2・13。
29 同。
30 同 2・14。
31 タントラ教ヨガとヘシュカスモスの関係については、Tomas Matus, *Yoga and the Jesus Prayer Tradition*,(Paulist Press, New Jersey 1984). および、本書9章「神秘主義と根源的なエネルギー」参照。
32 Bernard Lonergan, *Method in Theology* (London 1972), p.105.
33 同。
34 同。
35 同。
36 同 一〇六頁。
37 『雲』24章。
38 前掲書 注(32)、一〇九頁。
39 『賛歌』副題。
40 「教会憲章」第一章7。

41　「現代世界憲章」第一部第三章38。
42　「教会憲章」第二章13。
43　ガリグー・ラグランジュ（一八七七―一九六四）派は、一般的に誰でも神秘主義に招かれている、と主張。彼らにとって、神秘体験（ラグランジュによれば、注賦的観想）は、キリスト教の完徳に至る正常な手段であった。

第15章　花嫁と花婿

陰と陽

中国哲学の陰陽思想は、西洋を今なお魅了しています。カール・ユングのような心理学者や、ニールス・ボーアのような科学者は、この広大無辺なドラマとも言うべき、光と影、天と地、能動と受動、頭と腹、男と女が象徴する〈陰と陽〉の原理の相互作用に深い意味を見いだしました。(1) 陰陽は循環する原理です。闇を表す陰が極まれば光の陽に転じ、陽が極まればまた陰に転じますが、古代中国のシンボル **Tai-chi T'u**、つまり〈太極図〉に象徴されるように、陰も陽もそれぞれ反対の芽を内蔵しています。

この図を見ると陰陽の原理は、西洋の二元論とは異なり、対立するものと補足し合って一体化する方向へ、すなわち「二者択一」から「調和」へと向かう動きを伴うことが分かります。

陰陽思想に影響されて、ユングは、男性の中にある女性的な本質（彼はそれをアニマと呼びました）と女性の中にある男性的な本質（アニムス）の理論を発展させました。人間は、自分の中にある異性と統合し、内的な結婚が完了するよう励みながら、だんだんに個性を確立するようになる、と彼は考えました。これは、生涯にわたって続ける仕事です。しかしひとたび内的な結婚が成就すると、いかに不完全なものであっても、男女とも、もう異性像を投影することも、「自分探し」をすることもなく、真に深く愛することができるようになります。

聖書の伝統

聖書の伝統では、さらに別の広大無辺なドラマが語られています。イスラエルと神なる主の結婚です。イスラエルの歴史を貫いて流れる花嫁・花婿のテーマを通して、ユダヤ人たちは、神の揺るぎない愛を具現化する契約について語りました。なんと、花嫁は花婿にいつも誠実とは限らず、花婿は次のように叫んでいます。

イスラエルよ、立ち帰れ
あなたの神、主のもとへ。
あなたは咎につまずき、悪の中にいる。（ホセア14・2）

イザヤ書、エレミヤ書、エゼキエル書を通して、主はイスラエルに悲惨な罰を下すと脅しています。が、主の愛は不動、変わらぬままです。「山が移り、丘が揺らぐこともあろう。しかし、わたしの慈しみはあなたから移らず、わたしの結ぶ平和の契約が揺らぐことはないと、あなたを憐れむ主は言われる」（イザヤ54・10）。このようにしてイスラエルの歴史は、壮大なロマン、壮大な恋愛絵巻として眺めることができます。その中で花嫁・花婿はともに、波乱万丈の人間模様を織りなす縦糸横糸となり、喜びも苦しみも、喜劇も悲劇もことごとく味わいます。

そしてこの恋愛絵巻の中心となっているのは、魅惑的で、恍惚をもたらす愛をうたう雅歌です。花婿も花嫁もお互いの麗しさに歓喜しています。「恋人よ、あなたは美しい。あなたは美しく、その目は鳩のよう」（雅歌1・15）。花嫁・花婿は、愛に浸りきっています。

新約聖書では、イエスが花婿であり、弟子たちは花嫁です。「花婿が一緒にいるのに、婚礼の客は断食できるだろうか。花婿が一緒にいる限り、断食はできない」（マルコ2・19）。しかし、花婿が奪い取られる日が来ます。実際、彼は自分の自由意志をもって奪われます。なぜなら、自分の命を捨てることで、彼の愛を証しするからです。そしてこの愛を深く感じ取ったパウロは（「イエスはわたしを愛し、わたしのために身を献げられた……」（ガラテヤ2・20）と述べています）、妻となる花嫁のためにイエスに倣って命を投げ出しなさいと、世の花婿たちに言っています。「夫たちよ、キリストが教会を愛し、教会のためにご自分をお与えになったように、妻を愛しなさい……」（エフェソ5・25）と。花婿が愛する花嫁のために身をささげきるのは、まさに死にゆくときです。

パウロにとって、キリスト教の共同体は、キリストと言い交わした貞淑なおとめにあたります。「あなたがたに対して、神が抱いておられる熱い思いを私も抱いています。なぜなら、わたしはあなたがたを純潔な処女として一人の夫と婚約させた、つまりキリストに献げたからです」（二コリント11・2）と、パウロは書いています。ただ、ああ、エバが蛇にだまされたように、そして、おとめイスラエルが主に背いて荒れ野をさまよったように、共同体はキリストにささげる真心と純潔とからそれてしまうこともありえます。それゆえ、パウロは、神が抱いておられるような熱い思いを抱いているのです。

共同体を、忠実ではあるが移り気なキリストの花嫁として解釈するパウロ的な見方は、歴史的に、教会の聖なる著作や、典礼の文言の中に引き継がれ、広く行き渡りました。そうした見方は現代においても健在です。「かつて（旧約で）語った神は今も愛する子の花嫁と不断に語っているのです(2)」。それは、「終末」（eschaton）において完全に実現されるヴィジョンです。そのとき、花嫁は、もはや移り気ではなく、輝く清い衣をまとい、「大群衆の声のようなもの、多くの水のとどろきや、激しい雷のようなものが『ハレルヤ、……小羊の婚礼の日が来て、花嫁は用意を整えた』と叫びます」（黙示録19・6－7参照）。そしてヨハネは、「更にわたしは、聖なる都、新しいエルサレムが、夫のために着飾った花嫁のように用意を整えて、神のもとを離れ、天から下って来るのを見た」（黙示録21・2）と記しています。これは終末の婚姻、主と新しいイスラエルとの間に交わされた契約の成就です。すべての人間関係はこうした婚姻を目指し、そこに意味を見いだします。

キリストが共同体だけでなく、個人とも婚姻を結んだという見方をするのは、ギリシア人、アレクサンドリアのオリゲネスです。神の御言である花婿との結婚を控えて愛に燃える花嫁を、彼は詩的に描いています。「そして花嫁を、神の像《イメージ》を象った霊魂と捉えるにしろ、あるいは教会と捉えるにしろ、いずれにしても、花嫁は実に深く花婿を愛した(3)」。ですから、キリスト教史の初期の頃から、もう一つ別の壮大な恋愛絵巻を描く神秘的な伝統が生まれました。それは人間と、受肉した御言との婚姻です。このテーマを中心に置くオリゲネス、クレルヴォーのベルナルド、ミラノのアンブロジオ、十字架のヨハネ、そしてイエスのテレジアの神秘神学は、実に「婚姻の神学」と呼ばれます。以上のことが、霊的婚姻、人間がこの世で到達できる最高に神聖な一致へとつながっていきます。ところが、まだこれで終わりではありません。

死を経て栄光の入り口をくぐると、栄えある結婚と呼ばれるさらに親密な一致があります。これこそ神にまみえることにほかなりません。

しかしこの結婚とは、どのような性質のものでしょうか。人間の愛と親密さと性との関係はどうでしょうか。これを神学的に考察するために、まず人と人との交わりについて述べる必要があるでしょう。

人と人

「念祷とは、わたしの考えによれば、精神的な祈りとは、友との親密な交わりにほかなりません」と聖テレジアは書いています。「つまり、わたしたちが、自分を愛してくださっていると知っているお方と、しばしば二人きりになる時を持つことです[4]」。そして、人と人とが向き合うような神への祈りは、ユダヤ教やイスラム教やキリスト教の神秘的な伝統の中核を成しています。主と聖なる親交を結ぶ姿は旧約聖書の聖人たちの特徴です。モーセは紛れもなく偉大な神秘家でした。友人にでも話しかけるかのように、神はモーセに呼びかけ、顔と顔を合わせて話しましたし、またヨブとヨナは、親しい人に声をかけるように、大声で神に呼びかけています。詩編作者は「主よ、わたしの力よ、わたしはあなたを慕う」（詩編18）とうたいます。その言葉は、幾世紀にもわたり、どれほど多くの神秘家たちが、心の中で繰り返してきたことでしょうか。

聖テレジアの場合、「愛してくださっている、と知っているお方」とは受肉の御言、つまり、十字架上で亡くなって、栄光のうちに入られたイエスです。「もはや、わたしはあなたがたを僕とは呼ばない……わたしはあなたがたを友と呼ぶ。父から聞いたことをすべてあなたがたに知らせたからである」（ヨハネ15・15）と言われたイエスにほかなりません。天の栄光を授けられたイエスとの親密な関係が、キリスト教神秘主義の伝統を貫いています。「愛弟子ヨハネのようにイエスの胸にもたれかかれない人には第四福音書は理解できない」と、オリゲネスは感動的に述べています。それは〈イエスの祈り〉を絶え間なく朗唱するヘシュカストの中にも見受けられます。神秘主義の中心をイエスに置くクレルヴォーの聖ベルナルドにも、イエスとの親しい友情を繊細な筆致で描いたトマス・ア・ケンピスにも、イエスの仲間になることを弟子たちに望んだイグナチオ・ロヨラにも見られます。どの場合も、ロナガンの言う「恋に落ち、無限の愛に浸ること」に当てはまります。

〈恋に落ちる〉は単なる言葉のあやでないことは言うに及ばないでしょう。親しみが増すにつれ、沈黙の時、一致や霊的交わりの時があり、いわば自己が消えていくように思われる時が訪れます。「生きているのは、もはやわたしではありません。キリストがわたしの内に生きておられるのです」（ガラテヤ2・20）と叫んだパウロのように、すべては神が内におられるという経験へと続きます。この神の内在については、第四福音書のどのページにも書かれています。イエスは使徒たちに「わたしにつながっていなさい。わたしもあなたがたにつながっている」（ヨハネ15・4）、そしてご自分の愛のうちにとどまりなさいと、言われます。クライマックスは変容の時、人がキリストに「なる」ときです。これは聖体と密接に関連していて、聖レオ一世は、「キリストの御体と御血に参与することは、そのものへと私たちを変化させることにほかならない[5]」と言っています。このとき、私たちは神秘生活の頂点に立ちます。

さらに、この「人と人」という祈りの側面は、一般生活の場にあふれ、人と人とを結び付けます。第二バチカン公会議はこのことに注目して、次のように書いています。「主イエスは、『わたしたちが一つであるように、……すべての人を一つにしてください』（ヨハネ17・21‐22）と父に祈ることによって、人間理性が到達しえない展望を開く。それは、神における三位の結び付きと、真理と愛における神の子らの結び付きとがいくらか似ていることを開示するものであった。この類似から明らかなとおり、地上の被造物のうち、神が唯一そのもの自体のために望んだ人間は、余すことなく自分自身を与えないかぎり、全き自分ではありえない[6]」。

公会議のこの簡潔な声明文は、計り知れないほど深い三つの神学的な意味を示しています。一つは、人と人の一致は、聖なる三位一体のペルソナの一致をかたどっているということ。第二は、すべての被造物は人間のために造られているが、人間は人間自身のために造られているということ。第三は、死（贈り物として自分を差し出すこと）においてのみ、人は自分自身を見いだすということです。

最後に、忘れてはならないことですが、御言への愛は、御言が人となった宇宙全体にみなぎっています。これは、アシジの聖フランシスコの神秘思想にとりわけ明らかで、彼は小鳥や動物と親しく語り、兄弟なる太陽や姉妹なる月を愛しました。同じ精神が大乗仏教に浸透していて、高僧たちは並々ならぬ慈悲の心を抱いて、「生きとし生ける一切の衆生《しゅじょう》」に接します。

面と向き合って霊的に交わることの、最初の形態は男と女の関係です。第二バチカン公会議はそのように説き、創世記第一章の注釈で、「神は人間を単独なものとして造ったのではない。事実、神は最初から『人間を男と女に創造された』」と述べ、「彼らの結び付きは人と人との交わりの最初の形態である」(7)と続けています。すべての生き物は、アダムの所に連れて来られ、アダムは一つひとつに名をつけました。しかしエバだけは彼と同等でした。彼女のみが彼の肉から肉を、骨から骨を取って造られました。彼は彼女と友情を結び、その親しさは野の花、空の鳥との親しさをはるかに超えたものでした。

男性と女性

さて神秘家たちは、この男女関係には愛の新しい側面が見られると主張します。神秘家たちは、花嫁に自分を重ね（男女を問わず神秘家がそうするのは、重要です）、聖なる花婿が無垢な心で花嫁と融け合い通じ合うという深い愛を確実に経験する、と断言します。これは人間の想像をはるかに超えた広く大きな愛、目で見、耳で聞き、胸に抱くどんな思いをも超えた愛です。それは際立って人間的な愛で、大きな喜びと激しい苦しみをもたらします。初めはほとんど気づかないほどの小さな火種ですが、だんだん大きく燃え上がり、十字架の聖ヨハネの言う「生ける炎」となって、もし神が介在しなければ、死をも招きかねない猛火となります。

神秘家たちは、ホセア書、イザヤ書、エゼキエル書にこの愛を見いだしています。「愛は死のように強く、熱情は陰府《よみ》のように酷《むご》い」（雅歌8・6）とうたった情熱的な詩の中に、神秘家たちはこの愛を見ます。彼らが見いだす愛は、ロマンチックな愛を超え、性愛を超えて、彼らの存在そのものが愛に浸っている、と主張できるほどの次元に達する愛です。

新約聖書では、この神聖な愛がとりわけマグダラのマリアの愛に具現化されていることに神秘家は気づきます。雅歌に出てくる花嫁のように、マリアは泣きながら愛する人を霊園に捜しています。「あの方をどこに置いたのか教えてください。わたしがあの方を引き取ります」（ヨハネ20・15）。『不可知の雲』の著者は、イエスとマグダラのマリアの、思いやりにあふれた優しい愛を感動的に描いています。

われらの主とマリアの愛のなんと麗しいこと。ひたむきなマリアの愛。マリアへのさらに大きな主の愛。主とマリアのかかわりの一つひとつの情景に思いを馳せてみると、主のほかに何もマリアを慰めるものはなく、また何ものもマリアの心を主から引き離せなかったことが分かるでしょう。(8)

イエスのマグダラのマリアへの愛は、この上なく大きなものでした。ですから、イエスは、「重いひふ病を患っているシモンの家におられたとき、シモンがイエスに香油を塗るマリアを見て、罪深い女なのにと思っただけで、彼を厳しくとがめられました。これほどマリアへの愛は深いものでした。つまり並外れていました(9)」。

こうした神秘的な愛は、人間の心にはうかがい知れないほどの大きな神秘です。しかし、しるしが現れますし、実も結びますから、それによって見分けがつきます。その一番目のしるしは、愛する人のために喜んで死ぬことです。友のために命を犠牲にするほど大きな愛はありません。そのような愛は、実生活でも文学でも見られます。例えば、ディケンズの作品に、大胆不敵で放蕩無頼《ぶらい》な男が、友に代わって断頭台の露と消えていく場面があります。彼は「今やろうとしていることは、これまでにやったことよりも、はるかに、はるかに良いことだ」（＊『二都物語』）と言って死んでいきます。自らすすんで監獄につながれること、苦しみを受けること、日々の暮らしの十字架を背負うこと――こういったことは人間の心を深く揺さぶる神の愛の証しであり、表明です。それは、「すべてを忍び、すべてを信じ、すべてを望み、すべてに耐える」（一コリント13・7）愛です。

またこの愛は、さりげないひと言やまなざし、身ぶりやほほ笑み、小さな親切、優しい抱擁によって表現されます。最も大切なのは、それが性の交わり、男女が完全に身を任せ、一体になる肉体的な愛で表現され得ることです。言うまでもないことですが、世代、宗教を問わず、数多くの名も無い神秘家たちが、配偶者への愛をこのように表現し、人間の結婚の道程をたどることによって霊的婚姻に到達してきました。彼らは、配偶者へ揺るぎない（要求しすぎる感はあっても）忠誠を尽くすという形だけでなく、犠牲を伴う日々の生活の中で、彼らの子どもたちや広く社会への愛を表してきました。この人たちは世界を救う神秘家たちと言えます。

同時に、どの宗教の伝統にも、数多くの神秘家が、性の交わりを断ち、節制生活を送ることによって、この神聖な愛を示してきたことは忘れられません。この人たちは、性の交わりを断った独身者で、性生活を断つことは、（全人類に当てはまることではありませんが）彼らにとっては、内的な愛の炎をいっそう燃え立たせることであると信じています。そのような人々はとても愛が深い人たちです。時には、独身者同士の比類ない親しい友情を築くことがあります。しばしば彼らは心身を尽くして人類へ奉仕し、混迷する世界に向けて、預言的な発言をします。公会議は、そのような独身者は別の種類の結婚生活に入る、と暗に述べています。司祭の独身についての公会議の考察は、次のとおりです。「司祭は独身を通すことにより、神によって制定され、将来完全に明らかになる、教会と唯一の花婿キリストとの神秘的な結婚を思い起こさせる」(10)。独身制は、愛と奉仕の生活を送るために少数の人々にかなえられた超自然的な賜物である一方、結婚は大多数の人が世界に奉仕して、世の終わりには神聖な花婿との結婚に至る召命であることを、独身者たちは理解しています。

結婚していようと独身を通していようと、神聖にして神秘的な愛は神の変わらぬ賜物です。実に、それは最大の贈り物、類いまれな恩恵です。「その中で最も大いなるものは、愛である」(一コリント13・13)、というパウロの至言のように。ではこの愛の特長について考えてみましょう。

愛と美

「恋人よ、あなたは美しい！」(雅歌4・1)花嫁と花婿は互いのまばゆいばかりの美しさに見とれています。「恋人よ、あなたはなにもかも美しく傷は一つもない」(雅歌4・7)。そしてオリゲネスは、この詩句に超自然的な美への愛、造られざる美への愛を読み取り、次のように書いています。

魂は神の愛に感動し、憧れている。神の御言の清らかな美しさを直視したとき、魂はその麗しさに魅せられ、深い恋に落ちたのだ(11)。

スコラ学者たちは、プラトンとアリストテレスに倣い、超越的な概念について、「唯一・真・善・美」を挙げています。

Unum Verum Bonum Pulchrum

そして、神秘家たちが陶然として最愛の人を見つめる時に見る美とは、地上のすべての美の源である超自然的な美です。この超自然的な美は、見る人すべての命を奪うほど圧倒的なものです。「あなたの美《うるわ》しさを目の当たりに見て、息絶えたいのです」と十字架の聖ヨハネは思わず叫びます。そして、「花嫁は、この神的美を見るや否や、この美に心奪われ、この美の中に吸い込まれ、この美の中で変容し、この美そのもののように美しくなり、まさにこの美と同じように豊かな美しさが与えられることを、知っている(12)」と解説しています。

東西の多くの神秘家たちが、詩人であり、芸術家であり、美の愛好者であることは、注目すべきことです。詩編作者や預言者イザヤを初めとして、神の吟遊詩人聖フランシスコ、般若心経の作者、芭蕉、良寛の名を挙げることができます。書道の達人となり、茶道を芸術的にたしなむ禅の老師に至っては枚挙にいとまがないでしょう。この人たちは皆、自然美の愛好者でしたが、超自然的な美、造られざる美も、かいま見たのではないでしょうか。私たちを取り巻く世界がかくも美しく、人間はかくも美しい暮らしができるとなれば、すべての美の源である神なる芸術家について、人は何を語るべきでしょうか。

十字架の聖ヨハネは、かの有名な『霊の賛歌』の大部分を書き上げた頃、一人のカルメル会修道女に会いました。そして、どのように祈っているかと聞くと、神の母のフランチェスカ姉妹は、「神様の美を見つめ、その美しさに幸せな気持ちになって祈っております」と答えました。この答えに聖ヨハネは喜び、心を奪われて、神の美しさについて語り始めました。そして偉大な詩の「ともに楽しみましょう／愛する方よ／行きましょう、あなたの美しさの中で／互いに見交わすために」で始まる最後の五連を一気に書き上げました。

Gocémonos, Amado,
y vámonos a ver en tu herumosura

この数行を解説しているうちにも、目もくらむような造られざる御者の美しさに魅了され、彼は堰を切ったようにうたいだしました。花婿に「永遠の生命において、あなたの美のうちに相見ることができるように(13)」と求めます。彼は続けて、擬人化された美をたたえる驚嘆に値する歌をうたいます。

「あなたの美の中に溶け込み、私も美しいあなたに似たものとなって、見つめ合えるように。これは、二人があなたの美において一つになり、あなたの美にすっかり吸収されているので、見つめ合う各々が相手の中に自分の美を見ること。だから、私はあなたの美の中にあなたを見、あなたは、あなたの美に包まれている私のうちに、あなた自身を見るだろう。私は、あなたの美に包まれて、あなたに似たものとなり、あなたはあなたの美に包まれた私に似たようなものになるように。私の美はあなたの美、あなたの美は私の美であるように。そうすれば私は、あなたの美をまとってあなたとなり、あなたはあなたの美をまとって私となるだろう。なぜなら、あなた自身の美は私の美であるから。こうして、私たちは、あなたの美に包まれて相見ることになるだろう(14)」。

超自然的な美しさをもつ受肉された御言への、この並外れた祈りにおいて、聖人は詩的な誇張と神学的な正確さを結び付けました。彼は東西の神秘家に共通する鏡のイメージを用いています。花婿は鏡で、花嫁は恋するまなざしでひたすら鏡を見つめています。彼女の目には何が映るのでしょうか。彼女にはこの世のものとは思えぬ美しい花婿が見えます。そのとき彼女はこの世を超えた美を分かち合う自分自身をも見るのです。「私は、あなたの美においてあなたであり、あなたはあなたの美において私となるだろう」。これは忘我、一体化への変容です。これは永遠の命の前触れです。

婚約

家は今や、すっかり寝静まっています。花嫁はそっと夜のとばりの中に抜け出して、愛しい人に会いに行きます。よく知っている人、誰もいない場所でひそやかに彼女を待っている人です。彼に会ったら、花嫁になると約束するのです。

allí le prometí de ser su esposa　　その時、私は彼に浄配《つま》となることを約しました)。(『霊の賛歌』18)

やがて、身を任せ、結ばれる時が来て、彼女は、心配ごとを百合の中に捨て去って、愛する人の胸に顔を埋めます。

Quedéme ye olvidéme,　　みじろぎもせず　われを忘れて、
el rostro recliné sobre el Amado　　愛する方に　顔をもたせかけていた……

cesó todo, y dejéme
dejando me cuidado
entre las azucenas olbidado

すべてはやみ、私は身を委ねた
思いわずらいを　みな
白百合の中に置き忘れて……
（＊『暗夜』霊魂の歌8山口・女子カルメル会改訳）

受肉された御言の花嫁の物語は、そのようなものです。彼女が踏み込んだ霊的な結婚は、この世における神聖な愛の絶頂ですが、それでも死を通して永劫の世界に入ってから遂げる輝かしい終末の結婚の幻影にすぎません。「この世で、神が霊魂に与える知識は、どんなに崇高であろうとも、それはみな、ごく遠くからかいま見たものにすぎない(15)」と十字架の聖ヨハネは書いています。死を通してのみ、神を見るようになるのです。

十字架の聖ヨハネは散文の注釈を付け、冷静な学究的な言葉で、花嫁のロマンチックな物語を解説しています。家はひっそりと静まり返っています（mi casa sosegada）。抗《あらが》おうとする熱情と手に負えない諸能力は夜の闇の中でとうに眠りについているので。すると、霊魂は自分自身から抜け出ていきます。大いに安心し、極めて安穏に。

深い愛にとらえられている霊魂は、その渇望してやまない目的に到達するためには、その家を出なければならない。夜、家人が寝静まっている時に。すなわち、霊魂の下位層の働きや、熱情や欲求が、この夜の働きにより眠らされている時に。これらは、目覚めている限り、霊魂がその宝を探すのを常に邪魔する家人のことである。[16]

暗夜の苦しい戦いの後、森閑とした静寂が花嫁を包み込み、彼女は静かに安心して出かけます。家を離れること、恍惚感を覚えるのは、旅のほんの始まりにすぎず、やがて長い長い道のりを経て一致へとたどり着きます。

花嫁・花婿はくちづけし、抱擁します。「この接吻というのは……一致のことです。そのとき霊魂は愛によって神と同等になります[17]」。人間や天使やすべての被造物を瞑想することをやめて、神の顔をじかに見たいと切に望んでいた花嫁は、祈ります。「わたしの本性が今や一切のものから離れて、現世的、自然的、また精神的なすべての汚れから解き放たれ、ただあなた一人に、いかなる媒介もなしに、あなたの本性に一致されますように[18]」と。これは雅歌の冒頭の「どうかあの方が、その口のくちづけをもって／わたしにくちづけしてくださるように」という二行に対する十字架の聖ヨハネ的な注釈です。

このときの抱擁は、「あたかもこのすばらしい花婿の腕に、抱かれているよう[19]」な抱擁です。十字架の聖ヨハネは、これを聖パウロの体験に似ているものと考えて、「その結果、花嫁（霊魂）はいつも霊的に強く抱きしめられているように感じるのであるが、それは偽りのない真実の抱擁で、この抱擁を通じて、神ご自身の生命に生きることになる」と書いています。聖パウロの「生きているのは、もはやわたしではありません。キリストがわたしの内に生きておられるのです」（ガラテヤ２・20）[20]という言葉が、この霊魂（花嫁）の中で実証されています。

このロマンスで、忘れてならないのは、花婿が主導して愛する花嫁を探すという点です。「まず、心に留めておくべきことだが、神を探し求める者がいるならば、愛深いお方は、それ以上にその人を探し求めておいでになる」と、十字架の聖ヨハネは書いています。[21] 人類家族を、個々の人間を熱烈に愛する神の先立つ愛が、このドラマ全編の鍵です。十字架の聖ヨハネは、生々しいエゼキエル書十六章を長々と引用してこれを強調しています。捨てられ血まみれになってもがいている幼い浮浪児イスラエルを見て、神なる主は、この幼児を愛情を込めて世話し、養い、愛しい花嫁、女王へと育て上げました。

誕生について言えば、お前の生まれた日に、お前のへその緒を切ってくれる者も、水で洗い、油を塗ってくれる者も、塩でこすり、布にくるんでくれる者もいなかった。だれもお前に目をかけず、これらのことの一つでも行《おこな》って、憐れみをかける者はいなかった。お前が生まれた日、お前は嫌われて野に捨てられた。（エゼキエル16・4−5）

幼児イスラエルはそんなありさまでした。人類もそうです。個々の霊魂もそうです。私たちは皆、無力で、見捨てられ、忌み嫌われ、野に捨てられています。

しかし主は、私たちに目を留めると憐れんでくださいました。

お前の傍らを通って、お前が自分の血の中でもがいているのを見たとき、わたしは血まみれのお前に向かって、『生きよ』と言ったのだ。わたしは野の若草のようにお前を栄えさせた。それでお前は、健やかに育ち、成熟して美しくなり、胸の形も整い、髪も伸びた。だが、お前は裸のま

までであった。（エゼキエル16・6–7）

しかしおとめイスラエルは美しく成長すると、主は彼女と契約を結び、花嫁としました。

その後、わたしがお前の傍らを通ってお前を見たときには、お前は愛される年ごろになっていた。そこでわたしは、衣の裾を広げてお前に掛け、裸を覆った。わたしはお前に誓いを立てて、契約を結び、お前は、わたしのものになった、……わたしはお前を水で洗い、血を洗い落とし、油を塗った。（エゼキエル16・8–9）

今や彼女は女王となる特権と栄光を担う身です。主は彼女を装身具で飾りたてます。腕には腕輪、首には首飾り、鼻にも、耳にも飾りの輪をつけ、頭には美しい冠をかぶせます。金銀で身を飾り、小麦粉と蜂蜜と油の食物を与えます。主は続けます。

こうしてお前は非常に美しくなり、女王のようになった。その美しさのゆえに、お前の名は国々の間に広まった。わたしがお前を装わせた装いには、少しも欠けるところがなかったからである、と主なる神は言われる。（エゼキエル16・13–14）

十字架の聖ヨハネはエゼキエル書から詳細に引用し、静かに言葉を結びます。「以上の言葉は、今、問題にしている霊魂に完全に当てはまる[22]」と。要するに、愛の主導は神にあり、神秘的な道ではすべてが賜物である、ということです。それになんという賜物でしょう！　無力な捨て子が、受肉の御言の魅惑的な美しい花嫁になるとは。

霊的な結婚

婚姻関係の重要な側面は、花嫁・花婿が愛するゆえに対等関係にあることです。これは十字架の聖ヨハネが幾度も立ち戻る点です。神の御子は、霊魂を高めてご自身と等しいものとすることを望まれる、と彼は書いてから、続けてこう言います。

なぜなら、愛の特質は、愛する者をその愛される者と等しくすることであるから。霊魂は、こうした状態に至ると、完全な愛を持つようになるので、神の御子の花嫁と呼ばれる。それは、彼と同等であることを意味する。こうした友のような関係では、愛し合う二人の間ではすべてが共通である。それは花婿ご自身、弟子たちに仰せになっているとおりである。すなわち、「わたしはあなたがたを友と呼ぶ。父から聞いたことをすべてあなたがたに知らせたからである」。（ヨハネ15・15）[23]

このように花婿は花嫁をとても愛しているので、花嫁を自分と対等にします。花嫁の方でも、神の御子と同等になりたいと切望しています。

霊魂は、神の愛と等しい愛をもつことを目指している。これを霊魂は自然的にも超自然的にも、絶えず切望している。愛している者は、自分が愛されていると同じように愛していると感じなければ、満足できないものだから。[24]

これはまた単なる詩的な誇張ではありません。自分自身以外のものは何も愛さない神は、なんとかして霊魂をご自分の内に引き入れて、自分と同等な者とする、というトマス神学を披露して、聖ヨハネは自分の並外れた主張を正当化しています。

次のことを心に留めよう。神はご自分以外に何も愛されないように、何ものをもご自分以下に愛することができないということである。神はすべてをご自分のために愛される。すなわち、愛は、神が愛する目的になる。したがって神は被造物をそのまま被造物としてお愛しになるのではない。神にとって霊魂をお愛しになるということは、霊魂をご自分のうちにお入れになり、いわばご自分と同等なものになさることである。それで、神は霊魂を、ご自分を愛するのと変わらぬ愛をもって、ご自分のうちで、ご自分とともにお愛しになるのである。[25]

神は愛ゆえに愛します。神はご自身とすべてのものを、ご自身のうちにあるものをすべて愛します。このように十字架の聖ヨハネは、人間の崇高な召命を説明しています。それは愛を通して神化され、神と同等になるという呼びかけにほかなりません。

結婚は、一体となることによって完成します。「『男女は結ばれ、二人は一体となる』」（創世記2・24）と聖書に記されているとおり、神と霊魂との間の霊的婚姻も、それがひとたび完了すると、二つの性は同一の霊、同一の愛のうちに溶け合う。これはまさに聖パウロが、同じ比喩を用いて宣言しているところである。すなわち、『主に結び付く者は主と一つの霊となるのです』」（一コリント6・17）[26]。ここで注目したいのは、この婚姻においては、霊は一つ、愛は一つですが、本性は二つであるということです。霊魂は愛を通じて神化されますが、人性は決して神性にはなりません。十字架の聖ヨハネは注意深く汎神論の汚名を避けようとしています。

しかもこの「一致」は並外れていて、次のように記述しているほどです。

この霊的な結婚は……愛するお方への完全な変容であり、その中で互いに、愛の一致を完成し、互いに自己の全所有権を他者に引き渡すことである。それによって、この世で可能な限り、霊魂は神的なものとなり、参与によって神となる[27]。

他の箇所で聖人は別の比喩を用いています。窓が太陽光線と、炭が火と、星明かりが太陽の光と溶け合うように、二つは一つになる、と。しかし結局この一致は、言葉では表現できません。神の存在はどんな言葉でも描写できないのと同じように。

神秘主義と性

一般に認められていることですが、紀元初頭から、人間の性へのキリスト教のアプローチは否定的なものでした。これは、時折、教父たちへ影響を与えた新プラトン主義のせいにされます。そして神秘主義への影響は火を見るよりも明らかでした。オリゲネスは、自分の性欲を激しく拒絶して、雅歌を完全に精神的に解釈しようと決めたことから、神秘主義の初期の潮流に屹立する巨人のように見えます。彼の受けた新プラトン主義の影響は、いまだに私たちについてまわっています。しかしこの性への否定的なアプローチと並んで、神の王国のために性を節制することは、神へ至る特権的な道であると気づき、独身制と童貞性を肯定的に愛する動きもありました。疑いもなく、これはキリスト教神秘主義に見られる伝統の偉業の一つでした。

結婚は二番目に良いもの、と見なされていました。もちろん、結婚している神秘家たちもいました。しかし、彼らが性的な経験と神秘的な祈りをどのように調和させていたかは、決して明らかではありません。独身者に関しては、理想は、性的エネルギーを他に向けることであって、実際、アシジのフランシスコや、アビラのテレジアや他の偉大な神秘家たちは、彼らの性的エネルギーを非凡な霊的エネルギーに変えました。神への道を歩むためには、自分の性を押しつぶすか、拒否するかの、どちらかだと考える神秘家が多かったのです。

その典型とも言える例は、霊的婚姻について話すときの聖テレジアです。

結婚を持ち出すのは乱暴な比較になるかもしれませんが、あなたがたに説明したいことを表現するのに、結婚の秘跡以上のものが見つかりません。もちろん、私が話すことは他の形の結婚です。なぜなら、この結婚には、霊的でないものは何一つないからです。これは肉体的な一致とは、まったく違う結婚のことです。主がお与えになる喜びと、結婚した人たちが味わう喜びとでは、天と地の差があります。なぜなら、この一致においては、すべてが愛と愛の交わりで、その効果はこの上もなく清らかで美しく、甘美ですから、それはなんとも言い表しようがないほどなのです……。(28)

ここで聖テレジアは重要なことを言っています。すなわち霊の喜びは肉の喜びにはるかにまさると。しかし彼女はこれらの霊的喜びは、結婚した人たちにも与えられ得る、ということを見落としています。他の箇所では、既婚者も聖なる道を歩むかもしれないが、その速度は鶏の歩く速さだと、彼女はためらいがちに認めています。

神秘主義と性に関する論説で、バーナード・マッギンは、キリスト教神秘主義の伝統は聖と性の間にわずかしかつながりを認めてこなかった、(29)と述べています。オリゲネスの時代からキリスト教の神秘家たちは、性的イメージをふんだんに使いながらも――神秘主義とエロチックな言葉の間にはつながりがあるほどです――その一方で、彼らは、神への神秘的な道を歩むには妨げになると思って、性的実践を避けています。性的実践が、性的イメージと同様、神秘生活の中できちんと役割を果たしているユダヤ教やイスラム教とは、著しい違いです。「ユダヤ教徒とイスラム教徒は、昇華された性活動を用いたタイプの神秘主義を発展させることができた。すなわち、結婚生活における性の交わりを、精神鍛錬の一環として行うのである」[30]と、バーナード・マッギンは書いています。ユダヤ教では、子をもうけよ、という神の命令は神秘生活で一役買っていました。イスラム教では、おおかたの神秘家は結婚していました。スーフィー派の「最高指導者」イブン・アラビーによれば、真の神秘家の性活動は、神との一致を成し遂げるために歓迎される方法だそうです。

マッギン教授は、キリスト教神秘主義の伝統において極めて重大な役割を演じた独身制と童貞性を最大に評価しています。しかし、彼は、それらがキリスト教神秘主義の唯一実行可能な形態なのかと問うています。私たちはキリスト教神秘主義の新しい段階の入り口に立っていますが、彼は意義深い問題を提起しています。

もし霊性と神秘主義への現在の関心が、新しい積み重ね、または広がりを生む可能性を示すとすれば、（キリスト教神秘主義の長い歴史の中で、前にあったものを取り消すことなしに、むしろ両者がそこから学びつつ、神とのより深い生活のための新しい可能性を創造するものを示すならば）、性に関する問題は……本腰を入れて取り組むべき最重要課題の一つである。[31]

性の問題をどうすべきか。その答えは明白です。性は統合され変容されねばなりません。性は決して根絶されてはならず、結婚していようと独身であろうと、統合させ昇華させなければなりません。しかしこの統合と昇華はどうやって生じるのでしょうか。

十字架の聖ヨハネは、すでに述べてきたように、それは暗夜を通してのみ生まれると、主張します。霊魂の中に神が入られて、全人格の深く苦しい浄化が行われる暗夜を通してです。しかし十字架の聖ヨハネは独身で、独身者たちのために書いているので、当然ながら「他の道があるのか」とか、「既婚者のためには別の形の暗夜があるのか」という疑問が湧いてきます。

この難しいながらも興味ある問題に取りかかるとき、マッギン教授は賢明にも、ユダヤ教やイスラム教との対話を提案しています。これにもう一つ、アジアとの対話を加えてはどうでしょうか。

中国と日本の文化は、人間の体内を流れる霊のエネルギーを管理し、導き、バランスを取る方法を見つけてきました。これは武道と同様、漢方医学のよりどころです。しかしエネルギーの変容が完成するのは、主に瞑想において、呼吸や姿勢を通してであり、とりわけ信仰という全身全霊の献身をもって生きることによります。中国や日本との対話よりもっと大切なのは、インドやチベットとの対話で、クンダリーニ・ヨガを通じて性的エネルギーの変容が高められます。対話とは、頭から信じてかかり、同化することではありません。それは明らかです。対話とは、ひたすら善意をもって誠実に真理を探究し、思慮深く学ぶことです。

そのような対話には、深い学識と深い神秘体験が要求されます。それはこの現時点の研究の枠を超えています。ここではキリスト教神秘主義の伝統が、今日語っていることをよく考えてみるだけで十分でしょう。

愛の共同体

聖性への普遍的召命について言うと、結婚している人々は、彼らなりの道をたどって神を目指している、と第二バチカン公会議は指摘しています。そして、結婚の霊性についての概要を述べています。

それは、オリゲネス、ベルナルド、イエスのテレジア、その他の人たちの神秘主義と比べても力強さや、世間の耳目を驚かす点、厳しさの点で引けを取りませんし、十分神秘主義の基盤になり得ます。結婚の創設者は神であること、親密な共同生活である結婚生活は、結婚の誓約という取り消し得ない主体的同意を基礎としていることを、私たちが忘れないように、と公会議は注意しています。というのは、結婚は、イスラエルと神なる主の間の契約に倣っているからで、愛の共同体はそれに基づいて誕生しています。すなわち結婚とは、花嫁たる教会に身をささげたキリストの愛と同じような愛をもって、配偶者が互いに愛し合い、また、生まれた子どもたちを愛する一つの求道の道なのです。

かつて神が愛と忠実の契約によってその民のもとに来たように、今、人々の救い主、教会の花婿は、結婚の秘跡を通じてキリスト信者の夫婦を迎え入れる。キリストは、ご自分が教会を愛し、教会のためにご自分を与えたように、夫婦も互いを与え合うことによってたえず忠実に愛し合うものとなるように、彼らのもとにとどまる。[32]

このようにして救い主キリストは、この愛の共同体にお入りになり、家族とともに歩まれます。神秘家たちによって体験される神の現存感に似たようなキリストの現存感があるかもしれません。さらにもっと大切なことですが、「人間の愛が、神の愛の中に受け入れられ[33]」、「人間の愛と神の愛が一つとなる[34]」時、家族はますます神化されてゆきます。さて、これから、神秘生活の冠たる霊的婚姻へと話を移しましょう。

ここで、注目したいのは、神秘神学には進化というか発展があり得るということです。キリスト教の伝統では、最初、ユダヤ教に従って、霊的婚姻とは神とイスラエルの間の合一と考え、そしてオリゲネスは神と個々人との合一と考えたのですが、今ここでは、霊的婚姻を、主と既婚のカップルとの合一と見なすことにしましょう。手に手を取ってカルメル山を登り、魂の暗夜を通って行くカップルの姿が見えます。時には喜びに満たされ、また苦しみにあがき、恍惚の極みも、苦悩のどん底も味わいます。が、すべては、新しい文脈の中に置かれています。

性行為と夫婦愛の総合的な面とを切り離すことなく、結婚の行為は、配偶者間に存在する契約の愛を表現し、かつ完成する、と公会議は言っています。

この愛は結婚に固有の行動をもって独自に表現され、実現される。したがって、夫婦が親密かつ素直に互いを一致させる行為は、正当で品位ある行為である。それらの行為は、真に人間にふさわしくなされるならば、喜びと感謝のうちに夫婦が互いを豊かにする、互いを与え合う行為を表し、それを育む。[35]

この自分を与える行為は、キリストがいかにして花嫁たる教会に命をささげたかを思い出させます。自分を与え尽くすことは、「全と無」(todo y nada)を中心に置く神秘生活にとって、実に不可欠な要素です。そして性の交わりは、そのような自己奉献を意味深いものとして促します。

性的な交わりが祈りを伴って行われるべきであるというのは、聖書の伝統に関係しています。トビト記をひもといてください。

人々は二人の部屋を出て戸を閉めた。トビアは寝床から起き上がり、サラに言った。「愛する者よ、起きなさい。二人で主に祈り、主がわたしたちを憐れんで救ってくださるように願い求めよう」。そこで彼女も起き上がり、二人は主の救いを求め始めた。（トビト８・４）

その時、トビアはこう祈ります。「今わたしは、この人を情欲にかられてではなく、み旨に従ってめとります」（トビト８・７）。聖書全体を見て、トビト記は性の抑制を求める一方、性の結び付きを理想化していると言えます。

マッギン教授が、性的交わりを神秘的な道に統合させている他宗教の伝統と対話するように提唱するのは、確かに正しいと思います。しかし対話をする際、これらの神秘的な伝統が、いっそう確実に神秘的な道を歩むために、定期的な節制として、ある期間、性の交わりを慎むことも教えてくれる可能性に心を開きましょう。これはユダヤ教からも、イスラム教からも学べます。とりわけ、真正のタントラ仏教から学べます。放逸な性への耽溺などもってのほかで、最も厳しい苦行を要求する仏教なのですから。

しかし、定期的な節制をする、または禁欲の時期を設けることの価値は何でしょうか。そんな質問が出てくるかもしれません。

その場合、結婚している人たちが、神秘主義を体得したいと願うのであれば、旧約聖書の著者たちが語る、いわゆる「被造物の使用と不使用」について、考えをめぐらせてみるのがよいでしょう。人が神に赴く道で、被造物を使って、愛やエネルギーや喜び、そして力を見いだすには、定められた時があります。このような被造物を使わずに、人間が愛や、エネルギーや、喜びや、力を見いだすのにふさわしい時があるのです。賢い老コヘレトが言ったように、天の下の出来事にはすべて定められた時があります――「抱擁の時、抱擁を遠ざける時（コヘレト3・5）」があります。すべてタイミング、ふさわしい時期の問題です。

抱擁に時があるのは明白です。体で真の愛情を表す――身を任せ、神の創造に協力する――ための時があります。しかし抱擁を遠ざけるのはなぜでしょうか。

ここで思い出すのは、断食が頭を明晰にして祈りに専心させるように、互いに同意して性の交わりを控えることは、同じような清澄さをもたらす効果があります。パウロはコリントの人たちに、慎重に注意深く書いています。「互いに相手を拒んではいけません。ただ、納得し合ったうえで、専ら祈りに時を過ごすためなら……別です」（一コリント7・5）。繰り返しますが、お互いの同意の上で、性的な交わりを定期的に控えると、外に向かった感覚から引き離されて、内に向かう霊的感覚が目覚めてきます。感覚の昂《たか》ぶりから解放されると、男性も女性も神秘的な愛情で愛し合い、肉体的感覚を締め出さずに、超越できます。繰り返しますが、現代はことに、家族数を制限しなければならないことを考えると、責任ある両親は定期的に節制を求められるかもしれません。言うまでもありませんが、これは熱心な祈り、嘘のない対話、思慮深い判断、そして真の愛情を前提とします。これはすべて神秘的な道を歩む際の不可欠な要素です。

最後に、結婚についてここに書いてきたことは、どうしても試論の域を出ないと言わねばなりません。それでも、結婚生活についての神秘神学は、書かれねばなりません。共に雅歌を読んで、カルメル山へ登り、霊魂の夜を過ごし、受肉の御言との霊的婚姻に入ることを切望している男性や女性が、きっと筆を取ってくれることと思います。

1　デンマークの物理学者ニールス・ボーアは、（彼の量子論の解釈は非常に誇張されたものであるが）一九三七年に中国を訪問して、中国の陰陽思想に感銘を受けた。一九四七年、男爵に叙された際、Contraria sunt complementa（相反するものは補い合う）という碑銘とともに、〈太極図〉を紋章のモチーフに選んだ。

2　『第二バチカン公会議公文書』「神の啓示に関する教義憲章」第二章8参照。

3　*Origen, The Song of Songs: Commentary and Homilies, trans.* R. P. Lawson (New York 1956) Prologue, p.29.

4　『自叙伝』（*life*）8・4。

5　大教皇聖レオ一世「説教」63. 7 Patrologia Latina, ed. J. P. Migne (Paris 1954) 357.

6　「現代世界憲章」第一部第二章24。

7　同　第一部第一章12。

8　『雲』22章。

9　同。

10　「司祭の役務と生活に関する教令」第三章二・16参照。

11　オリゲネス前掲書 注(3)、二九頁。

12　『賛歌』11・10。

13　同　36・5。

14　同。

15　同　13・10。

16　『暗夜』Ⅱ・14・1。

17　『賛歌』24・5。

18　同　22・7。

19　同　22・5。
20　同。
21　『炎』3・28。
22　『賛歌』23・6。
23　同　28・1。
24　同　38・3。
25　同　32・5。
26　同　22・3。
27　同。
28　『城』「第五の住居」第四章・3。
29　Bernard McGinn, "Mysticism and Sexuality" in *The Way*, (Supplement 77, Summer 1993) 参照。
30　同。
31　同。
32　「現代世界憲章」第二部第一章48。
33　同。
34　同　第二部第一章49。
35　同。

第16章　一　致

万物は一つ

二十世紀になり、至る所で科学者たちが宇宙の一体性を鋭敏に認識するようになりました。固体は分離した実体として時間と空間を移動する、というニュートン的な古い宇宙観に取って代わり、宇宙は意識が浸透するエネルギーの場である、と見なす宇宙観が登場しました。私たちは、存在する万物が相互に関連し、依存し合うさまを目にしていますから、もはや、観察する側とされる側の区別さえ定かではありません。科学者は、亜原子世界の神秘に分け入ってみたところ、古い理論が適用しそうもないことを知り、ショックを受けています。彼らは不確定な宇宙に直面しています。

アルバート・アインシュタインは、神は「さいころ遊び」をされないと確信していたので、物理学のための統一基盤を探求することに大きな関心を寄せました。大勢の科学者が彼の志を継ぎました。その中には、アジア的思考に傾倒する科学者も現れ、自分たちが行き着いた科学的結論と東洋の神秘家の洞察との間には顕著な共通点が見られると主張しました。近年、日本人の著名な物理学者がその探求に加わりました。柳瀬睦男《やなせむつお》（*一九二二―二〇〇八。イエズス会士）です。彼は、『神のもとの科学』と題する著書の中で、宇宙の統一的な原理は〈実在〉であり、突き詰めて言うとすべての存在の源、すなわち神であると断言しています[1]。柳瀬は「隠された実在論」と呼ぶ一つの態度を通して、隠されてされていても厳然とした事実であり、すべての存在の基盤となる〈実在〉を把握するようになりました。このような実在を認識するのは、概念的で明快な知識を与える形式論理を通してではなく、不可知の雲に包まれたぼんやりとした知識を与えるファジー論理を通してである、と主張しています。この〈実在〉がキリスト教的神秘主義の神です。

柳瀬は、こうして物理学を通して形而上学へ至ります。神秘家の中の神秘家であると同時に洞察力に富んだ形而上学者でもあるアクィナスは、双方の立場から、神において宇宙は一つであるという深遠なヴィジョンを描きました。そのアクィナスから、柳瀬は特に影響を受けています。

万物は必ずしも一つならず

すべては一つであるといっても、常識では必ずしも一つではありません。ギリシア人が直面したのもこの逆説です。そこで彼らは、「一にして多」という命題を立てました。アクィナスはこの命題を受け継ぎ、アリストテレスに従って、万物は、その実在（存在していること）ゆえに一つであり、その本質（何であるかということ）ゆえに多である、という信念をもってその命題を証明しました。根源である神において、本質と実在は一つです。万物を統一する実在は神です。

ところが、これとは別に統一を妨げる要因が働いて、悲劇的なことに、それによって私たちは分離を余儀なくされています。私たちは、傲慢、貪欲、色欲、暴食、嫉妬、怒り、怠惰によって分断され、互いに争い、環境を破壊し、私たちが住む宇宙から自身を遠ざけてきました。今なお、政治、社会、経済、人種、イデオロギーをめぐる論争が繰り広げられています。激情を制御できなくなれば、すべてを灰に帰する戦争の危機が訪れます。

仏教はこの点をすべて承知しています。「一切皆苦」（＊この世界のすべてが、「苦」（duhkka）である）と見なし、「幻想」（maya）と、幻影のごとき分離した自己について、また、災いをもたらす二元性と、前世から受け継ぐカルマ（＊業《ごう》）について語っています。しかし、感覚をもつすべての存在は仏陀となって涅槃（ニルヴァーナ）へ入る、という希望はあくまでも保持しています。この境地に至る道は、分離した小我が消えて、すべてが一つになるという神秘的な道です。

十字架の聖ヨハネや伝統的な神秘神学にとり、すべてはエデンの園と、神への反逆までさかのぼります。アダムとエバは観想的な生活をしていました――自分自身や環境と調和していたのです。神との交わりの内に暮らしていたアダムは、楽園を歩きながらあらゆる獣に名を付けました。しかし、アダムとその女性は、恩恵に満ちた世界から冷酷な二元性の世界へと堕落し、神から、お互いからそして母なる大地からも離れてしまいました。そして、エバの子どもである哀れな私たちは、彼らの罪を受け継いできました。

神秘主義の道は一致への回帰の道です。つまり、神との一致、すべての人々との一致、宇宙との一致、自分自身との一致への回帰のための道なのです。しかし、この道を踏破するには、どんなに努力を要することか。神の恩恵がなければ、とうていたどれないでしょう。

神との一致

十字架の聖ヨハネは、トマス主義に傾倒していましたから、万物は神の中に実在するがゆえに、一つであると見なしました。神秘的な一致について語りながら、彼はこう書いています。

今これから述べようとする神との一致がどんなものであるかを理解するには、どんな人の心の中にも、たとえ、極悪人であっても、神はその中に実際に存在し、その力となっておられるということを、知っておかねばならない。神とすべての被造物との間には、常にこのような一致がある。こうして神は、被造物が存在できるように保っておられる。つまり、こうした一致がなければ、被造物は、たちまち無に帰してしまうのである。(2)

このように、神は隠された実在であり、万物を存在させておられます。

しかし、神秘神学者としての十字架の聖ヨハネは、何よりもまず、これとは別の、愛から生まれる一致に関心を寄せています。「したがって、神との一致について話すときは、そのような常に生じる本質的もしくは実体的な一致ではなく、霊魂と神との一致、および霊魂の変容のことを話すのであって、それは常に生じるとは限らず、私たちの心が愛の相似性をもつ時にのみ生じるのである(3)」と述べています。

ですから、神秘神学が語る神との一致は、愛を通しての一致であり、愛の旅がもたらした成果ですが、それは神の恩恵と人間の自由意志にかかっています。この旅は〈ナダ、ナダ、ナダ〉を伴う、カルメル山の登攀です。それは、たとえ霊魂を苦しめさいなめても、手かせ足かせとなる罪や過度の愛着から霊魂を解放し、浄化させる暗夜です。「神の意志に反するものや合わないものをことごとく自分から取り除く時に、霊魂は、愛によって神の内に変容されたものとなる(4)」。つまり、神の意志にそぐわないものを一つ残らず手放すとき、人は〈愛のうちにあるもの〉になります。このような愛は、さながら花婿が霊魂の中心部でじっと休んでいるかのようですから、内在という言葉で言い表すことができます.

おお、自分の胸の中で、神が休息し憩われているのを感じる霊魂は、なんと幸福であろうか。ごくわずかな塵も、ささいな雑音も、愛する方の胸を騒がせ動揺させることのないように、あらゆるものから離れ、雑務から逃れ、計り知れない静寂のうちに暮らすことのなんと心地よいことか。(5)

霊魂の城に幾つもの住居があるように、被造物における神の住まい方もさまざまです。

ある霊魂の中ではお独りで住まわれるが、他の霊魂の中ではお独りではない。楽しいときもあれば楽しくないときもある。ある霊魂の中ではちょうどご自分の家にいるかのようにすべてを支配し、治めながら住まわれるのに引き換え、他の霊魂の中ではまるで他人の家にいるよそ者であるかのように、采配をふるったり、何かをすることが許されずに住まわれるからである。(6)

しかし、神との一致が強烈なあまり、霊魂が神であるかのように見えてきます。

神が霊魂に、この超自然の恩恵をお与えになると、神との一致はあまりにも偉大なので、参与による変容のうちに、神と霊魂がまったく一つになる。すると、霊魂は、霊魂というよりも、むしろ神のように見えてくる。実際、それは参与によって神である。しかし、霊魂は（いかに変容したとしても）、無論、以前と同じように神とは異なる存在である。それは、ガラスがどんなに光に照らし出されても、光とは別箇のものであるのと同様である。(7)

以上はすべて、まぎれもなく、十字架の聖ヨハネがその経験から語っていることです。観想生活の初期には、内にも周囲にも「神がおられる」という確信に満ちた現存の感覚を味わうことを、彼は知っています。まず、聖テレジアの言う「静穏の念祷」があり、深いレベルで神と結ばれていますが、想像力というお抱え道化師が頭の中でむやみに跳ね回ります。やがて、深い一致が訪れて、さながら広大な海の中の海綿のように、人は神の中に完全に浸されます。暗夜を通り抜けると、人は完全に自己を忘れ、「霊魂は、霊魂というよりも、むしろ神のように見えてきます」。今や、霊魂は「参与によって」神と同じになります。

以上の十字架の聖ヨハネの言葉と共鳴するのは、東方教会の神秘家たちが常時引用する、「わたしたちが、神の本性にあずからせていただくようになるためです」（二ペトロ1・4）という聖句です。それに、彼は、「私たちは類比によって神の存在を分有している」と教えるアクィナスの後継者です。けれど、このような一致を深く体験するのはよほどのことです。勝手に考えると、霊魂は神になったかのように思いかねません。ところが、窓ガラスが光線に照らされて輝いても光線ではないのと同じく、霊魂は神ではないことを人は信仰によって知っています。

しかし、キリスト信者の生活では、神との一致はすべて、主であるイエス・キリストを通して行われます。ですから、神秘的一致におけるキリストの役割を考える必要があります。

キリストとの一致

キリストは、霊魂が神秘的な婚姻で結ばれる花婿です。しかし、神秘家を理解するためには、花婿キリストは、永遠の神の御言であり、御父と一体であるという信仰を思い起こすことがとても重要です。「初めに言があった。言は神とともにあった。言は神であった」（ヨハネ1・1）。さらに、御言は世に来るすべての人を照らします。時の初めからそうでした。第二バチカン公会議公文書は、教父たちに倣ってこのことを明確に述べています。

神の言は、肉となって万物を救い、ご自分のうちに一つに再統合する前に、「すべての人を照らす真の光」としてすでに「世にあった」（ヨハネ1・9–10参照）のである。(8)

御言はこの世に生を受けたすべての人に現れました。そして、受肉によって万人と一致されたのです。この点についても、公文書は明確に述べています．

なぜなら、神の子は受肉によって、ある意味で自分をすべての人間と一致させたからである。キリストは人間の手で働き、人間の知性をもって考え、人間の意志に従って行動し、人間の心をもって愛した。(9)

十字架上で息を引き取られた後、受肉した御言は、「父よ、今、御前でわたしに栄光を与えてください。世界が造られる前に、わたしがみもとで持っていたあの栄光を」（ヨハネ17・5）という祈りのとおり、栄光に入られました。そして、万人を照らし、その十字架と復活に万人を結び続けておられます。再び、公文書を見てみましょう。

実際、キリストがすべての人のために死に渡され、また、人間の究極的召命が実際には一つで、すなわち神に由来するものであるからこそ、われわれは、聖霊が神にのみ知られている方法で、復活の神秘にあずかる可能性をすべての人々に提供すると信じなければならない。(10)

聖書に、「すべてのものがイエスの御名にひざまずき、すべての舌が、『イエス・キリストは主である』と公に宣べて、父である神をたたえる」と書かれている宇宙の主キリストの恩恵の普遍性とは、このようなものです。

そうして、神秘家は、愛によって変容させられて、栄光に入られたイエスと一つになります。イエスご自身が、「わたしは地上から上げられるとき、すべての人を自分のもとへ引き寄せよう」（ヨハネ12・32）と言われました。「生きているのは、もはやわたしではありません。キリストがわたしの内に生きておられるのです」（ガラテヤ2・20）とパウロが述べるイエスとは、こういうお方です。このように変容されたイエスは、歴史に登場するイエスとはまるで違うので、パウロはこう書き送っています。「肉に従ってキリストを知っていたとしても、今はもうそのように知ろうとはしません」（二コリント5・16）。それでも、キリストは十字架上で死なれたイエスと同じキリストですから、パウロはこうも言えます。「わたしたちは、いつもイエスの死を体にまとっています、イエスの命がこの体に現れるために」（二コリント4・10）。

南インドにあるアシュラムで亡くなるほんの少し前に、ビード・グリフィス（一九〇六−九三）（＊ベネディクト会士）は個人的な祈りについて簡潔な記述を残しています。彼は、イエスの名を唱えながら祖国ロシアを隈なく歩いたあの巡礼者のように、「神の子、主イエスよ、罪びとなるわれを憐れみたまえ」と、五十年以上にわたり〈イエスの祈り〉を唱えてきたそうです。何かに従事している時にも、または考えごとをしていない時にも、この祈りは静かに、ときにはほとんど機械的に続けられていました。死の床でも、彼の唇からはこの〈イエスの祈り〉が漏れていた、とビードと親しい人が述べていることを付け加えておきましょう。

ここで重要なのは、〈イエスの祈り〉についてのビードの神学的解釈です。

> 神の子、主イエス・キリストの名を口にするとき、わたしはイエスを、天と地を抱擁し、さまざまな方法で、さまざまな名前と姿で、すべての人間に現れる神の御言として、考える。この御言は「生を享《う》けるすべての人を照らしておられ」、世の人々が御言であると分からなくても、霊魂の深い部分で、すべての人間に現存しておられると思う。言葉や考えを超え、すべての徴《しるし》や象徴を超え、この御言はありとあらゆる場所と時代に、万人の心の中でひそかに語りかけておられる。[11]

これは、「恩恵がすべての人を御言に招いておられる、時の初めから、御言は世に生まれた人々を照らして来られた」、という先ほど引用した公会議公文書を思い起こさせます。ビードは続けてこう述べています、「御言はナザレのイエスの肉体をとられた。それで、わたしたちはイエスの中に一個人となられた御言の姿を見て、祈りをささげ、親しく語りかけて関わることができるのにちがいない[12]」と。つまり、ガリラヤ湖のほとりを歩かれたイエスに、十字架につけられて死なれたイエスに、私たちは親しみを込めて祈ることができるのです。その一方で、その同じイエスは宇宙的な存在であって、栄光に入られ、これまで存在した人々、これから存在するすべての人々と交わり合うことを、私たちは信仰によって知っています。受肉した御言であるキリストとの神秘的な一致の豊かさとはそのようなものです。

これで最終段階ではありません。人は、御子であるイエスとの一致を通して、三位一体の体験のうちに、御父と一致します。その体験のうちに「終末」(eschaton)のクライマックスに到達します。――「かの日には、わたしが父の内におり、あなたがたがわたしの内におり、わたしもあなたがたの内にいることが、あなたがたに分かる」(ヨハネ14・20)。

共同体の次元

旧約聖書では、主は花婿で、イスラエルの民はその最愛の花嫁です。新約聖書では、イエスが花婿で、新しいイスラエルである教会が花嫁です。現代教会は移り気な上に罪深いかもしれませんが、それでも最愛の花嫁です。第二バチカン公会議が、「受肉した御言の花嫁、すなわち聖霊によって教え導かれる教会[13]」について触れ、「かつて(旧約で)語った神は、今は、愛する子の花嫁と不断に語っているのである[14]」と述べているとおりです。つまり、花嫁とは、第一に共同体のことです。

オリゲネスは個々の人間を花嫁として扱いましたが、神秘体験の共同体的な次元を決して忘れませんでした。そして、その後の神秘神学は常に司牧的で実践的でしたから、神秘的な祈りにひかれた人々に対して、孤立した現実逃避者になってはならないと警告し続けました。たとえ荒れ野や山中にこもるような孤立した生活を送っていても、彼らは常にキリストの神秘的な御体《おんからだ》の一部であり、全世界の救いのために祈り、苦しみ、苦行を実践する使命感を持っていました。具体的には、その生活が秘跡に根ざしていなければなりません。その神秘的召命は洗礼とともに始まり、パウロのように、死んで新しい生命へとよみがえったのです。しかし、さらに重要なのは、観想的な祈りを養う命のパンの聖体でした。それと、無論私たちは皆、罪びとですからゆるしの秘跡が必要です。

繰り返し言いますが、伝統的な神秘神学は、経験上、神秘的な道が落とし穴や潜在的な欺瞞にあふれていることを知っていますから、観想者は指導者に相談して、その意見に従うようにと主張しています。なぜなら、高所から送られてくる啓示やメッセージは、罠にも滅びへの道にもなりうるからです。経験的なあるいは神学的な論文を著した神秘家たちは、万事につき教会の判断に従うことを宣言しました。しかし彼らの言葉は、高圧的な体制側の前に立たされ、あるいは呵責のない異端審問にさらされて吐露した供述である、と解釈されてきました。しかし、彼らの言葉は真の謙遜と純粋な信念から生じたものであると言う方が、核心をついているでしょう。共同体は、たえず錯覚に陥る可能性がある弱い人々の集まりであっても、聖霊はその中で働いておられる、と彼らは信じたのです。

事実、多くの神秘家が、教会内の醜い政争のさなかでさえ、体制としての教会に深く関わりました。グレゴリオ一世やピオ十世教皇、ヒッポのアウグスチヌスやカンタベリのアンセルムス司教、他にも修道会を創立した人々、シエナのカタリナのように、「ペトロの舟」に揺さぶりをかけながら体制に挑み、権力者に果敢と立ちはだかった人もいました。

キリスト教史上最も栄光に満ちた愛すべき神秘家の一人で、深遠な共同体的な召命を受けた人物がいます。マグダラのマリアです。イエスの足元に愛に浸されて座る彼女は、永遠に、キリスト教の神秘的な祈りをささげる者の手本となるでしょう。彼女は、十字架の傍らに立ち、苦渋に満ちた暗夜を過ごしました。復活なさったイエスが「マリア」と呼びかけると、彼女は「ラボニ（ヘブライ語で先生）」と応えました。そのとき、彼女は深い悟りを得ました。（それが霊的婚姻というものだったのでしょうか。）しかし、彼女の使命のクライマックスは、イエスから弟子たちのところへ遣わされた時です。彼女は衝撃的なイエスのみ言葉を耳にしました。「わたしの兄弟たちのところへ行って、こう言いなさい。『わたしの父であり、あなたがたの父である方、また、わたしの神であり、あなたがたの神である方のところへわたしは上る』と」（ヨハネ20・17）。それを聞くと、マリアは弟子たちのところへ行き、「わたしは主を見ました」（ヨハネ20・18）と告げました。このマグダラのマリアの証言の上に、制度としての教会が築かれました。

広範囲な共同体

ところで、教会は地上の共同体だけではなく、さらに広い範囲にわたっています。そして、神秘家たちの中には、その周辺にひっそりと名も知られずに生きてきた人々もいます。彼らが共同体とどう関わっているかを理解するには、「聖徒の交わり」を思い出さねばなりません。古代より伝統的に、次のような三層の教会があります。

The Church Militant　　戦う教会
The Church Suffering　　苦しむ教会
The Church Triumphant　　勝利する教会

このような用語こそ使いませんが、第二バチカン公会議は三層のキリストの教会についてこう述べています。

主の弟子たちのうち、ある者は地上で旅を続け、ある者はすでにこの世を去って清めを受けており、ある者は栄光の中に「三位一体の神自身をありのままに明らかに」仰ぎ見ている。[15]

ここでは、キリストの弟子たちが、生者も死者も皆、途方もなく大きな共同体のうちに結ばれています。公会議は、双方の間には親密な関係があると見なしています。

したがって、旅する人々とキリストの平和のうちに眠りに就いた兄弟たちとの一致は少しも中断されることはなく、かえって教会の不滅の信仰によれば、霊的善の交換によって強められるのである。[16]

多数の生者と死者から成るこの共同体は、第二バチカン公会議によって脚光を浴び、なお一層輝いています。

〈戦う教会〉とは、人類全家族とさまざまな絆で結ばれている神の民のことです。「また、カトリック信者も、キリストを信じる他の人々も、さらには、神の恵みによって救いに招かれているすべての人々も、種々のしかたでこの一致に属し、あるいは秩序づけられている」(17)。この〈戦う教会〉とは、至る所で罪びとと手を取り合う罪深い教会のことでもあります。神や他の人々から離れてしまった人々は、暗闇の中を手探りで進んでいます。そして、神秘家はこの広大な教会の中心に位置して、モーセのように、両手を上げて、世界平和と人類全家族の救いのためにとりなしを祈り求めています。

次は、死者と浄化途上にある人々から成る〈苦しむ教会〉です。煉獄にいる霊魂は、神秘家が地上で暗夜を通して受ける浄化を今受けているところである、と十字架の聖ヨハネは断言しています。彼らが地上の人々と親密であることは、典礼の奉献文の中の「復活の希望をもって眠りについたわたしたちの兄弟を心に留めてください……」(18)と唱える祈りの言葉を思い出せば分かります。

聖体のうちに〈勝利する教会〉も存在します。「聖母マリア、使徒たち、諸聖人との永遠の交わりにわたしたちをあずからせてください……」(19)。祭壇には、聖人たちが厳かにずらりと並びます。

さて、神秘生活を送るうちに、実に現実的な方法で、人は、広範囲にわたって生者や死者と親交を結ぶようになります。ときには、観想者たちは一瞬の悟りのうちに、実在の全体であり、根源である神と接触したように感じることがあります。彼らは、その存在の核心で、「あなたがわたしの内におられ、わたしがあなたの内にいるように、すべての人を一つにしてくださいますように」(ヨハネ17・21)というイエスの祈りが成就されるのを感じてきました。

共同体の神秘体験

ところで、共同体としての神秘体験はあり得るのでしょうか。個人が静穏の祈りや一致の祈りに入るように、痛ましい孤独のうちに個人が霊魂の暗夜を通り抜けて神秘的な婚姻に入るように、共同体も同じことができるのでしょうか。もし花嫁が真の共同体であれば、多くの人々が精神と心で結ばれて、互いに苦しみ、ともに悟りを開けるような共同体的な体験を期待できるでしょう。

そのような体験の典型的な例に、使徒たちへの聖霊降臨があります。その共同体は、イエスが十字架につけられて、自分たちが恥も外聞もなく恐怖にかられて逃げ出してしまった時に、みじめな暗夜を通り抜けました。ところで、弟子たちが聖母マリアや聖なる女性たちと一堂に会していた時、激しい風が吹いてくるような音が聞こえ、炎のような舌が分かれ分かれに現れ、一人ひとりの上にとどまりました。すると、一同は聖霊に満たされました。十字架の聖ヨハネは、この出来事を紛れもない神秘体験と見なしています。猛烈な風の音は、使徒たちが霊魂の深奥で聞いた内なる激しい叫びが表面に現れたものにほかならない、と言っています。

使徒言行録の全編を通して伝わってくるのは、聖霊が使徒たちの一行に降って、賜物を授け、その現存で彼らを満たしていることです。同様に、パウロが創設した共同体は、一人ひとりが聖霊から力を分け与えられ、皆で一つの体となって祈りました。彼らの祈りは、しばしば理性的な意識を超え、聖霊が望むままに語られる神秘的な意識へと到達しました。

しかし、共同体が一つの体となって祈るのは、特に聖体祭儀においてでした。聖体の内においてこそ、主との深い一致が繰り返し起きたのです。「パンは一つだから、わたしたちは大勢でも一つの体です。皆が一つのパンを分けて食べるからです」（一コリント10・17）。使徒たちはぶどうの木と枝のように、イエスの内で一つになろうとしました。彼らは、御子における御父のように、御父における御子のように、完全に一つになることを目指しました。ちょうどイエスがパンを取り、祝福して割かれたとおりに、ひたすら弟子たちはイエスの晩餐を繰り返しました。そうすることによって、イエスの死と復活の神秘にともにあずかったのです。

しかし、共同体が一致するまでは何度も激しい衝突が起こりました。共同体内に、深い亀裂が生じていたからです。実際、コリントの教会でもそうでした。パウロは人々に向かい、キリストは分割されてしまったのか、と怒りを込めて問いかけました。コリントの教会では、聖体祭儀は神秘体験でも何でもなく、ただ大宴会を開いて酔って楽しむための口実でしかありませんでした。「それでは、一緒に集まっても、主の晩餐を食べることにならないのです。なぜなら、食事のとき各自が勝手に自分の分を食べてしまい、空腹の者がいるかと思えば、酔っている者もいるという始末だからです。……この点については、ほめるわけにはいきません」（一コリント11・20－22）、と彼は手紙に記しています。

当初から、キリスト教徒は共同体を築くために多大の努力を払いました。持ち物を分かち合い、一つの心と一つの霊魂を持ち、ともに祈り、互いに助け合い、ともに聖霊からの賜物を受け、ともに証人となろうとしました。「互いに愛し合うならば、それによってあなたがたがわたしの弟子であることを、皆が知るようになる」（ヨハネ13・35）からです。そして幾世紀にもわたり、ベネディクト会士、フランシスコ会士、ドミニコ会士、イエズス会士といった偉大な修道家族は、共通の会則と共通の生活様式を基盤とし、共同体としての観想体験を目指して懸命に努力し続けました。そして、パウロが怒りを込めて手紙を書き送ったコリント人のように、不名誉にも失敗することもしばしばありました。

至る所で、人々はこれから迎える新時代の要求に合わせようと努力していますから、共同体のための懸命な努力は今日もなお続いています。そうした福音の理想の成就は、〈世の終わり〉まで持ち越されることでしょう。そのとき、新しいエルサレムが神から下り、人類家族は、夫のために着飾った花嫁のように用意を整えて、共同体としての神秘体験をすることになるでしょう。これが神秘的な結婚です。何億という個人の神秘的な結婚ではなく、一つに集まった全人類家族の神秘的な結婚です。そのとき、キリストは、父である神に国を引き渡されます、とパウロは言います。「神がすべてにおいてすべてとなられるためです」（一コリント15・28）。父と子と聖霊は全人類家族と全宇宙とともに〈愛のうちにあるもの〉となるでしょう。

観想的な友情

結婚が神秘神学の中心テーマですが、友情も非常に重要なテーマです。その典型的な人物はモーセです。神は彼と差し向かいで、友に話しかけるように声をかけられました。「イスラエルには、再びモーセのような預言者は現れなかった。主は顔と顔を合わせて彼を知っておられた」（申命記34・10）。山をよじ登り、雲の中に入っていった神秘家モーセの屹然《きつぜん》とした姿は、ニッサのグレゴリオやディオニュシオスから、『不可知の雲』の著者や十字架の聖ヨハネに至るまでの否定神学的な伝統全体の中核を成しています。主とモーセとの友情は濃密でしたから、モーセは、束《つか》の間にせよ、神の御姿をおぼろげながら見た、と主張する神学者もいたほどです。こうした見解は、現代では正面から取り上げる必要はありませんが、この偉大な預言者が神秘主義の伝統の中で尊敬の念をもって扱われていたことを、示すものです(20)。

友情は、福音の中で、中心的な役割を果たしています。イエスはマルタとマリアを愛しておられましたし、ラザロを思い、涙を流されました。ペトロやヤコブ、ヨハネも愛しておられました。キリスト信者一人ひとりを象徴する最愛の弟子との関係は、さぞ深いものだったことでしょう。しかし、イエスが友情について力強く語られるのは、最後の言葉のときだけです。偉大な愛は犠牲の上に成り立ちます。そこで、イエスは、友のために自分の命を捨てること、これ以上に大きな愛はない、と弟子たちに語られます。「わたしはあなたがたを友と呼ぶ」（ヨハネ15・14）。関係が変わったのです。以前は、弟子たちは僕でした。今はもはや僕ではありません。主人は僕を愛することはあっても、心の内を明かすことはありません。イエスは、御父から聞いたすべてのことを、すなわち、ご自分のすべてを明かされました――このことが深い親密さだけではなく、対等の関係をも生み出してきました。続けて、イエスはこう言われます、「あなたがたがわたしを選んだのではない。わたしがあなたがたを選んだ」（ヨハネ15・16）と。まるで、イエスの友情は、人間の努力で獲得したものでも、善行の報いとして与えられたものでもない、と言われているかのようです。

こういう友情から生じる一致は、ぶどうの木と枝の一致と似ています。「わたしのうちにつながっていなさい」とイエスは言われます。また、「わたしの愛にとどまりなさい」（ヨハネ15・9）とも。弟子たちはイエスとの深い一致（後に聖体祭儀のうちに体験する一致を、前もって味わうこと）を体験しますが、イエスが去って行かれることを知り、心が引き裂かれます。「しかし、実を言うと、わたしが去って行くのは、あなたがたのためになる。わたしが去って行かなければ、弁護者はあなたがたのところに来ないからである。わたしが行けば、弁護者をあなたがたのところに送る」（ヨハネ16・7）とイエスは言われます。別離は必要でした。それは浄化に関わることだったのです。聖霊は弟子たちにさらに深い愛を、新しい型の親密さを吹き込もうとされました。弟子たちはイエスにすがりついてはいけなかったのです──ちょうど、後で、「わたしにすがりつくのはよしなさい。まだ父のもとへ上っていないのだから」（ヨハネ20・17）、とマグダラのマリアがイエスから言われたように。

ところで、友情の一致は実に創造力に富んでいます。枝に実がなるように、弟子たちは実を結ぶでしょう。母親が陣痛の苦しみを経て子を産んで喜びに満たされるように、弟子たちは同じ苦しみを経て子どもを産み、喜びに満たされるでしょう。すべてがダイナミックな創造性と圧倒的な歓喜へと彼らを導きます。

さて、第四福音書が、イエスとの友情のみならず、弟子たちの間の友情についても、「わたしがあなたがたを愛したように、あなたがたも互いに愛し合いなさい」（ヨハネ13・34）と述べているのは大層重要です。イエスが弟子たちの足を洗われたように、彼らも互いに足を洗いました。イエスが彼らのために命を捨てられたように、互いのために命を捨てる覚悟ができていました。イエスがすべてを弟子たちと分かち合われたように、互いに分かち合いました。イエスが弟子たちの心の内に住まわれたように、また弟子たちの友であったように、互いにそうしました。御父と御子が一つであるように、弟子たちは一つになろうとしました。なんと理想的なことか。彼らが全身全霊を込めて実施したことに疑いの余地はありません。しかし、新約聖書には、苦々しい内輪もめや、とげとげしい口論に悩む揺籃期の教会の姿が如実に描かれています。

それにもかかわらず、聖書だけではなく、キケロの『友情について』からも影響を受けながら、理想的な友情像が伝統の中に浸透していきました。アウグスチヌスやベルナルドの流れをくむシトー会の英国人修道院長で、修道院生活における観想的な友情について著したリーヴォーのアエルレド（一一一〇-六七）は、特に重要です。神との関係において観想的な人は、人々との関係でも、自然との関係においてさえも観想的です。すなわち、観想的な人は、静穏の祈りや一致の祈りにおけるのと同様、深いレベルで関係を結ぶからです。そして、こうした愛すべき関係が相互的であれば、その結果、静かな一致、つまり深い内在がもたらされて、霊的な子どもが誕生します。こうした友情は、ぶどうの木につながっている枝のように、実を結びます。

神秘家の生涯を見ると、深い観想的な友情が、霊的な旅には不可欠であったことが明らかです。ときには、霊的指導の文脈の中で、友情が始まることもありました。しかし、時がたつにつれ、第四福音書に登場する僕と主人に似た友情の過程を経て、霊的な幼子は成熟した対等の立場の友になりました。他に、親子間でもこのような関係が見られます。モニカとアウグスチヌスの場合がそうですし、トマス・モアと愛嬢マーガレットの場合もそうです。また、このような観想的な友情が、テイヤール・ド・シャルダンの場合のように、日常の環境の中から生まれることもありました。彼は、自分の創造的な活動は、宝物のような愛情あふれる人間関係からインスピレーションを与えられている、と断言しました。そして、言うまでもなく、観想的な愛は夫妻の間にも存在しえます。確かに、それは結婚の最高の賜物で、神と霊魂との終末的な結婚を指し示しています。

しかし、観想的な友情は、長い行程の終着点です。ときには、実際、神秘家中の神秘家たちが、悟りの瞬間、その存在の核心で、こうした友情を体験しますが、これは例外です。ふつうは、人間関係の中で観想的な愛に至る旅は、カルメル山登攀や霊魂の暗夜のような浄化の道をたどります。

愛への登攀

ユングは、男性の中における女性性（「アニマ」）について述べる中で、結婚においてであれ、独身制においてであれ、観想的な愛へと登る途中に通る四段階を表すシンボルに言及しています。[21] それは次のとおりです。

エバ
ヘレン
マリア
サピエンチア

エバは、ハウエ《Hawah》（*アラム語で「全生物の母」）とか大地を連想させます。エバは生物学的、本能的、性的な愛の象徴で、種を産み保存するという本能的欲求のシンボルです。

トロイのヘレンは、吟遊詩人が歌うロマンチックな、もしくは宮廷恋愛の代表者です。マーロウの作中人物のフォースタスが陶然と、「これが千艘の軍船を駆りたて、トロイの天を魔す塔を焼き滅ぼした顔なのか。麗しいヘレン、お前の接吻でおれを永劫不滅の身にしてくれ」（*『フォースタス博士の悲劇』五幕一場　平井正穂訳）と叫ぶほどの美しい女性です。

マリアは、深く感動し涙を流して祈る人の献身的な愛を表します。

サピエンチア、つまり〈英知〉は神秘的な愛を表します。彼女は雅歌に登場するシュラムのおとめです。制限のない霊的情熱をもって彼女を愛することは――しかも永遠に――人間の栄光です。

人は、ただ恩恵によって招かれて支えられ、エバ、ヘレン、マリアの象徴する成長段階を経て、英知というすべてを焼き尽くす愛を伴うクライマックスへ到達します。でも、肝心なのは、この上昇の過程では、低い段階の者が高い段階の者に排斥されないことです。エバは、ヘレンを愛する人に拒絶されませんし、エバとヘレンとマリアは、サピエンチアを愛する人に受け入れられます。確かに、エバとヘレンとマリアは、すべてを抱擁する女性であるサピエンチアの中にもいくらかは含まれています。無限の愛は先へと進むばかりで、超越することはあっても拒絶することはありません。

明らかに、この道は相当過酷です。この道を歩む人は、エバやヘレンやマリアを拒絶しませんが、その一方で、彼女たちに「すがりつくこと」を拒絶します。すがりつくことはもってのほかですし、いっさい無節制な愛着を抱いてもいけません。これが、〈ナダ、ナダ、ナダ〉の道であり、〈無、無、無〉の道です。すべてを見いだすために、すべてを放棄する道です。

その頂上に登りつめたとき、人間的であると同時に神聖な愛にたどり着きます。それは、結婚している者にも独身を誓った者にも、確実に言えることです。結婚している者は、相手への英知の愛に燃えていても、その時が来れば、エバのレベルの愛も示せます。独身を通している者は、最終的に英知の愛によって焼き尽くされていますから、大した苦しみもなく、エバの愛を犠牲にできます。結局、大事なのは独身制か結婚かではなく愛であり、同じ英知の愛がすべての人の心に注がれることです。

この英知の愛については、もうひと言付け加えなければなりません。

本書では、バーナード・ロナガンの著作に言及してきました。彼にとり、「愛せよ」という教えは、「注意深くあれ」「知的であれ」「道理をわきまえよ」「責任をもて」という超越論的な教えより上に位置します。しかし、キリスト教の伝統に従って、愛はもっぱら副次的な教えであると明言しています。

本来、愛は聖霊によって人間の心に注ぎ込まれる賜物です。この愛は何ら制約を受けません。制限も、資格も、条件も留保もありません。人の存在が〈愛のうちにあるもの〉となるにつれ、先へ先へと進む愛です。この愛によって、人は心と霊魂と精神と力を尽くして神を愛せ、という掟の完成へと導かれてゆきます。

この愛の対象は神です。そして、ロナガンは神に恋することについて語っています。さらに、キリスト教の神秘主義の伝統では（ロナガンは彼の神学をこのように展開してはいませんが）、この愛の対象は受肉された御言です。人の存在は〈受肉された御言に恋する存在〉になります。そして、受肉された御言は御父を愛する御子ですから、人の存在は御父に恋する存在となります。つまり、この制限をもたない愛に導かれて、やがて三位一体の体験に至ります。

しかし、人の存在が〈愛のうちにあるもの〉となる対象の受肉された御言とは、どのようなお方なのでしょうか。

それは、死者のうちからよみがえり、栄光に入られたイエスです。ご自分を貧しい者、病人、悩み苦しむ者と同一化されるイエスです。全人類という家族とともにおられるイエスです。

山上の説教によれば、人間が招かれている普遍的な愛には、自分の敵を愛することが含まれていますが、ここで論じている友情という英知の愛には、ことに強調すべき特徴が幾つかあります。

まずその一つは、相互性です。十字架の聖ヨハネは、思わず頬がゆるむ言葉で、愛し合う人々の親密さについて語っています。

恋人たちは奇妙な特徴をもっている。すべての被造物とのかかわりを絶って、二人きりになりたがる。他人が居合わせると、たとえ、誰もいない時と同じように二人きりで話せたとしても、そしてその人が彼らに話しかけることがなくても、思いのままに楽しめない。その理由は、愛というものは、二人だけの一致であるから、二人だけで過ごしたいからである。(22)

こういう表現は、恋愛小説の作家なら用いたかもしれません。ところが、十字架の聖ヨハネは、まさに独特の流儀で雅歌を取り扱うように、右のような比喩的表現で、最終的に霊魂と神との間に存在する深い一致について語っています。と同時に、二人きりになりたいという恋人たちの親密さをもくみ取ろうとしています。

第二の特徴は、愛もしくは友情は、「人から人へ」です。正確に言えば、愛は他者の神聖な核心部へと向かいますから、不変です。パウロは、「愛は決して滅びない」（一コリント13・8）と書いています。シェイクスピアは、「愛は時間に弄ばれる道化ではない」（＊ソネット一一六番。平井正穂訳）と高らかにうたい、時という大鎌で薔薇《ばら》色の唇や頬が刈り取られても、愛そのものは月日がたっても変わらない、と続けています。まるで、ヘレンは衰えて死んでも、サピエンチアは時を超えて美しく、永遠に若いと言っているかのようです。

第三の特徴は、この愛のクライマックスは〈一致〉であり、そのとき、人は真の自己を見いだすということです。テイヤール・ド・シャルダンは、一致の問題に直面したとき、自分自身を残したままで、人はどのようにして他者になれるのかと疑問に思いました。そして、一致と吸収とを区別して、union differentiates「結合によって分化が現れてくる」（＊『現象としての人間』2・1・B 美田　稔訳）という逆説的な結論に到達しました。父と子と聖霊はあらゆる一致の中でも最高の一致ですが、御父は御子ではなく、御子は聖霊ではありません。同様に、弟子たちがイエスが教えられた祈りのうちに一致して、三位一体のうちにそれぞれのペルソナが一つであるように、彼らは完全に一つになっても、依然として自分自身のままです。マグダラのマリアはペトロではありませんし、ヨハネはマルタではなく、パウロはルカではありません。しかし、彼らは一つです。やがて、終末を迎えればそうなるでしょう。「父よ、あなたがわたしの内におられ、わたしがあなたの内にいるように、すべての人を一つにしてください。彼らもわたしたちの内にいるようにしてください」(ヨハネ17・21)。

世界共同体

先例のない速度で世界の一体化が進み、至る所の人間が相互依存を意識するようになるにつれて、私たちは切実に世界共同体の必要性を感じるようになりました。第二バチカン公会議はごく早い時期から、この必要性に気づき、教会は一致の旗印もしくは一致の象徴になりたいと明確に宣言しました。「主の祈り」に一致して、すべてのキリスト教徒間の一致のために、またユダヤ教徒、イスラム教徒、ヒンドゥー教徒と仏教徒との真の和解のために働くことを願いました。国家間の一致のために働き、世界に平和をもたらすこと、貧しい人、病人、虐げられている人たちの誰一人も欠けることなく、優しく受け入れる教会になることを願いました。公会議のヴィジョンと理想はこういうものでした。

一致を促進するための具体的な方法として、公会議は対話について雄弁に語りました。教会は、現代が抱える多くの危機的な問題について、世界と話し合いを持つことを願いました。教会間の対話を促進し、対等の間柄で、すべての宗教の民族と話し合いたいと願ったのです。実際、ありとあらゆる人々との対話を望みました。「われわれとしては何人《なんびと》をも除外しない」と述べ、次にこう付け加えています、「人間の全き尊厳を尊重しながらそれらの創造主を認めない人や、教会に反対し種々の方法で教会を迫害する人をも除外しない(23)」と。

さて、広範囲にわたる推論レベルでの対話は、いかに貴重であり必要であっても、参加者同士の精神と心の一致がなければ、首尾よく達成されることはないでしょう。つまり、参加者は言葉や文字や思考を超える意識レベル、すなわち、神秘的レベルで一致しなければなりません。ここでは、論争も、かけひきも、論戦も、小細工もありません。あるのは静かな一致だけです。もし対話がこのような一致から生まれれば、すばらしく実り多いものとなるでしょう。

一九九三年、シカゴで開催された宗教会議で、世界の諸宗教の代表者二五〇名が、スイスの神学者ハンス・キュングによって起草された「地球倫理宣言」に同意し、署名しました。世界中の苦しみ――平和が私たちを避けて通り、この惑星が破壊の一途をたどり、隣人が互いを恐れてびくびくして暮らし、人々の間が疎遠になり、子どもたちの命が奪われていく――そうした問題を指摘して、この声明文は厳かに宣言します、「われわれは、諸宗教の教えの中に核となる共通の価値観が見いだせること、ならびにそれが地球倫理の基盤を形成することを宣言します」。

重要なのは、万人に服従を強いる法律至上主義の規則や規定が入っていない点です。その代わりに、意識の変革を提唱し、反省、瞑想、祈り、プラス思考、回心について語っています。「力を合わせれば、わたしたちは山をも動かせます！　潔くリスクを負う覚悟と、犠牲を払う用意がなければ、われわれの現状を根本的に変えることはできるはずはない」ということです。

この宣言文は、神秘主義についてははっきりとは述べていませんが、筆者には宗教における神秘的な次元を指摘しているように思えます。私たちが現代世界のゆゆしい危機的状況に立ち向かえる精神と心の一致を見つけることができるのは、この神秘的な次元においてです。

結　論

「地球倫理宣言」は、私たちが向き合うとてつもなく大きな問題を指摘しています。しかし、すべてを明白にすること、つまり、疎外感、孤独感、孤立感、離別感、根なし草感を包み隠さず表すことこそが、大勢の人々に影響を及ぼす唯一の根本的な課題です。数多くの人が、家族や友人、社会から疎外され、母なる大地の優しい抱擁から引き離されて、彼らを極度の不安でいっぱいにさせている恐ろしい孤独からなんとか逃れようとしています。彼らは一致を望んでいます。

そして、すべての宗教の神秘主義は、人生の旅の要となる「一致と交わり」を指し示しています。疑いなく、この旅で、人は孤独や孤立や明白な分離（ゲッセマネは人間の冒険の避けられない部分ですから）の時期を通り抜けますが、これは、人との、宇宙との、キリスト者が神と呼ぶ〈究極の実在〉との一致をもたらす愛の旅です。

1　『神のもとの科学』（柳瀬睦男著・ウイリアム・ジョンストン英訳・川田勝和訳・上智大学、一九九一年）の序文参照。柳瀬は、東京大学卒業後、プリンストン大学のロバート・オッペンハイマーの下で学び、親交を結んだ。上智大学名誉教授。

2 『登攀』Ⅱ・5・3。
3 同。
4 同。
5 『炎』4・15。
6 同　4・14。
7 『登攀』Ⅱ・5・7。
8 「現代世界憲章」第一部第二章57。
9 同　22。
10 同。
11 Bede Griffiths, "In Jesus' name" in The Tablet, (London, 18, April 1992).
12 同。他の項目で、イエスのユニークさを再び強調し、こう述べている。「キリスト教の特有な価値は、その深い歴史的構造にある。その点が私には重要である。キリストは化身（アヴァタラ）ではない。受肉は比類のない歴史的出来事であり、キリストは比類のない歴史的人物である。あらゆるもの（すべての人間と事柄）を、キリストのもとに一つにまとめることにより、世界を変え、キリストが「アッバ、父よ」と呼ぶ超越的実在の源へ、宇宙を戻される。これはユニークなことである」。（同書 "The New Consciousness", 16 Jan.1993）.
13 「神の啓示に関する教義憲章」第六章23。
14 同　8。
15 「教会憲章」第七章49。
16 同。
17 同　13。
18 『ローマ・ミサ典礼書』「第二奉献文」。
19 同。

20　カスバート・バトラー（＊一八五八–一九三四年、ベネディクト会士・英歴史家）は、この件に関し、ついにこう結論している。「そもそもモーセや聖パウロには神の本質の直知の体験がある。聖アウグスチヌスによる二人に対する考えは全体的に、誤訳された聖書の間違った解釈に基づいているのではなかろうか」。Dom Cuthbert Butler, *Western Mysticism,* (London 1926) p.158.

21　*The Collected Works of C.G.Jung,*16.361, (London 1954) 参照。この著書では、成長を伴わないシンボルに言及しているが、アニマの成長の文脈の中で、弟子がこのシンボルの成長について述べている。M.L.von Franz, ed. Carl Jung, "Process of Individuation" in *Man and his symbols,* (London 1964).〔＊河合隼雄訳『人間と象徴』(河出書房、一九七五年)〕。

22　『賛歌』36・1。

23　「現代世界憲章」第五章92。

第17章　英　知

英知の探求

歴史の黎明期以来、いずれの文化であれ人は男女を問わず、英知の探求のために命をささげてきました。これはアジアにおいてとりわけ顕著で、修行僧たちは悟りという宝物《ほうもつ》を求めて艱難辛苦に耐えながら各地を遍歴しました。しばしば、探求の旅は、賢師、つまり深い悟りを得た老師に出会い、至高の域に達しましたが、その老師は、既存の英知を伝授することはありませんでした。師弟関係を深めていきながら、瞑想や経典の読誦を通して悟りに至る方法を教えました。昔から、「仏陀もただ道を指さすだけ」、と言われていますが、それは、秘宝は自分で探さなければならない、という教訓です。秘宝はよそからやって来るものではありません。

大乗仏教の伝統では、幾つかの核心をついた点を強調していますから、ここで述べておきましょう。一点目は、慈悲を伴わない英知はないということです。悟りを得たいと思う人は、すべての生きものに対して深い憐れみの情を持たなければなりません。人は誰でも、貧しい人、病める人、苦しんでいる人たちを慈しみ、その悲しみを分かち合わねばなりません。さらに、憐れみは物質的な援助だけにとどまりません。憐れみ深い人は、すべての人の救済を望みます。生きとし生けるすべてのものが救われるまで、涅槃に入ることを拒みさえします。

二点目は、〈空〉です。慈悲を通じて、人は〈空〉になり、どんな執着も捨てるようになります。人は、全宇宙を腹の中に収められるほど、空っぽになります。呼気に合わせて、〈無〉や〈空〉を幾度も瞑想します。何もかも手放して、完全な〈空〉を経験します。

仏教徒の〈マインドフルネス〉（精神統一）は英知と密接に関連していて、人は一呼吸一呼吸、行動一つひとつを意識します。体を流れているエネルギー〈気〉を意識し、広大無辺な宇宙のエネルギーに気づくほどになります。こうして人は英知に満たされます。

今や、人が到達する英知は超越的なもの、〈般若波羅蜜多《はんにゃはらみた》〉となります。つまり、幻影と苦悩の岸辺から悟りの岸辺へと渡りきった人の英知です――「往《ゆ》ける者よ、往ける者よ、彼岸に往ける者よ、彼岸に全く往ける者よ、さとりよ、幸あれ」（中村　元訳）。

掲諦《ぎゃあてい》掲諦《ぎゃあてい》波《は》羅《ら》掲諦《ぎゃあてい》波《は》羅《ら》僧《そう》掲諦《ぎゃあてい》

でも、人はあくまでも人生の荒波にもまれながら清められ、対岸へ渡ります。

このようにして得た英知は、形のないもの、〈空〉です。すなわち、それは不可知の雲に包まれた知識です。般若心経は、悟りの美への賛歌ですが、「色即是空、空即是色」[1]と明言しています。悟りを開いた意識には、有形と無形という二元性もなければ、その分離もありません。なぜなら、形のあるものは形がなく、形のないものは形があるのですから。

強調点の最後は、形のないものは形があるので、悟りを開いた人は、苦悩や悲嘆に満ちた世間から離れることなく、日々の雑用をこなしながら平々凡々たる世の中にとどまっているということです。

悟りを得る前に、薪割りや、水くみをし、悟りを得てからも、薪を割り、水をくみます。賢者はごく普通の人です。

愛と英知

旧約聖書では、英知（知恵）は擬人化され、一人の女性として登場します。そこには、太初、すべてに先立って造られて神のみもとにいたその美しい女性が、今は「巷《ちまた》で呼びかけ、広場で声を上げている」さまが描かれています。

わたしを愛する人をわたしも愛し
わたしを捜し求める人はわたしを見いだす。（箴言8・17）

英知を捜し求めることは、雅歌に出てくるシュラムのおとめに例えられるこの女性を、恋愛と同じ情熱をもって求めることです。同じその女性は、知恵文学（＊箴言・コヘレトの言葉・ヨブ記・知恵の書・シラ書）の至る所に登場していますし、新約聖書でもその姿がかいま見られます。キリスト教の伝統では、ときどきイエスの母マリアと同一視されることがあります。マリアは、聖母マリアの連願では〈上知の座〉（セデス・サピエンチア）の呼称もあります。そのマリアに、学者や博士たちは祈りと労働をささげてきました。

また英知は、パウロによっても擬人化されています。彼にとって最高の英知とは、十字架に架けられ、死者のうちからよみがえったキリストを知ることです。その考えを強調して、「わたしは、キリストとその復活の力とを知り、その苦しみにあずかりたい……」（フィリピ3・10）、と述べています。しかし、十字架に架けられたキリストへの愛と、その結果として生じる英知がひときわ光を放っているのは、コリントの信徒への第一の手紙です。パウロは、ギリシア人のように知識をもって雄弁に語るようなことはせずに、福音を告げ知らせたいと思いました。キリストの十字架を空しくしないためです。「なぜなら、わたしはあなたがたの間で、イエス・キリスト、それも十字架につけられたキリスト以外、何も知るまいと心に決めていたからです」（一コリント2・2）。ユダヤ人たちはしるしを求め、ギリシア人たちは知恵を探しますが、パウロは十字架に架けられたキリストを宣べ伝えました。すなわちユダヤ人にはつまずかせるもの、異邦人には愚かなものですが、ユダヤ人であろうがギリシア人であろうが、召された者には、「神の力、神の知恵であるキリスト」（同1・24）を宣べ伝えたのです。

パウロの教えは「愚かさ」です。でも、表現を変えて、逆説的に、「この愚かさこそが真の英知である」と述べています。「しかし、わたしたちは、信仰に成熟した人たちの間では知恵を語ります。……わたしたちが語るのは、隠されていた、神秘としての神の知恵です」（一コリント2・6−7）。隠されていた神秘！　この英知は、仏教の形のない〈空〉の英知のように、明快な概念やイメージとして言い表せませんし、感覚とは何の関係もありません。パウロはこの点を強調するかのように、「このことは、目が見もせず、耳が聞きもせず、人の心に思い浮かびもしなかったこと……」（一コリント2・9）と付け加えています。これは、不可知の雲の中の英知です。パウロは、体のままか、体を離れてかは分かりませんでしたが、第三の天にまで引き上げられ、人が口にするのを許されない、言い表しえない言葉を耳にした時、疑いもなくこの形なき英知を経験しました。

最高の英知は、十字架に架けられたキリストへの愛の中に見いだされるというパウロの教えは、キリスト教神秘主義の伝統に流れ込み、計り知れない影響を及ぼしました。至高の英知は、必ずしも長い沈黙の祈りをささげている時や、瞑想をしている時にではなく、十字架に架けられたキリストを深く愛する時に――すなわち、十字架上で亡くなられたキリストを、貧しい者、病む者、苦しむ者、虐げられる者、死に瀕している者の姿となって十字架に架けられたキリストを深く愛する時に、その英知は見いだされるのです。仏教徒の慈悲が悟りへの道であるように、キリスト信者の愛は神秘の直知への道です。

英知の擬人化は、聖霊の降臨とともにクライマックスに達します。イエスは、最後の晩餐で、イエスを愛する人たちに聖霊を遣わすと言われました。「わたしは父にお願いしよう。父は別の弁護者を遣わして、永遠にあなたがたと一緒にいるようにしてくださる。この方は真理の霊である」（ヨハネ14・16–17）。キリスト教の歴史を通して、数え切れないほどの観想家が、「聖霊来たりたまえ、聖霊来たりたまえ」と繰り返し唱え、心の中に英知の光と愛の火をともしてくださいと求めました。というのは、聖霊は、「神的英知」（Divina Sapientia）であり、夜の闇でも陽光の中でも照らし導いてくれるからです。

ですから英知はゴール、愛は道です。これはアクィナスの教義で、彼は、「永遠の命とは、唯一のまことの神であられるあなたと、あなたのお遣わしになったイエス・キリストを知ることです」（ヨハネ17・3）というイエスのみ言葉に従い、神とじかに顔を合わせることが、一個人および人類のゴールであると教えました。そして永遠のトマス主義者である十字架の聖ヨハネはこの教えに従い、「本質的栄光は、神を見ることにあって、愛することにあるのではない」[2]と主張しています。彼が著した『霊の賛歌』は、神を愛しているのに神が見えない人の呻吟です。それは死を待ち焦がれる人の叫びです——別に死自体がよいからではなく、死によってようやく待望の神にまみえるからです。「これからはもう使者を遣わさないでください」と彼は叫びます。まるで「私はあなたの現存やこの世のみ業についてのしるしも伝言も望みません。あなたご自身をはっきりとお見せいただきたいのです」と言っているかのようです。

でも、十字架の聖ヨハネはとりわけ愛する人でした。なぜゴールが、愛することではなく神をじかに見ることなのかと自らに問い、会いたいという切なる願いは、愛したいという願いの中に含まれているから、と答えています。そして、「霊魂は、愛をもって神への負債を支払う。それに対し、知性については神から受け取るのである」[3]という説明でしめくくっています。事実、神の賜物には、喜ばしいことに英知と愛が混ざっています。十字架の聖ヨハネの著書には一貫して、知性と意志、愛と英知、光と炎が巧みに交錯しているのが分かります。ときには炎が優勢で光が薄く、また別の時には光が優勢で、炎の熱はあまり強くありません。しかし英知と愛は、いつもしっかりと絡み合っていて切り離せません。

神の英知という賜物

以上のことから明らかなように、この世には二つの型の知があります。一つはイメージや概念のはっきりした知識です。これは常識、哲学的な推論、科学的な研究で習得される知識です。二千年以上にもわたり西洋の認識論によって入念に研究されてきました。

もう一つは、正確には英知と呼ばれるもので、仏教やキリスト教だけでなく、すべての偉大な宗教の神秘的な伝統の中にも見受けられます。この英知は形のないもので、不可知の雲に包まれたぼんやりとした知識です。キリスト教の伝統では、それを賜物として語り、注賦的観想とか神秘神学と呼びました。習得された知識は感覚から来ますが、注ぎ込まれた知識は、人の存在の暗い奥底から湧き出るか、外部から川の流れのように奥底に注ぎ込まれます。

具体的に言うと、二十世紀の神秘神学者たち（ジョゼフ・ド・ギベール、ガリグー・ラグランジュなど）は、観想の初心者に対して、まず推理、思考、聖書の味読、聖句の瞑想、神への語りかけなど、推論的な祈りを用いるように指導しました。やがて時がたつにつれ、この推論的な祈りが、単純化されて情動的な祈りとなり、イエスのみ名のような射祷《しゃとう》を繰り返し唱えるようになっていく、と説明しました。これが習得的観想と呼ばれるものです。

次の段階に進むと、言葉やイメージを使わずに沈黙して、神の現存を感じつつ、ひたすら安らぎます。これは静穏の念祷、注賦的観想の始まりです。不可知の雲の中にいっそう深く入っていくにつれ、人は、自分の存在の扉を開いて神を受け入れるために、理性を使ってあれこれ考えることをやめなければなりません。人はますます努力を必要としなくなり、十字架の聖ヨハネが〈無為の静謐《せいひつ》〉と呼んだものの中に入っていくのです。彼はこの英知を美しく描写しています。

　この英知は愛にあふれ穏やかで、平和で、柔和であり、それによって、霊魂は優しく、快く傷つけられ、奪い去られるように感じるが、これが誰からそしてどこから、どのように生じるのか分

からない。なぜなら、この英知は霊魂の活動なしに伝えられるからである。(4)

そう、霊魂の活動なしに、です。霊魂は「何もしていません」、英知は純粋な賜物なのです。同じ文脈の中で、十字架の聖ヨハネは、人はあらゆる推理や思考や想像から離れねばならない、と強調しています。

観想と呼ぶこの至高の英知、神の言葉は、霊が沈黙のうちに推論的知識や慰めから離脱していないならば、受けることはできない。(5)

これは不知によって知ることです。人は神によって注ぎ込まれる至高の英知を味わうために、普通の推論的な知識を捨てます（これが不知です）。『不可知の雲』はそれを図解するように描写しています。つまり上方には不可知の雲が立ち込めていて（誰にも神は見えませんから）、下方には忘却の雲があり（人は何もかも被造物を忘れねばなりませんから）、人はすっかり空っぽになって、すばらしい英知である形のない知識の内にとどまっています。

さて、こうした静謐な魂の中に注ぎ込まれる賜物は、英知と愛の両方です。十字架の聖ヨハネはそれを、「神の愛に包まれた神の至高の英知」として詩的に描いています。人がこの賜物を受けるためには、形や推論的な黙想を捨てることを、彼は再度強調しています。

事実、少しずつしかもたいへん速やかに、神聖な静寂と平和は、神聖な愛に包まれた実にすばらしい至高の神の知識を伴って、魂の中に注がれる。人々はそれを、形や推論的黙想や想像で妨げてはいけない。さもないと霊魂は不安になり、その安らかな充足から引きずり出され、嫌悪と反感を抱くようになるだろう[6]。

人は、活動せず、無為であるのに、安らかな気持ちでいることに良心の呵責を感じる必要はありません。十字架の聖ヨハネは詩編作者の「空《くう》になり、見なさい。わたしが神であることを」（*ヴルガタ訳聖書詩編46・11）を引用して、こう説明しています。「内的なものにせよ、外的なものにせよ、すべてのものを心から取り去り、心を空にすることを学びなさい。そうすれば、『わたしは神である』と分かるであろう[7]」と。

神が至高の英知と愛を注がれるのは、まさに人が空っぽになっているときです。確かに、すっかり空になれば、神がみ手で触れてくださるかもしれません。普通の知識は感覚を通して来るのに対し、この英知は神によって直接、霊へ伝えられます。十字架の聖ヨハネは「この交わりは何らかの媒介によってではなく、魂が神性に触れることによって生じるものだ。この接触は、どんな感覚的なものとも偶有的なものとも無縁である。それは、魂と神という赤裸な実体間の触れ合いなのだから[8]」と書いています。そして別の箇所で、こう力強く明快に述べています。

明らかなことは、この一致の極みにおいては、神は、想像的な幻視や像や姿を借りて霊魂にご自分を伝えるのではなく——またそれはあり得ず——口から口へ伝えるのである。すなわち、「愛に満ちた神の口」ともいうべき純粋そのものの神の本質が、「神の愛に浸された霊魂の口」ともいうべき純粋そのものの霊魂の本質と、直接交わるのである。(9)

この崇高な英知は疑いもなくすばらしい賜物で、人間の世界へ神がお入りになることです。しかし結婚している人たち、働いている人たちが神秘的な祈りを切望している二十世紀、二十一世紀では、きっと家庭や職場で繰り広げられる日常生活と崇高な英知はどのように関係するのか、と尋ねる人が出てくるに違いありません。また科学者たちにしても、実験室での研究との関係を知りたいでしょう。一般の人は不可知の雲の中に暮らせないことは明らかですし、世間の心配事を全部忘却の雲の中に埋めることもかないません。それでは、崇高な英知とごく普通の生活の関係、あるいは崇高な英知と科学者や学者の知識の関係は、どのようなものでしょうか。

神秘的な英知――科学的な知識

観想の指導者が直面する問題に、観想的な英知と一般的な常識とをどう調和させるかという実践的な問題があります。事実、英知という賜物は、他をはるかに凌ぐほど、力強く魅力的ですから、観想する人たちを恍惚と忘却の世界に引き込んでしまいます。観想者たちは、ともすると時間も場所も忘れてしまい、もはや日常茶飯事に専心できなくなります。

しかし、アビラの聖テレジアは、たえず法悦に浸ってわれを忘れることはあっても、際立って常識と分別のある女性でした。気の利いたユーモアのセンスもありましたし、廊下掃除や皿洗いもしていました。彼女の他にも、学者や科学者の観想家もいました。中にはビジネス感覚に長《た》けた人もいました。このような、英知と実用的または科学的な知識との調和を、どう説明したらよいでしょうか。

十字架の聖ヨハネは、神学的にその問題に直面したとき、キリスト教神秘主義の伝統に従っています。

おしなべて神秘主義の伝統は、次のように表明している点で一致しています。神から注がれたすばらしい英知の傍らに置けば、世間の知識は（それが常識的な知識であろうと、学者や神学者のそれであろうと）照りわたる真昼の太陽にかざされたろうそくの小さな光のようなものだ、と。この点について、十字架の聖ヨハネは明快です。世俗のことをすっかり忘れて至高の英知の泉から飲んでいる花嫁を、魅惑的に描写しています。「この霊魂にとって、今まで知っていたこと、また世界の知識をすべて合わせても、それらはこの新しい知識に比べれば、無知そのもののように思われる」(10)。そして、自然現象を扱う学問は知識というよりむしろ、無知であるとも言っています。

神の至高の英知という高みにあると、人間の低い知恵は、無知に等しい。なぜなら自然に関する知識そのものも、神のみ業そのものも、神ご自身を知ることに比すれば、何も知らないに等しいのであるから。事実、神を知らないとは、何も知らないことである(11)。

それから続けて彼は、「神の英知は、人間には愚かに思える」という聖パウロの言葉を引用して、神の英知と人間の知恵とをはっきり区別しています。

それで、聖なる賢者と俗なる賢者とは互いの目には愚者に見える。なぜなら、後者は、神の英知と知識を感知できないし、前者は、世俗の知恵と知識を感知できないからである。世俗の知恵は神の英知に対して無知であり、神の英知は世俗の知恵に対して無知である。(12)

これは二元論のように聞こえます。自然科学の知識を徹底的に拒否しているようにも思えます。しかしさらに読み進めていくと、それは詩人にして神秘家である彼の誇張にすぎないことが分かります。他の箇所では聖パウロを引用し、当世風の説教者の虚栄心を非難した後で、彼は自らの言葉を訂正しています。「さりとて、立派な文体や修辞や洗練された言葉を非難するのは、聖パウロや私の意図することでもない。こういう手法はむしろ説教者にとって大切なものであるから……(13)」と。

事実、十字架の聖ヨハネは、注がれた神の英知は、習得された知識を打ち壊すどころか、完成させることを明らかにしています。花嫁について彼はこう書いています。

霊魂（花嫁）が不可知の状態にとどまっていても、習得された知識の習性を失ったと思うべきではない。かえってこれらの習性は、霊魂に注ぎ込まれたもっと完全な知識によって、いっそう完璧なものになる。(14)

要するに、科学的知識は神の英知と「比べれば」、無知も同然であるということです。「通常の知識と科学的知識は、神の上知と結び付き、完全なものになります」。

これは、今日では、極めて大切なことです。というのは、神秘的なヴィジョンに魅了されて、東洋や西洋の神秘主義を学ぶ科学者たちがいるからです。もし彼らが、あくまでも真理を忠実に愛して、ますます研究心を募らせていけば、英知を見いだすでしょう。その英知は彼らの科学的研究から遊離したものではなく、それを申し分なく完遂させるものです。同じことが経済や政治などを研究している人々にも当てはまります。恩恵が自然を完成させるように、神秘的な英知は科学や学識や常識を完全なものにします。

ところで、こう述べてきて思い出されることがあります。以上のことは、キリスト教神秘神学がアジアから学べる領域であるということです。新プラトン主義の影響を受けて、世間からの逃避に魅了され、キリスト教の神秘家の中には、科学的な業績や日常の雑事を軽蔑する人たちがいます。恍惚や忘我は過ぎ行くはかないもので、とどのつまり大切なことは、薪割りや水くみであることを、彼らは忘れてはなりません。老賢者コヘレトはこの真実を見抜いていました。そして彼の言葉は禅を思い起こさせます。「人間にとって最も良いのは、飲み食いし、自分の労苦によって魂を満足させること」（コヘレト2・24）です。

ロナガンの方法

バーナード・ロナガンは、神学の方法の研究にその生涯をかけ、十字架の聖ヨハネと同じ問題に突き当たりました。それは、習得された知識と注ぎ込まれた英知をいかにして調和させるかという問題です。

ロナガンの方法については、すでに本書で概略を述べました。知ることとは、経験や理解や判断の一過程です。本物であろうとする人間なら、超越論的な教えに従おうと努めます。すなわち、注意深くあれ、知的であれ、道理をわきまえよ、という勧めに。こうした教えに忠実な人は、「これぞ」という判断を下す時に、客観的な知識にいきつくでしょう。さらに、そのような人は知的に自己を超越し、知的な回心に至ります。

この方法は、人間が本来持っている深奥に秘められたダイナミックな力に調和するもので、ガリレオで始まりニュートンで頂点に達した科学革命以来、科学によって用いられてきました。無論、科学者たちは、普通自分の方法を分析しません。でも、偉大な先駆者たちは、理論よりもむしろ、実際の経験や観察によって導かれた発見を通し、地球や宇宙において、数々の偉業を成し遂げました。しかしロナガンは、科学というのは、もしこの方法だけに従うなら、非人間的で破壊的なものになりかねないと考え、同じく人間に本来備わった深奥に秘められた力に沿ったものである、もう一つの教えをまとめました。「責任を持て」というものです。この勧めに忠実に従えば、それは倫理的な回心にたどり着きます。

後年、ロナガンは宗教体験に関して熟考を重ねるようになり、新しい種類の知識、つまり愛から生まれる知識、神秘家たちの英知に気づきました。実際の自己超越は、人が神と恋に落ちて、人の存在が恋する存在になる時に、起こります。しかし、神と恋に落ちるのは、人間の努力の結果ではありません。それは聖霊によって人間の心に注がれた英知と愛の賜物です。こうした英知は形がなくつかみどころのないもので、感覚を通して入るのでもなく、経験や理解や判断によって習得されるのでもありません。「わたしたちに与えられた聖霊によって、神の愛がわたしたちの心に注がれているからです」（ローマ5・5）。さらに、真理の光がこの世の一人ひとりを照らすように、神の愛はこの世に生を享《う》けるすべての人にも与えられるのです。

さてロナガンは、二つの種類の知識（習得された知識と注がれた英知）が、一人の人間の中でどのように統合されるかを、十分理解しないうちに亡くなりました。もしもっと長生きしていたら、彼は十字架の聖ヨハネと同じような結論に達したことでしょう。彼の編み出した方法が、愛によって変容し完成されるのを見たかもしれません。人間の存在の深みに注がれる愛と英知は、人の行動一つ一つに影響を与えますから、超越論的な教えは次のようになります。

愛を込めて注意深くあれ
愛を込めて知的であれ
愛を込めて道理をわきまえよ
愛を込めて責任をもて

愛は科学的な方法を含めて、人間生活の全般にわたって浸透し、完全なものにします。それでこそ、男女を問わず、真理を深く愛して研究に身をささげる科学者、そして愛を込めて注意深く知的で理性的で責任感の強い科学者は、英知の高みに達すると言えます。第二バチカン公会議の次のような簡潔な文の中に、この点が暗示されています。「謙虚に、根気よく物事の隠れた部分を究明しようと努力する者は、自ら意識することはないとしても、万物を支え、それぞれをそのものたらしめる神の手に導かれているようなものである(15)」。要するに、真理を愛する心構えで遂行される科学は、神へ赴く道なのです。これはテイヤール・ド・シャルダンや、今日の少なからぬ科学者の生き方が立証しています。

ですから、習得された科学的な知識と注ぎ込まれた神の英知の結婚を祝うことにしましょう。これが未来の道です。

英知と世界

至高の英知は神を知ること、と述べてきました。それは至福直観のうちに顔と顔を合わせて神にまみえるとき、頂点に達します。でも、神の英知は、悲喜こもごもの計り知れない社会問題を抱えた世界を無視することはありません。この点は第二バチカン公会議によって重視されています。現代科学の成し遂げた比類ない勝利の数々を称賛した後で、「人間の知的本性は知恵によって完成されるし、また完成されなければならない[16]」と宣言しています。私たちにはこのような英知がぜひとも必要ですから、男性にせよ女性にせよ、もっと賢明な人々が出てこなければ、世界は危険に陥ります。公会議は重大な警告を発しています。

人間が新たに発見するあらゆることをいっそう人間にふさわしいものにするため、現代は過去の時代にもまして、このような知恵を必要としている。より知恵ある者の数が増えなければ、世界の将来の運命は危うくなる。[17]

ます。
こうした人たちは第三世界から現れるかもしれない、と公会議が続けて示唆しているのが目を引きます。
加えて指摘しておきたいことは、経済的に貧しくても知恵に富む多くの国民は、他の国民に優れた利益を提供できるということである。(18)

実際、経済的財産を持たない多くの国々は、高度に洗練され物質主義的である西欧先進国が失ってしまった昔ながらの豊かな英知を保ってきました。

ところで、世俗にかかわりながら、なおかつ神聖であるこの英知の性質とは、どういうものでしょうか。

観想が進むにつれ、感覚を超えた知覚が発達することがあります。それは自然の成り行きであり、異常なものと考えるには及びません。十字架の聖ヨハネは、「観想者は、目前で起こる、または遠く離れた所で起こる出来事を照らし出し、感知する能力を持つことがある(19)」と述べていますが、それはテレパシーや透視のことのようです。そしてさらに、「この知識は、照らされ浄化された精神から得られる(20)」と言い、また、このような人々は自然に他人の心を読める、と指摘しています。

この清められた心をもっている人は、多少の差はあるとしても、他人の傾向や才能と、他人の心の奥底にあることを自然に知ることができる。外に現れる徴《しるし》（それがどんなに些細なものであっても）、言葉とか、動作などから読み取るのである。(21)

長い沈黙と苦しい暗夜を経て浄化された観想者は、感覚が研ぎ澄まされ洗練されているのでボディ・ランゲージにたいへん敏感になります。身体を通して——すなわちかすかな身ぶりや何気ない言葉から——彼らは心を読み取ります。

感覚を通して習得されるこの知識は、形のない注がれた神聖な英知とはまるで違います。長時間座禅を組む人たちが、似たような感覚の活性化について語るのは、興味深いことです。彼らは色や音に非常に鋭敏になり、ボディ・ランゲージにも敏感に反応するようになります。徹底した離脱は、明瞭な直知をもたらします。彼らは十字架の聖ヨハネの言う「照らされ浄化された精神」を習得するのです。

十字架の聖ヨハネ自身は、非凡な超感覚的知覚力の持ち主でしたが、そのような知識を使うことにはとても慎重でした。観想者は容易に欺かれ、「悪魔は、この分野では陰で操る札付きの謀略家だから」[22]です。

感覚が活性化して得られる自然的知識にもまして重要なのは、注ぎ込まれる聖霊の賜物です。それには知恵、知識、信仰、預言、霊の識別や認識、種々の異言を語る力、異言を解釈する力などが含まれます。こうした力は、自分から何も働きかけることなく、受け身の状態で与えられるものです。「というのは、当人が注意散漫になっているのに、聞いたり読んだりする内容を明敏に理解する力が精神に与えられ、言葉で聞くよりもはるかに明確に理解できる」[23]からです。さらに神は、「ある人々にその寿命や、将来の試練、あるいは特定の人とか王国に降りかかるべき事柄などを啓示する」ときがあります。[24]

この知識がほんとうに聖霊の賜物であれば、深い確信をもたらします。

この知識を授かると、誰も何も言わなくとも――霊魂の深奥部に根を下ろすので、人が反対のことを言ったとしても、どうしてもその意見に同調できないのである。というのは、心のうちに、明白なヴィジョンにも似た、この真理を悟る霊的な知識があるからである。これは聖パウロが、「預言する力」および「霊を見分ける力」（一コリント12・10）と呼ぶものに属する。(25)

しかし十字架の聖ヨハネは、こういう状況にあっても、人は霊的指導者に従わねばならないと主張しています。

さて、こうなると預言者の英知について考えてみる必要があります。

預　言

聖書における預言は、ユダヤ人の占いと脱魂を背景にして現れ、イザヤ書、エレミヤ書、エゼキエル書に記された壮大なヴィジョンで頂点に達します。預言者たちは英知に満たされていました。神が彼らに語り、彼らを通して語られたからです。神の言葉が届くと、彼らは確信をもって、「このように主は仰せになる」と、言うことができました。ユダヤ人の宗教の目立った特徴の一つは、「神は語られた、そして今もやむことなく語り続けられている」という信念です。「神は、かつて預言者たちによって、多くのかたちで、また多くのしかたで先祖に語られたが、この終わりの時代には、御子によってわたしたちに語られました」（ヘブライ１・２）。

第二バチカン公会議は、トリエント公会議の後、カトリック教会の背景に隠れていた預言の概念を復興させました。公会議はイエスを最大の預言者と見なし、（公会議が定めたキリスト論は、司祭、王、預言者としてキリストを中心に置き）、どの信者も等しくイエスのもっておられる預言という召命を分かち合う、と明言しています。聖霊の賜物については、公会議はこう述べています。「自分の賜物を『望むままに一人ひとりに分け与えつつ』（一コリント12・11）、すべての信者に特別な恵みを授ける」[26]。これらの賜物のうちでも、預言はことに重要で、パウロも新しい改宗者たちへ書き送っているほどです。「愛を追い求めなさい。霊的な賜物、特に預言するための賜物を熱心に求めなさい」（一コリント14・１）。

初期のキリスト教徒たちは集まって祈るとき、ある者は異言を語り、ある者は預言し、ある者は病気の癒やしや識別の賜物を役立てました。また、このようにして彼らは共同体を作り上げていきました。預言は非常に大切だったので、パウロはテサロニケの信徒へ厳しい警告を発しています。「霊の火を消してはいけません。預言を軽んじてはいけません」（一テサロニケ５・19）。旧約聖書も新約聖書も、予期せぬ時に予期せぬ人の口を通して語られるこの賜物を受け入れるよう、私たちは心を開いていなければならないと、あらためて注意しています。ペトロ自身も預言者ヨエルの言葉を引用しています。「神は言われる。終わりの時に、私の霊をすべての人に注ぐ。すると、あなたたちの息子と娘は預言するだろう」（使徒言行録２・17）。

預言は、十二世紀にモンタノス派が非難を浴びて以降、大分下火になりましたが、生き続け、やがて偉大な女性の神秘家たち――十二世紀のビンゲンのヒルデガルド、十三世紀のスウェーデンのブリギッタ、そして十四世紀のシエナのカタリナなどの中で開花しました。彼女たちは皆、預言者として承認されています。旧約聖書の時代に、王と預言者の間には、つらいことではあったにせよ、必ず健全と言える緊張感があったように、教会の中にも体制側と偉大な預言者たちの間には、どうしても似かよった緊張がありました。双方とも「使徒や預言者という土台の上に建てられている」（エフェソ2・20）神の家には必要でした。

現代では、言葉や著作により、命を賭すことにより、そして往々にして血を流して死ぬことにより、世界に語りかけた無数のきら星のごとき預言者たちがいます。マハトマ・ガンジー（一八六九–一九四八）は、正義、平和、非暴力について語りました。祈りの場へ行く途中で襲われ、「ラーム！ラーム！（わが神よ！　わが神よ！）」と叫んで、息を引き取りました。エディット・シュタイン（一八九一–一九四二）は、アウシュヴィッツで亡くなり、無辜《むこ》の民の血によって世界が救われることを、私たちに思い起こさせました。ディートリッヒ・ボンヘッファー（一九〇六–四五）は、ナチの手にかかって殉教して、悪との妥協はありえないという事実の証人になりました。オスカー・ロメロは、サン・サルバドールの彼が奉職する教会で聖体奉挙のさなかに暗殺されました。彼は、不正と、貧しい人たちへの圧制に反対の声を上げた人でした。ほかにも数え切れないほどの名前を挙げることができます。マーチン・ルーサー・キング、ドロシー・デイ、アレクサンドル・ソルジェニーツィン、トマス・マートン、テイヤール・ド・シャルダン、マザー・テレサ、……その他大勢です。その預言的な言葉は今もなお生きていて、歴史の回廊に永遠に響き渡るでしょう。さらに、将来はもっと多くの預言者が現れるでしょう。公会議の言うように、私たちが破滅から救われる運命にあるならば、現代は知性と意志を備えた人々を必要としているからです。

マックス・ウェーバーの『宗教社会学』が世に出て以来、預言者と司祭を対抗させることが流行しました。しかし、体制側からも、偉大な預言者たちが出てきたことを忘れてはなりません。中でも抜きん出ているのは、内的な声に応えて第二バチカン公会議（＊一九六二―六五）を招集した教皇ヨハネ二十三世（一八八一―一九六三）です。聖パウロの回心の祝日（＊一九五九・一・二五）に参集した枢機卿たちに、「パウロがダマスコへの途上で思いがけなくも閃光を見たように、わたしも予期せぬ閃光を体験しました」と打ち明けました。そのときの様子をこう述べています。「突然、真っ先に『教会一致の公会議』というひと言が皆の心に浮かび上がり、口をついて出てきました[27]」。ついで、こう言っています。

それは思いもかけず、天上の光が、心と目に射し込むような甘美な快さでした。同時に世界中が公会議の開催への期待に湧いた瞬間でした[28]。

教皇ヨハネ二十三世が預言者であったのと同じく、彼が招集した公会議は二十世紀最大の預言的出来事でした。しかし、二十世紀には非凡な力を持つ預言者が現れたとはいえ、また偽の預言者たちも現れました。その言葉は、何百万もの人に、恐ろしい破壊とすさまじい苦しみをもたらしました。当代の罪悪を考えてみても――捕虜収容所、ガス室、グラーグ（＊強制収容所）、死の行進、組織的な性的暴行、貧しい人々への圧制、無実の人への拷問、都市の全面破壊、集団大量虐殺の企て、環境破壊、暗殺部隊、人種偏見、非情な児童売春、人身売買、堕胎、宗教の名の下に行う残酷な戦争、多数の善意の人々を欺いてきた巧妙にして非道なプロパガンダ――こうした事例を考えるとき、似非《えせ》預言者たちの存在を否定しがたくなります。悪霊は彼らを通して話しかけ、働きかけますから。福音には、羊の皮を身にまとって近づいて来るが、その内側は貪欲な狼である偽預言者の話が出てきます。また真偽を見分ける基準も示されています。

あなたがたは、その実で彼らを見分ける。茨からぶどうが、あざみからいちじくが採れるだろうか。すべて良い木は良い実を結び、悪い木は悪い実を結ぶ。（マタイ7・16–17）

その実によって私たちは似非預言者を見分けます。さらに神秘神学の細心の注意を要する最大の課題は、真の預言者と偽の預言者を見分けることです。つまるところ、識別は、学者が成し遂げる理性的な方法ではなく、聖霊からの賜物です。にもかかわらず、神学が無視できない問題です。

内なる声

誰の心にも、その奥深くに内なる声が響いています。これは第二バチカン公会議の教えで、「この法の声は、つねに善を愛して行い、悪を避けるように教え、必要に応じて『これを行え、あれを避けよ』と心の耳に告げる(29)」と述べています。公会議は続けて、神自らが語られると言っています。「良心は人間の最も秘められた中心であり聖所であって、そこで人間は独り神とともにあり、神の声が人間の内奥で響く(30)」と。真理の光が世に在る一人ひとりを照らすように、この声はこの世に生を享けたすべての人の心に呼びかけます。

内なる声は、古代の偉大な預言者の中で、力強くはっきりと語りかけました。第二イザヤ書にはこう書かれています。「呼びかけよ、と声は言う。わたしは言う、なんと呼びかけたらよいのか、と」（イザヤ40・6）。エレミヤは、「わたしはあなたを母の胎内に造る前からあなたを知っていた」（エレミヤ1・4）という声を聞きました。同様に、エゼキエルも洗礼者聖ヨハネも紛うかたなき明快さで語りかける声を聞きました。イエスは弟子たちに、迫害を受ける時には彼らもそのような声を聞くだろう、と言っておられます。「心配してはならない。その時には、言うべきことは教えられる。実は、話すのはあなたがたではなく、あなたがたの中で語ってくださる、父の霊である」（マタイ10・19–20）。

観想者には、実体的な指図の声が聞こえる人がいます。混沌とした深奥の中から、ときにはまったく唐突に声が湧き上がって、直ちにその効力を発揮し、彼らの生活に大変革を起こします。あるときは「恐れることはない」という声が聞こえます。するとその人はたちどころに恐怖から解放されます。あるいは「赦しなさい」という声のときもあります。するとその人は直ちに誰をも赦します。「このような語りかけは、たったひと言でも、全生涯の善業にまさる値打ちがある」[31]と十字架の聖ヨハネは述べています。そしてさらに「神がこのように話しかけられる人々は幸いである。『主よ、どうぞお話しください。僕は聞いております（サムエル上3・10）[32]』」と付け加えています。それらは、言葉どおりのことを霊魂の中に実際に引き起こします。

しかし心の声がすべて信頼できるものとは限りません。現代心理学によれば、人間の複雑なプシケには、さまざまな声が一斉に上がってくるそうですから、当然不協和音を奏でるでしょう。禅はこのことを実によく承知しています。長時間座禅を組む人には、プシケの上層部がきれいに拭い去られるにつれ、無意識の層が浮かび上がってくるのが分かります。すると奇妙な声が聞こえたり、いろいろな色の光が見えたり、不思議な気分になることがあります。これが〈魔境〉です。賢明で慎重な老師は、そのようなことがあっても無視するように、と指導します。この魔境に巻き込まれる人は、気の毒ですが、欺かれかねません。

しかし、さまざまな声はプシケの深層部から上がってくるのでしょう。真の自己から、次々に言葉が生まれてくるのかもしれません。あるいは、自分とは別の誰かが話しているようなあらたまった言葉が聞こえてくることがあるかもしれません。実体を伴う言葉なら即座に作用を及ぼしますが、内なる声の場合は、拒むのも受け入れるのも自由です。よって、識別が大切になります。

さて、慎重な識別の結果、その声が善であり聖であり、心の平和に導いて神に栄光を帰するものである、と明らかになっても、それを正真正銘の預言として受け入れるにはゆっくり時間をかけなければなりません。というのは神の言葉は人の言葉とまったく異なるからです。興味深いことに、十字架の聖ヨハネは、神の言葉を誤解した聖人たちを聖書から選び、こう書いています。

このことは、聖書の随所に表れている。過去には、預言や神の言葉の多くが、自分の期待どおりには実現しなかった人もたくさんいた。というのも彼らは、それを我流に、また、あまりにも字句どおりに解釈したからである。(33)

多くの聖人たちが、神の言葉を霊にはよらず外面によって理解したため、惑わされています。ジャンヌダルクに聞こえた声は、彼女が解放されると告げました。彼女はこの言葉を、牢獄から出してもらえるという意味に解釈しましたが、それは死による解放を意味していました。しかし、謀略は悪魔が仕組むのでしょう。ここで忘れてならないのは、どの宗教の神秘家にとっても、悪の威力は実に生々しいということです。聖パウロにとってもまさにそうであったので、私たちの戦いは人間を相手にするものではなく、「天にいる悪の諸霊を相手にするものなのです」（エフェソ６・12）と書き送っています。悪は世界中で宇宙規模の猛威を振るっています。さらに、神秘家にとって悪霊は普通正面攻撃に打って出る暴力的な敵ではありません。むしろ悪霊はうそが非常にうまく、秀でた知能をもつ狡猾な敵で、光をまとった天使を装い、疑心暗鬼の魂を破滅に追いやります。でも、悪霊はいかに頭が切れても、神だけが住まう人間の心の聖域に入ることはできません。つまり、招かれなければ入れないのです。悪霊は感覚と霊の境に立って、人に暗示をかけては影響を及ぼします。伝統的な教義ではそう言われています。

悪霊は優れた天使のような知性をもっているので、ときには未来を予見します。「悪魔は、例えば、ペトロの寿命があと何年しかないということを知っていて、予告できる」(34)と十字架の聖ヨハネは書いています。また彼は悪魔の秀でた知性について次のように書いています。

地球や大気の状態、あるいは太陽の位置などから、ある一定の時期になると、必ず異常が生じてペストがはびこり、それも、場所によって被害の大小がある、というようなことを悪魔は知っている。この場合、ペストの発生は原因が分かれば予見できるから、悪魔が今から一年ないし、半年の間にペストが流行《はや》るとある人に言って、実際そうなったとしても、別に驚くには当たらない。それが悪魔の一つの手口、予言といったものである。(35)

本物の神秘家たちですら、ときには悪の威力にだまされます。ですから、良心をよく吟味してどの点でだまされているかを考え、再び同じ目に遭わないように注意しなければなりません。

強度の中毒にかかっている人々、偏執症者、オカルトの知識や超能力、あるいは聖人という名声に愛着をもつ人々は、特に傷つきやすく、欲しいものを手に入れるためには悪魔と契約を結びさえします。古典的なよい例がかの有名なファウストで、悪魔に魂を売り渡してから、驚くべき魔術を使って空中を飛び、死者を呼び起こします。これは扇情的なドラマの上での話ですが、十字架の聖ヨハネは、超能力を得るために悪魔と契約を交わす人々を知っていました。

このような力を発揮する喜びと、その力を得たいという欲求が強いため、以前にはひそかに悪魔と契約を交わしていたとしても、(たいてい悪魔とはひそかに結び付くのだが)、今や、大胆不敵にも堂々とためらわずに悪魔と結び付き、まるで弟子か友人であるかのように、悪魔に仕えている。(36)

さらに、そのような人々は恐ろしいほど極端に走ります。

このようなことを喜ぶために、非常に多くの悪魔が生まれる。あの魔術師シモンが望んだように(使徒言行録8・18)、ただ悪魔に仕えるため、神の賜物や恩恵を金で手に入れようとするだけでなく、聖なるものを盗もうとする。また口にするのも空恐ろしいことだが、最も聖なる、主イエス・キリストのご聖体というような神聖なものさえ、忌まわしい悪をなすために盗もうとしたの

は、誰もが知っていることだ。願わくは主のご慈悲の寛大ならんことを。(37)

十字架の聖ヨハネ自身は注意深い常識的な霊的指導者でした。それでも実際、悪霊がとりついた現場に遭遇しました。アビラで、悪魔との契約書に自分の血で署名した尼僧の悪魔を追い払ったことがあります。

この節を締めくくるにあたり、十字架の聖ヨハネが指摘した二つの要点に言及しましょう。

第一は、誰もお告げや特有な言い回しや特殊な表現形式やオカルトの知識を求めるべきではない、ということです。

その訳は、神が統治するために本来定めたられた限界を、人間は誰も超えることは許されないからである。神は人間を統治するため、自然的かつ合理的な限界をおかれるのであるから、この限界を超えたいと思うのは不当なことである。超自然の方法によって何事かを解明しようと望むことは、自然の限界を乗り超えることに他ならない。言うまでもなく、それは許されないことで、神はそれをお慶びになるわけはない。(38)

しかし、現代の状況においては、テレパシー、透視、念力などの研究を伴う超心理学は是認されています。

第二点はさらに重要です。人は他人の忠告に耳を傾けるべきである、ということです。彼は書いています。

大いに戒むべきことは、他の人々の意見や教えを待たないで、自分に告げられた特有な言葉について、自分の考えを表明したり、事を起こしたり、受け入れたりしないことである。なぜなら、こうした言葉には、奇妙な策略がさりげなく隠れているからである。このようなことにやすやす組みする者は、その手のことについて幾度も欺かれざるを得ないであろう。[39]

また、十字架の聖ヨハネ的な教えが現代にふさわしいかどうかと尋ねるのは、もっともなことです。二十世紀に私たちが見てきた恐ろしい事柄の下には、偽預言者の名を借りて働く真の悪が潜んでいるのかもしれません。

しかし今は、不可知の雲の神秘への旅に、考えを進めていくことが肝心でしょう。

さらに神秘の深奥へ

不可知の雲の中に入って、思考やイメージを超えて行くにつれ、人はキリストの神秘に入って行きます。「キリストのうちには掘り下げて見るべきものが実にたくさんある」と、十字架の聖ヨハネは書いています。「というのも、キリストは、宝を隠す無数の鉱床を有する豊かな鉱山のようであるからである。いくら掘っても決して掘り尽くすことがない。かえって、おのおのの鉱床の中に、新しい富を隠す新しい鉱脈が次々と発見されてゆく。このために、聖パウロはキリストについて語って、『知恵と知識の宝はすべて、キリストの内に隠れています』（コロサイ2・3）と言ったのである」。[40] これは復活されたキリスト、アルファとオメガ、初めと終わりであり、このお方はいつでも、世の終わりまでも私たちとともにおられます。

キリストの神秘に入ることは、霊的婚姻に一層深く入っていくことで、その時、「天の花婿は、ご自分の忠実な伴侶である霊魂に、ご自分の驚くべき秘密を極めてたやすく、また頻繁に示す……」(41)のです。しかしこの驚くべき秘密とは何でしょうか。

聖パウロは楽園まで引き上げられ、秘密のこと、「人が口にするのを許されない、言い表しえない言葉」（二コリント12・4）を耳にしました。彼が聞いた声は、普通に耳にするものではありませんでした（というのは、彼は体のままか、体を離れているのか分からなかったからです）。そしてその声は、口では言い表しえない言葉を話しました。もっとも、彼は手紙の中で、この崇高な「神秘」を、無理もないことに、ためらいがちに言葉にしようとしています。十字架の聖ヨハネはこの「神秘」についてもっと明快に述べています。「その秘密とは、キリストの人性と神性という二つの本性の合一において、キリストのうちに隠されている神の英知の崇高で深遠な奥義にほかならない。それはまた、人間同士と神との一致、人類の救済と神の審判の顕現のうちに見られる神の正義と憐れみの調和の神秘である」(42)。言いかえると、不可知の雲の沈黙と〈空〉の中においてこそ、キリストの神秘が概念を超えて理解できるということです。ご変容の際の使徒たちのように、雲の中から声が聞こえるのかもしれません。「これはわたしの息子、選ばれた者。これに聞け」（ルカ9・35）。

なぜなら、雲の中から「花婿は受肉に関する甘美な奥義や、人類救済のために取られた方法を示す」(43)のですから。とりわけ、受肉は、十字架の聖ヨハネが理解を心より望む神秘です。この神秘を理解するために、彼は死を憧れます。「この世を去って、キリストと共にいたいと熱望する（フィリピ

1・23）おもな理由の一つは、そこで顔と顔とを合わせてキリストを見、その受肉の計り知れぬ深い永遠の奥義を根底から知るためである。それは、決して、至福の最小部分ではない」[44]からです。

神秘的な旅は、霊魂が「公然と、明確に、聖なる三位一体の三つのペルソナに変えられる」[45]とき、クライマックスに達します。神の英知である御子、人間が霊的な結婚を通して結ばれる御子が、「目覚めます」。御父と御子の間に存在する愛である聖霊が、「息づきます」。人間は御子と結ばれ、「顔と顔を合わせて」神秘の中の神秘である神を見ます。この目覚めは決して言葉では言い表せません。十字架の聖ヨハネは言葉にしようとして何度もつまずきつつ挑みましたが、最後には黙しました。

〈目　覚　め〉

「神が霊魂の中でお目覚めになるその様子と働きを表そうとするといろいろある。みな語ろうとすればきりがない」[46]と、十字架の聖ヨハネは書いています。彼はそれらを残らず説明しているわけではありませんが、最高の説明の一例を次の詩に見ることができます。「なんと優しく愛深く／あなたは私の胸の中で目覚められることか！」。

¡Cuán manso y amoroso
recuerdas en mi seno…

そしてこの目覚めとともに、彼は聖霊の息吹を優しくうたいます。「そして宝《よきもの》と栄光に満ちた／甘い息づかいで／なんと優しく私を愛に燃え立たせることだろう！」。

Y en tu aspirar sabroso
de bien y gloria lleno
¡cuán delicadamente me enamoras!

ここで興味深いのは、聖人は決して「私は目覚める……」とか、「私は悟る」などと言わないことです。「私の中で目覚めるのは神の御子です」。さらに、それは純粋な霊の神の目覚めではなく、受肉された御言の目覚めです。「というのは、目覚めは、霊魂の実体の中で生じる御言の動きですから」。ここに彼の言葉を引用しましょう。

この目覚めとは、御言が霊魂の実体の中で生じる動きである。あまりにも偉大で威厳に満ち、栄光に輝き、最も深い内奥にしみ透る快さを伴う動きであるので、霊魂にとって、あらゆる乳香と世界中の花が交じり合い、その芳香を放つために動いているかのように思われる。さらにまた世界中のすべての王国、王権、天のあらゆる権力と能力とが動いているかに思える。それのみか、すべての被造物の徳と本質と、完全さと美しさとが光り輝き、完全な調和のうちに一致して、同じ動きを生じるかのように思えるからである。[47]（山口女子カルメル会　改訳）

しかし、この至高の君主の動きを言葉では十分に描写できません（イザヤ9・6参照）。この目覚めの驚くべき喜びは、霊魂が神を通して被造物を知るようになることであって、被造物を通して神を知るようになることではありません。言いかえると、原因を通して結果を知るようになるので、結果をもとに原因を知るのではありません。「霊魂は神が神ご自身においてどういうお方であるか、またその被造物においてどういうお方であるかをただひと目で分かる。ちょうど宮殿の扉を開いたとたん、ひと目で宮殿の主が高貴な人だと分かると同時に、何をしているかが分かるのと同様である」(48)。そして力強い声が扉の内側で響き渡ります。

この目覚めの中で、人が神について知り、かつ経験することは、まったく言語に絶する。なぜなら、この目覚めは、神の卓越性が霊魂の中心である実体へ伝わることなので……霊魂の中には、一つの力強い朗々とした声が、数限りない神の卓越性と徳の声が、鳴り響いているからである(49)。

そして、もしこの世において人がこのような経験をするならば、栄光のうちに神にまみえる経験とはどのようなものなのでしょうか。「というのは彼（神）が薄目を開けて少し目覚めるだけでも、あれほどの愉悦で霊魂が満たされるとすれば、常にすっかり目覚めている状態にあったら、どうなることであろう」(50)。

〈目覚め〉の他にも、〈聖霊の息吹〉があります。しかし十字架の聖ヨハネは、このことには触れていません。「霊魂に対する神の大いなる栄光と繊細な愛に満ちたこの息づかいについて、私は何も話したくない。私にはそれを語るだけの力はないし、仮に語ったとしても不十分なこととしか言えないのは明らかである」(51)。

そのような訳で『愛の生ける炎』は沈黙で終わります。

神の直知

この世における至高の目覚めについて話せないとしたら、栄光のうちの神の直知については、どのように話したらよいのでしょう。人生のゴールであるこの至福直観を扱う際、十字架の聖ヨハネは、当時の神学に従っています。『暗夜』の終章で、神のみもとに登って行くための愛の梯子について話していますが、おもしろい例えを使っています。「人が、金銀財宝などがある砦《とりで》を襲うために梯子をよじ上って行くように、霊魂は、またこの秘密の観想によって、天上にある宝や品物を盗み、眺め、自分のものにするために上って行く(52)」と語っています。そしてそのようにこの梯子を一段一段上って行き、神の直知にたどり着くのです。九段目を上り終えたところで魂は肉体を離れ、顔と顔を合わせて神にまみえる栄光に浴する前に、(この世で完全に浄化される人はあまりいませんから)浄化の時期を経ます。これは輝かしい婚姻であり、神秘生活のクライマックスです。十字架の聖ヨハネは次のように書いています。

聖ヨハネは、「わたしたちは、自分が御子に似た者となるということを知っています」(一ヨハネ3・2)と言っているが、それは霊魂が神と同じような力を持つからではない。そのようなことは不可能である。そうではなく、ただ霊魂のすべてが、神と似たものとなることであろう。それにより、霊魂は参与によって神と呼ばれるであろうし、また、そうなるであろう(53)。

しかし、神の直知のことになると、またこの最高の神秘家でさえ黙してしまいます。

第二バチカン公会議は、ふんだんに新約聖書を引用し、「御子が現れるとき、わたしたちは神に似た者になる」（一ヨハネ3・2参照）という栄光の状態について語っています。「現在の苦しみは、将来わたしたちに現されるはずの栄光に比べると、取るに足りないとわたしは思います」（ローマ8・18）という聖パウロの言葉を引用し、終末論的なヴィジョンで章を締めくくっています。

実際、キリストが現れ、死者たちの栄光に包まれた復活が行われるとき、神の輝きが天上の国を照らし、小羊はその国の明かりとなる（黙示録21・23参照）。そのとき聖なる人々の全教会は、愛の至福のうちに神と「屠られた小羊」（黙示録5・12）を礼拝し、声を合わせて、「玉座に座しておられる方と小羊とに、賛美、誉れ、栄光、そして権力が、世々限りなくありますように」（黙示録5・13）と叫ぶであろう。[54]

永遠のうちにある神の直知はそのように描かれています。

1　巻末付録、参照。
2　『賛歌』38・5。
3　同。
4　『炎』3・38。

5　同　3・37。
6　『登攀』Ⅱ・15・5。
7　同。
8　『賛歌』19・4。
9　『登攀』Ⅱ・16・9。
10　『賛歌』26・13。
11　同。
12　同。
13　『登攀』Ⅲ・45・5。
14　『賛歌』26・16。
15　「現代世界憲章」第一部第三章36、参照。残念ながら、ロナガンはこの文言を目にしていない。自身の超越的方法の意義を十分に認識していなかったので、科学的方法が愛によって完成され得ることを見逃した。科学的方法を神から切り離し、神を求める科学者の心に耐えがたい二元論を生じさせた。本書8章、参照。
16　同　15。
17　同。
18　同。
19　『登攀』Ⅱ・26・13。
20　同。
21　同　Ⅱ・26・14。
22　同。
23　同　Ⅱ・26・16。
24　同　Ⅱ・27・2。

25　同　Ⅱ・26・11。
26　「教会憲章」第二章12。
27　ヨハネ二十三世「第二バチカン公会議」開催の辞。
28　同。
29　「現代世界憲章」第一部第一章16。
30　同。
31　『登攀』Ⅱ・31・1。
32　同　Ⅱ・31・2。
33　同　Ⅱ・19・1。
34　同　Ⅱ・21・11。
35　同　Ⅱ・21・8。
36　同　Ⅲ・31・5。
37　同。
38　同　Ⅱ・21・1。
39　同　Ⅱ・30・6。
40　『賛歌』37・4。
41　同　23・1。
42　同　37・3。
43　同　23・1。
44　同　37・1。
45　同　39・3。
46　『炎』4・4。

47　同。
48　同　4・7。
49　同　4・10。
50　同　4・15。
51　同　4・17。
52　『暗夜』Ⅱ・18・1。
53　同　Ⅱ・20・5。
54　「教会憲章」第七章51。付録、参照。

第18章　活　動

現代の苦境

今、時代は、瞑想や神秘主義がもはや修道士や修道女、隠修士たちの領分とは言えない時代に入ろうとしています。会社や工場、研究所で働く人、台所に立つ人、教壇に立つ人、コンピューターの仕事に携わる人など、さまざまな人たちが、人生にさらに深い意味を与えてくれるものはないかと探し求めています。そして、「瞑想は自分に向いているだろうか。神秘主義はどうか？　どちらも、実際にこの忙しい生活の役に立つだろうか」と問いかけています。無論、瞑想をすると脳にアルファ波が現れ、安らぎを覚えてリラックスできることや、勇気が湧き、落ち着いて人生に向き合えることは聞き知っています。しかし、それ以上のことが瞑想にあるのでしょうか。

なにもこれは、今に始まった疑問ではありません。何世紀にもわたり、「マルタとマリア」の話が繰り返し取り上げられては、さまざまに解釈されてきました。「マリアはより良い方を選んだ」（ルカ10・42）というのが、もっぱら活動を軽視して観想を褒めるときの言い分でした。ところが、いつの世にも、パウロは活動家だったと指摘する人がいました。「しばしば旅をし、川の難、盗賊の難、同胞からの難、異邦人からの難、町での難、荒れ野での難、海上の難、偽の兄弟たちからの難に遭った」（二コリント11・26）からです。他にも、活動の真っただ中に「ただ一つの必要なこと」（＊ルカ10・

ます。42）に気づいた人物として、ドミニコやフランシスコやイグナチオなど大勢の名を挙げることができます。

とはいえ、歴史を通じ、観想の優越性と活動の有用性をめぐっては、ずっと激論が交わされてきました。そんなとき、聖書に忠実なキリスト教共同体が常に達する結論は、大切なのは活動でも観想でもなく、愛であるということでした。活動するのも、沈黙の観想に入るのも、私たちは愛に応えてそうするのです。このようにして、私たちは神のご意志に従います。(1)

しかし、二十世紀に入ると、活動を信頼しないで観想に逃避する人々と、観想を犠牲にして活動を過大評価する人々との間で、すさまじい論戦が飽くことなく続きました。そこで、第二バチカン公会議は、活動についてひと言述べる必要を感じたのです。

公会議は、教会の特性として、「活動に熱心でありながら観想に専心し、世の中にありながら旅すること」(2)を挙げています。さらに続けて、「人間的なものは神的なものに、見えるものは見えないものに、活動は観想に、そして現在はわれわれが探し求める来るべき都（ヘブライ13・14参照）に向けられ、従属している」と述べています。公会議が教会について述べることは、きっと個人についても言えるに違いありません。活動が観想に従属していることを念頭において、活動に力を入れるべきでしょう。

公文書は他の箇所で、人類家族の偉大な業績を顧みながら、このような活動は神のご意志に沿うものである、と明言しています。実際、「神の像として造られた人間は、地とそこにあるすべてのものを治め、世界を正義と聖性のうちに支配する」(3)からです。さらに続けて、活動を霊的体験と見なして、こう述べています。

人間は活動することによって事物と社会を変えるだけでなく、自分自身を完成させる。人間は多くのことを学び、能力を発達させ、自分の外に向かい、自分を超えていく。(4)

「自分の外に向かう」とか、「自分を超えていく」ということ自体、すでに観想的です。ところで、公会議は誘惑と危険を強く意識していました。人間の活動は罪によって汚染されるからです。「われわれの世界は、増大した人間の力が人類そのものを破滅させる危険がある」(5)という訳です。となれば、人間の活動には浄化が必要です。そして、この浄化は観想生活を送る中で行われます。つまり、活動は計り知れない価値があり、歴史における神のご計画を認識するのに一役かっていますが、それでも、神との一致を成し遂げる観想を通して浄化されなければならないということです。理想は、活動と観想が仲睦まじく結ばれている生活です。

観想的な活動

初期の修道生活では、観想と活動は分離していませんでした。修道者たちは、聖務日課を唱え、聖体祭儀を行い、沈黙の祈りのうちに時を過ごしてから、畑仕事をし、修道院の日々の仕事にいそしみました。畑を耕し、皿を洗いながら、自然の内に、そして彼らの存在の奥深くに住まわれる神の現存の内にとどまっていました。彼らは万物の中に神を探し求め、自分本位に、もしくは私利私欲にかられて活動することがないように、「意図の純粋さ」を維持しようとしました。しかもそのうえ、修道院の扉を叩く貧しい人や病人や身体に障害のある人に食物や飲み物を提供しました。このように、彼らは活動と観想を結び付けていました。

アジアでも、観想と活動の一致は脈々と生き続けています。瞑想家の理想は、武道家の修行と同じく、活動の完成です。「歩くときは、歩いていると気づき、座っているときは座っている、横たわっているときは横たわっていると気づく。……身体がどんな姿勢であれ、その姿勢に気づく。このような修練を積み重ねながら、常に心と体を一つに調和させること」（＊ティク・ナット・ハン禅師「マインドフルネスの教え」より）です。さらに、〈マインドフルネス〉はあらゆる活動に及びます。人は呼吸、動作、思い、感情の一つ一つに意識を向けて、いわゆる、〈無心〉の状態に入ります。無心になると、心が身体のすみずみまで行きわたるのに気づきます。すると人の全存在が統合されます。茶、剣、弓、花と心が一つになると、一点集中の境地に入っていきます。さて、ひとたび真の自己を見いだすと、人は驚くほど自然に行動できます。筋道を立てて考えるとか、あれこれ思案するとか、計画を立てることはありません。禅の老師が弟子に向かって強く勧めるのは、台所や事務所や研究所や教室で仕事をするという日常生活に、〈マインドフルネス〉を持ち込むことです。「今を生きよ」というのは明快な教えです。そして、このようにすれば活動は完成に至ります。

似たような観想的な活動が、ヒンドゥー教の聖典バガバッド・ギータの中に述べられています。そこには、労働の実りに執着しないようにと語られています。伝え聞くところによると、ガンジーは、彼の提唱する「非暴力運動」がうまくいかないだろうと言われたとき、非暴力を実施するのは、成功するためではなく、実施することが正しいからです、と答えたそうです。ガンジーは成功に執着するのではなく、活動の完成を目指したかったのです。

意志決定

活動生活の中で、最もやりがいがある重要な側面の一つは、「決断すること」です。何をすべきか、すべきでないか、何を言うべきか、言うべきでないか、人は決めねばなりません。現代人は自己決定を人間の尊厳の一部であると考えている、と公会議は述べています。洞察力に富んだ不変の指摘です。以前にも増して、現代人は外部からの強要や圧力を嫌っています。

現代の人々は時とともに人格の尊厳をますます強く意識するようになっている。また、行動するに際して強制されて動かされるのではなく義務の意識に導かれ、責任をもって自らの判断と自由を享受し、使用すべきだと主張する人々が増えている。(6)

公会議は宗教上の自由という文脈の中でこう述べました。しかし、この問題は人間生活のあらゆる側面に及びます。若者は、人生の方向について、ときには苦しい決断を下さなければなりません。親は、家族について、ときには苦渋の決断を迫られます。国家元首や企業の社長は、大勢の人々の生活に影響を及ぼす決定を下さなければなりません。なんということか、二十世紀にもなって、無責任な政治家の決定により、数多くの人々が奴隷として売り飛ばされるという事件が起きました。地球が悪《あく》辣《らつ》な多国籍企業によって破壊されていることも私たちは知っています。

しかし、新しい時代に入ろうとしている今、結婚して、政治、経済、教育の現場で働きながら、真正な神秘体験への招きを感じている人が大勢いることも事実です。きっと、そうした神秘体験が勇気ある信仰と、我欲にとらわれない愛を呼び起こして、意志決定に役立つのでしょう。このような人々は、キリストへの従順を望む献身的な信者で、昔の修道士や修道女にも引けを取りません。そして、彼らは一つの任務――おそらく、まさに人類の存亡をかけた任務に就くようにと招かれています。そして、今、彼らは導きを求めています。

そうした時に役立つのが、十六世紀に生きたあるバスク人が提唱した神秘主義でしょう。そのロヨラのイグナチオ（一四九一―一五五六）は、常に神のご意志を探し求めていました。そして、他の人々にも同調を求める「行動の神秘家」でした。彼の教えは要求が高く（神秘主義は決して甘くもなければ生易しくもありませんから）、十字架に架けられたイエスへの徹底的な献身を求めます。そうすることにより、多忙な日常生活の中でも深い神秘主義を味わうことができます。

活動する神秘家

イグナチオの回心は、立てこもっていたパンプローナの城塞が包囲され攻撃を受けた後のことで、足を負傷して床に就いていた時に始まりました。暇をもてあましていた彼は、聖人伝を、特にカルトゥジオ修道会のザクセンのルドルフが著した『キリスト伝』に読みふけりました。これがきっかけとなって罪の生活（実際どれほど罪深かったのか定かではありませんが）から回心し、マンレサでの深い洞察を得るに至ります。マンレサで日夜祈りに専念していた彼は、痛ましい危機に見舞われましたが、カルドネル川の流れを眺めているうちに深い悟りに至り、その危機を脱しました。

彼の回心の主な特徴は、キリストへの徹底的な献身でした。彼は、ことのほか『アニマ・クリスティ（キリストの魂）』の中の、「あなたの傷の内にわたしを包んでください！」という神秘的な射祷を好みました。

Intra tua vulnera absconde me

また、彼が著した『霊操』の第一週目の終わりに霊操者がすることは、十字架の足元にひざまずいて礼拝し、「キリストのために何をしたか。キリストのために何をしているか。キリストのために何をなすべきか」と問いかけることです。(7)

これまでキリストのために何をしたか。
現在、何をなしているか。
これから何をなすべきか。

イグナチオにとり、正しい行動とは、キリストに従うことを意味していました。

彼の理想は、「あらゆる蔑《さげす》みと辱め、あらゆる貧しさを、実際的にも霊的にも耐え忍ばれる」(8)王であるキリストに倣うことでした。彼は、この道に三つの段階を描き出しました――貧しいキリストに倣う貧困の段階、侮辱を受けられたキリストに倣う侮辱の段階、奴隷の姿を取るほどにへりくだられたキリストに倣う徹底的に空となる段階です。これは、〈無〉と〈空〉の道であり、神の御子のケノーシスにほかなりません。賢明になりたければ愚か者にならなければならない、とパウロがコリント人へ語ったあの神秘主義です。〈ナダ、ナダ、ナダ〉〈無、無、無〉です。これによって、容赦なく不可知の雲の中へ、神秘的な空の中へと導かれていきます。

若い頃のイグナチオは、輝く甲冑《かっちゅう》に身を固めたキリストの騎士でした。時を経るにつれて、三位一体の神に仕える従者へと変わっていきました。ローマへ赴く途中、ラ・ストルタという小村で、「格別なる神の訪問をたまわり」、その後の全生涯と活動に影響を及ぼす体験をしました。その時のことは、簡潔にこう述べられています。

> ある日のことである。ローマまで、あと数マイルの所に小聖堂があった。彼が中に入って祈っていると、魂の中で深い内的変化を感じ、父なる神が彼を御子キリストの傍らに置いてくださったのをありありと見た。それはあまりにもはっきりしていて、父なる神が彼を御子の傍らに置かれたということを露ほども疑うことはできなかった(9)。

御子と一緒に置かれるということは、聖なる三位一体の神秘にあずかるということです。

生涯の最期が近づくにつれ、イグナチオは聖体祭儀の前後の祈りに、長い時間をかけるようになりました。その祈りは聖体の秘跡に関わると同時に三位一体にも関わるもので、祈りつつ滂沱《ぼうだ》の涙を流しました。彼の観想と活動に関する教えは、はっきりしていました。神への奉仕のために働こうとする者は、よく鍛錬され、よく教育されていなければならない、というものです。しかし、神の愛による神との一致は、自然的な賜物がどんなにすばらしくとも、それらより重要です。彼の言葉です。

> 道具である人間を神と結び合わせ、み手によって正しく導かれるように人を整える手段は、人間との交わりを助ける手段よりも効力がある。……なぜならば、本会が目指す目的のために、この

内的手段こそが、外的手段に効力を与えるからである。(10)

最も重要なのは、内的な賜物です。慈愛です。内なる慈愛から、外的な働きの効果を上げるエネルギーが流れ出てきます。

イグナチオは、イエスと御父へのこのような献身に忠実でしたから、会員たちに、「主イエスの十字架によって、世は彼らに対し、彼らは世に対してはりつけにされる」（＊ガラテヤ6・14）ことを望みました。そういう集団の呼称は「イエスの友の会」（＊通称「イエズス会」）とするべきで、それ以外に考えられませんでした。ローマの枢機卿たちは、この新しい修道会の名称を告げられたとき、憤慨してビレタを振り上げて会名の変更を迫りましたが、彼は「イエズス会」という名称を守り抜くために全力を上げて闘いました。そのおかげで、「イエズス会」の名が残ったのです。

ところで、この若き負傷兵は、他にも、自身の活動や彼が創立した組織の活動に深い影響を及ぼす体験をしています。では、この体験について考えてみましょう。

霊の識別

負傷して床に就きながら、イグナチオは自分自身の声に耳を傾け、日ごろよく見る白昼夢を観察し始めました。時折、美しい婦人や騎士道の武勇にロマンチックな思いを馳せることがありました。しばらくはこの思いに喜びを覚えるのですが、やがてわびしい空《むな》しさが残りました。また時には、聖人たちのように神に仕えることを夢見ました。そのことを思うと、徐々に、心の平和が保たれていくようになりました。彼は無意識のうちに、「愛する者たち、どの霊も信じるのではなく、神から出た霊かどうかを確かめなさい……」（一ヨハネ4・1）という聖ヨハネの勧めに従っていたのです。やがて徐々に、破滅へ導く、払いのけるべき思いと、ほんとうの喜びへと導く、従うべき思いとの区別ができるようになりました。残りの生涯で、彼の祈りの大半は心の動きに耳を傾け、どれが悪霊から来て、どれが自分自身からなのか、そしてどれが聖霊から来るのかを問いただすことに費やされました。彼の理想は、どの活動においても、聖霊によって導かれることでした。

興味深い一例を紹介しましょう。それは、彼がマンレサにいた頃のことです。ある晴れわたった日のこと、近くの空中に、美しい蛇のような姿を見ました、実に鮮やかにこう述べています。

巡礼宿に泊まっている間に、たびたび、空中に何かしら物の姿が現れることがあった。とても美しいので、心の底から満ち足りた思いを味わったが、それが何かということになると、はっきり識別できなかった。どうやら蛇の姿をしていて、その体には目のようなきらきら輝くものがたくさん付いていた。しかし目ではなかった。見たとたんに心が喜びと慰めに満たされ、見れば見るほどその慰めは深まった。そしてその姿が消え失せると、寂しさに襲われた。(11)

この幻を見た後、彼の心は揺らぎ、荒《すさ》み、良心の呵責と悲しみを覚えました。

それからしばらくして、川のほとりに腰を下ろしていたとき、彼の心の眼が大きく開かれます。喜びに満たされて、近くに立っていた十字架の前にひざまずき、神に感謝をささげていると、再び、蛇が姿を現しました。

何度も目の前に現れていたが、それが何か分からなかった幻、すなわち、先ほども述べた、たいへん美しい目のようなものがいっぱい付いた物が、今また現れた。しかし、十字架の前にひざまずきながら見ていると、その蛇からはもういつもの美しい色が消え去っていることがはっきり分かった……。(12)

今や、その幻が悪魔の仕業であることを明確に悟りました。幻はそれ以後も長いこと幾度も現れましたが、そのたびに、手にしている杖で追い払いました。

イグナチオが見た空中に浮かぶ美しい蛇の正体は何だったのでしょう。

蛇は性的なシンボルと言われています。そして、この時期、イグナチオは魅力的な美女たちに寄せる夢をまだ追いかけていました。また、蛇は原始的な生命、胎内の生命のシンボルとも言われています。当時彼は人生の岐路に立っていたのでしょう――十字架が示す貧しさと謙遜に一身を投げ打つか、それとも後戻りして蛇の魅惑的な美しさを追い続けるか。これが「マンレサの苦悶」でした。

こうした「マンレサの体験」の後、イグナチオは聖地エルサレムへ、続いてヨーロッパへと旅立ちました。旅の間、常に神のご意志を探し求め、彼の心の動きに対する注意を片時も怠ることなく、ますます聖霊の内なる声に敏感になっていきました。後年、彼の祈りの大半は、創設した組織の会憲に盛り込む内容の識別にささげられました。他の神秘家たちなら、神と二人きりになることを願って、このような考えごとは一切排除するかもしれません。しかし、イグナチオは聖体祭儀の際に、頭を悩ませている問題や関心事を一つ残らず祈りの中に持ち込みました――暮らしの中の出来事を心中であれこれ考えるマリアのようです。彼は激しく涙を流し、心の内で親しく神に語りかけては、幾つもの重要な決定を下すように神に導かれてゆきました。そして、片時も識別を怠りませんでした。心の動きは、悪霊から送られてくるものかもしれず、間違った方向へ導かれることを恐れていましたから。

この識別の神秘主義は、イグナチオがイエズス会に残した遺産の中でも重要なものでした。規則や会憲を書くのは気が進まない、と彼は正直に漏らしています。司祭や修道士の活動を律するのは外部からの法律ではなく（パウロになんと似ていることでしょう）、「聖霊がお書きになり、人間の心に刻み込まれる慈悲と愛の内的な法律」(13)です。まず聖霊への忠節が第一で、法への忠節はその次です。「文字は殺しますが、霊は生かします」（二コリント3・6）から。

ところで、現代人も、識別の神秘主義で聖霊に従うことができるようになるでしょうか。これは世俗的な都会に住む人たちが実現できる方法でしょうか。イグナチオの『霊操』に、とても興味深い要点が二つありますので、紹介しましょう。

一つは、イグナチオが根本選択に大いに関心を寄せていたということです。根本選択によって善を選ぶ人は、聖霊によって平和と喜びを覚え、悪霊によって苦痛を感じます。一方、根本選択によって悪を選ぶ人は、聖霊によって良心の呵責を感じますが、悪霊によってうわべの快楽を感じます。(314-315)。根本選択は極めて重要です。識別の神秘主義は、具体的には、全面的にキリストに身をささげている人々のためのものです。

もう一つは、こうした識別は学習の一過程であり、時間がかかるということです。イグナチオは、人が間違いを犯すのは当然であると考えていました。ユーモラスとも言える口調で、ただ「蛇のしっぽ」（cauda serpentina）を見たら、再び同じ間違いをしないことを決意すればよい(334)、と語っています。

しかし、人生の全方向を決定するような大きな決意をしなければならないときがあります。そのときは、彼の「霊操」をやり遂げるようにと勧めました。

重大な決定

イエスは、公生活を始める前に、四十日間、荒れ野でひたすら祈りのうちに過ごされました。弟子たちを選ぶ前に、「イエスは人里離れた所に退いて祈っておられました」（ルカ5・16）。ご受難と死を迎える前に、ゲッセマネで祈られ、「わたしの願いどおりではなく、み心のままに」（マタイ26・39）という最高のささげものをなさいました。生涯の最大の出来事に先立ち、まず祈られたのです。

同様に、イグナチオは、人生に関わる決断を下すときは、事前に長い時間をかけ、集中して祈るようにと求めています。「霊操」の実践者は三十日間、日中は少なくとも五時間、ときには真夜中に一時間、毎日沈黙の祈りのうちに過ごすことが求められます。祈りの方法について、イグナチオは、初めに、記憶・知性・意志（いわゆる霊魂の三能力）による推論的な祈りを、次に、福音書の一場面による観想をするようにと教えています。これがイグナチオの祈りの型と呼ばれるようになりました。しかし、不幸なことに、指導者の中には、霊操者はひたすらこの方法でだけ祈るようにと主張する者がいて、霊操から神秘主義的な内容がそぎ取られてしまいました。事実、推論的な祈りの指導において、イグナチオはその時代の祈りの方法をただ簡略化して用いていましたし、聖書の場面を想像の眼で観るという観想的な祈りは、ザクセンのルドルフから学びました。聖霊が促す祈りであれば、どんな祈りにも彼は心を開きました。そして、霊操者たちに、実りを見つけたら、その場に立ち止まり、しばらくそこにたたずむようにと告げています——このようにして、神秘体験の賜物を得る道を整えるようにと。必要なのは、順を追ってひたすらキリストの神秘に入って行くことです。そして、ため息や涙や、与えられた賜物によって、喜んで内的な実りを受け入れ味わうことです。

内に住まわれる聖霊の声に耳を傾けるためには、執着心を捨て、捉われない状態となって、神の栄光だけを見つめなければなりません。金、権力、健康、寿命の長短などに執着して右往左往するようでは、心の静けさが保てず、聖霊の声を聞くことも、良い決断を下すこともできません。また、心配や恐怖に臆していては、必要な心の平和を失います。すべての被造物に対して、イグナチオが言う「不偏心」を示さなければなりません。しかし、どうすればこの境地に達するでしょうか。

ここで東洋の瞑想——今の瞬間を生きるための呼吸と肉体の自覚法——がたいへん役に立ちます。また、東洋的な、労働の実りへの無執着も、同じような教訓を与えてくれます。〈マインドフルネス〉を鍛錬する人はこの心の平静さに達することができます。そして、彼らがキリスト教的な信仰をもってイグナチオに従えば、神の栄光へと、すなわち、「神のより大いなる栄光のために」（イグナチオが好んだ言い方です）、その全生涯を方向づけることができるでしょう。

そして、言うまでもなく、この全過程で主に鍵を握るのは、霊操者に寄り添う指導者です。しかし、真の指導者は聖霊であって他の何者でもないことを、指導者たちは決して忘れてはなりません。ですから、注意深く耳を傾け、幾つか関連質問をするとしても、決してどちらかに偏った影響を与えてはなりません。断じて、神のみ業の邪魔をしてはいけません。指導者たちは、霊操者を〈独りでおわす方〉と二人きりにしておくように気遣うべきです。

識別の文脈の中で、イグナチオは「先立つ原因のない慰め」について、「慰めのもととなる原因なしに霊魂に慰めを与えるのは、主なる神だけである」(14)と語っています。彼がこれほど重視する、先立つ原因のない慰めとは何でしょうか。

本書の第一部で、人間側の努力で獲得される観想と、神から注ぎ込まれる純粋な賜物としての観想との区別について述べました。人生には、神聖な贈り物を受けるときがあるでしょう。受ける側は、自分がこの贈り物に値しないこと、受け取るための努力を一切していないことを、十分に承知しています。困惑して、身に余る思いでいっぱいになります。これが神秘的な恩恵です。イグナチオは、これを「先立つ原因のない慰め」と呼んでいます。そこで、彼が「霊操」で目指すのは、実践者を、このような身に余る恩恵を受け入れる気持ちにし向けることです。

霊操のクライマックスは、この賜物を受け取る時に訪れます。ダマスコへ向かう途中のパウロや、一瞬にしてすべてを捨ててイエスに従ったマタイが、こうした恩恵の例です。この二人の使徒の決心は、人間の努力によるものではなく、神からの賜物だったのです。「あなたがたがわたしを選んだのではない。わたしがあなたがたを選んだ」(ヨハネ15・16)。

このようなまばゆい賜物が注がれる瞬間は、決してまれではありません。これまであらゆる所で、祈りに満ちた日々を送る人々の生活を彩ってきましたし、これからもそうなるでしょう。この賜物は贈られるものであると気づいていたイグナチオは、他にも重大な決断方法を提案しています。

貧しさについての識別

揺籃期の彼の会の清貧に関して、イグナチオは重大な決断を迫られることがありました。「イエズス会の教会が固定収入を持ってよいかどうか」という問題に決断を下すまでの間に書き留めたメモが、幸いにも残っています。聖体祭儀の間、貧しさに徹することへ気持ちが傾き、その気持ちが一日中消えなかった、と彼は告げています。数日後、「御父のみ前に快く取り次ぎの労を取ろうとなさる聖母と御子を見た。その間、また、一日中、まったく収入を持たないことへの傾きを感じる(15)」と書いています。祈りと省察を続けた数日後、「収入の一部だけでも受け取るのは間違いだと分かり、また収入のすべてを受け取るとしたら他人のつまずきになり、主なる神がかくも称賛される清貧を弱める手段にすぎなくなると悟った(16)」と再び書いています。

この識別の体験は、理屈や計算とはかけ離れた、熱気と涙にあふれる体験でした。「御父に祈って御父に近づこうという内的衝動を感じた。祈るうちに身の毛がよだち、体中に何かとてつもなく温かいものを感じた(17)」。このようにして、完全な貧しさを喜んで受け入れる決断を下しました。そして、神なるわが主にその決心をささげたとき、深い平和と安らぎを感じたのです。

奉献のとき、献身の思いにあふれ、涙に濡れた。また、その少し後で、聖霊のミサのために、しばらくの間、聖霊と対話しながら同じく献身の思いを感じ、涙を流した。その時、濃厚な光に包まれたような、燃える炎の色をした聖霊を見たような気がした。まったく異常な事態であったが、それによって、自分の選定に満足を覚えた(18)。

イグナチオは、決断後の、彼の魂を満たす心の平和と安らぎを重視しました。このことで彼の決心が神のみ旨にかなっていると確信したのです。

その後、非常に心が静まり、確信が湧いた。それは疲れ果てた人が静かに休む気持ちに似ていた。これから先、もうあの選定の問題は解決済みであるから、ただ感謝するため、または、御父、および聖三位のミサに対する献身の思いから問題に触れる以外は、それについては何も調べたくないし、考えたくもないと思った(19)。

ここに描かれているのは、聖体奉献の間、涙を流しながら内なる温かさに包まれ、ヴィジョンの恵みを何回も受けながら聖霊の導きに耳を傾けている人物の、神秘的な識別の場面です。識別が完了すると、イグナチオは実務的な調査を開始し、利点と欠点、賛否両論のすべてを書き出しました。ところで、彼の涙の訳はどう説明できるでしょうか。他にこれほど泣いた神秘家はいません。彼と親しいライネスの話では、イグナチオは一日に六、七回涙を流したそうです。あまりに涙を流したため、彼の視力は危険にさらされるほどでした。

神秘家たちは、五感にあふれ出る、深い霊的体験について語ることがよくあります。内なる火とか、愛のひそやかな兆しとか、愛の生ける炎とか。そして、霊的体験があまりに強烈で、聖痕や、イエスの五つの傷跡や、他にも、歓喜、恍惚、関節の脱臼などの肉体的な現象を起こすことがある、と語っています。イグナチオはこのような現象を体験することはありませんでした。その代わりに、涙があふれ出たのです。イグナチオの場合、涙は深い内的体験の表現でした。

目覚め

東洋の神秘主義との対話により、現在、〈目覚め〉あるいは〈悟り〉、あるいは〈照らし〉の現象がますます意識されるようになりました。東西の神秘家の目が開かれ、彼らに新しい方法で事象を見るときが来ました。カルドネル河畔に座って川を眺めているうちに、世界について新しい洞察力を得たイグナチオの場合もそうでした。

興味深いことに、流れる川が、悟りに至るきっかけとなる場合がよくあります。エゼキエル書に、「わたしはケバル川の河畔に住んでいた捕囚の人々の間にいたが、そのとき天が開かれ、わたしは神の顕現に接した」（1・1）と書かれています。同様に、マンレサ付近の教会へ信心に動かされて出かけたイグナチオは、道端に腰を下ろして川を眺めておりました。そのとき起きたことは、『ある巡礼者の物語』にこう書かれています。

そこに腰を下ろしていると、知性の眼が開かれ始めた。何か幻視が見えたわけではないが、彼には分かった――信仰や神学に関するおびただしい事柄についての深い洞察が与えられたのだ。この悟りはまことに圧倒的であったから、何もかもが一変したように思えた。(20)

イグナチオは、肉眼でも想像の目でも、何の幻視も見ませんでしたが、事物を新しい視点から見る力を手に入れました――「何もかも一変したように思えた」。そして、すっかり不思議な気持ちになり、こう述べています。

知性のうちに偉大な光を受けたことは確かであった。六十二歳のこれまでの生涯を通じて、神から受けた数多くの恵みと自ら学んだ数多くの事柄とを一つ残らずかき集め、まとめ合わせても、その一時《いっとき》に受けたものには及ばないと思う。(21)

イグナチオのこの体験は、神秘神学にとり、意味深く重要です。というのは、彼の体験は明確に神学的な内容を伴った目覚めだからです。はっきりと内容について表現していませんが、霊的事柄や、信仰と学問に関する事柄について語っているのは事実です。同じ時期、内的な眼で（つまり、霊的な感覚で）イエスの人間性を見たと語っています。白い形で現れ――もしかしたら白い光線だったかもしれませんが――身体の部分は区別がつかなかったそうです。注目すべきことが述べられています。

私が見たこれらのことは、そのとき確信を与えてくれたが、その後いつも信仰の確信を与え続けてくれた。それで、「もしもこうした信仰の事柄を教える聖書が存在しなかったとしても、自分が今まで見たことだけで、それらの事柄のために死ぬことも辞さない覚悟である」と度々考えるほど、その確信は強いものであった。(22)

ここにもまた、はっきりとした彼の神秘体験における知性に関わる内容が描かれています。後年、祈りのうちに受けた光と、その勉学との関係について、霊的日記にも同様のことが書かれています。

数条の光線が降り注ぐとともに、聖なる三位一体に関する霊的記憶を授かり、知性の大いなる照らしとなった。勉学に励んで習得しても、このときの照らしには及ばない。後年、さらに厳密に調べてみて、全生涯かけて勉学しても及ばないほど多くのことを感じ取り、理解したのだと思う。(23)

ここでも、彼の神秘体験には、明らかに、神学的内容が含まれていたことが読み取れます。神学は太陽の輝く光の傍らに置かれた小さなろうそくにすぎないと、神学を軽んじる神秘家が述べる一種の否定神学的な神秘体験とはまったく違います。イグナチオの体験に、内容――識別のための神学的内容とか題材とかいったもの――があったのなら、〈空〉〈無〉〈不可知の雲〉とか〈暗闇〉については、どうだったのでしょうか。

彼が〈空〉の中にいたことや、不可知の雲に包まれていたことに、筆者は疑いを抱いていません。確かに、彼の著書は、実際、〈空無〉に貴重な光を投じていますから。空無や不可知の雲は、白紙状態、つまり tabula rasa になろうとして、知性から中身をすっかり捨てて空っぽになった状態を示すのではありません。そのことは絶対に忘れないようにしましょう。「空無を構成するのは無執着です」。滝の音や、鳥のさえずり、蛙《かえる》の鳴き声に気づきながらも、人は空の中に存在することができます。公案と格闘している間でも、人は空無の中に入ることができます。識別の題材に難渋しているときでも同じです。家事をしていても職場で仕事をしていても、そうです。人は空無の中にいながら三位一体のペルソナに語りかけることができます。空無の中にいるということは、人が意識の深いレベルに入ったことを意味します。そこでは、超然として自由であり、依存せず、貪欲でもなく、不安を抱えることもありません。

実は、本物の神秘体験は常に中身を伴います。あるときは、神ご自身が非常に親しく姿を現されるので、太陽の光がこうもりの目をくらませるように、人間の目には神が見えなくなることがあります。そのようなとき、中身は暗く見えます。あるときは、心の眼が真実を新しい見方で見ることがあり、そのときは中身が明るく見えます。またあるときは、神が秘密を明かされることもありますから、その時には人は信仰の神秘を部分的にかいま見ることができます。

以上のことから、神秘神学にとって重要な二つの結論に至ります。

第一に、神学と神秘的な目覚めは親密な関わりがあるということです。アウグスチヌス、グレゴリオ、クリュソストモス（*三四〇-四〇七。正教会最大の説教家）やその他の教父たちの神学は、そうした神秘体験から生まれたのです。三位一体の教説は単に書物から生まれたものではなく（彼らはわき目もふらず研究に励んだと思われますが）、さらに大切なことは、彼らが悟ったものから生まれたのです。ですからイグナチオのように、「信仰の事柄を教える聖書が存在しなかったとしても、自分が今まで見たことだけの理由で、それらの事柄のために命をささげることも辞さない」と言うことができたのです。二十世紀の私たちの神学に欠点があるとすれば、神秘体験が、主に書物やコンピューターに頼って仕事をする神学者から格下げされてきたことです。

第二の重要な結論は、ヒンドゥー教や仏教やイスラム教やキリスト教は、どれも皆、同じとは言えないということです。確かに、神秘家は誰でも、不可知の雲の中の静寂と無の境地に入ります。しかし、神秘体験が宗教間の対話には絶好のテーマであることも確かですが、得られる内容は異なっているのも確かです。つまり、神秘家たちは、神秘への旅を続けながら互いに情報を分かち合い、向上することができるということです。安易なエキュメニズム（＊教会一致促進運動）は避けたいものです。

愛のヴィジョン

イグナチオは救いがたいほどのロマンチストでしたが、雅歌の魔力に屈することは決してありませんでした。それにもかかわらず、実際、愛する者たちについて語り、愛は言葉より行為で証明されるものであり、互いに分かち合うことから成り立つと言いました。愛する者たちは、知識や富、名誉やその他、何でも分かち合います。

そして、この分かち合いは人間の、神との関係の極致です。結婚において愛する者たちが全存在を分かち合うように、神と人間は完全に分かち合います。神は愛です。創造と贖いを通して、神は私たちと分かち合ってこられました。神は全世界の内に住んでおられます。つまり、四大元素（＊地・水・火・風のこと）や、動植物や、人間の内におられ、それらを存在させ、成長させておられます。太陽や月や星と、物質の元素や、植物、果実、家畜などの内で、私たちのために働いておられ――いつも偉大な「愛する者」としてご自分をお授けになります。神の善良さ・正義・慈しみは、あたかも太陽から光線が、泉から水が湧き出るように、私たちの上に流れ落ちています。神は愛です。

そして神が私とすべてを分かち合っているように、私もそれに応えて、神とすべてを分かち合い、こう祈ります。

すべてを取ってください。主よ、受け入れてください。私のすべての自由、私の記憶も、知性も、意志も。私にあるものと持っているものすべてを。(24)

これは徹底的な奉献です。〈ナダ〉〈無〉そのものです。そして、愛の行為です。「あなたの愛と恵みを与えてください。私にはこの恵みだけで十分です(25)」と唱えて、この『アニマ・クリスティ（キリストの魂）』の祈りは終わります。人は愛の賜物を求めます。そして、愛する者と愛される者の一致が成し遂げられます。すると、愛する者の中で愛される者の完全な変容が起きます。

さらに、この祈りにより、活動は完成へと導かれます。人は持てる全能力を神に引き渡し、こう祈るからです。

どうぞ、あなたの望みのままに計らってください。(26)

これから先の活動は私のものではありません。天地を動かすために私の全能力を活用なさる神の活動となるでしょう。今や、聖なる恋人である神が、すべてをささげきった花嫁（霊魂）を通して活動しておられるのです。

このように、私たちには、キリスト教神秘主義が伝統的に提示してきた大きな愛の営みの理念があります。愛される者が愛する者に対して、お望みのままに自分自身と自分のすべての能力を使ってくださいと願うとき、この愛は活動へと変換されます。これについては、二点述べておきましょう。

第一は、このささげものは聖体の秘跡に関わるということです。イグナチオが滂沱の涙を流し、ため息をつき、すすり泣きながら自身のすべてと計画のすべてを徹底的にささげたのは、聖体祭儀の間でした。そこで彼は、愛する霊操者に、この徹底的な奉献を深い感動をもって行うように求めます――「深い感動を抱いて、私自身をおささげいたします[27]」と。

第二は、この奉献は三位一体に関わるということです。それは、聖霊のうちにおられる御父に、御子とともに自分のすべてをささげることです。全生涯を通して、イグナチオは子どものように素直に、御父と子と聖霊に祈りました。彼は、唯一の神の内におられる三位のペルソナのヴィジョンを何回も見ました。一度は神の実体を見たとも言っています。それは「太陽よりやや大きい、丸い形の姿をしていた[28]」そうです。

実は、「神への愛を得るための観想」全体は、川のほとりでイグナチオが体験して、「私には分かった――霊的な事柄や、信仰や神学に関する事柄も。この悟りはまことに圧倒的であったから、何もかもが一変したように思われた」と彼に言わせたあの目覚めを、言葉で表現しようとする試みです。『霊操』の結びに、他の人々も同じ神秘体験へ至るように願う、と書いています。

そして、イグナチオの息子たちは同じ体験を確かに共有しました。「神への愛を得るための観想」は、ジェラルド・マンレイ・ホプキンズの詩や、カール・ラーナーの神学や、テイヤール・ド・シャルダンの神秘的なヴィジョンに深い影響を及ぼしました。こうしたイエズス会士は皆、愛である神の栄光に貫かれた世界をかいま見ました。そして、愛する者として、彼らは祈りで応えました、「すべてを取ってください。主よ、受け入れてください。……」と。彼らの活動が自身のものではなく、神のものとなるようにと祈り、「どうぞ、あなたの望みのままに計らってください」と願ったのです。

祈りの師

イグナチオは基本的には祈りの師でした。一人のキリスト教徒として、あちこちの神の民のもとへ、霊操の指導に出かけて行きました。後に、イエズス会総長として、常に当時の世界をひたと見据えて、活動における観想を指導し続けました。カルトゥジオ会の修道士たちに好意を持ち、入会を考えたこともありましたが、自分の小さなグループを、求められている活動から退かせるような隠棲的な祈りは、一切受けつけませんでした。

彼は、『霊操』を通して弟子たちを導いた後に、彼らを勉学に送り出しました。勉学中は、長い祈りの指示は出さず、短い祈りを強く奨励しました。聖体拝領と一日二回の十五分間の祈りを義務としました。禁欲的で利己的でない生活を送るために切磋琢磨《せっさたくま》する人は、長時間祈っても禁欲もせずに利己的な生活を送る人に比べれば、祈りが十五分でも霊的進歩は速い、と常々強調していました。祈る以外のときは、神の現存の中に在り、万物の中に神を探すようにと指導しました——この点では、絶え間ない祈りについて説きながら福音に従ったヘシュカストのようでした。

彼の目は同時代の世界に向けられていましたし、たえず世界が必要とするものを識別し、次にどんな行動を取るべきかを問いかけていました。ザビエルをインド諸島へ、ライネスをトレント公会議へと送り出しました。彼に従う人々の召命は旅に出ること——神の栄光と霊魂の救済のために働ける場所へと赴くことでした。

もしイグナチオが現代に生きていたら、時のしるしを識別してどうするでしょうか。もし、現代の社会的激変——有り余るほどの贅沢《ぜいたく》と併存する重くのしかかる貧困や、繁栄し続ける軍需産業によって維持される残酷極まりない暴力など——を見たら、どう思うでしょうか。間違いなく、「祈りと活動を分離しないこと」、「聖霊の活動の識別を持続的に行うこと」、そして「神秘神学には社会的な側面がある」ことを再確認することでしょう。

1　本書4章、参照。
2　「典礼憲章」序文・2。
3　「現代世界憲章」第一部第三章34。
4　同　35。
5　同　37。
6　「信教の自由に関する宣言」1。
7　Trans.Louis J.Puhl, The *Spiritual Exercises of St. Ignatius of Loyola,* (Loyola University Press,Chicago 1968).『霊操』53。イグナチオの神秘思想については、Harvey Egan, Michael Glazier, *Ignatius of Loyola the Mystic,* (Delaware 1987) 参照。
8　『霊操』98。〔ホセ・ミゲル・バラ訳『霊操』（改訂版）（新世社、二〇〇三年）〕参照。
9　Trans.Parmanada R.Divarkar, *A Pilgrim's Testament:The Memoirs of St. Ignatius of Loyola* (Gregorian University Press 1983) 96.〔イグナチオ・デ・ロヨラ著　門脇佳吉訳・注解『ある巡礼者の物語——イグナチオ・デ・ロヨ

ラ自叙伝』(岩波文庫、二〇〇〇年)]。
10 『イエズス会会憲』*The Cnstitutions of the Society of Jesus*, trans.with an introduction and commentary by George E.Ganss, (St. Louis, Institute of Jesuit Sources, 1970)(以下『会憲』と略記)。
11 前掲書注(9)、19。
12 同 31。
13 『会憲』第一部。
14 『霊操』330。
15 Trans. William J. Young, *Spiritual Journal of Ignatius of Loyola,* (Woodstock College Press 1958) part 1.4.［エバンヘリスタ・佐々木孝訳編『ロヨラのイグナティウス—その自伝と日記』(桂書房、一九六六年)]。
16 同 5。
17 同 7。
18 同 10。
19 同。
20 前掲書注(9)、30。
21 同。
22 同 29。
23 同 18。
24 『霊操』234。
25 同。
26 同。
27 同。

28　前掲書注(15)、34。本書4章、参照。

第19章　社会活動の神秘主義

社会意識

キリスト教は、そもそもその初めから、気迫に満ちた活動的な宗教でした。「だから、あなたがたは行って、すべての民をわたしの弟子にしなさい……」という み言葉は、高らかに鳴りわたる宣教活動への進軍ラッパでした。飢えた人に食べ物を、渇いた人に飲み物を、裸の人に衣服を与えなさいという聖書の教えは、常に生きていました。地震や洪水などの自然災害が起きればどこにでも、目の見えない人、足の不自由な人、重いひふ病を患っている人がいればどこにでも、聖書に出てくる善いサマリア人のように、傷口に油を塗り包帯を巻くキリスト信者の姿が見られました。そして、今日でも、マザー・テレサの会の修道女たちは、世界中の大都会の道端で、見捨てられ、死を待つ人々を腕に抱きとめていますから、この憐れみの心は脈々と息づいています。

しかし、十九世紀末からは、新たな進展が見られるようになりました。キリスト信者が以前よりも社会構造に注目し始めたのです。彼らは、社会的罪というものを意識するようになりました。罪は、神への個人的な違反行為であることとは別に、まさに社会構造の中にも組み込まれていることを知ったのです。教皇レオ十三世（一八一〇–一九〇三）は労働者の権利に関する回勅を発布しました。それは『労働者憲章』(1) と呼ばれるようになり、その後も続々と出されて、諸国の体制側の政府に突きつけられました。共産主義政府に反対の声を上げるキリスト信者もいました。それは、ただ単に政府が宗教を弾圧するからではなく、人間を抑圧して人間性を奪うからでした。同様に、キリスト信者はナチズムの人種差別という極悪非道な犯罪にも立ち向かいました。やがて共産主義とナチズムが崩壊すると、今度は、一握りの人間の快楽と権力と利益のため人々を単なる道具として操作し、いいように使う身勝手極まりない資本主義と戦い続けました。

第二バチカン公会議はキリスト教の社会的側面を強調する一方で、結婚・経済・政治・文化についても公然と、「教会の使命は、ただキリストを告げ知らせ、その恵みを人々にもたらすだけではなく、現世的秩序に福音の精神を浸透させて完成することでもある」(2)と述べています。キリスト信者は、聖書の精神を世界経済に浸透させるという、仰天するような課題に直面することになりました。

一九九三年、シカゴで開催された世界宗教会議では、すべての宗教の社会的側面を前面に打ち出し、万人が犯してはならない尊厳を強調して、社会正義、非暴力、世界平和、環境保護を成し遂げる地球規模の倫理を提案しました。

今や、明らかに、現代は一つの世界に向かって前進しています。誰もが、以前にも増して人類家族の連帯感をもつようになり、互いに助け合い、互いに守り合い、母なる大地に関心を寄せています。

神秘神学の役割

二十世紀に起きた大きな社会変革では、神学校や大学の神学部で教えられてきた伝統的神秘主義は何の役割も果たしませんでした。当時の神秘神学は、聖なる個人あるいはグループを生み出すことに関わっていましたから、神学生に奨励したのは、俗世間から離れて祈りに専念し、聖書を読むことでした。そのような神秘神学はいち早く不適切と見なされ、カリキュラムから消えていきました。

しかし、観想の波が、そして神秘主義の波までもが、別の思わぬ方面からキリスト教へ押し寄せてきました。すべての始まりは一人のヒンドゥー教徒からでした。それはマハトマ・ガンジーです。彼は「山上の説教」を社会的に解釈しました。そして彼が唱える非暴力、赦《ゆる》し、敵への愛は世界を揺さぶりました。ガンジーがインドをはじめ世界中の人々に慕われているのは、彼の清貧（チャーチル首相は彼を「半裸の行者」と呼びました）、断食、憐れみ、赦す心、それと、現実に即した高潔さのためでした。

ところで、ガンジーは神秘家だったのでしょうか。超常的な現象を体験した人を神秘家と呼ぶなら、ガンジーはそうではありません。でも、ヴィジョンの人、（本書にあるとおり）愛の生ける炎が煌々《こうこう》と燃えて、その結果彼の存在が〈愛のうちにあるもの〉となる人を神秘家と呼ぶなら、まさしくガンジーはそうでしょう。というのは、彼は真理に全身を委ね、satyagraha と呼ぶ「真理の力」について度々語ったからです。さらに、「しかし、わたしの言葉を聞いているあなたがたに言っておく。敵を愛し、あなたがたを憎む者に親切にしなさい。悪口を言う者に祝福を祈り、あなたがたを侮辱する者のために祈りなさい。あなたの頬を打つ者には、もう一方の頬をも向けなさい……」（ルカ6・27–29）と言われたお方の言葉を、純粋に実行しようとひたすら努力しました。このような人は神秘体験の神髄である無・空・自己放棄・虚空へと、抗うすべもなく引き込まれていくものです。

それはともかく、ガンジーによる人間の尊厳と自由へのアプローチは、アメリカのマーチン・ルーサー・キングによって、また、シトー会の著名な観想家によっても採り上げられました。トマス・マートンは、若い修道士の頃からカルメル会の神秘家の精神が染み込んでいたので、観想に関する信心書を何冊も、大勢の熱心な読者に向けて書きました。しかし、時がたつにつれ、もはや、やましい傍観者ではいられないことに気づきました。そこで、確固たる態度で、不正や差別、人種間の暴力や資本主義の悪、富める国による貧しい国の搾取などに関する本や記事を書き、論争をまき起こしました。特に雄弁な論調で非難したのはベトナム戦争でしたが、他にも戦争という戦争をすべて非難しました。

マートンの上長たちは、彼が夢中になって社会的および政治的な事柄に関わることを必ずしも喜びませんでしたし、読者の中には幻滅して離れていく人々もいました。しかし、ルイス神父は（修道院では、そう呼ばれていました）、本業の観想を捨てるどころか、まさしく観想家として、世界に向けて、「社会的関心は二十世紀の観想生活の統合的な一部である」と、隠棲先のケンタッキーからメッセージを送りました。

さらにマートンは、より人間的な社会を建設するのは、キリスト信者だけでは無理であると考えていました。やがて、この同情心に富んだ修道士が修道院長になったとき、アジアを訪問する機会が訪れました。その折、ベトナムやタイの僧侶たちとの対話に取り組み、ダライ・ラマとも語り合いました。バンコクで不慮の死を遂げた後も、マートンは平和運動に多大な影響を与え続けています。その平和運動には、ドロシイ・デイ、ティク・ナト・ハン、シーザー・チャベスやその他大勢の賛同者が名を連ねています。彼の影響は、ラテン・アメリカの正義と平和を求める闘争にも及びました。マートンのメッセージは明確で、キリスト教は社会改革の観想的な側面を見過ごすことはできないというものでした。

また、他にも、社会改革に献身した人物に、バスク人の観想家ペドロ・アルペ（一九〇七－九一）がいます。彼は三十年以上を日本で過ごしました。一九四五年八月六日、運命の原爆が広島に投下されたとき、イエズス会の修練長であったアルぺは、市内から幾らも離れていない所に住んでいました。彼は若い頃、医学を学んでいましたから、直ちに修練院を臨時の病院とし、爆心地から瀕死の身体を引きずって続々と倒れ込んでくる人々を修練院に収容しました。そして、修練者たちを看護に当たらせました。後に、イエズス会総長となってラテン・アメリカを訪れた彼は、そこで目にした光景や耳にした話に大きな衝撃を受けて、イエズス会士たちを正義と平和に貢献する道へと導きました。それは論争の的になる新しい道でした。やがて一九八九年、この道に導かれたエルサルバドルの四人のイエズス会士が、同志とともに殉教を遂げました。アルペ師をよく知る人々は、彼が神秘家であるという点で意見が一致しています。彼は長時間祈りのうちに過ごしました。また十字架の聖ヨハネの著書を日本語に翻訳しましたし、万物の中に神を見いだすというイグナチオ的な理想の生活を送っていました(3)。

また、革命が多発した二十世紀には、新たな社会関与型の神秘主義が生まれました。胸の内に赤々と愛の生ける炎が燃える活動家、その存在が〈愛のうちにあるもの〉となった活動家、無慈悲な誤解という暗夜をすでに通り抜けた活動家が私たちの目の前に現れました。彼らは街頭でデモをしたり、原子力施設への抗議運動で血を流したり、悪の社会構造を非難したり、圧制的な政府に抵抗したり、投獄されたり、自身の信条のために拷問に耐えたり、命を落とすこともいとわず、愛を表明する活動家たちです。きっとこういう社会活動を行う神秘家たちは、いずれ観想の歴史の年譜に、テレジアや十字架のヨハネやエックハルトと肩を並べて記載されるでしょう。これからの神秘神学を考えるとき、彼らの体験は見逃せません。

聖書の背景

社会的関心がもととなり、学者や活動家は聖書を新しい目で見るようになりました。旧約聖書では、預言者は社会問題と政治に深く関わる存在と見なされました。紀元前八世紀の偉大な預言者、アモス、ホセア、ミカ、イザヤたちは、当時の世俗的および宗教的な体制に対して猛烈な抗議行動を起こし、富と権力に奢る人々に対して、貪欲や貧しい者に対する搾取と不正な態度をすべて改めるようにと強く要求しました。預言者ミカは、一人の信徒から、主はどんな犠牲を喜ばれるだろうかと熱心に尋ねられて、こう言います。

主が何をお前に求められておられるかはお前に告げられている。正義を行い、慈しみを愛し、へりくだって神とともに歩むこと、これである（ミカ6・8）。

特筆すべきは、十字架の聖ヨハネが、神秘家の中の神秘家として繰り返し引き合いに出し、キリスト教の伝統においても、苦しむイエスの典型とか、イエスの似姿と見なされている預言者エレミヤです。

エレミヤは彼の時代の政治に深く関与しました。体制に取り入って正義を忘れた預言者たちを痛烈に批判しています――「エルサレムの預言者たちから汚れが国中に広がったから」（エレミヤの手紙23・15）です。暴力に反対するあまり、エレミヤはユダの民に向かいネブカドネツァル（＊バビロン国王。

在位・前六〇四–五六二）に屈するようにと告げます――「バビロンの王に仕えよ。そうすれば命を保つことができる」（同27・17）と。確かに、彼は敵国のネブカドネツァルを「神の僕」と呼び、その主張を擁護しましたから、国賊と見なされます。

イスラエルの神、万軍の主はこう言われる。……今やわたしは、これらの国を、すべてわたしの僕バビロンの王ネブカドネツァルの手に与え、野の獣までも彼に与えて仕えさせる（同27・6）。

エレミヤは、バビロンに捕囚となったユダの民に、バビロンの平和を祈り求め、バビロンの王に仕えなさい、と語ります。彼がいわゆる憂国の士から憎まれても、そう不思議ではありません。おそらく、彼らに殺されたのでしょう。

また、解放の神学のおかげで、斬新な方法で、福音書が説く貧しさに近づくことができます。私たちは、今は、惨めな生活を送る多くの人々の過酷な貧しさが、人間の尊厳に対する侮辱であって神のご計画ではない、と分かっています。イエスが来られたのは、罪の束縛からだけでなく、人間生活から本来の人間性を奪うすべてのものの束縛から私たちを解放させるためでした。すべての人が人類にふさわしい尊厳をもって生きることが、神のご意志です。敬虔なキリスト信者が、貧しく虐げられた人々に向かって、「あなたがたは神に選ばれた方たちです。その報いは天国で受けるでしょう」と、語るようなことはもうありえません。

ところで、貧しさとは何でしょうか。貧しい人は幸いである、という福音書の言葉はどういう意味なのでしょう。

ここで、本書の第二部でも触れたように、仏教との対話が助けとなるでしょう。福音書が説く「貧しさ」とは、完璧に無となる者の徹底的な離脱のことです。〈無〉、〈空〉、〈ナダ〉です。イエスは、神の身分でありながら、ご自分を無にして、僕の身分になられ、へりくだって、死に至るまで、それも十字架上の死に至るまで従順でした。そのイエスに倣い、すべてになるために、〈無〉になるということが「貧しさ」です。イエスの〈ケノーシス〉を分かち合うことにより、精神において貧しくなるということです。

さて、この〈ケノーシス〉は（本書の随所で触れてきたとおり）、すべての神秘体験のまさに根幹を成すものです。そして、今日、愛する人々にのしかかる貧しさを分かち合うために、完全に己を無にしてイエスに倣う人々がいます。このように自由意志で選んだ「貧しさ」によって、彼らの生涯は神秘的で預言的になります。

しかし、キリスト信者が、踏みにじられた人々を抑圧する欠陥に満ちた社会構造の改革に尽力するようになるにつれ、興味深く重要な展開が見られます。つまり、世界中で、日増しにこういう人々が、自分自身の宗教の罪深く抑圧的な構造に敏感になってきたのです。公会議は、教会改革の継続の必要性について語り、「旅する教会は、地上的で人間的な制度がつねに必要としている改革をたえず行うようキリストから招かれている」(4)と述べています。そして、近年では、この刷新の必要性を深く意識した勇敢なキリスト信者たちの中に、怒りに満ちた愛と預言者的な熱情をもって、制度としての教会の抑圧的な構造を批判する人が現れてきました。その姿は、偽預言者の前に立ちはだかったエレミヤや、ペトロに向かい、ユダヤ人ではないキリスト教徒にユダヤ人のごとき生活を送らせてはいけない、と怒って抗議したパウロを彷彿させます。こうした預言の新しい精神は、これまで騒動を引き起こしてきました。それは今日も続いていますし、おそらく今後もしばらく続くことでしょう。

問題の根源

現代世界が抱える途方もなく大きな政治および社会問題に直面して、多くの善良な人々は、すっかり無力感に陥っています。「なぜ、私が心配しなければならないのか。私に何ができるというのか」。この問いに対して、「無力感こそが究極の解決の鍵」、と神秘神学なら答えるでしょう。パウロは自分の無力さを誇りとしませんでしたか。迫害されて行き詰まったときこそ、神の力が彼の内に高まり、叫びました、「わたしは弱い時にこそ強い」（二コリント12・10）と。しかし、無力さをうんぬんするよりも、私たちが巻き込まれている騒動の根本的な原因を探り出す方が大事でしょう。

残酷な「バビロン捕囚」の根本的な原因について、エレミヤには疑う余地がありませんでした。人々が神を忘れてしまっていたからです。「お前たちはわたしに耳を傾けなかった、と主は言われる。……わたしを怒らせ、災いを招いた」（エレミヤ25・7）。同じテーマが聖書にあふれています。ホセアが単純で思いやりある解決を申し出ています、「イスラエルよ、立ち帰れ、あなたの神、主のもとへ。あなたは咎《とが》につまずき、悪の中にいる」（ホセア14・2）。身を低くして、愛する神のもとへ帰ることが解決方法です。

パウロも、腐敗したローマ帝国を目の当たりにして同じ反応を示しています。ローマ帝国は、ありとあらゆる不道徳、悪、貪欲、敵意に満ちています。では、なぜそうなったのでしょうか。パウロの言葉は明快です。

彼らには弁解の余地がありません。なぜなら、神を知りながら、神としてあがめることも感謝することもしなかった……（ローマ1・20―21）。

衰退の根本原因は神を拒絶したことでした。

でも、パウロは悲観などしていません。救い主が来られました。「しかし、時が満ちると、神は、その御子を女から、しかも律法の下に生まれた者としてお遣わしになりました……」（ガラテヤ4・4）。この御子はご自分の命をささげることによって、世界を救われました。

ところで、幻視を見た黙示録の著者の目には、なんとすさまじい光景が映ったことでしょう！　それはおどろおどろしい光景です。紫と赤の薄物をまとい、金と宝石と真珠で身を飾った大淫婦が、聖なる者たちの血に酔いしれている姿でした。大いなる都ローマ（＊大淫婦）は、なんと強大な力をもっていたことか。「あらゆる種族、民族、言葉の違う民、国民を支配する権威が与えられていた」（黙示録13・7―8）のですから。しかし、不名誉なことにやがて滅亡します。「不幸だ、不幸だ、大いなる都……豊かになったのに、ひとときの間に荒れ果ててしまうとは」（黙示録18・19）。

事実、この啓示的なドラマの著者は、「目に映ったままのローマ帝国の姿を書き記すように」という声が聞こえてきたとき、これにはすべて深い意味があると分かりました。彼は見たのです、エルサレムとバビロンとの戦いを、火のように赤い大きな竜と殺された無垢な小羊との戦いを。それは、善と悪との戦いでした。そして、著者のヨハネは、小羊が勝利を収めることに何の疑いも持ちませんでした。「小羊は主の主、王の王だから」（黙示録17・14）です。

そして、今日の世界に目をやるとき、そこに私たちは何を見るでしょうか。人権が侵され、人々が苦しんでいます。幾つもの帝国が浮かんでは消えていきます。富める国が貧しい国を搾取しています。多国籍の企業が環境を汚染し、自然を破壊し、死をもたらす武器を最高値で落札した者へ売り飛ばしています。そうした現状の根底に横たわる問題は何でしょうか。

エレミヤやパウロや預言者たちがこぞって私たちに思い出させるのは、外面的な恐ろしさに身がすくむあまり、深部にひそむ根本的な問題を忘れてはいけない、ということです。つまり、善と悪の戦いのことです。そして、戦い抜いてこそ、救いの勝利物語は輝きを放つことも、忘れてはなりません。キリスト信者があらゆる宗教の人々と一緒に取り組むべき課題は、世界を二つのレベルで見ることです。まず目に浮かぶのは地上の都です。そこでは、飢餓、病気、抑圧、不正、人間社会の罪深い構造が敵です。と同時に、「わたしたちの戦いは、血肉を相手にするものではなく、支配と権威、暗闇の世界の支配者、天にいる悪の諸霊を相手にするものなのです」（エフェソ6・12）という聖パウロの言葉が脳裏に浮かびます。そして、私たちはこの地上の都の改善に尽力するうちに、神の都に目を留めるようになります。そこでは、「神は、彼らの目の涙をことごとくぬぐい取ってくださる」（黙示録21・4）ので、もはや死もありません。

では、この戦いはどのようにして戦えばよいのでしょうか。

パウロは、明快に、エフェソの信徒に向かってこう書き送っています。神の武具を身に着けなさい、――真理の帯を締め、平和を履物とし、正義を胸当てとし、救いを兜《かぶと》とし、霊の剣を取りなさい、と。それから、その教えを次のようにまとめています。

どのような時にも〝霊〟に助けられて祈り、願い求めなさい（エフェソ6・18）。

つまり、パウロは聖霊の力について語っているのです。善で悪に打ち勝つようにと言っているのです。しかし、これに対して、おのずと、ある重要な結論が引き出されます。

もし、すべての悪が「外側のあちら」にあって、すべての善が「内側のこちら」にあるのなら、戦いは簡単でしょう。もし、「彼ら」がバビロンの都で、「私たち」がエルサレムの都なら、事態は明確でしょう。ああ、でも、啓示や体験から、バビロンは私たちの心に住み、この大淫婦は私たちの信仰共同体の中でわが世の春を謳歌《おうか》していることが分かっています。このことが戦いをより一層複雑にさせていますし、さらに、小麦と毒麦は、時の終わりが来るまで畑に繁茂することも、私たちは知っています。「刈り入れの時まで、そのまま生やしておきなさい」と主は仰せになりました。

今日私たちの前に立ちはだかる世界とは、このようなものです。

存在することの力

東アジアの神秘主義は、道教の wu-wei という、ふつう〈無為〉と訳されている原理に従っています。

無為

Wu-wei は、〈不干渉〉と訳されることもありますが、行動を起こさないことによって宇宙の力を活動させる、という意味です。宇宙の広大なエネルギーが湧き上がってプロセスを進展させるにつれ、個人の努力は背景に埋没していくか、もしくは消えていきます。言うまでもなく、〈無為〉は、宇宙の善とそのエネルギーに大きな信頼を寄せることを前提としています。物事は、宇宙の摂理に導かれて首尾よく完成の域に達すると分かっているので、人は行動を起こしません。ささやかな人間の努力など不必要であり、無駄です。

〈無為〉は、基本的には瞑想によって鍛錬されます。瞑想中は、座って何もせず、内なるエネルギーが立ち上がるままにさせます。

禅語に、次のものがあります。

只管打坐。春来草自生。

まるで、禅師《ぜんじ》はこう言いたげです、「ひたすら座るように。成り行きに任せよ。草のことを案じるな。宇宙の摂理を信じよ」と。

そうは言っても、ひたすら座る、もしくはひたすら存在するというのは傑出した技法で、何年も、何十年も修行してはじめて、会得できるものです。椅子にもたれ、ぼうっとしていることとはまったく違います。静寂主義とも全然違います。人は、すべての事柄において自分自身を鍛え、呼吸のしかた、座り方、リラックスのしかた、エネルギーの流し方を学ばねばなりません。とりわけ、何物にもとらわれずにまったく自由のうちに座るために、無執着を学ばねばなりません。それができると（この技法の習得には二十年を要しますが）、束縛を解かれた宇宙の力が真の活動を開始します。それは子どもの誕生と似ています。また、偉大な芸術作品の誕生とも同じです。母親は苦しみ、耐え、出産の流れに身を委ねます。やがて新しい生命が誕生します。

〈無為〉に匹敵するのがギリシア正教会の伝統の神秘主義で、双方とも、長い歳月〈イエスの祈り〉を唱えてきた人の心に生じる、〈造られざるエネルゲイア〉と神聖な光について語っています。〈無為〉に類似したプロセスは、ラテン西方教会の伝統の中にも見いだされます。それについて手短に述べましょう。

神秘生活に招かれた人は、まずイエスの受難や福音書の場面について熱心に瞑想することから始め、次に、〈イエスの祈り〉のような射祷を繰り返し唱えることでしょう。それは、瞑想者が自身の存在の中心で沈黙の内に安らぎ、何も行わず、言葉を発せず、〈ひたすら存在する〉ようになるまで続きます。こうなると、内なる火が立ち上がり、内なる光が輝き始め、造られざるエネルギーが目を覚まします。その存在はすでに〈愛のうちにあるもの〉となっています。

さて、そのような人は、無為のままで、全宇宙へ向かってエネルギーを放出します。自覚していなくても、その人は社会改革の力強い代行者になっているのです。テイヤール・ド・シャルダンは著書『神のくに』の中で、観想の祈りに没頭する一人の小柄な修道女のことを語っていて、彼女を宇宙の広大無辺な力の中心と見なしています。きっと彼女は、パウロが語る闇の力を征服している人ではないでしょうか。

同様に、『不可知の雲』の著者は、心の中に穏やかな愛がそよぎ始めている観想者のことについて語っています。当時の専門用語を使いながら、そのような祈りがもつ計り知れないほど広大な側面についてこう述べています。

祈りが最も神に喜ばれる魂の活動です。聖人や天使もこぞってこの活動を喜び、全力を挙げて助けようと馳せ参じます。ところが、あなたがこの活動をすると、悪魔は怒り狂い、阻止しようとやっきになります。この活動によって世の人々がどれほど助けられるか、分かりません。現に、煉獄にいる魂は、この活動の功徳によって、責め苦が軽減されます。(5)

〈ひたすら存在すること〉と〈何もしないこと＝無為〉によって人は神を喜ばせ、あらゆる所の人々を助け、煉獄の霊魂の責め苦を軽減させます。とりわけ、全人類家族の救いのためになります。〈愛のうちにあるもの〉の力とはそのようなものです。

しかし、一点、きっと現代の読者なら二の足を踏むようなことがあります。この英国人の著者は、弟子たちに向かい、不可知の雲に包まれて神と二人きりになるために、神が造られたありとあらゆる被造物を、忘却の雲の下に埋めるようにと勧めているのです。忘却の雲は創造を拒むものではなく、離脱へと至る一つの方法です。そうは言っても、おびただしい人々を悩ませる貧困、不正、抑圧、苦悩、暴力、飢餓から私たちは逃れることができません。また、逃れてもいけません。また、世界の喜びと苦しみに共鳴するように、と第二バチカン公会議が私たちに語ったことも忘れてはなりません。それでは、同胞の苦しみを分かち合うと同時に、自分自身の存在の神聖な核心に導いてくれる、そのような観想はあるのでしょうか。

そのような瞑想の傑出した例は、アジアの至る所で見受けられる、観音菩薩（中国名はKuan-Yin）です。観音は貧しい人や病人の叫びに耳を傾ける、憐れみの菩薩です。口元に優しい憐れみの笑みを浮かべ、ひたすらじっと耳を傾けます。人々の物質的な苦しみだけではなく、その魂の救済にも心を寄せます。生きとし生ける者が一人残らず救われるまで、涅槃に入ることを拒んでいます。

さて、観音は何一つ行いません。活動家ではありません。けれど、その優しい微笑を通して、慰めと喜びと希望を周囲に放射します。無数の人が観音菩薩の憐れみに励まされています。優美な像は〈憐れみにあるもの〉を象徴しています。そして、観想者は、世の中の苦しむ人々に、黙って憐れみ深く耳を傾けるとき、この観音に似た者となります。話を聞きながら、人は無力さに打ちのめされるかもしれません。私に一体何ができるのか。しかし、このすばらしい指導者である観音は、「何もしないことで世の中を変えられますから安心しなさい」、とつつましく言っています。存在することで、苦しむことで、人類家族や宇宙に大きな奉仕をするのです。

なぜなら、イエスが世界を救われたのは「行い」によるよりも、むしろ「在り方」や、「受けた苦しみ」によってであることを思い出すべきです。救いをもたらすエネルギーが世界に流れ出てきた源は、まさに十字架でした。「わたしは地上から上げられるとき、すべての人を自分のもとへ引き寄せよう」（ヨハネ12・32）、とイエスご自身が予言されたとおりです。

観想する人は、ですから、何もしていない時でも世界を変えます。存在することにより、治めます。

非暴力の力

ガンジーのアヒンサーつまり〈非暴力〉は、道教の〈無為〉とはまったく違います。道教の信者は、宇宙が力を発揮するために、〈無為〉であることが大事であると信じていましたが、ガンジーは何かをなすことに信頼をおく活動家でした。彼は「積極的非暴力」を説きました。戦わないことによって戦う、というのがその信念でした。彼が始めた運動が提唱するのは、祈り・断食・平和行進・市民的不服従です。また、この運動は、真実・正義・平和を求める中で、芸術、詩、音楽、マスメディア、その他〈非暴力〉を象徴するものであれば何でも活用しています。何よりもまず、投獄、あらゆる種類の中傷、死の受容といった苦しみの力の偉大さを強調しています。

熱烈なヒンドゥー教徒であったガンジーは、非暴力主義のイエスを敬愛しました。彼の小さい居室に、イエスの肖像画が一枚掛けられていましたし、晩年、サン・ピエトロ大聖堂でミケランジェロのピエタを見て、彼は涙を流しました。今では、彼が唱えた〈非暴力〉はキリスト信者の生活にも伝わっています。ですから「仕えられるためではなく仕えるために、多くの人々のためにその命を落とすために来た」、と告げられたイエスの教義の中心に、非暴力を据えるようにさらに深く学ばねばなりません。

イエスが非暴力を説いたことは、紛れもない事実です。イエスのメッセージのまさに中核を成すのは、敵を愛し、すべての人を赦すことです。私たちは、七回どころか七の七十倍も（つまり制限なく）赦さなければなりません。それから、「もし人を赦さないなら、あなたがたの父もあなたがたの過ちをお赦しにならない」という戒めの言葉もあります。

しかし、イエスのこの教えにもまして大切なのは、喜んで死を受け入れ、悪に抵抗しなかったイエスの模範です。初期のキリスト信者はとりわけ、イエスをイザヤの苦しむ僕と見なしました。

打とうとする者には背中をまかせ、ひげを抜こうとする者には頬をまかせた。顔を隠さずに、嘲りと唾を受けた（イザヤ50・6）。

これは、絶叫とか罵声とは無縁の、非暴力主義のイエスです――「傷ついた葦を折ることなく、暗くなってゆく灯心を消すこともない」（イザヤ42・3参照）イエスです。

イエスの死は、人類史上最も神秘的な出来事でした。ご自身を空しくして、僕の姿をとり、死に至るまで従順であった方がクライマックスで達する〈ケノーシス〉でした。この時イエスが、復活を通して〈全《すべて》〉となるために〈無〉になられたのです。真正なキリスト教のどんな神秘体験もイエスのこの〈ケノーシス〉に基づいているのは、さほど不思議ではありません。パウロは十字架につけられてイエスとともに死にます――「わたしは、キリストとともに十字架につけられています」（ガラテヤ2・19）――それは、イエスとともに天に昇るためです。イエスの十字架は、十字架の聖ヨハネの〈ナダ、ナダ、ナダ〉の核心に置かれています。その十字架はアシジのフランシスコ、ノリッジのジュリアナ、エディット・シュタインたちの神秘主義の中心に据えられています。彼らがイエスの死と復活に倣った生き方をしたのは、神秘主義にかなったことです。

そして、イエスの死から恐るべき力が流れ出ました。イエスが大声で叫び、霊を父のみ手に委ねたとき、とてつもないエネルギーが宇宙に解き放たれました。神殿の垂れ幕が上から下まで真っ二つに裂け、地震が起こり、岩が裂けました。墓が開いて、眠りについていた多くの聖者が生き返り、聖なる都に入って多くの人々に現れました。この出来事を目の当たりにして恐れおののいた百人隊長は、「ほんとうに、この人は神の子だった」とあえぎながら言いました。イエスの死の知らせはまたたく間にローマ帝国内に広がっていきました。シーザーの軍隊よりも版図を広げて。その死は、広島と長崎に投下された原子爆弾にもまさる威力を示し続けています。

苦しみの力とはこのようなもの。死の力とはこのようなものです。非暴力の力とはこのようなものです。

初期のキリスト信者は、イエスだけではなく、自分自身の死においても途方もない力が発揮されることを知っていました。彼らにとって、偉大な理想、栄光ある理想は、ステファノのように、敵のために祈りながら死ぬことでした。イエスの死と同様に、彼らの殉教も創造的でダイナミックでした――「殉教者の流す血は教会の種子」（＊テルトゥリアヌス『護教論』参照）となりました。殺人について、教父たちは、オリゲネスもテルトゥリアヌスも含めて、「キリスト教徒は命を奪ってはならない」「ローマ軍に仕えてはならない」と断言しました。聖体を拝領する者が、人間の肉体を滅ぼし、血を流すなど、もってのほかです。イエスは人間のために命をささげてくださったのですから。つまり、当時の全体の風潮は非暴力的でした。が、それもコンスタンチヌス大帝がキリスト教を国家宗教に定めた四世紀まででした。その後、いささか正道を踏み外して、非暴力的なイエスの十字架が軍事的征服のシンボルとなり、それが千年以上も続きました。

しかし、二十世紀が被った恐ろしい苦しみは強い衝撃を与えました。第二バチカン公会議は、きっぱりと戦争反対の態度を示しました。「諸国の同意のもとに、いかなる戦争も絶対に禁止される時代を準備するため、全力を尽くさなければならない」[6]と声明を出し、正義と愛に基づく平和を確保するためにすべての人々と協力するようにと、キリスト信者に強く訴えました。にもかかわらず、信者の中にはこの声明に満足しない人々もいました。こうした人たちの中で際立つのが、一九四五年、ティニアン島に駐屯していたアメリカ空軍の従軍司祭のジョージ・ゼベルカ（一九一五–九〇）です。彼は広島と長崎へ向かう飛行機を見送った後、信仰の危機に陥りました。やがて、いかなる暴力も聖書と相いれないことを知り、聖戦論は誤りであって、放棄すべきであると主張するようになりました。

ジョージ・ゼベルカは祈り・断食・巡礼を実践するキリスト教のグループに加わり、大組織としての教会に対して、非暴力のイエスに倣い、公式に非暴力の立場を取るべきであると粘り強く訴え続けました。(7)

以来、現代世界の平和を願うその運動は、勢いが衰えることはありません。「非暴力」というのは、神と世界を愛すればこそ、人類や動物や環境への暴力など、どんな暴力をも拒絶する生活スタイルのことです。「非暴力」は十字架の愚かさ（＊一コリント1・18参照）と、十字架のダイナミックな創造性を合わせもっています。戦争と暴力がただ幻滅と悲しみと破滅しかもたらさない時に、「非暴力」は社会的変化をもたらします。将来の神秘神学は、この挑戦的な生活スタイルを受け入れる人々の指導に備えることが必要でしょう。「非暴力」を受け入れる人は、怒りが正義と真実の愛へと変容するために、深くつらい浄化を通り抜けなければなりませんから、相応の覚悟が必要です。

怒りの浄化

怒りのことを伝統的神秘神学では、人間の無意識に潜んで暴発し、破滅させようと虎視眈々とねらう七つの罪源の一つとして捉えました。しかし、また、正義の怒りは改革をもたらし、社会を建設できる強力で貴重な感情であるということも承知していました。旧約聖書のヘブライ人の預言者たちは、信仰を失った人々の頑迷な態度を見ると、正義感に燃えて憤慨し、神との契約に立ち戻るよう怒りの声を上げました。イエスご自身は、神殿が汚されたのをご覧になったとき、「このような物はここから運び出せ。わたしの父の家を商売の家としてはならない」（ヨハネ2・16）と言われて、鞭《むち》を持って商人を追い出しました。

ですから、神秘生活における挑戦は、怒りを消滅させることではなく（そうすると、何かしら貴重なものを失ってしまいそうですから）、浄化し、癒やすことで、根底にある感情的なエネルギーの流れを建設的な道へと向けることです。この浄化作業は生やさしい仕事ではありません。というのも、怒りは人間のプシケに深く根ざしているからです。よく、何世紀も不正な扱いを受けた民族に抑制のきかない怒りがみなぎっている場合があるように、怒りは世代から世代へと引き継がれます。今世紀の偉大な革命家の中には、母親の乳とともに怒りをも吸い上げてしまい、多くの人々に辛酸をなめさせる原因をつくった人もいます。しかし、このような恐ろしい怒りにも、もしかしたら正しい社会を築く上で多大な貢献をしたかもしれないような、善の種がよくあるものです。課題は、浄化すること、善なるものを保持することです。

また、怒りは他の感情同様、別の感情にすりかえられることがあります。信仰を失ってしまったとか、どうにも性欲をコントロールできないと言う人がいてカウンセリングをすると、ほんとうの問題は怒りであることが明らかになるケースがあります。こういう場合、浄化作業は一段と難しくなります。

祈りの道を歩む人々は、実際に、こんな疑問を抱くことはないでしょうか。「怒りにどう対処すればよいのだろう。怒りはまるで火山のように、火を噴いて、私や周りに壊滅的な打撃を与えるぞ、と脅かす。こんな手強い力をどう扱えばよいのか」。

神秘神学は、人間側の努力でできる能動的な浄化と、霊魂の暗夜である受動的な浄化について語っています。

さて、人間的な怒りは、どんなに頑張ってみても人間の努力だけで抑えることはできません。「自分がする」とか「しない」とか意識すると逆効果となり、プシケのエネルギーを無意識の中へ押し込めかねません。そのエネルギーが無意識の中で膨らみ、何やら得体の知れない形をとって爆発します。さらに重要なのは、プシケの無意識レベルを癒やす受動的な浄化です。このあたりのことはすでに述べましたが、さらにひと言付け加えても差しつかえないでしょう。

観想生活の初期は、愛着や心配事、推論や思索、あらゆる種類の執着を手放すにつれて、精神の上層部はきれいに掃除されます。こうなると、無意識が表面へ現れてきます。人格の暗部（それまで陰に隠れていた部分）が頭をもたげてきます。人は、まさに、自分自身の貪欲や情欲、嫉妬や高慢その他の大罪に直面するように、自分の怒りに直面します。良い指導者は、観想者にこう告げます。「あなたの怒りとともにとどまりなさい。抑圧してはいけません。怒りをやり過ごし、解き放ちなさい」。しかし、なぜこのような助言を与えるのでしょう。

その訳は、さらに深いレベルでは、神が霊魂の中に姿を現しておられるからです。造られざる神聖なエネルギーは、いわば、何世紀もかかって無意識の中に集積された汚いものをすべて、意識の中へ押し込もうとしているのです。言うまでもなく、これが原因となり、大きな苦しみが生じます。自分の暗闇に直面するのは苦痛です。ましてや、神の暗闇に直面するのは、なおのこと苦痛です。有限の人間が無限の神性に出会うのは、当然恐ろしいことだからです。

しかし、救済はこのようにしてやってきます。神が人間の内にお入りになることによって、人間が神化されるにつれ、怒り、情欲、貪欲などの人間的エネルギーも、神化されていきます。怒りが変容した人は、確かに、天地を揺さぶるような神聖な怒りを抱きながら、社会と向き合うことができます。

これは単なる空論ではありません。平和革命の指導者たちは聖なる怒りに満ちあふれていました。オスカー・ロメロは貧しく虐げられた者になりきる一方で、激しい怒りを込めて支配者階級を批判しました。そのため、後に命を落とすことになりました。

平和の神秘家

原爆による長崎の大殺戮は、一人の非凡な神秘家を生み出しました。永井隆（一九〇八－五一）は内科医であり、原子物理学者であり、長崎医科大学の放射線科部長でした。長崎のキリスト信者である永井は、もっぱら日本の戦争成果と勝利ばかりを考えていました。やがて、爆弾が投下されました。瓦礫《がれき》の下敷きになりながらもなんとか生き延びましたが、妻は死に、家は崩れ、国は敗れ、夢は砕けました。後に、復員した友人にこう書き送っています。

われわれの大学は一切の力を失いました。物的に言えば建物はあのとおり文字どおりの廃虚です。人的に言えば大多数を死なしめ、生き残った私たちもこのとおりの状態になっています。私の家も、財産も、妻も、すべては、なくなりました。私は一切の力を失った者です。(8)

否定神学の伝統における神秘家と同じく、永井は無となりました。

しかし、この無の淵から深い回心が生まれます。敗戦が決まった直後、まったく何もする気にならず、同僚たちと一緒に畳にごろごろしていたときのことでした。使いの男がやって来て、けが人がいるから診てほしいと頼みました。「国敗れて何の患者ぞや。一人や二人の患者の生死が問題になるものか。そんな患者を助けたところで、今さら日本が立ち上がるものじゃなし」[9]。断れ、断れ、と看護師に言って、永井はすげなく断ってしまいます。

使いの者は、がっくり力を落とし帰って行きました。ところが、突如、永井は思い直します。むっくり起き直り、やっとの思いで立ち上がると、今の使いの者を呼び返すよう看護師に言いました。熱い人間愛と、残りの人生を平和のためにささげたいという強い願いが、ふつふつと湧き上がっていました。彼の指揮のもとに開設された医療救護班は、誰もが手足を負傷して不自由な身でしたが、壊滅状態の地区から地区へと隈なく歩いては、被爆者の治療に当たりました。巡回診療は、疲労困憊した彼らが倒れるまで続けられました。

永井は一坪足らずのトタン小屋に住み、日夜祈りながら、長崎に起きたこの惨事にどんな意味があるのか、懸命に探ろうとしました。その結果、彼は相反する二つの感情に引き裂かれたのです。一方には、戦争は二度と起きてはならない恐ろしい惨害であるという思いがありました。軍人たちは、戦争詩人たちに鼓舞されて戦争を美化していたので、永井はこう非難しています。

しかし、原子爆弾のどこに美がありましたろう。あの日あの時、この地にひろげられた地獄の姿というものを、君たちが一目でも見なさったなら、きっと戦争をもう一度やるなどというばかばかしい気を起こさぬに違いない。[10]

ほんの一瞬のうちに殺された無数の無辜の民のことを、復員した同僚たちに向かって、こうも語っています。「美談もなく、詩歌もなく、絵にもならず、音楽にもならず、文学にもならず、研究にもならず、ただ死ぬだけです[11]」と。

もう一方には、信仰が深まるにつれて、原子爆弾の悲劇は神の妙なる摂理なのであろうか、という気持ちが生まれ始めました。なぜ愛の神は、こんな大惨事とこんな苦しみを許されたのだろうか。「終戦と浦上壊滅との間に深い関係がありはしないか[12]」という問いに、彼は答えを出します。聖地長崎、この殉教者の真っ赤な血を流した街は、「世界大戦争という人類の罪悪の償いとして、犠牲の祭壇に屠られて燃やされるべき潔き小羊として選ばれたのではないか[13]」という結論に到達します。長崎の犠牲者たちは神に選ばれた殉教者でした。「戦乱の闇まさに終わり、平和の光さし出づる八月九日、この天主堂の大前に焔をあげたる、嗚呼《ああ》大いなる燔祭《はんさい》よ！　悲しみの極みのうちにも私たちはそれをあな美し、あな潔し、あな尊しと仰ぎみたのでございます[14]」と述べています。

永井の犠牲神学は論争を呼びましたし、いまだに論争の火は消えていません。愛の神がそんな血なまぐさい犠牲を強要することはなく、長崎で起きたことは単に人間の罪深さが招いた結果にすぎないと論ずる神学者もいます。しかし、たとえそのとおりであるとしても、永井が違う結論に到達したとき、彼が正真正銘のキリスト信者であったことは誰も否定できません。永井の信条は単純なもので、ただ相互に愛し合いなさい、そうすれば平和が訪れる、という福音に則した信条だったのです。

白血病で死を間近にしても、人間を愛し、ますます平和を愛する気持ちを募らせていきました。力の入らない指先でロザリオを繰《く》りながら、繰り返し繰り返し、「平和の願いをかなえたまえ！」と唱えていました。

（永井隆著『長崎の鐘』中央出版社＝サンパウロ、一九七六年）

このような独特の筆使いで「平和を」と色紙に書き、その小さな庵を訪れるすべての人に配りました。平和は神からの贈り物でした。人間の努力で成し遂げられたのではありませんでした。最も印象的なのは、死の淵にある永井が放つ、輝くような楽観主義です。彼は、平和のメッセージを世に伝える天主堂の鐘の音に耳を傾けていました。原爆によって鐘の音は途絶えました。もう二度とそのようなことがあってはなりません。平和の鐘は永遠に鳴り響かねばなりません。「鐘が鳴っている！」と死の床で彼は声を上げます、「鐘が鳴る。アンジェラスの鐘が廃墟となった天主堂から原子野に鳴りわたる。夜明けが訪れたと告げている[15]」と。

夜は確かに明けました。外で平和の鐘が鳴り響く中、死が迫った永井は最後の力を振り絞って、祈りをささげました。

ねがわくば、長崎をして世界最後の原子野たらしめたまえ。(16)

永井の祈りは、今なお世界中の無数の人々の心にこだましています。

結論

二十世紀になり、世界のあちらこちらで、キリスト信者がキリスト教のもつ社会的な側面に目覚め始め、状況は著しく進展しました。彼らは、キリストに従うために、世界の苦しむ人々――貧しい人、病気を患っている人、不安を抱えている人――こうした人の苦悩や悲しみを分かち合わなければならないことを理解しています。第二バチカン公会議は、「現代世界憲章」の堂々たる序文の中で、これについて次のようにまとめています――「現代の人々の喜びと希望、苦悩と不安、特に、貧しい人々とすべての苦しんでいる人々のものは、キリストの弟子たちの喜びと希望、苦悩と不安でもある(17)」と。

そして、このような世界感覚を持っていれば、キリスト信者は独りぼっちではありません。人間同士が結ばれ、環境や宇宙全体とも結ばれているという連帯感が、人類家族に脈々と受け継がれています。地球のどこかで愛と憐れみを身をもって知る人がいれば、別のどこかで誰かが喜び、また、どこかで大量殺戮が起きれば、別のどこかで誰かが心を痛めます。そうでなければ、人間性に背くことになるでしょう。

そして、人々が連帯感を抱くようになっている今、神秘生活に招かれた人々は特例を求めるわけにはいきません。本物の神秘家なら、世界から逃げることは断じてできません。人類共通の遺産である苦しみや痛みをともに分かち合うべきです。山奥や砂漠に隠棲していても連帯意識がある神秘家なら、世界との接触を保ち、世界を愛し、世界とともに苦しみ、世界の悪と向き合わなければなりません。

そして、あたふたと日々を送る活動的な神秘家も、荒れ野の神秘家に劣らず内的な静寂に入ることができます。内なる火も内なる光も体験します。彼らの存在を〈愛のうちにあるもの〉とさせる愛の生ける炎を体験するのです。今やその炎は彼らを駆り立てて――もう荒れ地ではなく（荒れ地にはしばらくとどまるかもしれませんが）、人で混み合う市場へも、そして心の内なる町へも向かわせます。愛の生ける炎に促されて、彼らは平和行進に参加し、街頭デモを行い、抑圧的組織を公然と非難し、権力者に抵抗し、投獄され、命を落とすことさえいとわなくなります。荒れ野に住む神秘家と同様に、苦しい暗夜を通り抜けて深い悟りに到達します。静寂な荒れ野の神秘家も、騒がしい都会の神秘家も、僕の姿をとられてご自分を空しくされたお方、そしてあらゆる名にまさる名を与えられたお方に従うことでは、同じです。

1　『レールム・ノヴァールム』（一八九一年）いわゆる社会回勅の嚆矢。四十年後、ピオ十世は、『クアドラジェシモ・アンノ』（社会経済秩序再建案）発布。

2　「信徒使徒職に関する教令」第二章5。

3　P.M Lamet, *Arrupe, una explosion en la Iglesia,* (Madrid 1989). と Pedro Arrupe, *Justice with Faith Today,* (The Institute of Jesuit Sources, St.Louis U.S.A. 1980). 参照。

4　「エキュメニズムに関する教令」第二章6。

5　『雲』3章。

6　「現代世界憲章」第二部第五章82。

7　劇的な回心により非暴力主義者となり、六十七歳のとき、平和を願いワシントンからベツレヘムまでの一万二千キロを歩いて巡礼。イギリスのテレビ番組 The Reluctant Prophet「反戦の預言者」は、彼の生涯を描いたドキュメンタリー。オーストラリアのラジオでは、My name is George Zabelka という歌が現在でも放送されている。

8　永井隆『長崎の鐘』ウィリアム・ジョンストン訳。*The Bells of Nagasaki* (Kodansha International Tokyo-New York-London 1984). p.101.［永井隆『長崎の鐘』（中央出版社＝サン パウロ、一九七六年）片岡弥吉『永井隆の生涯』（中央出版社＝サン パウロ、一九六一年）］。

9　同　八一頁。

10　同　一〇三頁。

11　同　一〇四頁。

12　同　一〇七頁。

13　同。

14　同　一〇八頁。

15　同　一一七頁。

16　同　一一八頁。

17　「現代世界憲章」序文・1。

般若心経（現代語訳）

全知者である覚った人に礼したてまつる。

求道者《ぐどうしゃ》にして聖なる観音《かんのん》は、深遠な知恵の完成を実践していた時に、存在するものには五つの構成要素があると見きわめた。しかも、かれは、これらの構成要素が、その本性からいうと、実体のないものであると見抜いたのであった。

シャーリプトラよ、この世においては、物質的現象には実体がないのであり、実体がないからこそ、物質的現象で（あり得るので）ある。

実体がないといっても、それは物質的現象を離れてはいない。また、物質的現象は、実体がないことを離れて物質的現象であるのではない。

（このようにして）およそ物質的現象というものは、すべて、実体がないことである。およそ実体がないということは、物質的現象なのである。これと同じように、感覚も、表象《ひょうしょう》も、意志も、認識も、すべて実体がないのである。

シャーリプトラよ、この世においては、すべての存在するものには実体がないという特性がある。生じたということもなく、滅したということもなく、汚れたものでもなく、汚れを離れたものでもなく、減るということもなく、増すということもない。

それゆえに、シャーリプトラよ、実体がないという立場においては、物質的現象もなく、感覚もなく、表象もなく、意志もなく、知識もない。眼もなく、耳もなく、鼻もなく、舌もなく、身体もなく、心もなく、かたちもなく、声もなく、香りもなく、味もなく、触れられる対象もなく、心の対象もない。眼の領域から意識の識別の領域にいたるまでことごとくないのである。

（さとりもなければ）迷いもなく、（さとりがなくなることもなければ）、迷いがなくなることもない。こうして、ついに、老いも死もなく、老いと死がなくなることもないというにいたるのである。

苦しみも、苦しみの原因も、苦しみを制することも、苦しみを制する道もない。知ることもなく、得るところもない。それゆえに、得るということがないから、諸々《もろもろ》の求道者の知恵の完成に安んじて、人は、心を覆《おお》われることなく住している。心を覆うものがないから、恐れがなく、転倒した心を遠く離れて、永遠の平安に入っているのである。

過去・現在・未来の三世《さんぜ》にいます目ざめた人々は、すべて、知恵の完成に安んじて、この上ない正しい目ざめをさとり得られた。

それゆえに人は知るべきである。知恵の完成の大いなる真言《しんごん》、大いなるさとりの真言、無上の真言、無比の真言は、すべての苦しみを鎮《しず》めるものであり、偽りがないから真実であると。その真言は、知恵の完成において次のように説かれた。

往《ゆ》ける者よ、往ける者よ、彼岸《ひがん》に往ける者よ、彼岸に全《まった》く往ける者よ、さとりよ、幸いあれ。

ここに、知恵の完成の心を終わる。

（岩波文庫・中村元、紀野一義訳注『般若心経・金剛般若経』より引用）

謝辞

本書を著すに際し、次の方々にお力添えをいただきました。深甚なる謝意を表したいと思います。

ハインリッヒ・デュモリン神父。本書執筆中、各章に目を通し、たいへん貴重なコメントを寄せて、たえず励まし勇気づけてくださいました。

南山大学宗教文化研究所のジェイムズ・ハイジック教授と研究員の方々。本書をゼミナールで取り上げて討論し、非常に貴重な意見を聞かせてくださいました。

矢野滋子さん。本文中の日本語文字を書いてくださいました。（翻訳版では、藤原泰江さんが担当）

レナート・オルテガ氏。原稿のタイプおよび編集を受け持ってくださいました。

また、定期刊行物の記事のコピーを許可してくださった、ロンドンの *The Way*, ローマの *Studia Missionalia*, ユタの *Cistercian Studies Quarterly* の編集委員の皆さんにも感謝いたします。

そして、十字架の聖ヨハネの作品集 *The Collected Works of St John of the Cross* (Kieran Kavanaugh 訳。ICS Publications, 2131 Lincoln Road,N.E.) と、アビラの聖テレジアの作品集 *The Collected Works of St Teresa of Avila* (Otilio Rodrigues 訳。Washington, D.C. 20002, U.S.A.) からの引用を許可してくださった跣足カルメル会ワシントン管区と、バーナード・ロナガン著『神学の方法』と『第二集』からの引用を許可してくださったロナガン財団管財者の方々にも感謝いたします。

解説

九里　彰

本書の執筆の動機や目的、その内容については、著者自身の長い「序」に詳しく述べられているので、これを熟読されることをお勧めしたい。そうすれば、本文の理解もより容易になることと思われる。ここでは、なぜ著者が、「二十一世紀の人たちのために神秘神学を書き直す」必要を感じたかについて、私なりに捉えたことを簡単に述べてみたい。本書を理解する一助となれば幸いである。

(1)

それには、大ざっぱに言って、二つの理由が挙げられると思われる。一つは、実際的司牧的な理由である。すなわち、二十世紀に入り、多くの人々が神秘主義や神秘体験への関心を持つようになったということである。そこには、単なる哲学的で難解な神学の説明ではなく、自分自身が信仰の神秘を身をもって体験したい、体得したいという時代の傾向を読み取ることができる。これに対して著者は、そのためにはどうしても道案内をするガイドが必要だと言う。「というのは、事物の核心に横たわる神秘へと向かう旅は危険をはらんでいるからです。……幻影の中をさまよったり、嵐にのみ込まれたり、ただ立ち往生するばかりで、先へは進みません」。

このガイドとして、キリスト教の伝統には、幸い、「人々に祈りを教え、暗夜を抜けて山頂へ導くことを目指す『神秘神学』という学問」があったとし、本書の第一部では、「キリスト教の伝統」と題して、六章にわたり、新約聖書の時代（第1章「背景(1)」）から、五世紀の偽ディオニュシオスの『神秘神学』（第2章「背景(2)」）、クレルヴォーのベルナルドやトマス・アクィナスなどの中世の神秘神学（第3章「理性 対 神秘主義」、第4章「神秘主義と愛」）、東方教会のヘシュカスモス（第5章「東方のキリスト教」）などを経て、十六世紀スペインのカルメル会、すなわち、イエスの聖テレジアや十字架の聖ヨハネへと至る（第6章「愛を通して生まれる英知」）神秘神学の大きな流れを説明している。要するに、キリスト教神秘神学の伝統の最高峰に、著者は、十字架の聖ヨハネの神秘神学を置いているのである。

キリスト教のこの遺産は、著者によれば、二十世紀前半までは、神学校や大学の神学部で、「神秘神学」、もしくは「修徳神秘神学」という科目として教えられていたということである。それは、「神学生に祈り方と、将来聖職に就いた時に指導することになる観想者のための実践的で司牧的な規範」を教えるためであったということであるが、第二バチカン公会議後、教えられなくなったということである。

その理由としては、本書の第三部「現代の神秘的な旅」（第11～19章）で取り上げられている社会的次元に対する教会の意識の変化が挙げられる。つまり、社会的罪の存在（第13章「暗夜」）や世界共同体の意識（第16章「一致」）から、教会は社会正義や、世界の一致と平和のために、傍観者としてではなく、積極的に預言者的な役割を果たさなければならないと考えるようになり、そのことを第二バチカン公会議において明確に宣言するに至ったからである（『現代世界憲章』序文、参照）。最終章（第19章）で、著者はこう述べている。

しかし、十九世紀末からは、新たな進展が見られるようになりました。キリスト信者が以前よりも

社会構造に注目し始めたのです。彼らは、社会的罪というものを意識するようになりました。罪は、神への個人的な違反行為であることとは別に、まさに社会構造の中にも組み込まれていることを知ったのです。……

二十世紀に起きた大きな社会変革では、神学校や大学の神学部で教えられてきた伝統的神秘主義は何の役割も果たしませんでした。当時の神秘神学は、聖なる個人あるいはグループを生み出すことに関わっていましたから、神学生に奨励したのは、俗世間から離れて祈りに専念し、聖書を読むことでした。そのような神秘神学はいち早く不適切と見なされ、カリキュラムから消えていきました。

著者のこの問題意識は、特に第18章「活動」と第19章「社会活動の神秘主義」の内に結実しているが、それはまた、伝統的にたえず問題とされてきたマリアとマルタ、つまり観想と活動や、『ヤコブの手紙』にある信仰と行いの関係に対する現代における一つの回答ともなっている。ここにはまた、イエズス会とカルメル会という対照的な霊性――禅で言えば、公案による問答を主とする臨済宗と「修証一等」の只管打坐の曹洞宗の対照にも似る――の統合が図られているとも言える。つまり、前者の特徴は「活動の中の観想」にあるとすれば、後者は「観想の中の活動」とも捉えられるからである。

とはいえ、著者は、以上の社会正義や活動の問題だけでなく、「二十世紀に起きている他に類を見ない諸問題に対処する」ために、伝統的な神秘神学を書き直さなくてはならないと考え、本書を著している。「二十世紀に起きている他に類を見ない諸問題」とは、第二部、第三部に言及されている事柄である。これも簡単に言えば、第一は、驚異的な発展を遂げた自然科学の問題（第7章「科学と神秘神学」、第17章「英知」)。第二は、瞑想、修行、エネルギー、愛、英知などに関するアジアの宗教、特に仏教の伝統との出会い（第8章「修徳主義とアジア」、第9章「神秘主義と根源的なエネルギー」、第10章「英知と〈空〉」)。第三は、愛と性の問題であり、これは、特に第13章「暗夜」、第14章「〈愛のうちにある〉」、第15章「花嫁と花婿」において、展開されている。

このような諸問題を踏まえた上で、現代に再び『神秘神学』をよみがえらせるために、著者は西洋の神秘主義の伝統の中から、案内者として十字架の聖ヨハネを選んだのである。

神秘神学を正確に理解するために、本書は十字架の聖ヨハネの教えに従いますが、現代に必要なことと思えますので、いくらか翻案し、変更も試みています。……彼は聖書や、神秘主義の伝統や、自らの体験や、彼に心を開いてくれた人々の体験から得られた一連の教えを自由自在に使います。彼は祈りのしかたや霊的指導に精通する卓越した神秘神学博士です。（序）

(2)

神秘神学を書き直すもう一つの理由には、時代に即したものとするという前述のアジョルナメント（aggiornamento）の問題だけでなく、時代を超える、より根源的な神学的動機があると思われる。それは、簡単に言ってしまえば、神秘神学は、人間が本物のキリスト者もしくは信仰者、さらには、ほんとうの人間となっていくために不可欠なものであるという理解である。なぜなら、神との交わり、キリストとの交わりが、信仰と愛の内に実践され、深められていくものであるとすれば、この信仰と愛に関わる問題こそ、すべてのキリスト者の信仰生活の中心に置かれなければならないと考えられるからである。そうでなければ、日々、聖体祭儀にあずかることも、聖務日祷（教会の祈り）を唱えることも、種々の信心業も、教会や人々への奉仕も、一種のパフォーマンス、表面的外面的行為に堕し、キリストが激しく糾弾された「律法学者たちとファリサイ派の人々」の似非宗教行為と何ら変わらなくなってくる危険性があるのである。

確かにキリスト者は、洗礼の秘跡を通して、信仰・希望・愛という対神徳を、神から頂いている。だが、それらは言わば種のようなものであり、「種を蒔く人の喩え」のように、外的にも内的にもさまざまな事柄に妨げられ、芽を出すことも成長することもなく、種のままで終わってしまう可能性がある。ここに、人間の霊的成長、聖化――十字架の聖ヨハネは、東方教会では頻繁に使われていた「神化」（theosis;divinisatio）という、西方教会では少し危ない用語を使用している――を取り扱う「神秘神学」が必須とされてくるゆえんがある。またその意味でも、何よりも祈りの人であり、神秘家であり、卓越した霊的指導者であった十六世紀スペインの十字架の聖ヨハネの教えに耳を傾ける必要が出てくるのである。

実際、第三部の第11章から第16章、第17章のタイトル――順に、「信仰の旅」「浄化の道」「暗夜」「〈愛のうちにある〉」「花嫁と花婿」「一致」「英知」となっている――は、十字架の聖ヨハネの思想を踏襲していることを示している。彼の四つの大きな著作のタイトル、『カルメル山登攀』、『暗夜』、『霊の賛歌』、『愛の生ける炎』を並べるだけでも、そのことが知られるであろう。すなわち、最初の二著作では、「神との愛の一致」に至るために、「暗夜」を通らなければならないことが示され、その霊的旅に何よりも必要とされるのは、「信仰」であることが強調されている。より詳しく言えば、ヨハネは「暗夜」を、「感覚の暗夜」と「精神の暗夜」に分けて説明しており、「精神の暗夜」では、三つの精神能力、知性・記憶・意志に対応する対神徳、信仰・希望・愛が求められている。言いかえれば、自分の知性・記憶・意志にあえて頼らない、あるいは頼ることができない「暗夜」を通らなければ、対神徳は育たないのである。これには私たち人間の側からの能動的努力、"ascesis"（修徳、鍛錬、苦行、禁欲といった幅広い意味がある）――『カルメル山登攀』の内容となる――が必要とされる、と同時に神の慈しみに信頼し、神の側からの働きにひたすら身をまかす受動的態度――『暗夜』の内容となる――が必要とされている。前者は「能動的暗夜」、後者は「受動的暗夜」と呼ばれているが、それらはまた、私たちの感覚と精神が清められていく「浄化の道」ともなっている。

では、何が浄化されていくのかと言えば、何よりも私たち人間の愛が浄化されていくのである。つまり、私たちの通常の愛は自分が思っている以上に不純なものであり、神を愛していると口では言いながら、その実、自分を愛し、この世のもの――人や富や地位や名声、はたまた五感や精神に快いものなど――に執着しているのである。「能動的暗夜」では、私たちが意識できる範囲内での浄化が行われるが、これは言わば氷山の一角であり、水面下には私たちの意識ではもはや捉えられない広大無辺の無意識の世界が広がっている。この領域の浄化は、私たち人間の努力をはるかに超えており、聖霊の火、神の働きによる「受動的暗夜」を待たなければならない。

要するに、ヨハネが描いている霊的旅路は「信仰の旅路」であると同時に、『霊の賛歌』『愛の生ける炎』において展開されている「愛の旅路」でもあるのである。その到着点は、人と神の単なる精神的知的な「一致」ではなく、両者の「愛の一致」、「花嫁と花婿」との間の「霊的婚姻」である。そして、この「愛の一致」こそが、人間を神の〈愛のうちにある〉ものとする「愛の変容」をもたらすのであるが、これは、『霊の賛歌』の後半や『愛の生ける炎』の内容となっている。

またこの「愛の一致」は、「観想」の状態において実現するが、それは、神のもう一つの側面である「英知」（神の知恵）をも人間にもたらす。それは、たとえて言えば、太陽が熱（暖かさ）と同時に、光をもたらすようなものである。「注賦的観想」において、「神の愛と英知」が霊魂に注ぎ込まれるが、それはあくまでも受動的な暗夜において生じる。日本人にはなじみの深い仏教用語、自力と他力という言葉を使用すれば、絶対他力の中で、神の愛の熱と光が人の霊魂に注がれるのである。その意味では、「能動的暗夜」は、「信仰と愛」の内に自分のすべてを神に委ねていく絶対他力——鈴木大拙師は、親鸞上人の「自然法爾」を、キリスト教の人々に紹介する際、聖母マリアの「フィアット（なれかし）」として解釈していた——へと入ってゆくために、「自力をやめる自力の行」とも言える。

なお、この「観想」を、十字架の聖ヨハネは「神秘神学」と同一視しているが、これは、現代人の考えとは大きく異なっている。ジョンストン師は、この点について、二つの知識という区別を繰り返し取り上げられ、説明されている。

知識には二種類あるということです。一つは、個々の分野に特有の明確な知識で、知るという普通のプロセスを経て得られるものであり、普通の生活や科学や学問に用いられます。しかしもう一つの知識は、あいまいで、暗く、形がなく、広くて愛に満ちた知識です。これが秘められた神秘的英知です。（序）

前者は五感と精神能力によって獲得される知識で、日常的な知識からあらゆる技術、自然科学や社会科学など、すべての学問分野の知識がここに入る。これに対し、後者は知識というより英知（知恵）であり、キリスト教では神秘体験、仏教では見性体験（悟り）と言われるようなものにおいて与えられてくる宗教的知識である。前者が主客対立の対象的認識であるとすれば、後者は、そのような通常の人間の認識を超える主客未分の根源的認識ということになる。
密の英知と呼び、聖トマスは愛を通して霊魂に伝えられるものと言っている」と述べています。（序）
ん。神秘神学と観想を同一視さえして、「観想とは、神秘神学のことで、神学者たちは神秘神学を秘
とである」という古くからの伝統に従います。神秘神学と、神秘的英知や神秘的祈りとを区別しませ
とはいえ、（十字架の聖ヨハネは、）神秘神学を定義づけるとなると、「神学とは英知（知恵）のこ

「神学とは英知（知恵）のことである」という意味は、真正の神学は、単なる人間の思索・推論の結果ではなく、聖霊の働きによる神からの恵み、祈り（「観想」）の内に与えられてくる深い霊的体験に基づいているということである。とすれば、「神秘神学」は、すべての神学の出発点、根底にあるべきものであり、同時にまた、すべての神学の到達点、頂点でもあるとも言えるのである。

無論、このような見解を、教義神学などの組織神学者や現代の聖書神学者たちが受け入れるかとなると、「信仰と理性」の古くて新しい問題にぶつかり、話は複雑になってくる。だが、こういった問題にも、著者は、本書全体を通して、ある程度、答えているのではないかと思われる。

ここで用語上でも内容的にも、混乱を引き起こす点について、ひと言触れておきたい。すなわち二種類の祈りの区別である。前述の二種類の知識にも重なっているが、十字架の聖ヨハネやアビラの聖テレジアなど、カルメル会の霊性においては、祈りは「黙想」と「観想」に峻別されている。前者は、感覚や精神能力を利用しながら、キリストの全生涯、神秘について私たち人間の側から能動的に思いめぐらしていくものであるのに対し、後者は、すでに触れたように、神の側からの働きに身を委ね、受動的な「無為」の状態——禅仏教で言う「禅定」に当たろうか——の中で、神の恵みが注がれる状態を指している。したがって、聖テレジア、聖ヨハネの考えによれば、「観想」の状態は神からの一方的な恵みであり、私たち人間の側からの努力で獲得できるものではない。つまり、静かに沈黙の内に祈っているとしても、それは決して「観想」状態に入っていることを意味しないのである。またいわゆる「観想修道会」に入ったとしても、修道女が皆、「観想」状態にいるわけではなく、生涯、「黙想」の状態にとどまる者も多いと思われる。『カルメル山登攀』の「能動的暗夜」は、「黙想」の段階にいる者を、「観想」の段階へと準備するものである。「黙想」に習熟した者が、「観想」の段階に移るべき時が来たしるしを、聖ヨハネは三つ挙げている（『カルメル山登攀』第二部第13章、『暗夜』第一部第9章参照。両者の叙述はまったく同じではない）。

いずれにせよ、ジョンストン師は、「神秘神学」を「観想」と同一視する聖ヨハネの考えを超えて、「観想」の中で神の「〈愛から生まれてくる奥深い知恵〉について思索し、それを説く学問」として、二十一世紀における「神秘神学」を樹立しようとしていると思われる。

(3)

最後に本書全体を概観すると、三段跳びではないが、ホップ、ステップ、ジャンプのように、またヘーゲル流に言えば、正、反、合のように、三部構成となっている。

第一部では、著者の信仰の基盤である「キリスト教の伝統」をたどり、第二部では、その伝統に収まらない要素、対立する要素を列挙し、それとの「対話」を試みている。例えば、過去に対する現代、宗教に対する自然科学、西洋に対する東洋の神秘主義などを取り上げている。第三部では、第一部と第二部の統合、総合が試みられ、「修徳神秘神学」を再興していく「現代の神秘的な旅」となっている。

ところで、第三部は、著者がもっとも力を入れた部分とも言える。分量としても、第一部が六章、第二部が四章であるのに対し、第三部は九章となっている。すでに触れたが、最初の七章の章題は、極めて十字架の聖ヨハネ的である。これに対し、最後の二章、「活動」と「社会活動の神秘主義」は、ヨハネの著作には見いだすことができなかったものである。つまり、著者も指摘しているとおり、聖人たちも、時代状況や時代精神の制約の中にあり、現代、当然のごとく意識されている政治社会の構造悪、社会正義の問題などは、ヨハネの著作の中にはまったく登場してこないのである。幼い時に父を亡くし、極貧の中で生まれ育ち、社会から見捨てられた病人たちの世話をしながら、苦学して大人となった聖人であるから、この種の問題に関して何も考えていなかったはずはない。現代であれば、いろいろ発言したのではないかと思われるが、著作の中にはまったく何も出てこない。また共同体性に関しても、跣足カルメル修道会の創立者とも言うべきアビラの聖テレジアに見られる広く深い共同体性意識——修道共同体は、教会共同体、さらには人類共同体との連帯性の中にある——は、ほとんど見当たらない（自然の中で祈ることを好んだ聖人が、被造物との神秘的つながりを体験していたことは間違いないが……）。いずれにせよ、十六世紀の十字架の聖ヨハネには欠如していた社会的共同体的次元について二十世紀を生きた著者は言及し、神秘主義の現代化を図っていると言うことができる。

ちなみに、ヨハネの関心事は、本物の修道者、本物のキリスト者（本物の人間）となることであり、その意味では極めて個人的な完徳（自分のことしか考えない個人主義の個人的ではない！）を目指していると言える。つまり、何よりも自己変革が肝要であり、それなしの修道生活や福音宣教は、たとえ人の目には何事かをなしているように見えるとしても、何の証しにもなっていないという考えである。これは、「己事究明」を事とする禅などの仏道修行においても同じことであろう。神との愛の一致を通して、神の愛へと変容された者が、他者との関係において、また共同体において、神の愛から逸脱して生きるなどということはあり得ないからである。その意味で、まずこの世のすべてのものから、とりわけ自分自身から離脱し、神と一致の内に、うそ偽りのない神の愛を生きることこそ、世界変革、社会変革の鍵であるということになる。実に、宇宙時代に突入した二十一世紀は、エゴからの脱出の世紀、個人のエゴだけでなく、集団的なエゴ、国家的なエゴを捨て、すべての国家や民族が地球家族として一つとなっていく世紀ではないだろうか。少なくともその歩みを進めるべき時ではないだろうか。そのためにこそ、ウィリアム・ジョンストン師は、この「神秘神学」を書かれたのではないだろうか。

十字架の聖ヨハネの言葉をもって、この一文を閉じることにしたい。

純粋な愛は、たとえごくわずかでも、他のすべての業を合わせたよりも、神の御目にも霊魂の目にも、いっそう貴重で、外見上何もしていないように見えても、教会のために、いっそう有益だからである。……要するに、われわれはこの愛のいとなみのために造られたものである。無制限な活動に身を委ね、その宣教や外的業によって、全世界を包み込もうと想像している人々よ、反省するがよい。

もしも、彼らが活動にささげている時間の半分を祈りにおいて神とともにとどまるために用いるなら、たとえ、今、われわれが話しているような高い段階に達していないにしても、……教会のため、はるかに有益な者となり、神のみ心にいっそうかなうことであろう。そうすれば確かに、彼らは、ただ一つの業によって、千の業によるよりも、いっそう多くのことをなし、しかも労苦はより少ないであろう。彼らの祈りが、彼らに恵みをかちえ、必要な霊的力を彼らにもたらすであろうから。祈りがなければ、すべてが金槌で打つに等しく、ほとんど何も生ぜず、あるいは全然何も生ぜず、時には善よりも、いっそう悪を生じる。塩が味を失うようなことから、神がわれらを守ってくださるように！（『霊の賛歌』第29の歌2〜3）。

訳者あとがき

本書は William Johnston 著 *Mystical Theology–The Science of Love* (Orbis Books, New York, 2006, 6th edition) の全訳です。初版は一九九五年にイギリスの Harper Collins Publishers から出版され、世界各国で翻訳されました。

＊

著者ウィリアム・ジョンストン師（一九二五–二〇一〇）はカトリックのイエズス会士で、神秘主義に関する著作が多く、世界的に有名です。ただ、日本では邦訳が少ないこともあり、師の名前はあまり広く知られていません。

師の略歴(1)を紹介します。

ジョンストン師は、北アイルランド地方（アルスター）の州都ベルファストに生まれました。十六世紀から続く複雑な民族紛争のさなか、一九二二年にアイルランド自由国が成立しても、アルスターだけは依然として英国の支配下にありました。師には、反英勢力の捜索で各家を回る軍人に銃剣で脅されるという幼少体験があったということを、師の追悼ミサで初めて知りました。十八歳で宣教師を志してイエズス会に入会、修徳と勉学の数年をダブリンやブリュッセルで過ごした後、一九五一年、二十六歳で来日。三年間の日本語の習得と日本文化の研究を経て、上智大学神学部に在籍し、神学博士号を取得。一九五七年、三十二歳で司祭に叙階され、以後、二〇一〇年十月に亡くなるまでの約六十年間を、日本で過ごしました。

一九五一年から九五年までは、上智大学で「英文学」、「宗教学」を講じ、一九七六年から七九年にかけては、東洋宗教研究所の所長を兼任。一九五四年から六八年までは東京大学で「英語」を教え、本郷に瞑想センターを開設しました。

上智大学では、スチューデント・カウンセラーとして、また「かつらぎ会」や「カトリック研究会」などで学生や社会人の霊的指導にあたり、その高い霊性と、温厚で謙遜な人柄は、多くの人たちから敬愛されました。訳者たちにとっても、学生時代だけではなく、卒業後も教えを仰いだ、かけがえのない恩師です。

教壇に立つかたわら、東西にわたる宗教思想、特にその神秘主義思想の研究に精魂を傾け、国内外のシンポジウムに参加し、専門刊行誌(2)に寄稿するなどして、宗教間の対話を求めました。また、座禅会に参加し、仏教界の方々との交流を深めてゆきました。

そうした体験は、瞑想指導や著作に活かされて、世界で高まりつつあるエキュメニズム的な神秘主義へのニーズに応えることになり、特に海外で多くの支持者と読者を得るようになりました。やがて、メディアの目にとまるようになり(3)、学会では、アジアの諸宗教との対話の推進者として、「タイのトマス・マートン」、「インドのビード・グリフィス」、「日本のウィリアム・ジョンストン」と紹介されるようになりました(4)。

師の神秘主義に関する英文著作は前述のとおり、特に海外で多くの読者を得ていますが、残念ながら日本では、*Being in Love*（『愛する』-瞑想への道、巽豊彦監修、南窓社、2004）と、もう一冊、その四十二年前、日本の学生向けに、講話集『愛への道』（巽豊彦訳、東京信友社、1962）が出版されただけです。『愛への道』の最後の章には、「神秘主義について」の項を設け、神秘主義の種を蒔いておられます。

こうした専門分野以外に、『沈黙』（遠藤周作著）や『長崎の鐘』（永井隆著）などの英訳を手掛けました。日本人のカトリック作家の目を通して見る神や、医師である被爆者が残した実録を、世界に伝えた功績は実に大きいものです。『沈黙』については、グレアム・グリーンから称賛の手紙が遠藤氏に届いた、と聞いています。


一九九八年、七十三歳からは、上智大学で、仏教やプロテスタントの信者も参加する瞑想の指導を始めました。瞑想は、常にご聖体の前に座って、行われました。また、師の好まれた賛美歌から命名された、「いつくしみ深き会」は今なお続き、師を偲ぶとともに、師に教えられた祈りの精神を深め合っています。

＊

師亡き後、観想の祈りへの手引きを求める人たちから、師の著書 *Mystical Theology* を日本語で読みたいという声が上がりました。内容において『愛する』と共通するところから、同書の共訳者、岡島禮子と三好洋子に翻訳が委託されました。しかし、内容についての質問に答えてくださったジョンストン師ご自身も、訳文を推敲してくださった巽豊彦先生も、すでに故人となられて、今回は翻訳環境がすっかり違っていました。心細い思いのまま、少しでもお役に立てるなら、また師への恩返しになればと、臆するところもありましたが引き受けることにしました。

分担して訳し、つき合わせるという作業は前回と同じですが、より詳細で広範な知識を要し、一通り訳し終えたところで、不明な箇所が数多く残りました。そこに、同じく師の教え子であるシスター渡辺愛子が訳者として加わり、もう一度見直すことになりました。

引用の詩文は、各原典の既刊訳を参照してなるべく活用しましたが、必ずしもそのとおりではありません。あくまでも師の英文に沿って訳出するよう心がけました。


第一部の「伝統」は、共訳者にとり、あたかも未知との遭遇のような内容でした。しかし、東方教会の豊かな祈りの実践法の伝統に触れ、呼吸法など座禅との共通点を見いだすと親しみを覚えました し、十六世紀の十字架の聖ヨハネが説く「すべてを手放すこと」を中心におく神秘主義も、「暗夜」や「カルメル山」のイメージが仏教の〈無〉や〈悟り〉を連想させ、興味を覚えました。

かつて、師は、深遠なテーマを取り上げる際に、分かりやすく、優しい口調で解説してくださったものです。本書は全体的にそうした口調で書かれています。ですから、翻訳を進めるうちに、次第に、神秘主義は特別な人にしか分からないもの、隠れたもの、という今までの思い込みが薄らいでゆくのを感じました。

第二部「対話」では、仏教をはじめとするアジアの諸宗教が持つ祈りの伝統が評価され、その祈りの生活から学び合うことが奨められています。日本でキリスト教よりも長い歴史を持つ仏教のものの考え方や感じ方に親しみながら育った私たちは、その良さや感性を捨てることなく、キリスト者としての現実の祈りの中にどう取り込んで、活かしてゆけばよいのか……。この現実の問題に対し、師は、躊躇《ちゅうちょ》したり遠慮することなく他宗教からも謙虚に学びつつ、安心して神への愛の道を歩み続けなさいと、答えてくださっていると感じました。

第三部は、ことにメッセージ性に富んでいます。

現代社会が抱える苦悩に気づき、立ち向かう人が増えている中、活動を支えるのは観想であると師は捉え、観想を支えるダイナミックな力として、"Being in Love"という、神の英知に満ちた祈りを提唱しています。師は、「たとえ特別な行動を起こせなくても、この祈りで世界平和へ貢献できます。誰でも、いつでも、どこでも、この祈りをささげることができます」と断言しています。〈愛のうちにひたすら今を生きる〉。「そのとき内なるエネルギーが宇宙に放出され、自覚しなくても、その人は社会改革の力強い代行者となります」という師の言葉は、現代人へのエールです。

＊

着手して六年。ようやく完成の時を迎えることができました。「マリアとマルタ」の例にたとえるなら、マルタのような私たちの暮らしの中、机の前に座り、*Mystical Theology* に取り組む時間は、まさに祈りのひとときであった、と思われてなりません。どうかやり遂げる力をお与えください、とジョンストン師のほほ笑んでおられる写真に語りかけて作業を始めたものです。そして、いつも誰かに祈りで支えられているのを感じました。

ここまで、実に多くの方々のご助言、ご指導、ご支援にあずかりました。この貴重な出会いがなければ、到底、上梓の喜びを頂くことはできなかったでしょう。

初稿に目を通してくださったホアン・カトレット師をはじめとして、イエズス会の管区本部の神父様方からは出版許可とともに、励ましのお言葉を頂きました。東方正教会については、ニコライ堂のクリメント北原師から、白隠禅師については長興寺の松下宗柏師から、それぞれ貴重な助言を頂きました。最後に登場して、激務の中、全ページにわたり、入念な推敲を重ねてくださったのが、カルメル修道会の九里彰神父様です。巻頭言と解説と、さらに監修までもお引き受けくださいました。師の分かりやすい解説のおかげで、ジョンストン師が現代の「すべての人のための霊性神学」を著そうとされた気持ちがよく理解できました。九里師のご尽力に心より感謝申し上げます。この本がジョンストン師の願いどおりに、正鵠なガイドブックとなりますよう、心より願っております。

さらに、出版をお引き受けくださった聖パウロ修道会の山内堅治師、戸村修師、編集の労をとってくださったサンパウロの編集部の方々に、また、物心ともに大きなご支援を頂いた「いつくしみ深き会」の窪田美保子さんをはじめとする会員の皆さまに、また、毛筆書きを担当してくださった藤原泰江さんに、深くお礼申し上げます。

共訳者一同

二〇一七年

1　『愛する』の「あとがき」（巽　豊彦　上智大学名誉教授）や、師を知る方々の話を参照。
2　主な寄稿誌――*International Philosophical Quarterly, Thought, Theological Studies, Monuments Nipponica, Concilium, Eastern Buddhist, Cistercian Studies.*
3　アメリカの一例。ＡＢＣテレビのインタビュー。*COMPASS* : mysticism-what is it? What is it for? (1997)
4　日本での一例。神戸市外国語大学教授村本詔司による「キリスト教神秘主義の歴史的概観――西洋秘教の諸潮流との関連で」（二〇〇一年）の講演にて。

追記

ジョンストン師の主な英文の著作一覧（年代順）

Silent Music: The Science of Meditation (Harper Collins Publishers, 1970)

The Still Point: Reflections on Zen and Christian Mysticism (Fordham University Press, 1970)

The Mysticism of 'The Cloud of Unknowing' (Fordham University Press, 1975)

The Inner Eye of Love: Mysticism and Religion (Fordham University Press, 1978)

The Mirror Mind: Zen-Christian Dialogue (Harper & Row, 1981)

The Way to Love（＊原題不明）（邦題『愛への道』巽豊彦訳　一九八二年、東京信友社）

The Wounded Stag: Christian Mysticism Today (Fordham University Press, 1986)

Being in Love: Apractical Guide to Christian Prayer (Fordham University Press, 1989（邦訳『愛する』巽豊彦監訳　二〇〇四年、南窓社）

Letters to Contemplatives (Orbis Books, 1992)

The Mystical Way (Harper & Row, 1993)

Mystical Theology: The Science of Love (Harper Collins Publishers, 1995)（本書）

Christian Zen: A Way of Meditation (Fordham University Press, 1997)

"Arise, My Love…": Mysticism for a New Era (Orbis Books, 2000)

Letters to Friends: Meditations in Daily Life (Fordham University Press, 2003)

Mystical Journey: An Autobiography (Orbis Books, 2006)

ジョンストン師による英訳書

Silence（遠藤周作著『沈黙』）(Peter Owen, (UK) 1969 / Taplinger Publishing Company (USA), 1969)

［中期英語 Middle English からの現代英語訳］*The Cloud of Unknowing and the Book of Privy Counselling* (Image Books, New York, 1973)

The Bells of Nagasaki（永井隆著『長崎の鐘』Kodansha USA, Inc. 1984）

Meeting God Through Science（柳瀬睦男著『神のもとの科学——隠された実在論——』上智大学、一九九一年）

索　引

ア　行

カ　行

サ　行

タ　行

ナ　行

ハ　行

愛について　215-216, 377
神の神秘について　62-63
先立つ神の愛　について　359
ダマスコへの途上で　242
秘められた英知について　163-164
〜と罪　300-302
〜の聖痕　372-373
キリストとの一致について　427,
429
〜と英知　453-455, 461
白隠禅師　210, 218-221
ハクスリ Aldous Huxley　194
バジリオ［カイサリアの］ Basil of
Caesarea　43, 47, 125, 210
パードレ・ピオ（フォルジョーネ）
Pio Forgione 231, 298, 340
花嫁・花婿のテーマ　42, 261, 308-
309, 315-319, 364-365, 367-370,
389-417
〜についての十字架の聖ヨハネの
見解　156-157
アビラのテレジアの見解　155
ハルナック Adolf von Harnack　59-
61, 66, 76-77
バルラアム［カラブリアの］ Barlaam
of Calabria　134-135, 137
般若心経 Heart Sutra　201, 208, 244-
246, 264, 452, 547-548
般若波羅蜜多 prajna paramita　242,

247, 249, 264, 452
火　216-217
東方正教会における〜　131-133
内なる〜　19, 241
愛の〜　225-230, 360-363
浄化の〜　341-342
ヒエロニモ Jerome　40
ヒーリング　〜とシャーマニズム
217-218
東アジア　〜における修徳的伝統
197-200
光
〜と東方キリスト教　133-134
内なる〜　19
知的〜　137
〜の神秘家たち　141-145
感知できる〜　137
タボル山の〜　128
〜の神学　136-138
造られざる〜　138
否定神学の神秘家と神秘主義
43-45, 67, 100, 241
美　〜と愛　399-402
美徳（徳）　91-92
人と人の関係　393-395
非暴力　492, 519, 532-536
ヒルデガルト［ビンゲンの］
Hildegard of Bingen　143, 470
ヒンドゥー教　23, 203, 206, 231

マ　行

ヤ 行

ラ　行

ワ　行

訳者紹介

監訳者

九里　彰（くのり　あきら）

1981年　上智大学大学院哲学専攻、博士後期課程修了。
1990年　カルメル修道会入会。
1997年　司祭叙階。
1999年～2002年　スペイン留学。
2011年～2017年2月　カルメル修道会・日本管区長。
訳書　ハンス・U・フォン・バルタザール著『過越の神秘』（2000年、サンパウロ）。

共訳者（五十音順）

岡島禮子（おかじま　れいこ）

1964年　上智大学文学部英文学科卒。同大学大学院西洋文化専攻博士前期課程修了。
共訳書　『風の馬』、『愛する―瞑想への道』（巽　豊彦監修　2004年　南窓社）。

三好洋子（みよし　ようこ）

1964年　上智大学文学部英文学科卒。
共訳書　『風の馬』、『愛する―瞑想への道』（巽　豊彦監修　2004年　南窓社）。

渡辺愛子（わたなべ　あいこ）

1967年　上智大学文学部史学科卒業。
1971年　同大学大学院史学専攻博士前期課程修了。
1983年　広島大学文学部大学院博士後期課程修了（西洋中世教会史専攻）。
ナミュール・ノートルダム修道女会会員。
訳書　『キリスト教史（図説世界文化地理大百科）』（橋口倫介監修　2008年　朝倉書店）。

著者略歴

ウィリアム・ジョンストン（William Johnston）

1925 年　ベルファストで生まれる。
1943 年　イエズス会入会。アイルランドにて修練。
1948 年　ローマ・ギリシャ古代史の学士号取得。
1951 年　哲学修士号取得。来日。
1957 年　土井枢機卿より司祭叙階。
1958 年　上智大学にて神学修士号取得。
1966 年　神学博士号取得（博士論文「不可知の雲」）。
1951～95 年　上智大学にて「宗教学」と「英文学」を講じる。
1954～68 年　東京大学にて「英語」を講じる。
本郷に瞑想センターを開設。
1976～79 年　上智大学東洋研究所所長。
1995 年　上智大学教授、定年退職。
2010 年　帰天。

愛と英知の道
— すべての人のための霊性神学 —

著　者——ウィリアム・ジョンストン

監　訳——九里　彰

共　訳——岡島禮子、三好洋子、渡辺愛子

発行所——サンパウロ

〒160-0004　東京都新宿区四谷 1-13　カタオカビル 3 階
宣教推進部（版元）(03) 3359-0451
宣教企画編集部　(03) 3357-6498

印刷所——日本ハイコム㈱

2017 年 10 月 10 日　初版発行

ISBN978-4-8056-0064-1　C0016（日キ販）